Rolf Schütte
Die Mitte der Differenz

Rolf Schütte

Die Mitte der Differenz
Vernunft und Groteske

Polaritätsphilosophie und literarische
Phantastik im Werk von
Salomo Friedlaender/Mynona

Friedlaender/Mynona Studien
Band 4

WAITAWHILE

Bibliografische Information der Deutschen Bibliothek:

Die Deutsche Bibliothek verzeichnet diese Publikation in der Deutschen Nationalbibliografie; detaillierte bibliografische Daten sind im Internet abrufbar über http://dnb.ddb.de

This is a WAITAWHILE book. Alle Rechte vorbehalten.
© 2016 Rolf Schütte, Zeusstraße 19, D-33719 Bielefeld

Umschlaggestaltung: Detlef Thiel, Barbara Bode, Arthur Bartl
Umschlag: Postkarte „Sturm-Künstler" Nr. 15: „Mynona" (ca. 1914)
Gesetzt in Adobe Garamond Pro und Century Gothic
Layout und Formatierung: Barbara Bode, Arthur Bartl
Herstellung und Verlag: BoD - Books on Demand, Norderstedt
Printed in Germany

ISBN 978-3-7412-3754-6

Inhalt

Vorwort: Zur Entstehung von
„Die Mitte der Differenz" 7

Übersicht 11

0. Einleitung 19

1. Transformation der Polaritätsphilosophie 29
   1.1. Schöpferische Indifferenz: 1918 29
   1.2. Differenz - Indifferenz als Leitdifferenz 55
   1.3. Hintergehbare Individualität 118
   1.4. Die Mitte der Differenz 158
   1.5. Polarität der Vernunft 169

2. Miszellarische Eingriffe in die Entwicklungsgeschichte des Polarismus 187
   2.1. Sokrates der Idiot? 191
   2.2. Gesättigter Optimismus 201
   2.3. Finsternis und Licht 206
   2.4. Anziehen und Abstoßen 222
   2.5. Äquilibration des Willens 245
   2.6. Kritik der Moderne 260

3. Schöpferische Indifferenz als Medium von
   Phantastik und Groteskem 272

   3.1. Zur Differenzierung literarischer Phantastik .. 283

   3.2. Mynona grotesk 335

   3.3. Vernunft und Groteske 348

Literaturverzeichnis 375

Namenverzeichnis 389

Für Ramon und Mira

Vorwort
Zur Entstehung von „Die Mitte der Differenz"

Mitte, jene zumeist unpräzise Verortung einer nach Identität ausgerichteten Individualität, nach der jeder in seinem Leben und Tun zu streben scheint, ist ohne Differenz nicht zu haben. So trivial dieser Gedanke ist, so komplex erfaßt er jeden, der ihm nachspürt. Mit der eigenen Arbeit nicht hinter diesen Erkenntnisstand meines ausgewählten Beschreibungs- und Untersuchungsgegenstandes zurückzufallen, war selbstverständlich auch Anliegen meines Vorgehens beim Schreiben von *Die Mitte der Differenz*.

Als ich die ersten Texte von F/M las, es war 1980 die zweibändige Ausgabe der Reihe „Frühe Texte der Moderne", vom Literaturarchäologen Hartmut Geerken herausgegeben, faszinierte mich der Mensch Salomo Friedlaender/Mynona, soweit er mir biographisch-philosophisch-literarisch zugänglich war, auf eine Weise, die zu einer lebenslangen Beschäftigung – trotz langjähriger Pausen – führte, was ich damals nur erahnen konnte. Es waren die literarischen Texte Mynonas, die sich immer auch mit einem philosophischen Denken als verbunden erwiesen, die mich mehr und mehr interessierten und zu den philosophischen Texten Friedlaenders führten.

Der Vorsatz, den Texten von F/M auf Augenhöhe zu begegnen, war ein kühnes Unterfangen, ging Friedlaender in seinem grandiosen philosophischen Abenteuer ja auch ein Wagnis in seiner Zeit ein, von dem wir heute nur eine geringe Ahnung haben. Daß bei meinem Nachspüren dieser Ideen eine traditionell-hermeneutische Herangehensweise, die auf Ganzheit, Auslegung und Universalität ausgerichtet ist, kaum taugte, erschien mir plausibel – versucht diese doch, nicht auf Differenz gründend, stets den Text mit Ganzheit und Universalität zu fassen, zu ergründen, zu interpretieren und auszulegen oder gar zu verstehen. Freilich wollte ich die Texte auch ergründen, interpretieren, auslegen oder gar verstehen, aber ich wollte eben nicht dem Sog hermeneutischer Verstehensprämissen folgen, sondern auch genauso spontan und frei lachen dürfen und können wie Mynona – im Blick auf die Kreativität eines an Differenzen, Paradoxien und aphoristischem Denken orientierten Philosophierens. So erschien mir eine lektüreorientierte, dekonstruktive – nicht rekonstruktive – Verfahrensweise als geeignetes Vorgehen, die im Umgang mit F/Ms Texten Erkenntnisse gewinnen sollte, die ich mit der Formel „Die Mitte der Differenz" zum Ausdruck bringen wollte.

Meine studienbedingten Lektüren entwickelten gleichsam im Zusammentreffen mit der F/M-Lektüre ein Geflecht aus Bezügen, Verweisen und Anknüpfungen, die das philosophische Werk Friedlaenders zunehmend aus seinen für mich anfangs manchmal miß- und unverständlichen Gedankenkonstruktionen zu einer außerordentlich theorie-klaren, außergewöhnlich lektüreintensiven und lebenspraktisch-kreativen Philosophie führten. Dekonstruktion (J. Derrida, avantgardistische und konstruktivistische Theorien) und Prozeßphilosophie (A. N. Whitehead und N. Luhmann), sowie eine Vielzahl von Literaten und Literaturen bildeten meinen philosophischen, literarischen und erkenntniskritischen background, von dem aus sich mir – zunächst unvermutet – viele Vereinbarkeiten, Anschließbarkeiten und kritische Bezugsfelder zur Philosophie Friedlaenders eröffneten. Vor allem die Vorläufer, Umfeldakteure und Mitglieder des „Bielefelder Colloquiums Neue Poesie", das Jörg Drews und Klaus Ramm fünfundzwanzig Jahre lang – von 1978 bis 2003 – in wechselnder organisatorischer Verantwortung leiteten, gaben mir den literarischen und literaturkritischen input. Dort traf ich zum ersten Mal Hartmut Geerken und lernte ihn in seinen eigenen vielschichtigen Arbeiten kennen. Sein kreativer Umgang mit dem Werk F/Ms gab mir entscheidende Anregungen zu dieser Studie.

Die gedankliche Präzision und in vielen Formen – seien es Briefe, Aufzeichnungen oder auch literarische Texte – vorgetragene Klarheit, mit der Friedlaender seine Philosophie in tausenden Gedanken und immer wieder neuen Kombinationen dieser einen Ideenkonstruktion der „schöpferischen Indifferenz" und des „magischen Ich" zum Ausdruck brachte, besticht meines Erachtens in ihrer unbeirrt geäußerten, sich zuweilen aber auch philosophisch stets präzisierenden Beschreibung: „... *ein einziger Gedanke* muß, so umfassend er auch seyn mag, die vollkommenste Einheit bewahren." So Arthur Schopenhauer 1819 in der Vorrede zur ersten Auflage von *Die Welt als Wille und Vorstellung*. Hundert Jahre später, zum Erscheinen von Friedlaenders *Schöpferische Indifferenz,* findet dieses Theorem eine überzeugende, kreative Bestätigung und Ausformulierung.

Ins Blickfeld meiner Interessen an F/M rückten neben den Verknüpfungen und Anschließbarkeiten auch mögliche Nutzbarmachungen für unterschiedlichste Diskurse, für interdisziplinäre Gewinnbringungen, wozu eine Klärung und Klarlegung der philosophischen Position Friedlaenders notwendig erschien. Wie sehr philosophische Argumentationen, Reflexionen und Beschreibungsfelder polaritätsphilosophischer Art in verschiedenste Bereiche von Gesellschaft, Wissenschaft, Philosophie und Lebenspraxis eingreifen und fruchtbare Zusammenhänge in Verstehbarkeit und Verständnis einfließen können, war auch ein Anliegen meiner Beschäftigung mit F/M. Potentielle Möglichkeitsfelder aufzuzeigen, oder der Friedlaenderschen Philosophie zumindest eine Ahnung dafür abzuverlangen, gehörte dabei ebenso zur Aufgabe wie eine Erweiterung philosophischer Diskurse durch die erkenntniskritische Vorstellung eines literarisch-philosophischen Programms, das in seiner systemischen Geschlossenheit weiteste kommunikative Offenheit erzeugt und von dem ich wünsche, daß meine Begeisterung und Faszination dafür vielleicht auch den Leser und seine Sicht auf sich selbst und die Welt erfassen kann.

Dieses nach differentieller Einheit strebende Doppelgestirn F/M ist in seinem literarischen Werk genauso ein Neuerer wie im philosophischen. Was Mynona an Grotesken, Utopien und Phantasien entwickelte, ergab für mich im Kontext der Friedlaenderschen Philosophie die Möglichkeit, Erweiterungen zur Theorie der Groteske und des Grotesken zu entwickeln und zu formulieren. Daß dies letztlich im Werk F/M schon angelegt ist, wird an unterschiedlichen Stellen dieser Arbeit deutlich. So ist sie auch als Beitrag zur Weiterentwicklung des Verständnisses vom Grotesken zu verstehen, wie es vom philosophischen Diskurs und der literarischen Textualisierung heraus den Blick auf die Alltagswelt und Lebenswirklichkeit zu entschleiern vermag. Daß nun fast dreißig Jahre nach Entstehung dieser Text der Öffentlichkeit zugänglich wird, soll die Leserschaft einer zunehmend digitalisierten Welt dazu ermutigen und bewegen, sich intensiver mit den vielschichtigen Möglichkeiten des Werkes von Salomo Friedlaender/Mynona zu beschäftigen. Dafür gibt es heutzutage durch die von Hartmut Geerken und Detlef Thiel komfortabel edierten *Gesammelten Schriften* von F/M keine Hindernisse mehr.

Danken möchte ich Hartmut Geerken, der kongenial als Vermittler das Werk von F/M betreut. Auch dem Deutschen Literaturarchiv Marbach möchte ich danken, weil ich dort zum ersten Mal die Handschriften von F/M im Original lesen durfte. Rolf Lindlar und Ramon Jonas danke ich für die mühsame Datenkonvertierung und -rekonstruktion des digitalisierten Textes von 1988. Mein Dank gilt meinen Lehrern an der Universität Bielefeld – insbesondere Klaus Ramm für die Fokussierung auf eine kritische, lektüreorientierte literaturwissenschaftliche Vorgehensweise, Jörg Drews für die Offenheit vielschichtiger theoretischer Verknüpfungen im literaturwissenschaftlichen Studium und Jürgen Frese für seine ungemeinen Anstrengungen, uns, seinen Studenten, die Prozeßphilosophie Alfred North Whiteheads in einem mehrjährigen Lesekreis nahezubringen. Dem German Department der Cornell University, Ithaca, NY und der Studienstiftung des deutschen Volkes danke ich für die großzügigen Zeitdepots und vielfältige Unterstützung. Mein ganz besonderer Dank gehört Detlef Thiel, der mit großartigem Einsatz und unschätzbarem Sachverstand zur Realisierung dieses Buches beigetragen hat – ihm verdanke ich auch die Präzisierung einiger maßgeblicher Angaben zum Werk von F/M.

Editorische Notiz: Der 1988 abgeschlossene Text blieb in der Hauptsache unverändert, bis auf kleinere stilistische Änderungen. Fehler wurden korrigiert, die Quellenangaben aktualisiert.

Übersicht

1. Transformation der Polaritätsphilosophie

1.1. Schöpferische Indifferenz: 1918

Biographischer Einstieg – Ein einziger Gedanke – Zur Rezeption der *Schöpferischen Indifferenz* – Blochs *Geist der Utopie* – Gegenwart und Utopie – *Der Stern der Erlösung* – Individuum und Gesellschaft – Persönliche Indifferenz – Friedlaenders Kritik am *Geist der Utopie* – Metaphysik, Spekulation, Intuition – Ideologiekritik – Differenz und Indifferenz – Selbstverhältnisse – Antipuristisch – Unhintergehbarkeit von Differenz

1.2. Differenz-Indifferenz als Leitdifferenz

Polar definieren bedeutet erschaffen – A. Kubin und andere entdecken Friedlaenders Polarismus – 1896: die quasi epiphanische Erfahrung – Polarität versus Dualität – Polarität als Einheit der Differenz von Identität und Differenz – Relationalität – Philosophische Experimente – Der Stein der Weisen – Polarität der Erkenntnis – Deskriptives Philosophieren – Erkenntnis der Polarität – Polarität als Metapher – Medialität und Materialität des Textes – *Der Schöpfer. Phantasie* – Traum-Wachen-Differenz – Philosophie als Literatur – Philosophie als Leben – Relationaler Polarismus – Natur- und Triebkräfte im Kontext des „magischen Willens" – Selbstreflexion als Grundoperation des Polarismus – Nach Differenz trachtende Indifferenz – Differenz als Bedingung aller Möglichkeit von Erscheinung – Systemtheoretische Leitdifferenz (N. Luhmann) – Polarität versus Dialektik – Bebuquins Polarismus (C. Einstein) – Polarität bei M. Vischer – *Die andere Seite* (A. Kubin) – Metaphysischer Avantgardismus – *Die Fabrikation der Fiktionen* (C. Einstein) – Gesellschaft, Theorie und Philosophie als Erscheinungen der Krise um 1900 – Polaristische Ich-Konstitution – Wissenschaftspraktischer

Reduktionismus – Polaritätsphilosophischer Universalismus – Kontrastbildung – Hier und Jetzt – Wissenschaftliche Erfahrung versus empirische Wirklichkeit – Nichtaxiomatisches Definitionsgefüge – Definieren als Differenzenbildung – „Philosophieren mit Kant" (G. Böhme) – Deskriptives Philosophieren – Zeichenverhältnisse – Definition und Indifferenz – Selbstreferentialität deskriptiven Philosophierens – Polaristische Medientheorie – Medialität und Materialität von Sprache – Äußerungen als Differenzverhalten – Notwendiges Schweigen – Sprache als Medium – Elliptische Sprache (A. N. Whitehead) – Differenz von Sprache und Erfahrung – Sprache als Erfahrung bzw. als Materialisation von Sprache – Indifferenz des Seins (J. P. Sartre) – Existentiale Leitdifferenz von Sein und Nichts – Autopoiesis der Welt – Relationalität und Absolutes – Paradoxien als Motivation zur Kreativität – Gott als Metapher der Einheit der Differenz – Zum Selbstkonzept der *Schöpferischen Indifferenz* – Materialisation der Idee

1.3. Hintergehbare Individualität

Individualität als Hebel der Welt – Individualität als Prozeß – Mißlingende Individualität – Leitdifferenz und Individualität – Individualität als schöpferische Indifferenz – Defekte Individualität als Regelfall – Individualität im Kontext ihrer Äußerung – Äußerung als individualitätskonstitutiver Prozeß – Freiheit des Individuums – Transzendentalhermeneutisches Konzept von Individualität (M. Frank) – „Unhintergehbarkeit von Individualität" (M. Frank) – Äußerung als Schnittstelle hintergehbarer Individualität – Individualität polaristisch – Rekurs auf Nietzsche – Relationale Einheit von Prozeß und Impuls – „Motor Individualität" (Friedlaender) – Eigentümlichkeit (M. Frank) – Relation von Geschlossenheit und Offenheit – Kreative Individualität – Individualität als Metapher – Der Wille zur Indifferenz – Freiheit als „Parfüm der Notwendigkeit" (Friedlaender) – Psycho-physische Polarität – Sich äußernde Individualität – Krise moderner Individualität – „Indifferenzierte Selbstentzweiung" (Friedlaender) – Mißlingende Individualität als Folge mißlingender Äußerung – Hintergehbare Individualität

– Differenz-Indifferenz und Selbstsorge – (Selbst-)Ironie und Bewußtsein – „Mißlingende Identifikation" (K. Heinrich) – Individualität als „Wille zur Äußerung" (Friedlaender) – Kritik moderner Individualität (C. Einstein) – Individuum und Staat – „Freiheit und Selbstsorge" (M. Foucault) – „Individuum und soziale Frage" (Friedlaender) – Kreativität und Individualität (A. N. Whitehead) – Individuum und Gruppe (S. Kracauer) – Medium, Täuschung und Individualität

1.4. Die Mitte der Differenz

Mitte der Differenz als epistemologische Metapher – Verhältnis von Mitte, Differenz und Mitte der Differenz – Kant, Schopenhauer, Nietzsche – Die Mitte, das Medium – Die „Mittelsphäre" (Nietzsche) – Lebendige Indifferenz – „Das Gesetz der Mitte" (Friedlaender) – „Der Mensch in der Mitte" (L. Rubiner) – „Die Welt als Polarität und Rhythmus" (W. Hueck) – *Das Wagnis der Mitte* (F. Weltsch) – Die absolute Mitte als *nonsens realissimum*

1.5. Polarität der Vernunft

Abenteuer der Vernunft (Nietzsche) – Medialität der Vernunft – Natur und Vernunft – Tätige Vernunft – Vernunft-Magie – Wille der Vernunft – Komik, Humor, Ironie und Vernunft – Das Lachen der Vernunft – Polaritätsphilosophie als fröhliche Wissenschaft – Polaristische Differenzierung von Vernunft – Vernunft als Korrektiv schöpferischer Indifferenz – Vernünftiger Wille – *Katechismus der Magie* (Friedlaender) – Leibapriori und Vernunft – Leiberzeugende Vernunft – Vernunft, Sprache, Bewußtsein – Materialisation der Vernunft – Magische Vernunft – Immanenz und Transzendenz – Macht der Vernunft – Stimme der Vernunft – Vernunftpraxis – Vernunft- und Naturwille – Sich äußernde Vernunft als polaristische Vernunft

2. Miszellarische Eingriffe in die Entwicklungsgeschichte des Polarismus

2.1. Sokrates der Idiot?

Nietzsches Sokrates(a)version – Apollinisch-dionysisch – Moderne Sophisten (A. Moszkowski) – Ethische Logik – „Erkenne dich selbst" – Metaphysiker der Vernunft – Polaristische Umcodierung von Selbstverhältnissen – Ding und Gedanke – Fremdbestimmung als Konstituens der Selbstbestimmung – Goethes Einwand gegen Sokrates – Erkenne dich selbst als Vernunftpraxis

2.2. Gesättigter Optimismus

Theodizeebedingter Optimismus – Marionettenmetaphorik – Abkehr vom kosmologischen Dualismus – Leibniz' „optimistische Täuschung" – Leibniz und Schopenhauer – Politökonomische Konsolidierung und atmosphärischer Optimismus: 1924

2.3. Finsternis und Licht

„Ohne Differenz kann nichts erscheinen" (Friedlaender) – Finsternis und Licht als paradigmatische Metapher von Goethes Polarismus – Schellings Polarismus – Lehre von den Lichtdifferenzen – Ton und Pause als polaristische Analogie zu Licht und Finsternis – *Goethe contra Newton* (Friedlaender) – Der Unitarier Newton – Finsternis und Licht – Die Schöpfung aus der Indifferenz – Polarität und Steigerung – Hell-Dunkel-Synchronität – Die Farben – Physiologische und physikalische Farben – Theorie des Elektromagnetismus – Friedlaenders Engagement für Goethe – Plus-Minus-Licht – Atomismus und Polarismus – Quantenmechanische Synthesis – Goethes Herzschlagmetapher – Polarität als Universalmetapher – Soziale Polarität – *Die Wahlverwandtschaften* (J. W. Goethe) – Symbolische Vermittlung sozialer Lebensformen – Polaristische Ästhetik

2.4. Anziehen und Abstoßen

Goethe über Kant – Kants Warnung – Kant-Schopenhauer: Friedlaenders Dissertation – Vernunft und Wille: Das Problem – Kant-Nietzsche – *tertium datur* – Der Satz der Mitte des Lebens – Apuristisch – Identität als selbstreferentielle Geschlossenheit – Identität und Differenz – Immanenz und Transzendenz – Subjektivität und Selbstkritik – Kritik als Vernunftpraxis – Zu Kants Transzendentalismus – Anziehen und Abstoßen – Das „Dritte" als Medium – Das Nichts – Philosophie des Als Ob (H. Vaihinger) – Grandioser Fiktionalismus – Dada und die Sehnsucht des „inneren Klangs" – Stofflichkeit als Relationalität des Subjekts

2.5. Äquilibration des Willens

Nietzsches inkonsequenter Polarismus – Medialität des Willens zur Macht – Oxymoronisches Philosophieren – Schöpferisch indifferenter Wille – Differenz-Indifferenz-Relation des Willens – Wille als Movens der Äußerung – Friedrich Nietzsche: 1911 – Polaristische Umcodierung Nietzsches – Dionysismus – Skepsis gegen Nietzsche – Selbsterkenntnis – Anschauung und Begriff – Äquilibration des Willens – Guter versus freier Wille – Realismus und Materialismus bei Nietzsche – Wille als Medium – Zur Indifferenzierung des Willens – Wille als Mitte der Differenz

2.6. Kritik der Moderne

„Frondeur der literarischen Moderne" (Friedlaender) – Romantizismus der Moderne – Einheit der Differenz von Literatur und Philosophie – Mynona modern – Zum Begriff der Moderne – F. Nietzsche und E. Marcus als Quellen der Friedlaenderschen Kritik – Dialektik versus Polarismus – Interessendifferenz – Neoklassik (S. Lublinski) versus Neoromantik – Das Anschießen der Moderne – Amoralismus und Dekadenz – Indifferenz und Moral – Kritik der „innigen Indifferenz" (R. M. Rilke) – Kant-Marcus, der Garant der

Kritik – Lublinski als Dichter – Kant als Antipode der Moderne – Vernunftkultur versus Modekultur

3. Schöpferische Indifferenz als Medium von Phantastik und Groteskem

Einheit der Vernunft (Verstand, Vernunft, Urteilskraft) – Polaristische Vernunft der schöpferischen Indifferenz und ästhetische Erfahrung – Poetische Formalisation – Medialität der Vernunft – Polaristische Vernunft (schöpferisch indifferente Vernunft) als Medium von Phantastik und Groteskem – Zur Struktur-Prozeß-Differenz von Phantastik und Groteskem – Die schöpferische Sprach-Indifferenz – Zur polaristischen Figuration von Schrift – Das Groteske im Kontext ästhetischer Erfahrung als Einheit der Differenz von Struktur und Prozeß – Polarität der Zeit – Das Groteske als geschlossene Form des Phantastischen – Text-Merkmal-Relation von Phantastik und Groteskem – Mynonas philosophischer Hintergrund – Ästhetische und Poetische Formalisation im Medium polaristischer Reflexion

3.1. Zur Differenzierung literarischer Phantastik

Lektüreorientierte Phantastik – Lektüre als Mitte der Differenz von Text und Leser – Konstruiertheit des Schönen: die Relation von Geschlossenheit und Offenheit – Ästhetische Erfahrung – Die Schönheit des Subjekts – Ästhetische Subjektivität um 1800 (K. H. Bohrer) – Ästhetische Theorie (Th. W. Adorno) – Einheit von Kontinuität und Diskontinuität, von Harmonie und Disharmonie – Selbstbezug und Paradoxie – Ironie als Entparadoxierung – Das Erscheinen des „Vernunftsubjekts" – Phantasie als Material um 1900 – Materialität und Rückbezüglichkeit poetischer Reflexion – Der Vorschein des schöpferischen Ichs in der Lektüre – Prozeß der Lektüre – Das Groteske als Teilsystem der Phantastik – Selbstparodie im Grotesken – Ästhetische/Poetische Formalisation und philosophische Reflexion – *Gar nichts* I – Zur Differenzierung von Phantastik und Groteskem – Mynonas Phantastik – *Der Schöpfer. Phantasie* – Die

Welt als Kunstwerk – Die Erschaffung der Welt aus dem Nichts – Erschaffen heißt Unterscheiden – „Materielle Phantasie" – Phantasie als Medium – Medium und Form (N. Luhmann) – Das moderne Ich – Konstitutionsfunktion der Phantasie – Traum-Wirklichkeit-Relation – Phantasie als „Bildungskraft" – Polarität von Traum und Wachen – Mynonas Antiästhetizismus – Synthetisierende Kraft der Phantasie – Magie des Willens – Destruktion von Ästhetik – Schlüssigkeit des Phantastischen – Ding und Medium (F. Heider) – Das Spiegelmotiv – Wunsch und Wunscherfüllung – Traumerleben und Phantasietätigkeit – Kommunikation zwischen Traum und Wachen – Realisation des Imaginierten – Schöpferische Lektüre – Schöpferische Indifferenz als Medium – Differenzierungen des Phantastischen – Metaphysikkritik und Kritik ästhetizistischer Innovationsgebärden (K. Ramm) – Zur Sprachkritik von Phantastik und Groteskem

3.2. Mynona grotesk

Dreißig Jahre Mynona – Kontrastivität des Grotesken – Das Groteske als Struktur (W. Kayser) – Struktur-Prozeß-Relation des Grotesken – Zur undialektischen Phänomenalität des Grotesken – Der groteske Humorist – Kritikfunktion des Grotesken – Die schön/häßlich-Relation – Polarität des Grotesken – Schön/häßlich als falsche Opposition – Konstruktion und Kombination von Gegensätzen im Grotesken – Vernunft und Humor

3.3. Vernunft und Groteske

Das vernünftige Tier – Die Erfindung der Natur – Der Vernunftwille – Der Protestcharakter des Grotesken – Sprach- und Philosophiegroteskes – Optimismus/Pessimismus als falsche Opposition des Grotesken – Affinitäten des Grotesken zur philosophischen Reflexion (F. Schlegel) – Literarische Kombinatorik des Grotesken – Mynonas Technikgroteskes – Dadaistische Paradoxologie im Kontext des Grotesken (P. v. Ostaijen, H. Ball, P. D. Ouspensky) – Vernunft und Groteske *(Magische Revolution. Utopie ..?)* – Vernunft im Widerstreit – Vernunft als unpersonaler Held des Grotesken – Philosophie und

Groteske (C. Einstein) – Parodie, Ironie, Utopie – Die Einheit von Wille und Leib – Ingenieurskunst der Vernunft – Moraltechnik – „Organische Technik" – Der Medialäther – Von der Herrschaft der praktischen Vernunft – Mynonas Mediengeschichte als Analogie zur Realgeschichte der Medien (A. Turing) – Phantastische-groteske Willensmagie – *Gar nichts* II – Das Medium Schrift – Offenheit-Geschlossenheit-Relation (Mynona, E. Jandl) – Das Groteske im Phantastischen – Das Groteske als Intensivierung der schöpferischen Indifferenz – Die Vernunft des Grotesken

> „Erst wenn man das aus aller Differenz konzentrierte Selbst als die persönlich lebendige Welt-Null, Welt-Indifferenz in die Mitte setzt, enträtselt sich das Mitten-Problem, es löst sich prinzipiell restlos."[1]

0. Einleitung

„Die Mitte der Differenz", mit der die vorliegende Untersuchung überschrieben ist, verweist nicht, wie man annehmen könnte, auf einen Ort, auf ein Zentrum, auf eine Mitte, die ohne Differenz zu haben ist. Vielmehr ist damit eine Formel bezeichnet, die in Friedlaenders Philosophieren u. a. für das persönlichste Selbstverhältnis eines selbstbewußten Individuums steht, in dem nicht die Differenz, wohl aber alle Distanz verschwunden ist, die jede Form von Gegensätzen zu beherrschen scheint (SI 356). In der unablässigen Indifferenzierung, in der Balancierung, der Äquilibration dieser Gegensätze, in denen sich Realität als Realität erweist, erweist sich zugleich für Friedlaender auch das individuale Selbst, um das sich sein gesamtes Philosophieren zu drehen scheint. Individuum, individuales Selbstverhältnis, eigenes Selbst fungieren in diesem Entwurf als gleichbedeutende Begriffe, die mit der Metapher vom Medium aller Medien, von der „Mitte aller Mitten" (SI 331) zusammenfallen. Mitte, lat. *medium*, zielt ja schon aus eigener Bedeutung auf einen Aspekt der Vermittlung, auf ein prozessuales, tätiges und vielleicht auch pragmatisches Verständnis jener Zusammenhänge von Mitte und Differenz, um die es im ersten Teil meiner Arbeit geht.

Mitte, Medium: Gleich ist man versucht, Friedlaender/Mynona mit okkultistischem oder spiritistischem Mediumismus in Verbindung zu bringen, der ja für die phantastische Literatur jener Zeit um 1918 – man denke an die Texte Gustav Meyrinks oder an *Abraham Abt* von Victor Hadwiger sowie an Kubins Roman *Die andere Seite* – in unterschiedlichsten Formen motivische Bedeutung hatte. Aber weder in Friedlaenders Philosophie, noch in Mynonas litera-

---

[1] Friedlaender an Kubin, 3. Mai 1915 (Briefe Kubin, 17 f.)

rischen Texten haben die Wörter Mitte und Medium mediumistischen Charakter im Sinne von Geheimlehren oder Geheimwissenschaften.[1] Viel eher geht Friedlaender vom Metaphorischen dieser Worte aus, läßt gleichsam deren epistemologische Qualitäten vom Literarischen ins Philosophische gleiten, um seine erkenntnistheoretischen und -kritischen Absichten anschaulich präsentieren zu können. Überhaupt war ja Friedlaender stark um die Anschaulichkeit seiner philosophischen Idee bemüht, was wohl auch ein Grund dafür war, literarisch-phantastische, groteske Texte zu verfassen, die, unter seinem anagrammatischen Pseudonym Mynona (Umkehrung von anonym) veröffentlicht, auch der weiteren Verbreitung seiner Polaritätsphilosophie dienen sollten.

Was bei Mynona auf den ersten Blick leicht mit Mediumismus okkultistischer oder spiritistischer Couleur verwechselt werden könnte, wonach die lebendige Person als willenloses Wesen die „angebliche Vermittlung zwischen der ‚Geisterwelt' und den Menschen"[2] herstellt, verhält sich im Kontext von Friedlaenders Philosophie gänzlich anders. Danach nämlich geht es gerade nicht um eine passive Rolle des individualen Subjekts, das als Medium höherer Kräfte seinen Willen veräußert, sondern eben um jene Begründung eines Selbst, einer Selbstsozialisation, die aus der Erkenntnis des relationalen Zusammenspiels von Differenz und Indifferenz erwächst. Nicht die mediumistische Preisgabe des Willens, sondern die selbstbewußte Erkenntnis der Macht des Willens ist wichtigstes Anliegen dieses polaritätsphilosophischen Philosophierens.

Am Leitfaden der relationalen Einheit von Differenz und Indifferenz, der Friedlaenders gesamtes Philosophieren durchzieht, soll im Verlauf der vorliegenden Arbeit die *idée fixe* der *Schöpferischen Indifferenz*, die sich selbst zu fixieren scheint, erörtert werden. Dabei kommt der Bedeutung von Mitte als Medium auch, oder gerade im modernen Sinne des Wortes jene erkenntniskritische Funktion zu, wie sie für eine historische Betrachtung der Medienentwicklung re-

---

1 Friedlaender bezeichnet schon 1907 in seiner Schrift *Psychologie (Lehre von der Seele)* den Spiritismus als „bis jetzt ganz und gar windig und hypothetisch bis zum Irrsinn" (GS 5, 127).
2 Hoffmeister 1955, 398

levant ist. Von Mynona ausgehend hat F. A. Kittler für sein Konzept von Literaturgeschichte als Mediengeschichte, deren weiterreichender Anspruch einer materialistischen Geschichtsphilosophie auch mit Friedlaenders Intentionen zu verknüpfen wäre, die literaturwissenschaftlich längst noch nicht erarbeiteten Ideen Friedlaender/ Mynonas als Sachverhalt der Medien aufgegriffen.[1]

Die Beschreibung der Mitte der Differenz, die eigentlich das Unbeschreibbare, nämlich die „lebendige Welt-Null, Welt-Indifferenz" zu beschreiben versucht, versteht die Mitte der Differenz als epistemologische Metapher, die im analytisch-synthetischen Philosophieren Friedlaenders die Einheit der Differenz von Indifferenz und Differenz umschließt (vgl. unten Teil I).

Entscheidendes Merkmal von Friedlaenders Transformation der Polaritätsphilosophie ist genau jene Differenz von Indifferenz und Differenz, die gleichsam als polaristische Relation fungiert. Die Vorstellung einer reinen Sphäre des Wirklichen, von einer Mitte also, die ohne Differenz gedacht werden könnte, hat für sein Konzept einer psycho-physisch orientierten, auf Selbstsorge, Selbstbewußtsein und Selbstbehauptung zielenden individualen Subjektivität keinerlei Geltung. Ganz im Gegensatz zu puristischen Denkformen geht Friedlaender von der relationalen Einheit seiner Leitdifferenz aus, womit er sich, wenn auch vielleicht nicht mit der logischen Präzision eines Bertrand Russell oder eines Alfred North Whitehead, auf der Höhe des prozeßphilosophischen Denkens oder eher Beschreibens seiner Zeit bewegt, und das heute seine avanciertesten Vertreter in den verschiedensten Spielarten von Systemtheorie und konstruktivistischen Theorieentwürfen hat.[2]

In zahlreichen Aufsätzen, Essays, Rezensionen und Briefen griff Friedlaender in die Entwicklungsgeschichte des Polarismus ein. Von Sokrates bis Freud und darüber hinaus bis in die Moderne der Ismen, zwischen Naturalismus und Existentialismus, wurde die Spur der „uralten Formel"[3] Polarität untersucht. Dabei ging es ihm nicht um eine historische Rekonstruktion des Phänomens Polarität, als

1 Vgl. Kittler 1985 u. 1986
2 Vgl. Luhmann 1984a, Schmidt 1987
3 Autobiographie, 45

vielmehr um seine am Problem der Polarität selbst orientierte Erforschung. Wie in seinen philosophischen Büchern – genannt seien hier vor allem seine Nietzsche-Biographie von 1911, sowie sein für meine Untersuchung wichtigstes Buch: *Schöpferische Indifferenz* von 1918 – so kontrastierte er auch in den eher miszellarischen Arbeiten die polaristischen Stärken und Schwächen von Philosophien und philosophischen Gedanken mit seinem eigenen Entwurf. Gleichsam diskursiv durchlief er mit seiner Argumentation den Diskurs der Polaritätsphilosophie.

Friedlaenders methodisches Vorgehen dabei läßt sich insofern als analytisch-synthetisch bezeichnen, wie es bestrebt ist, zum einen in verschiedensten Bereichen des polaritätsphilosophischen Diskurses (in Philosophien, in literarischen Texten, in naturwissenschaftlichen Theorien, in Kunst, Kulturkritik und Kulturwissenschaften) den Umgang mit Polaritäten zu analysieren und zum andern die analytisch gewonnenen Ergebnisse zur Polarität auf ihre Möglichkeit zur Integration, Differenzierung und Synthese, das eigene Konzept betreffend, auszuloten. Wie sich die Idee der Friedlaenderschen Polaritätsphilosophie in dem von dieser Idee dominierten Diskurs behauptet, wie sich also Friedlaenders Transformation der Polaritätsphilosophie gegen andere Auffassungen durchzusetzen versucht und sich an ihnen reibt, wird im zweiten Teil (Miszellarische Eingriffe in die Entwicklungsgeschichte des Polarismus) diskutiert.

Der in Teil 1 und 2 erarbeitete Überblick zur Polaritätsphilosophie Friedlaenders, der zugleich auch Einblick in deren Funktionsweisen, Strategien, Argumentationsfiguren, Absichten und Transformationen gibt, dient nun dazu, jenes polaristische Selbstbewußtseinskonzept zu erörtern, das den literarischen Texten Mynonas als philosophisches Ingredienz eingeschrieben ist. In seiner theoretischen und praktischen Bestimmung gründet dies sich auf einer polaristischen Vernunft, deren Differenzierung Friedlaender/Mynona gerade im Rekurs auf Kunst und Literatur für notwendig hielt.

Aus dem Zusammenspiel von philosophischer Reflexion, sowie poetischer und ästhetischer Formalisation in Mynonas Texten, vor allem in *Der Schöpfer. Phantasie, Tarzaniade. Parodie, Der antibabylonische Turm. Utopie* und in der Philosophie- und Sprachgroteske

Gar nichts, um nur einige wichtige Texte Mynonas zu erwähnen, ergibt sich ein poetisches Spannungsfeld, das selbst polaristisch verfaßt zu sein scheint. Diese polaristische Verfassung des Literarischen kommt auch in solchen Texten Mynonas zum Vorschein, in denen sich Friedlaender zurückhält, in denen er weniger mächtig seine Ideen ausspielt.

Für den Prozeß der Lektüre, der in seiner von Kontingenzen und Unabwägbarkeiten beeinflußten Selbstreflexion die Beschreibung neben der Materialität ihrer medialen Bedingungen, wie Grammatik, Schreibgerät, Papier, steuert und der die Ergebnisse der Beschreibung entscheidend generiert, bedeutet die polaristische Verfassung des Literarischen bei Mynona, die sich poetisch und ästhetisch niederschlägt, ein Anbinden an schon laufende Prozesse, die weder vom Text determiniert sind, noch vom Leser gänzlich kontrolliert werden können. Insofern hat der Prozeß der Lektüre auch für die vorliegende Arbeit konstitutive Funktion. Die Lektüre wird hier gleichsam selbst zur unmittelbaren Mitte der Einheit der Differenz von Text und Leser, die keinerlei Vermittlung zwischen sich gewährleistet, die nicht dialektisch zu versöhnen ist, sondern die allenfalls den Grad ihrer Distanz zu überbrücken vermag, der Text und Leser trennt. Die Polarität von Text und Leser, als prinzipielle Opposition gedacht, läßt sich nicht ineinander überführen.

Eine derart, hier nur angerissene, lektüreorientierte Textanalyse, die nicht auf Interpretation von Texten aus ist, sondern vielmehr auf Beschreibungen dessen, was an strukturellen Aspekten, sowohl textintern, also Metaphern, Stil, Schreibweise, Motive betreffend, wie auch kontextintern, also Biographie, Geschichte, geistes- und naturwissenschaftliche Entwicklungen betreffend, den Prozeß der Lektüre steuert, orientiert sich in ihrer literaturwissenschaftlichen Methode an den diskursiven Zusammenhängen, die sich aus den Problemen ergeben, die eine Lektüre der Texte Friedlaender/Mynonas aufwirft. Daß die dabei zutage tretende Lesart, die notwendigerweise gegen andere opponiert, sie verwirft, zur Disposition stellt, oder einfach auch Übereinstimmungen mit ihnen erzeugt, keineswegs von sich aus als Muster, als Formular des Verstehens und des Zugangs gelten kann, womit von vornherein andere Lesarten ausgegrenzt wären, ergibt sich schon aus dem Selbstverständnis des Methodischen, das dieser Arbeit zugrunde liegt. Von daher wird auch gar nicht erst der Versuch unternommen, auf irgendeine Weise kanonisch zu interpretieren, was nicht heißt, daß es hier solipsistisch zugeht, denn der Anspruch auf Zustimmung, die Ergebnisse dieser Arbeit betreffend, ist ja nicht aufgegeben.

Friedlaenders polaristischer Vernunftbegriff, der sowohl seine philosophischen wie Mynonas literarische Texte durchzieht, begründet Vernunft gerade aus dem Widersprüchlichen, Gegensätzlichen, Paradoxen, also widersinnigen Verhalten der Wirklichkeit als philosophisch-literarisch eingeholte Wirklichkeit. Dabei bestimmt er sich nicht allein als intelligible Form des Bewußtseins und Selbstbewußtseins, sondern konstituiert sich entscheidend im Rekurs auf Praxis, auf empirische Wirklichkeit. So jedenfalls wollte Friedlaender Vernunft verstanden wissen. Die sollte deshalb auch keinen puristischen Definitionen – etwa der der reinen Vernunft – verpflichtet sein. In ihrer polaristischen Verfassung stellt sich Vernunft gleichsam als grundlegender Parameter für die Genese personaler Individualität dar, von dem aus Wirklichkeit selbstbewußt erfahren, beobachtet, wahrgenommen, erkannt und gestaltet werden kann. Erst das polaristisch vernünftige Individuum, so Friedlaenders These, kann Realität so erfassen, daß es von dieser nicht restlos aufgesogen, aufgehoben, negiert oder überhaupt in Gänze determiniert wird. Letztlich verschreibt sich das Individuum Friedlaenders jener grandiosen Fiktion einer polaristischen Vernunft, die durchgängig Indifferenz, Äquilibration und Ausgleich anstrebt, die also jederzeit vom Prinzip der tätigen Indifferenzierung bestimmt ist, die nie zur Ruhe kommt und doch am Ideal eines äquilibrischen Zusammenspiels von Differenz und Indifferenz ausnahmslos orientiert ist.

Von empirischen Verhältnissen her gelesen, stellt sich dieses Unternehmen zunächst als die Unmöglichkeit selbst dar. Indifferenz nämlich, auf die hin Friedlaender Individualität definiert, ist zugleich Voraussetzung jeder selbstbewußten Realitätserfassung, jeder selbstreflexiven Eigendynamik von Individualität, wie Zielprojektion jedes Verhaltens in der Wirklichkeit. Als Voraussetzung aller Voraussetzungen kommt der Indifferenz so etwas wie eine Universalie zu, die, im Sinne Friedlaenders, immer dann funktionale Qualität besitzt, wenn Polaritäten auftreten, was für eine theoretisch-praktisch orientierte Vernunft konstitutiv ist.

Begehren und Leidenschaft, Lust und Wunsch werden unter der Prämisse dieses polaristischen Vernunftverständnisses nicht mehr als antagonistisch oder kontradiktorisch zur Vernunft aufgefaßt, sondern bilden erst recht jene empirisch kritische Masse, in der sich Vernunft als vernünftig erweist oder sich als Unvernunft herausstellt.

Friedlaender tritt nicht mit der Vernunft, mit dem „Vernunftwillen" gegen „die Gewalt der Naturkräfte"[1] an, die sich in uns als Gefühle, Wünsche, Gelüste, Begierden, Leidenschaften und Triebe äußern, sondern er versucht – auch darin konsequent seinem psycho-physischen Polarismus folgend – Vernunft und Natur als gleichwertige Kräfte zu erkennen, um letztlich mit der sittlichen Vernunft dem Individuum ein Instrument zu geben, mit dem es die Möglichkeit zur „Harmonisierung" (ebd.) von Vernunft und Natur gleichsam selbst in der Hand hat (vgl. unten 1.5).

Polaristische Vernunft als Prozeß hat in Friedlaenders Philosophieren die Aufgabe, jene Bereiche des Wirklichen, des Empirischen zu erkunden, die immer wieder die Kluft, den Riß, den Abgrund zwischen Vernunft und Natur, zwischen Vernunftwille und Naturgewalt bezeichnen. Polaristisch ist diese Vernunft in zweierlei Hinsicht: Zum einen von ihrer selbstreferentiellen Strukturalität her, die im Bereich des Intelligiblen jene Differenzierungen betreibt, die sie als metaphysisch erscheinen läßt, die nicht im direkten Bezug zur empirischen Realität stehen und doch letztlich von dieser ausgehen, die also Fiktionen näher steht, als Realitäten. Zum andern erweist sich Vernunft als polaristisch, insofern sie über den selbstreferentiellen Selbstbezug hinausweisend im relationalen Austausch mit der Wirklichkeit, mit Praxis, sich selbst und die empirische Realität, auf Vernünftigkeit auszuloten vermag.

---

1 Vgl. Katechismus (GS 15, 133 f.)

Die Idee eines vernünftigen Individuums, das sich von seiner Indifferenz polarer Observanz, wie es bei Friedlaender heißt, her bestimmt und das dabei ein radikales Selbstverhältnis begründet, ist nur im Kontext einer Vernunft wirksam, die von relationalen Wirklichkeitsverhältnissen ausgeht, die also zugleich auch von ihrer eigenen Differentialität bestimmt wird. Um nun diese grandiose Fiktion eines schöpferisch indifferenten Individuums literarisch zu erproben,[1] verfaßte Mynona Grotesken, Phantasien, Parodien und Utopien, was aber nicht heißt, daß diese ihren alleinigen Sinn in der Vermittlung Friedlaenderscher Philosophie hätten.

Der Polaritätsgedanke, der vielleicht in sämtlichen Texten Mynonas, mehr oder weniger intensiv, zum Vorschein kommt, läßt sich auf der Erzählebene sowohl als philosophisches Motiv und Implikat ausmachen, wie auch als strukturelles Merkmal einer noch näher zu bestimmenden polaristischen Ästhetik erkennen, für die Friedlaender plädierte (vgl. Teil 3). Die Rezeption dieser Texte betreffend, läßt sich eine doppelte Rolle der Polaritäten ausmachen: Eine ist die von Text und Leser, eine andere die, die sich aus der polaristischen Verfassung der Zeichen ergibt. Sowohl auf semantischer, wie auf syntaktischer, vor allem dann auch auf rhetorischer Ebene spielen Polaritäten eine entscheidende Rolle.

Auf das Verhalten der Zeichen bezogen, ließe sich Friedlaenders Polaritätsgedanke durchaus mit jenen zeichentheoretischen Überlegungen verbinden, die heute den komplizierten Prozessen der Zeichen signifikantenlogisch auf die Spur zu kommen versuchen. Als onto-semiologischen Polarismus könnte man Friedlaenders Kombination aus ontologischen Fragestellungen und zeichenbedingter Beschreibungsrationalität bezeichnen, was eine semiotische oder auch semiologische Lektüre der *Schöpferischen Indifferenz* unschwer zeigen könnte.

---

1 Fiktion bezieht sich hier auf den paradoxen Sachverhalt eines schöpferisch indifferenten Individuums, insofern dieses nämlich die Unmöglichkeit in Person darstellt, indem es eine philosophische Erfindung ist, die für jede Praxis gleichsam universelle Bedeutung erlangen soll. Dagegen sind die Polaritäten, Extreme und überhaupt die Probleme des Polarismus keine Fiktionen (vgl. SI 144).

Überhaupt scheint das Zusammenspiel von Differenz und Indifferenz, wie es Friedlaender diskutiert, noch unentdeckte Möglichkeiten für die Beschreibung literarischer Prozesse bereitzustellen, die tieferen Einblick in poetische und ästhetische Abläufe geben können.

Anhand der epistemologischen Vorgaben, die in den ersten Abschnitten erarbeitet wurden, soll im dritten Teil meiner Arbeit jene Ausdifferenzierung des Grotesken aus der literarischen Phantastik heraus beschrieben werden, wie sie zum einen für Mynonas Texte Bedeutung hat und zum andern darüber hinaus allgemeinere Geltung beanspruchen kann.

Im Rekurs auf die medialen Bedingungen der Möglichkeit des Grotesken im Prozeß der Lektüre, also im Rückbezug der Sprache, der literarisch formalisierten Textualität von Phantastik und Groteskem auf die eigenen Dynamiken, soll die Annahme ausgewiesen werden, daß das Groteske deskriptiv kaum zu erfassen ist, daß es in seiner Radikalität und in seinem Protest allein vom konkreten Prozeß der Lektüre aus überhaupt Wirkung zeigen kann. Insofern ist das Groteske weder nur Struktur, die sich gänzlich einem methodischen Zugriff, etwa einer strukturalistischen Textinterpretation, erschließt, noch ist es nur Prozeß, der ohne strukturelle Elemente eines überzeitlichen, intersubjektiven, intertextuellen Aspekts auskommt. Epistemologisch hilft da weder die Prozessualisierung der Struktur, noch eine Strukturbestimmung des Prozesses. Viel eher müßte man wohl von einem Zusammenwirken im Sinne einer Struktur-Prozeß-Relation oder Struktur-Prozeß-Differenz sprechen, in der die strukturellen Aspekte des Grotesken einen gewissen Grad an Konstanz dessen bedeuten, was als grotesk verstanden wird. Die prozessualen Aspekte würden den gattungstheoretischen, begrifflich und sozialgeschichtlich bedeutsamen und zugleich auch lektürebedingten Wandel beschreiben, der gleichsam die Irreversibilität des Grotesken einbindet. Als Prozeß verstanden ist das Groteske im Kontext seiner Ereignishaftigkeit beobachtet. Als Struktur verstanden, werden die begrifflich veränderbaren Elemente beobachtet, in denen sich das Groteske als grotesk erweist. Der Wandel im Verständnis dessen, was grotesk ist, betrifft also sowohl den Prozeß selbst, wie auch die Struktur des Grotesken.[1]

So wenig, wie sich das Phänomen des Grotesken als solches beschreiben läßt, so wenig, wie die Beschreibung des Grotesken ein Ersatz für seine konkrete Erfahrung in der Lektüre sein kann, so wenig entgeht auch die vorliegende Untersuchung nicht dem Dilemma, von einem Gegenstand zu handeln, nämlich dem Phantastischen und Grotesken, der sich ihr dauernd zu entziehen scheint. Fast könnte man behaupten, daß die literaturwissenschaftliche Bemühung, den Phänomenen von Phantastik und Groteskem beschreibend auf die Spur zu kommen, notwendigerweise selbst ins Groteske gerät, daß also auch die vorliegende Untersuchung zwangsläufig groteske Züge annimmt.

---

1 Was den erkenntnistheoretischen Sachverhalt der Struktur-Prozeß-Differenz anbelangt, vgl. Luhmann 1984a, 73 f.

„Jede Wirklichkeit ist ihrem Wesen nach bipolar ..."[1]

1. Transformation der Polaritätsphilosophie

1.1. Schöpferische Indifferenz: 1918

„mit wem", so fragte sich 1980 Hartmut Geerken, Friedlaender/ Mynonas Nachlaßbetreuer, in Athen, „erreichte der deutsche philosoph & dichter friedlaender/mynona der 1946 in paris auf armenkosten beerdigt wurde im jahre 1918 in wien wo er wohlgeboren war einen schöpferisch indifferenten höhepunkt."[2] Von der inneren Logik jener Idee aus betrachtet, die Friedlaenders schöpferischem Indifferentismus zugrunde liegt, ließe sich antworten: selbstverständlich mit sich selbst. Denn „gerade die Selbsteigenheit ist die Voraussetzung alles Andern" (SI 345) und somit auch jeder Erfahrung, die man macht. Erst im „sichersten Selbstbesitz", so Friedlaender, kommt die „schöpferische Indifferenz aller Differenz" (SI 346) zum Vorschein, die gleichsam Ort, Anfang und Ende aller Erfahrung ist.

Von Mynona autobiographisch berichtet, scheint allerdings etwas ganz anderes nahe zu liegen. Danach nämlich „stöberte" sein Freund Arthur Rundt, der in Wien ein Theater leitete und am 13. April 1918 Mynona in seinem Salon „sprechen ließ", „noch in letzter Minute" ein „süßes Wiener Mädel" auf, so daß Mynona „hinter den Freudensatz" seines Wiener Aufenthaltes noch einen „wollüstigen Punkt" setzen „durfte".[3]

Hier nun aber allein die Spur der sich unweigerlich aufdrängenden Sexualmetaphorik zu verfolgen, hieße den doppelten Sinn der rhetorischen Frage Geerkens außer Acht zu lassen. Die zielte ja nicht nur darauf, das „süße Wiener Mädel" ausfindig zu machen, sondern vielmehr noch auf die Erörterung dessen, was Friedlaender eigent-

---

1   Whitehead 1982, 210
2   Geerken 1981, 43
3   Autobiographie, 83

lich unter seiner Idee der schöpferischen Indifferenz verstand. Denn bevor dies nicht geklärt war, ließ sich die Frage auch gar nicht beantworten.

Vielleicht kam es ja tatsächlich zu jener „Kapitulation des Schöpfers vor dem ‚Andern'" (SI 345), etwa der Mynonas vor dem „Mädel". Dann wäre er allerdings, wie Friedlaender schreibt, der „gefährlichsten Selbstversuchung des Schöpfers" „allzumenschlich erlegen" (ebd.), die nämlich gerade nicht zum „schöpferisch indifferenten höhepunkt" führt, nach dem Geerken fragte.

Die Komik, die in dieser von Friedlaender/Mynona ausgehenden kombinierten Geschichte steckt, hat Methode, führt sie doch direkt auf einen Zug Friedlaenderschen Philosophierens, der bei aller Abstraktion, Reflexion und Deskription, der also bei allem Ernst der Sache gegenüber von ihm selbst nicht vernachlässigt wird: Gemeint ist die Ironie des eigenen Tuns.

Im Motto Nietzsche zitierend: „Werden sich meine Leser einen einzigen Gedanken und diesen in hundert und aberhundert Wendungen und Beleuchtungen gefallen lassen?" (SI 647), leitet Friedlaender seine polaritätsphilosophische Studie *Schöpferische Indifferenz* ein, die hier zunächst von ihrem Erscheinungsdatum her erörtert wird.

1918, inmitten revolutionsartiger Umwälzungen von Gesellschaft (der Zweite Weltkrieg ging zu Ende, die Republik wurde in Deutschland ausgerufen, in Bayern schlug man die Räterepublik nieder), von Wissenschaft (allmähliche Umsetzung der Einsteinschen Relativitätstheorie in Wellen- und Quantenmechanik), von Literatur und Kunst (die ersten Berliner Dadaabende wurden veranstaltet), erschienen, fand sie in den zwanziger Jahren einige Beachtung. Walter Benjamins Wertschätzung[1] gehörte ebenso dazu, wie die Bewun-

---

1 „Ich [Gershom Scholem] verdanke ihm [W. Benjamin] unter anderm die Bekanntschaft mit den Grotesken [...] von Mynona, vor allem mit dem Band *Rosa die schöne Schutzmannsfrau*, einem unübertroffenen Werk dieser Gattung [...]. Die philosophischen Hintergründe dieser Geschichten beschäftigten Benjamin und haben dann zu seiner hohen Wertschätzung von Mynonas unter seinem bürgerlichen Namen Salomo Friedlaender erschienenem Hauptwerk *Schöpferische Indifferenz* geführt." Friedlaender

derung von Literaten[1] und Künstlern[2] jener Zeit, wobei sicherlich Kubins uneingeschränkte Aufnahme der *Schöpferischen Indifferenz,* was kunstphilosophisch und -theoretisch noch zu entdecken wäre, ins Auge fällt.[3]

Daneben zeugen noch kleinere Arbeiten zu Friedlaender/Mynona davon, daß die *Schöpferische Indifferenz,* oder zumindest ihre Idee, im Berlin um 1918 bekannt gewesen sein dürfte. Gleichwohl war es häufig auch eine unzureichende Kenntnis dieser Idee, so daß Mißverständnisse quasi notwendigerweise aufkamen. Friedlaenders Vetter und Schwager Anselm Ruest[4] wäre hier mit seinem Personalismus ebenso zu nennen, wie die schroffe Ablehnung Friedlaenders durch Thomas Mann[5] oder die verquere Inanspruchnahme seines Polarismus durch Kurt Hiller (1920). Aber es war ja gerade die Unzugänglichkeit eines schöpferisch indifferenten Polarismus, die Friedlaender überwinden wollte. Aus dem zuweilen schwierigen Zugang zu dem, was damit gemeint war, machte Friedlaender keinen Hehl, obwohl er letztlich diesen Zugang für das einfachste Tun hielt.

In mehreren hundert Aufsätzen, Artikeln, Essays und Rezensionen lenkte Friedlaender die Aufmerksamkeit auf seinen Polarismus, so daß durchaus und ohne weiteres die Idee einem größeren Publikum zugänglich war. Universitätsphilosophisch hatte man diese Stu-

---

„war mit Benjamin, der öfters recht positiv über ihn sprach, seit seiner Zeit der Neupathetiker [Neo-pathetisches Kabarett, gegründet 1910] bekannt." Scholem 1975, 62 f.

1 Otto Flake zählt Mynona zu den Vätern des Dadaismus, vgl. Autobiographie, 73 u. GS 4, 419 f. Karl Kraus ließ 1928 in seinem Verlag Mynonas Buch *Mein hundertster Geburtstag* erscheinen, vgl. GS 8, 522 ff.

2 Neben George Grosz schätzte vor allem Kubin Friedlaender/Mynonas Arbeiten. Grosz, der anarchistisch orientierte Künstler und Mitbegründer der KPD, äußerte sich allerdings sehr kritisch zur Idee einer „schöpferischen Indifferenz", wie er sie verstand. Vgl. Wolfradt 1921, 15.

3 Vgl. Briefe Kubin

4 Zusammen mit Anselm Ruest (anagrammatisches Pseudonym von Ernst Samuel, dem jüngeren Bruder von F/Ms Schwager, arbeitete Friedlaender/Mynona an der Zeitschrift *Der Einzige.*

5 Vgl. Geerken 1980, 294

die kaum ernsthaft rezipiert oder zur Kenntnis genommen. Gleichwohl gab es Ausnahmen, so z. B. bezüglich Friedlaenders Nietzsche-Buch von 1911.[1] In seiner eigensinnigen, aphoristisch-elliptischen, weniger streng systematisch geordneten, darin dann aber doch auch auf Klarheit und Anschaulichkeit der Begriffe bedachten Darstellungsweise, die weder im Fragmentarischen, im Unverbindlichen flottiert, noch die Sache, um die es geht, im Systematischen sich verklemmen läßt, hätte dieses Buch wahrscheinlich auch das Interesse des Philosophen und Soziologen Georg Simmel gefunden, der sich für Friedlaenders Polarismus empfänglich zeigte.

Friedlaenders Ausdifferenzierungsprogramm der schöpferisch indifferenten Persönlichkeit, der „eigenen persönlichen Indifferenz", das sich gleichsam von der Innendifferenzierung her, Individuum, Ich, Person betreffend, auf die Ausdifferenzierung, Gesellschaft und Umwelt betreffend, einließ, war immer auch auf „soziale Differenzierung" (SI 306) ausgerichtet.

Mit seinen Studien *Über soziale Differenzierung* (1890), zu *Schopenhauer und Nietzsche* (1907) sowie über *Individualismus* (1917) seien nur einige Stichworte aus Simmels Schriften genannt, die auch für Friedlaender, wenn auch mit anderer Akzentuierung, Bedeutung hatten – gleichwohl blieb F/M zu Simmel in kritischer Distanz. Mit Simmel, der bis 1914 in Berlin lehrte, war Friedlaender persönlich bekannt. Beide standen miteinander in Briefkontakt.[2] Friedlaenders Absicht, Simmel die *Schöpferische Indifferenz* (1918) zuzueignen, konnte sich nicht erfüllen.[3] Noch vor Erscheinen des Buches starb

---

1 Georg Simmel soll in Seminaren Friedlaenders Nietzsche-Buch äußerst positiv beurteilt haben (Autobiographie, 71).
2 Erhaltene Briefe in Bd. 22 der Simmel-Gesamtausgabe (2005).
3 Vgl. Autobiographie, 71. Simmel setzte sich auch für Friedlaenders 1911 erschienenes Nietzsche-Buch ein. „Professor Georg Simmel interessierte den Verlag Göschen für mein Buch über Nietzsche, das diesen als Paradigma meines Indifferentismus polarer Observanz aufzeigte. Lublinski, der berufenste Kritiker dieses Buches, starb gerade, als ich es ihm zusandte. Dieser selbe Unstern verfolgte mich, als ich Simmel meine ‚Schöpferische Indifferenz' zueignen wollte." (ebd.)

Simmel am 26. Sept. 1918 in Straßburg, wo er seit 1914 eine Professur innehatte.

1918 erscheint auch Ernst Blochs Philosophie des Aufbruchs, *Geist der Utopie,* deren expressionistischer Sprachduktus den „Anfang einer neuen Metaphysik, das stürmisch-ahnungsvolle Präludium zur utopischen Hoffnungsphilosophie"[1] bedeutete und die eine ungleich breitere Wirkung erzielte, als Friedlaenders Polaritätsphilosophie. Beide Bücher aber, *Geist der Utopie* und *Schöpferische Indifferenz,* lassen sich trotz ihrer widerstreitenden philosophischen Positionen, die zuweilen bis ins Grundsätzliche reichen, in der Weise sinnvoll aufeinander beziehen, wie sie beide eine Lösung des Individualismusproblems ins Auge fassen, das im sozialrevolutionären Zeitgeist um 1918 als *movens* jeder Aktion und jeder Bewegung zugunsten des Kollektivgedankens unterzugehen drohte. So, wie sich Friedlaender gegen stupide Personalismen und individualistische Einseitigkeiten wendete, richtete sich Bloch gegen orthodoxe Auffassungen von Kommunismus.

Als drittes bedeutsames Buch eines schöpferischen, im Gegensatz zu Bloch und Friedlaender gerade das Jüdische betonenden Philosophierens um 1918 gilt Franz Rosenzweigs *Der Stern der Erlösung* (1921). Als „große idealistische Darstellung"[2] geschrieben, endet es mit jenen Gedanken von „der innersten Mitte",[3] der an Friedlaenders „Mitte aller Mitten" (SI 331) denken läßt.

Im Unterschied zu Friedlaenders und Rosenzweigs Hauptwerken jener Jahre fanden Blochs messianische Posaunenstöße schon früh offene Ohren. Das Pathos der Indifferenz konnte dem an Wirksamkeit nichts Vergleichbares entgegensetzen.[4] Die spekulativen Kombinationen aus Philosophie, Musik, Religion, Kunst, Geschichte

---

1 Drews 1975, 24
2 Moses 1985
3 Rosenzweig 1921, Dritter Teil, 210
4 Rezeptionsgeschichtlich bleibt anzumerken, daß *Geist der Utopie* bereits 1923 eine Neuausgabe erhielt, während die *Schöpferische Indifferenz* erst drei Jahre später, 1926, in einer zweiten, mit einem Vorwort versehenen, Auflage erschien. Zur Rezeption von *Geist der Utopie* vgl. *Ernst Blochs Wirkung. Ein Arbeitsbuch zum 90. Geburtstag,* Frankfurt: Suhrkamp 1975.

und Politik, die zu metaphysischen Vagheiten und eher fragmentarischen, denn systematisch gesicherten Thesen führten, wurden in *Geist der Utopie* mit mehr politischer Emphase und subjektiver Ungeduld aufgeschrieben, als es für Friedlaender in Frage zu kommen schien.

Blochs angestrebte Lösung der sozialen Frage, die Friedlaender nicht weniger beschäftigte,[1] war so sehr ins Zukünftige verlegt – nicht was den Anfang, die revolutionäre Gärung betraf, sondern was als teleologische Perspektive erschien –, daß Friedlaender viel zu viel Aufschub und Versprechen vermutete und daher auch das Blochsche Unternehmen letztlich für verfehlt hielt.[2]

Beide Schriften, die weniger im Stil universitätsphilosophischer Abhandlungen verfaßt wurden, verfochten ihre Ideen eher rhetorisch-persuasiv, also auf Überzeugung hin ausgerichtet, denn nüchtern und unspektakulär. Im Gegensatz zu Bloch schien Friedlaender aber schon auf einer ausgefeilten Spur zu sein, von der aus die Winkel des philosophischen Diskurses, um den es Friedlaender ging, polaristisch ausgeleuchtet werden konnten. Bloch dagegen schien überall Lichter und Fackeln zu entzünden, ohne weiter auf deren Schein zu achten.

Die rasante Phänomenologie von *Geist der Utopie* lag viel direkter am Puls der Zeit, als es Friedlaender sich für seine *Schöpferische Indifferenz* vielleicht erhoffte. Letztlich schien sich das, was Friedlaender von seiner Idee an Kubin 1916 schrieb, nämlich daß bei der *Schöpferischen Indifferenz* auch mit „prekären" Aspekten zu rechnen ist,[3] auf das gesamte Buch zu übertragen. Insgesamt erschien der *Geist der Utopie* ansprechender als Friedlaenders schöpferischer Indifferentismus. Mit berauschender Metaphorik, aber auch im expressiven Marschallton eines apodiktischen Indikativ verfaßt, dabei die Lage der Situation um 1918 scheinbar klärend, ging Bloch in die

---

1 Vgl. Friedlaender: *Das Individuum und die soziale Frage* (1913; GS 2, 385-389) und die *Ergänzung* dazu (GS 2, 390; vgl. GS 10, 649). Siehe auch: Mynona: *George Grosz* (1922; GS 13).

2 Vgl. Friedlaender: *Der Antichrist und Ernst Bloch* (1920; GS 3, 608-623)

3 Vgl. Briefe Kubin, 56

Offensive: „Wie nun? Es ist genug", heißt es in der ersten Fassung von *Geist der Utopie,* was dann fünf Jahre später als Frage verschwindet und apodiktische Gewißheit suggeriert, denn dann ist klar:

„Ich bin. Wir sind.
Das ist genug. Nun haben wir zu beginnen. In unsere Hände ist das Leben gegeben. Für sich selber ist es längst schon leer geworden. Es taumelt sinnlos hin und her, aber wir stehen fest, und so wollen wir ihm seine Faust und seine Ziele werden."[1]

Ein Anfang, der keinen Zweifel über das Ende einer Epoche aufkommen läßt, die das Zeitalter des Liberalismus heißt, und deren antiliberalistische Verfassung bis in die zwanziger Jahre hinein fortwirkte. Gegen Restauration und Establishment antidemokratischer Ordnungen, die noch als Relikte wilhelminischer Hochkultur ausharrten, setzte Bloch einen bis dahin nicht gekannten Stil utopischen Denkens und Schreibens, der überall in Kunst und Literatur, in Musik und Gesellschaft gärende Konflikte aufgriff und deren revolutionäre Impulsivität entdeckte. Bloch ging es aber nicht allein um die Beobachtung dieser Vorgänge. Ihm ging es nicht, wie es zuvor etwa die italienischen Futuristen als Kult stilisierten, um die bloße Geschwindigkeit der Veränderung, sondern er wollte im Geiste der Utopie dem revolutionären Impuls Ausdruck geben und zugleich eine sozialistische Richtung und Perspektive aufzeigen. Seine sozialutopischen Vorstellungen verwiesen aber auf einen Weg, dessen Zehrung gänzlich aus messianischer Hoffnung zu bestehen schien. Um 1918 vermochten dies nur wenige, wie es schien, zu erkennen. Die historisch längst besiegelte Enttäuschung, die jenem utopischen Programm verdeckt eingeschrieben war, realisierte sich schon selbst 1918, also nicht erst im Verlauf der 68er Bewegung.

Als prosaischer Ausweis für Hoffnung oft zitiert, lesen sich die letzten Sätze von *Das Prinzip Hoffnung,* auf das hin sich Blochs utopisches Denken entwickelte so, als wäre Friedlaenders Experiment der *Schöpferischen Indifferenz* noch keinem geglückt, als hätte es notwendigerweise auch noch keinem glücken können, denn: „Die

---

1 Bloch 1918, 2. Fassung 1923, 11 (1. Fassung 1918, 19)

wirkliche Genesis ist nicht am Anfang, sondern am Ende", schreibt Bloch,

> „und sie beginnt erst anzufangen, wenn Gesellschaft und Dasein radikal werden, das heißt, sich an die Wurzel fassen. Die Wurzel der Geschichte aber ist der arbeitende, der schaffende Mensch. Hat er sich erfaßt und das seine ohne Entäußerung in realer Demokratie begründet, so entsteht in der Zeit etwas, das allen in die Kindheit scheint und worin noch niemand war: Heimat."[1]

Wahrhaft utopisch setzt Bloch den Hebel Hegel-Marx an, um den Vorschein von etwas zu verwirklichen, von dem der Mensch bisher nur den Traum hat, was sich ja schon in den Marxschen Frühschriften ankündigte.

Daß aber dieser „arbeitende, schaffende, die Gegebenheiten umbildende und überholende Mensch", daß also der Mensch als sein eigener Schöpfer, als Schöpfer, der Schöpfung zur eigenen Sache macht, nicht linear auf jenen Vorschein der Kindheit zu verpflichten oder zu vertrösten ist, davon geht Friedlaender aus. Die Geschichte kennt kein Paradies, auf das hin sie sich bewegt. Von daher sieht Friedlaender die Entwicklungsgeschichte von Individuum und Gesellschaft viel pragmatischer, realistischer, viel mehr vom real Möglichen aus betrachtet. Scheitern der eigenen Idee wird konstitutiv seinem Polarismus eingeschrieben. Nichts wird versprochen, was man sich selbst gegenüber nicht zu halten vermag.

Mit Jean Paul, den Friedlaender sehr schätzte, würde er gegen Bloch einwenden: „Ach, wenn jedes Ich sein eigener Vater und Schöpfer ist, warum kann es nicht auch sein eigener Würgeengel sein?"[2] und dies, sowohl was seine individuale, wie gesellschaftliche Verfassung anbetrifft. Für Bloch war die Umbildung von Gesellschaft und Individuum ein revolutionärer Prozeß, an dessen Ende es jene Früchte geben sollte, die Friedlaender im Prinzip der schöpferischen Indifferenz schon längst für reif hielt.

---

1 Bloch 1959, 1628
2 Jean Paul: *Siebenkäs*, Zweites Bändchen, Erstes Blumenstück: *Rede des toten Christus vom Weltgebäude herab, daß kein Gott sei*

Während Bloch die Veränderungen von „Gesellschaft und Dasein" gleichsam prognostizistisch an die Lösung der sozialen Frage knüpfte, geht Friedlaender von umgekehrter Sicht aus. Friedlaender traute nicht der revolutionären Verheißung, daß die parteihierarchisch organisierte Enteignung von Privateigentum an Produktionsmitteln, die zur weniger staatlich, denn parteilich kontrollierten Aufsicht über die Produktionsverhältnisse führen sollte, auch tatsächlich als Lösung der sozialen Frage anzusehen wäre. Er widersprach dieser eindimensionalen Kausalität, dieser Ideologie des Primats der Außenverhältnisse, indem er jegliche Form von Realität und Prozessen auf sein relationales Prinzip der polaristischen Differenz von Differenz und Indifferenz bezog. Das Schema von Innen und Außen war dann nur noch eine speziellere Beschreibungsform für das Zusammenspiel polaristischer Kräfte, wobei, wenn es um Realitäten, Ereignisse, Prozesse ging, immer von Differenzen auszugehen war. Die Indifferenzierung der Innendifferenzen war dabei Voraussetzung zur Indifferenzierung der Außendifferenzen. Von daher erschien Friedlaender die revolutionäre Ausrichtung allein auf außenperspektivische Veränderungen als einseitig und damit letztlich als verfehlt, wenn man sich davon, quasi automatisch, auch eine Veränderung der Innenverhältnisse in gleicher Richtung erhoffte. „Es gibt eine individuale, aber keine soziale Frage" (SI 306), lautet seine Polemik, mit der er gegen die Vergesellschaftung des Denkens um 1918 protestierte. Friedlaenders Behauptung: „Die Lösung des individualen Problems ist von selber die des sozialen" (SI 198), scheint allerdings auch von Versprechen und Verheißung getragen zu sein und zugleich jenen Auffassungen bürgerlicher Verantwortungsethiken und Selbstbehauptungsstrategien zu entsprechen, wie sie von der sozialistischen Linken attackiert wurden, weil sie eben nicht dem proletarischen Schicksal Auswege boten. Voreilig ließe sich Friedlaenders Insistieren auf Individualität als Neo-Aristokratismus bezeichnen, was allerdings die Sache, eine polaristische Ethik, gänzlich verfehlen würde.

Friedlaenders Polemik gegen die um 1918 zeitopportunen Sozialutopien, sei sie nun gegen Bloch oder Grosz gerichtet, wendete sich immer gegen einen Aufschub von dem, was schon jetzt zu haben sein konnte. Und dies war eben jene „schöpferische Indifferenz", jene eigenste Initiative, die überhaupt erst Realität gestalten, beeinflussen und umbilden kann, die also jene „Gegebenheiten umzubilden" vermag, von denen Bloch sprach. Nichts wird damit auf Zukünftiges verschoben. Augenblickliche Gegenwart, spontane Aktion schöpferischer Wirklichkeitsaneignung, lebendige Indifferenzierung aller Gegensätze, das ist die Hochzeit der „schöpferischen Indifferenz". Uneingeschränkte Spontaneität des individualen Selbst, das ist die Sprungfeder zur „Überwindung alles Augenscheins" (SI 108). Aber:

> „Solange Freiheit selber schnarcht, sich zum Traum, zum Märchen geworden ist, solange der alleroberste Instinkt sich selber allzumenschlich entfremdet bleibt, solange der Schöpfer sich selbstvergessen in (ob auch noch so ‚geniale') Geschöpfe verliert, kommt die Welt nicht zum klaren Vorschein, am wenigsten der Mensch, das ausgezeichnetste Werkzeug der Spontaneität." (ebd.)

Traum und Märchen als Metapher der Freiheit, wie Friedlaender sie auch im sozialutopischen Denken aufschließt, verweisen auf eine Freiheit, die sich in Scheinrealitäten und Projektionen zu verlieren scheint. Aber gerade darin laden Utopien zu Identifikationen ein, zu Aneignungen von Wunschbildern, die es nur in der aufschiebenden Imagination gibt und die trotzdem einen Sog bilden, der gleichsam entscheidend das Ziel bestimmt. Bei Bloch liegt Utopia da, wo Imagination und Realität zusammenfallen, wo Freiheit und Heimat ihren Ort haben.

Für Friedlaender hat Freiheit nur im Zusammenhang mit Notwendigkeit Bedeutung: „Freiheit, in sich selber fanatisch anarchisch, ist objektiv doch gerade das Prinzip aller gesetzmäßigen Ordnung. Das verkennen die Fanatiker der Freiheit, die Anarchisten." (SI 540) Es geht also nicht um eine Freiheit an sich, sondern um eine, die schöpferische Tätigkeit ermöglicht, um „schöpferische Freiheit", die „menschlich vor sich selber verhüllt, unfähig" ist,

> „den Menschen, den letzten Schleier zu lüften, nach außen zu tun". Sie erscheint „sich selber nur [als] eine alte Fabel ohne

Wirklichkeit oder ein ‚Jenseits', ein Nach-dem-Tode. Man befreit lieber andre als sich selber, als ob nicht die Selbstbefreiung die einzig mögliche wäre." (SI 539)

Friedlaenders Philosophieren, so scheint es, läßt sich auf keinen Aufschub der Gegenwart ein und doch entgeht es ihm insofern nicht, wie auch die „schöpferische Indifferenz" nicht voraussetzungslos zu erreichen ist, also eine Zielprojektion bildet, auf die hin sich das Individuum zubewegt und doch gleichsam von ihr auszugehen hat. Es strebt gleichsam nach einem Ziel, das längst in ihm selber angelegt ist und nur noch von unzähligen Differenzen freigelegt werden muß, um als eben jene „schöpferische Indifferenz" zur Geltung zu kommen, in der Ziel und Weg, Sehnsucht und Zweck des Individuums zusammenfallen. „Persönliche Indifferenz", „lebendige ‚Mitte'", „lebendige Neutralität" (SI 163, 145, 181), die Unmöglichkeit selber als Notwendigkeit jeder Erfahrung, gleichsam die Paradoxie als Programm der Realitätsaneignung, all dies sind Stichworte für ein Erfassen realer Gegenwart, wie es Friedlaender vorschwebte.

Gerade das scheinbar oder offensichtlich tatsächlich so Unvereinbare wird hier zum *movens* der persönlichen Indifferenz: „Lebendigkeit und Identität, augenscheinlich inkompatibel, verständigen sich nur innerlichst schöpferisch als persönliche Indifferenz." (SI 181) Die personifizierte Kombination aus Lebendigkeit und Identität, in der sich historische Zeitlichkeit (Leben) und zeitlose Form (Identität) als „lebendige Indifferenz" (SI 147) zusammenfügen, bildet gleichsam so etwas wie die Irrealität in Person. Friedlaender meint dies nicht nur im epistemologischen Sinne, sondern auch ganz praktisch und daher erscheint diese Irrealität, diese Irrationalität als einzige Möglichkeit von Person überhaupt. Praktisches Erleben aus dem Geiste der Indifferenz, was ursprüngliche Erfahrung und momentane Gegenwart zusammentreffen läßt, das ist die Vergegenwärtigung des Individuums als Person, als im Leben stehende Indifferenz, von der alle Genesis ausgeht.

Genesis, die Bloch teleologisch fixiert, ans Ende der Geschichte verlegte, hat bei Friedlaender ihren Ort, ihr raum-zeitliches Geschehen im schöpferisch indifferenten Hier und Jetzt.

Polarität, die diesem konkreten, fast schon pragmatischen Verständnis von Genesis zugrunde liegt, ist als Phänomen so alt, wie die Spekulationen über den Ursprung der Materie reichen. Bei Friedlaender gerinnt sie aber weder zur urzeitlich verlagerten Mythologie, noch zur Eschatologie eines quasi post-apokalyptischen Denkens, wie es in den achtziger Jahren in Mode gekommen ist (vgl. Derrida 1985).

Weder apokalyptisches noch eschatologisches Denken, weder Hoffnungsphilosophie noch utopistische Weltenschau lassen sich auf Friedlaenders Polarismus ummünzen. Um die Differenzen zum Blochschen Denken, daß sich in diese Richtung bewegte, deutlich zu machen, nutzte Friedlaender das Erscheinen von *Geist der Utopie* als Gelegenheit einer gründlichen Auseinandersetzung mit dessen „Pathos ... apokalyptischer Attitüde" (GS 3, 622) So charakterisierte er den „Ernst dieses Utopisten" – „Ernst, dieses unmißverständlichste Abzeichen des mühsameren Stoffwechsels" (ebd.) – Ernst Bloch.

Radikal, polemisch, ironisch, wortspielerisch, mit beißendem Scharfsinn vorgetragen, analysiert und kritisiert Friedlaender jenen *Geist der Utopie*, der ihm zu sehr mit „apokalyptischen Flausen" (ebd. 620) durchsetzt schien, weil Bloch „nach dem jüngsten Gerichte" lechzt (ebd. 615) Am härtesten mußte Bloch wohl der Vorwurf getroffen haben, dem zufolge Friedlaender, der selber der Kantischen Vernunft den Schlag des „kritischen Polarismus" versetzte, seinen *Geist der Utopie* als mit dem „Zeitalter der geistreichen Unvernunft" (ebd. 614) für vereinbar hielt. Als Positivum „dieser dumpfen Predigt" (ebd. 616) Blochs vermerkt Friedlaender, ganz in seinem Interesse, den „utopischen Geist des überschwenglich Innern": „Dieser Geist der Utopie wäre hoch und tief zu nennen, das Buch gewichtig und maßgebend, wenn der Autor nicht in der geistreichsten und zugleich fanatischsten Weise irrte." (ebd.) Blochs Irrtum, den Friedlaender unter der expressiven Sprachgewalt seines Utopismus freilegt, entzündet sich am Leib, den dieser Geist, so Friedlaender, einer christlichen Askese unterwerfen will. Daher die Entmaterialisierung der Liebe, – „die Liebe ist kein organischer, sondern ein theologischer Zustand"[1] – dem setzt Friedlaender deren bewußte, nicht jenseitige, sondern diesseitige Materialisation entgegen, was nicht heißt, das es bei Friedlaender weniger metaphysisch zugeht.

Liebe, deren individuale Äußerung Körper und Geist in die vielfältigsten Formen, Paradoxien und Widersprüche des Alltags verstrickt, ist auch für Friedlaender „kein bloßes Gefühl, nichts lediglich Irrationales im Gemüte, kein bloßes Pathos, sondern die Urheberin Identität des ordentlichen Polargesetzes." (SI 361)

Blochs Theologisierung der Liebe, die im Ideal christlicher Nächstenliebe mündet,[2] behauptet in ihrem Kern aber auch so etwas wie die Indifferenzierung aller äußeren Einflüsse, aller Differenzen, die die Liebe zum andern stören könnten: „... das Ich wie das Du bleiben erhalten im Dritten, dem dereinstigen Allgegenwärtigen Aller in Allem ..." (ebd. 267), was bei Bloch zur sozialutopischen Variante der All-Einheit, des *Hen kai pan* erweitert wird. Trotzdem bleibt diese Liebe einseitig, idealistisch, jenseitig auf das sehnsüchtige Streben nach allumfassender Erfüllung des Daseins hin orientiert.

Für Friedlaender stellte sich das Problem Liebe anders. So begreift er das Gegenteil von Liebe, Haß, als notwendig zum Verständnis von Liebe dazugehörig. Denn Liebe und Haß, diese Extreme persönlicher Lebenserfahrung,

> „jedes in seiner Einseitigkeit, würden alle Äußerungen, alles Außen unmöglich machen. Die Welt als Welt ist nur möglich, wenn sie zwischen der Trennung und der Verbindung ihrer Teile pulsiert. Sympathie daher enthält bereits ein Korn Salzes vom andern Extrem; wie Antipathie stets ein Zuckerkorn Sympathie, so daß die Gegenseitigkeit auf Grund der intimen Identität, dieser notwendigen Funktionärin alles Unterschiedes, wohl gewahrt bleibt – wenn eben diese persönliche Identität sich selbst präzis zu wahren weiß; nur dieses ist die Weisheit, ja Allmacht der Liebe." (SI 359 f.)

---

1 Bloch 1918, 242
2 Bloch 1918, 267

Eine paradox-realistische Sichtweise von Liebe, die man bei Bloch vermißt.

Friedlaender geht von einer doppelten Polarität Liebe (Haß) und Haß (Liebe) aus, um damit gleichsam eine Formel zu haben, die das Fremde im Andern bannt, das in einem selbst steckt und von dem die paradoxen Verhaltensweisen auszugehen scheinen. Gegen die Pathologisierung und Irrationalisierung von Liebe setzt er eine überzeugende pragmatische Formel für den Umgang mit ihr. Die Fallen der Liebe, die sich zumeist aus ihrer idealistischen Vereinseitigung ergeben, werden nicht theologisiert, sondern empirisch erkannt und angegangen. Dabei kommt Liebe als Differenzphänomen in den polaristischen Blick, der Liebe und Selbstliebe gleichermaßen einfängt. In diesem Sinne ist Liebe Ausdruck, Metapher von dem, was theoretisch die Einheit der Differenz von Differenz (Liebe und Haß) und Indifferenz (Liebe/Haß, Haß/Liebe) meint, in der die Unterschiede ja weiter bestehen.

Identität, als deren Urheberin Friedlaender Liebe versteht, ist im polaristischen Sinne „lebendig, fruchtbar" (SI 359). Zugleich definiert sie Liebe als Einheit, wie überhaupt die Liebe „eine" ist und „ihre Äußerung vielfach, ihr Resultat der abgeschlossene reine Kreis dieser Vielheit." (SI 360)

Friedlaenders polaristische Auffassung von dem, fast könnte man sagen, wie Liebe funktioniert, entparadoxiert den Umgang mit ihr, der sich ja geradezu als Paradigma der Alltagsparadoxien herausstellt. Liebe als kommunikationslogisches Verhalten verstanden, scheitert dann, wenn sie nicht in ihrer polaren Gegensätzlichkeit gesehen wird. Was Paul Watzlawick und Niklas Luhmann[1] Riesenauflagen bescherte, nämlich die Erörterung realer Möglichkeit, den Alltagsparadoxien, die sich im Umgang mit Liebe ergeben, nicht mit Paradoxievermeidung und -abwehr, sondern mit deren kreativer Aufnahme zu begegnen, läßt sich als Grundstrategie polaritätsphilosophisch motivierter Liebeskonzeption beschreiben, insofern sich Liebe überhaupt konzeptionell, theoretisch einfangen läßt.

---

1 Watzlawick: *Anleitung zum Unglücklichsein* (1983); Luhmann 1984b

Bloch erscheint dagegen noch sehr betulich, wohingegen Friedlaender auf den dionysischen „Protest des Fleisches" setzt, der sich nicht vom „christlich-asketischen Geist" ins Verhaltenskorsett zwingen läßt, denn: „Nicht der Leib, sondern der Geist, welcher ihn beschmutzt, ist schmutzig" (GS 3, 620), lautet ein noch immer aktueller Aphorismus Friedlaenders. Liebe ist eine Frage des Habitus, des Umgangs mit ihr, mit sich und mit dem Anderen. Was in der *Schöpferischen Indifferenz* als dionysische Liebeskonzeption erscheint, deren verdeckter Apollinismus allemal wirksam ist, fällt auf den ersten Blick gänzlich antierotisch aus, was ja als Stilelement der literarischen Phantastik neben Mynona u. a. auch bei Paul Scheerbart oder Gustav Meyrink im Unterschied zu den tatsächlichen Antierotikern wie Hanns Heinz Ewers oder Stanislaus Przybyszewski zu bemerken ist.

In der Auseinandersetzung mit Bloch wird der Unterschied zu Friedlaender in Bezug darauf, wie Liebe zu verstehen ist, da deutlich, wo die Immanenz-Transzendenz-Differenz entschieden wird:

> „Die christliche Liebe verlangt das Menschenopfer für das Jenseits und predigt im Diesseits einen Altruismus, der die Schwachen an Leib und Geist schont. Die dionysische Liebe kennt nur das Diesseits, verlacht alles Jenseits als Humbug und opfert alles Schwache und Kranke [nicht alle Schwachen und Kranken, ein von Friedlaender/Mynona stets betonter Unterschied sowohl der Beschreibungs- wie der empirischen Verhältnisse; RS] dem heiligsten Egoismus ..." (ebd.)

Bloch, so Friedlaender, verkennt diesen Egoismus. Er verkennt das grundlegende Selbstverhältnis individualer Subjektivität auch deshalb, weil er, wie Friedlaender annimmt, bei sich selbst noch im Unklaren ist. Im wahrsten Sinne polaristisch fordert Friedlaender Bloch auf, diese Unklarheit schöpferisch aufzugreifen und „sofort" einen „Anti-Bloch" (ebd. 621) zu schreiben. Mehr noch soll er den „Kampf zwischen Christ und Antichrist" in sich selber ausfechten. Erst dann ergibt sich auch die Perspektive einer Utopie, die bisher bei Bloch noch nicht „sonnig-irdisch" (ebd.) ausfällt.

Auch wenn Friedlaender nicht gänzlich mit Bloch brechen will, so bleibt doch die Kritik fast unversöhnlich:

> „Nehmen Sie sich in acht, Herr Bloch! Lassen Sie sich doch nicht ebenfalls einfangen, Sie, ein Geist der Utopie des echten Lebens! Nennen Sie doch die Dinge bei ihrem wahren, gesunden, irdischen Namen und lassen Sie die apokalyptischen Flausen! Das Eschatologische sieht wirklich viel fleischhaltiger und rotbäckiger aus, als Sie christlich affektieren. Sie schlagen auf rechtem Wege die falsche Richtung ein: es geht aus dem Nichts in die Welt, nicht aus der Welt ins Jenseits. Lassen Sie die Priesterei! Werden Sie nüchtern und profan! Sehen Sie ein, daß das Leben der Heiland selber ist, welches man vermittelst eines Heilandes erst krank und sündig macht." (ebd. 620 f.)

Zur gleichen Angelegenheit äußerte sich Kurt Hiller ganz anders. Der fühlte sich nämlich in der Pflicht, Friedlaenders Kritik am Christentum und an Bloch, die ja in Hillers „Jahrbuch für Geistige Kultur" *Das Ziel* erschien, teilweise jedenfalls wieder zurückzunehmen, aber nicht, wie man vermuten könnte, um Bloch zu rehabilitieren, sondern im Gegenteil, um noch eindringlicher auf Bloch einzudreschen. Mit seiner „Kadenz des Hasses" – „Jawohl, ich hasse diesen Autor" (O-Ton Hiller) – schlägt er staccatohaft auf Bloch ein. Hillers Fazit seiner als „Nachwort" getarnten Abrechnung mit Bloch gibt „Friedlaender mit jeder Silbe recht gegen Herrn Ernst Bloch." (Hiller 1920, 117)

Friedlaender schien insgesamt nicht besonders empfänglich für Blochs sozialphilosophische Innovationen zu sein. Deren stilistische Expressivität, die Einfluß auf Blochs Musikbeschreibungen und Bewußtseinsanalyse hatte, lehnte Friedlaender ab.

Trotz aller Differenzen, die zwischen der Medientheorie der *Schöpferischen Indifferenz* und dem Geistkonzept des *Geist der Utopie* vorherrschen, gibt es auch Gemeinsamkeiten: Affirmative Metaphysikkritik, Kritik am Wissenschaftspositivismus, der Tatsachenbeschreibungen suggeriert, wo bloß spekulatives Denken und Intuition zu kurz gekommen sind, gehören dazu. Ebenso richteten beide ihr Augenmerk auf eine Ausdifferenzierung praktischer Vernunft, die nicht ständig darauf aus sein sollte, empirische Verhältnisse letztlich doch immer wieder transzendental zu verabschieden.

So übersetzt Bloch die Kantische Verantwortungsethik des kategorischen Imperativs, die ja zunächst aufs individuale Subjekt konzentriert schien, in eine sozialistische Perspektive kollektiver Subjektivität, deren Ziel Vergesellschaftung von Produktionsverhältnissen lautete.

Friedlaender zufolge können die sozialen Veränderungen in Politik und Gesellschaft nicht von außen erfolgen, sondern sind entscheidend an die Veränderungen individualer Subjekte gebunden, die, als menschliche Dividuen gespalten, ihre eigene Individualität verstellen. In seinen gesellschaftstheoretischen und -politischen Ansichten, in Fragen des Eigentums etwa, das Friedlaender für unabdingbare Voraussetzung eines freiheitlichen Gemeinwesens hielt und das er als entscheidendes Element der Persönlichkeitsentfaltung versteht, ist er einem demokratisch-rechtsstaatlichen Denken verpflichtet, das zu seiner Zeit, zur Zeit der Weimarer Republik, nicht entschieden genug durchgesetzt werden konnte.

Gänzlich verkehrt wäre es, Friedlaender aufgrund dieser Ansichten zum Antimarxisten zu erklären, ihn etwa weit von den Marxschen Frühschriften wegzurücken und ihn dann unbedenklich an Max Stirners Anarchismus anzubinden, den Friedlaender nämlich ganz und gar nicht so mochte, wie es sich sein zeitweiliger Mitstreiter Anselm Ruest wünschte. Ruests überzogenen Personalismus, der auf Stirner zurückgriff, hatte Friedlaender schon frühzeitig kritisiert und abgelehnt.[1] In einem Brief Friedlaenders von 1939 kommt die schon seit 1919 gärende Differenz zu Ruest noch einmal zum Ausdruck:

> „Hier in Paris wohnt auch Ruest. Seine Frau hat eine Kuchenbäckerei, und er mimt eine literarisch-künstlerische ‚Notgemeinschaft'. Wir sehen uns eigentlich nur noch an Geburtstagen ... Mein Verhältnis zu ihm ist sich gleich geblieben. Weder gelingt ihm eine echte Einsicht in Kant noch mir ein Mitma-

---

1 Vgl. Briefe Kubin, 109

chen seines ‚Personalismus'. Es ist schon ein Vorzug, wenn ein Denker im Menschen vor allem die PERSON wertet, so daß er auch nicht etwa den Menschen dem Staate subordiniert, sondern kopernikanisch umgekehrt auch dem Staate PERSONALEN Charakter gibt und ihn so humanisiert. Aber leider scheint Ruest unter ‚Person' nur den konkret Einzelnen zu verstehen, wenn ich nicht irre; jedenfalls aber nicht das, was in der Tat darunter zu verstehen ist."[1]

Darin, daß die Person nicht „dem Staate subordiniert" werden durfte, daß also der Einzelne nicht fremden Interessen zu unterwerfen ist, waren sich Bloch, Ruest und Friedlaender einig. „Man kann sich gerade den Staat nicht unfeierlich genug denken", heißt es 1918 in Blochs *Geist der Utopie*. „Er ist nichts, wenn er nicht auf günstige Weise wirtschaften läßt und demgemäß veraltet. Alles andere, worin der Staat bedrückt und einlullt, falle nun endlich ab, und bis aufs Ordnen öder Dinge hat er sämtliches wieder herauszugeben." (Bloch 1918, 297) Von Marx ausgehend argumentiert auch Bloch eindeutig für Eigeninitiative, für das „Privatinteresse als allermeist stärkste Triebkraft" (ebd. 299) revolutionärer Veränderungen. Aber anders als Friedlaender übt Bloch eine affirmative Kritik am Marxismus, was nicht heißt, daß Friedlaender also doch Antimarxist wäre, der die marxistische Gesellschaftsanalyse und -beschreibung in allen Einzelheiten verwirft.

Blochs subjektivistisches Prinzip sollte sich an einer im Lichte des Marxismus verfaßten *Kritik der praktischen Vernunft* (ebd. 304 f.) orientieren, die Träume, Wünsche und Hoffnungen der Individuen erfaßt. Was im Delirium des Klassenkampfes allgemeiner Aphasie zum Opfer fällt, nämlich der Blick auf utopische Tendenzen, auf die Latenz des Utopischen in Träumen, Wünschen und Hoffnungen, aber vor allem im Sehnsüchtigen, wird von Bloch im Marxismus marxistisch eingeklagt.

Versuchte Bloch die Krisenerscheinungen um 1918, die in den abgründigen Erfahrungen des Ersten Weltkrieges kulminierten, von einer gesellschaftskritischen, am utopischen Potential des Marxis-

---

[1] Friedlaender an August Soendlin, 19. Juli 1939 (Briefe Exil, 142)

mus orientierten Perspektive aus literarisch essayistisch kommentierend und analysierend zu beschreiben, so betrieb Friedlaender eher philosophische Grundlagenforschung. Dabei wollte er einem Grundtrieb des individuellen Seins und Daseins auf die Spur kommen, die jene Dynamik von Werden und Vergehen initiiert, deren ontologische Formel „schöpferische Indifferenz" polaristischer Observanz heißt. „Wir haben den Stein der Weisen entdeckt, wenn wir uns selber individual entdecken" (SI 111), lautet die Botschaft der *Schöpferischen Indifferenz*.

Im Unterschied zur Blochschen Metaphysik, die eher geschichtsphilosophisch, dialektisch verfährt, konzentriert sich Friedlaenders deskriptive Metaphysik und Metaphysikkritik auf die Bedingungen der Möglichkeit einer voll und ganz polaristisch orientierten Individualität, die weder geschichtsphilosophisch begründet, noch dialektisch inauguriert wird. Die Metaphysik der *Schöpferischen Indifferenz* ergibt sich gleichsam aus der Individualität selbst: „Ich bin selber das ‚Meta' der Physik, wenn ich mich aus deren Differenzen, aus dem gesamten Reich der Unterscheidungen in geisterhaft innerlichster Weise zurückziehe, – um es zu beherrschen." (SI 112)

Individualität als personifizierbare Metaphysik, genauer noch: das Individuum selbst avanciert zum Zentralbegriff der *Schöpferischen Indifferenz*. „Ja, das Individuum ist der sich selber treffende Blitz. Das ganze ‚Pathos der Distanz' urplötzlich aufgerissen zwischen mir, dem Individuum, und ‚mir', dem Einzelnen." (SI 101) Diese Selbstaffektion des Individuums, die von seiner selbstreferentiellen Einheit der Differenz (mir/‚mir') herrührt, stiftet nicht nur Differenz, sondern gründet eben auch auf Differenz. Als „sich selber treffender Blitz", aber auch als sich selber treffender Blick, scheint Friedlaender die Identität des Individuums zu verstehen, die in der Objektivation des Einzelnen überhaupt nur in der Differenz zu beschreiben ist, was wiederum auf jeden Bewußtseins- und Selbstbewußtseinsprozeß zurückführbar ist.

Für die „Autopoiesis des Bewußtseins" (Luhmann 1987a, 77), für seine Selbstreflexion und Eigendifferenzierung hat Friedlaender mit seiner Vorstellung von Identität und Differenz schon früh auf einen Sachverhalt aufmerksam gemacht, der sich gegenwärtig als paradigmatisches Problem von Erkenntnistheorie herauskristallisiert, nämlich auf die Einheit der Differenz von Identität und Differenz.

Auch in ihrer Kritik an Dialektik ließe sich die *Schöpferische Indifferenz,* deren Vorgehen selbst ja auch nicht dialektisch, sondern polaristisch, oppositiv, an Paradoxien, Widersprüchen und Gegensätzen orientiert ist, an solche gegenwärtigen Theoriediskussionen anschließen, deren Codierungen nicht mehr vom Primat der Dialektik bestimmt sind, sondern auf dem variableren und komplexeren Konzept einer evolutionstheoretischen „Perspektive" gründen, das selber wiederum auf Selbstreproduktion und (Selbst-)Beobachtung beruht.[1]

Dialektik und Ideologiekritik, die selbst eng miteinander verflochten sind, geht Friedlaender in seinem anti-dialektischen Diskurs gleichsam ideologiekritisch an, was ihm natürlich den Vorwurf einbringt, selbst ideologisch zu verfahren. Daß Friedlaender Ideologiekritik übte, geht aus seinen Auseinandersetzungen mit Grosz und Bloch hervor. Daß er diese Kritik allerdings nicht im dialektischen Sinne formulierte, wonach er eine überzeugendere Ideologie anzubieten hätte, versteht sich eigentlich vom polaristischen Denken her schon von selbst. Gegen jede Form ideologischer Vereinseitigung, überhaupt gegen jede Ideologie, setzte Friedlaender einfach die Widerständigkeit und den Protest des Polarismus.

Während Blochs ideologische Ideologiekritik, etwa angesichts der stets sich ausdifferenzierenden sozialen Wirklichkeit, kaum neue Erkenntnisse zum gesellschaftlichen und sozialen Wandel zu bringen scheint, hat Friedlaenders Polarismus eine, wenn auch verdeckte, Aktualität. Verwiesen sei hier nur auf den schon angesprochenen Diskurs autopoietischer Systeme, wie er von Systemtheorie (ebd.),

---

1 Vgl. Luhmann 1984a, 492

Radikalem Konstruktivismus[1] und Prozeßphilosophie[2] in Gang gehalten wird.

Neben diesen eher erkenntnistheoretischen Parallelen zu aktuellen Theoriediskussionen ließe sich vor allem Friedlaenders Ethik-Konzept für gegenwärtige Diskussionen nutzbar machen. Eine Möglichkeit wäre, Friedlaender mit Foucault zusammenzuführen, dessen Vorlesungen zur „Hermeneutik des Subjekts", 1982 gehalten, Stoff genug böten, Friedlaender neu zu lesen. Foucault griff darin mit dem Begriff der „Epimeleia", der Selbstsorge, einen Aspekt sokratischen Denkens auf, der auch für die Ethik-Konzeption der *Schöpferischen Indifferenz* entscheidende Funktion besitzt. In „der Mühe der Selbsterschaffung" (SI 152), im Begriff der „Selbstbemühung" (SI 153) sowie im gesamten Abschnitt „Selbsteigenheit" (SI 346 f.) geht es um jene Problematik, die Foucault (1985) als „Selbstsorge" des Individuums behandelt.

Im Begriff Selbstsorge, der eng mit dem der Selbsterkenntnis verbunden ist, laufen jene erkenntnistheoretischen und ethischen Aspekte zusammen, die in der *Schöpferischen Indifferenz* das Metaphysikproblem der Polaritätsphilosophie vielleicht an brisantester Stelle aufwerfen. Aus dem Spannungsfeld von Erkenntnistheorie und Ethik ergibt sich nämlich jenes Gerüst von Aussageverhältnissen über die Verfassung, Bewußtseinslage und Konstitution des Selbst, das am intensivsten Metaphysik und Transzendenz zu fordern scheint.

Friedlaenders auf Beobachtung und Selbstbeobachtung ausgerichtetes Philosophieren richtet sich in seinen Analysen und Beschreibungen auch auf Aussagen und Aussageverhältnisse, die er als bestimmte Formen von Äußerungen erkennt, also von Differenzen, die gleichsam Metaphysik erzeugen. Die Metaphysikkritik der *Schöpferischen Indifferenz* nun, die gleichwohl wiederum affirmativ Metaphysik hervorbringt, richtet sich vor allem gegen das Verschiebeprinzip der Transzendenz – Friedlaender spricht von der „Finsternis des Transzendenten"–, das das „Licht der empirischen

---

1 Vgl. Schmidt 1987
2 Vgl. Whitehead 1982

Phänomene" (SI 348) trübt. Von der „schöpferischen Indifferenz" jedenfalls, behauptet Friedlaender, ist „alle transzendierende Sentimentalität abgetan: Das dionysische ‚Jenseits' ist nur die persönliche Indifferenz des ‚Diesseits', das heißt, seiner eigenen Polarisation." (SI 270) Was also in der *Schöpferischen Indifferenz* als metaphysische Äußerungsform erscheint, weist immer auf ein Diesseits, auf eine „polare Empirie", deren psycho-physische Einheit für Friedlaenders Polarismus konstitutiv ist.

Daß dabei, was die Bewußtseinsproblematik eines intelligiblen Individuums anbetrifft, der Psyche eine die Physis beeinflussende Kraft zugeschrieben wird, gehört zu den Grundlagen des schöpferischen Indifferentismus. Dessen Idee kann sich nur auf ein Individuum beziehen, das Bewußtsein und Willen hat. Hiermit wäre wohl das wichtigste Anliegen des philosophischen Diskurses der *Schöpferischen Indifferenz* angeschnitten, nämlich qua philosophischer Selbstreflexion jene allgemeinen Bedingungen der Möglichkeit von schöpferischer Indifferenz aufzuzeigen, die eine polaristische Neubestimmung von Individualität plausibilisieren. Eine dieser Bedingungen ist sicherlich die grundsätzliche Abkehr vom puristischen Denken, das reine Begriffe und absolute Sphären jenseits seiner materialen und medialen Aspekte behauptet. „Jedenfalls darf die schöpferische Indifferenz, von der das Funktionieren der polaren Gegenseitigkeit abhängt, nie sterilisiert werden." (SI 269) Alle idealistischen Vorstellungen von Reinheit werden ad absurdum geführt. In Mynonas Groteske *Der Purist* (1920) übernehmen der „Philosoph Nietzsche (der, wissen Sie, wo Binswanger usw.) und der Dichter Peter Altenberg" den Part der Kritik am badesüchtigen Puristen „Nöggel":

> „‚Exakt', unterbrach Nietzsche. ‚Nur unsere Mängel sind die Augen, mit denen wir das Ideal erblicken. Und nur die Schweine, in jeder Art, wissen etwas von Reinheit. Cher Nöggel, Sie sind feige: Sie fürchten ja den Schmutz! Aber wer den Schmutz verneint, verneint auch die Reinheit, wenn er sie ohne Schmutz versteht. Ihr Baden hat in der Tat keinen Sinn, und ihre Auffassung von Reinheit führt in strikter Konsequenz zur Weltflucht und noch schlimmeren Dingen. Glauben Sie übrigens einem

alten Philologen: es gibt kein Wort, welches nicht Fremdwort wäre, und kein Fremdwort, welches man sich nicht zu eigen machen könnte. Auf Wiedersehen, Freund!'" (GS 7, 491 ff.)

Schon die Worte, die Sprache, die Sprachverwendung, so Mynonas, von Nietzsche her begründete Erkenntnis, unterminiert jeden Anspruch auf Reinheit ohne Unreinheit, auf Ordnung ohne Unordnung, auf Sinn ohne Unsinn (der ja auch nur eine andere Form von Sinn bedeutet). Gerade das Insistieren auf die Einheit der Differenz in der *Schöpferischen Indifferenz* kommt diesem antipuristischen Denken entgegen. „Differenz bleibt Differenz: nicht sie, sondern ihre Mißstimmigkeit, ihre Disproportion ist aufhebbar" (SI 513), lautet eine klärende Formulierung Friedlaenders, die sich gegen dialektische Aufhebung von Differenz wendet. Und doch birgt die *Schöpferische Indifferenz* in ihrer deskriptiven Ausdifferenzierung den Gedanken einer Identität in sich, die aller Differenz flüchtet (SI 157) und die in ihrer „Reinheit" als „Apriori aller polaren Empirie" (SI 159) das Nichts aller Empirie bezeichnet. Aber Friedlaender versteht unter Reinheit nicht mehr das, was „man seit Alters stets erlebt und gefühlt, was Wahrheit, was Reinheit, Gewissenhaftigkeit sei." (SI 156)

Reinheit ist kein wirklicher Zustand, kein wirkliches gegebenes Ereignis, sondern eine Metapher für das Unbeschreibbare einer absoluten Idee, die weder positiv noch negativ bewertbar oder erkennbar ist, sondern als Ausdruck jener Indifferenz fungiert, wie sie als logische Beschreibung des Begriffs der schöpferischen Indifferenz Friedlaender notwendig erschien. Friedlaenders Vorstellung einer absoluten Idee kollidiert insofern nicht mit dem Materialismus der *Schöpferischen Indifferenz*, wie sie gleichsam als Ordnungselement die Ausdifferenzierung der schöpferischen Indifferenz steuert. „Wenn man daran ginge, diese absolute Idee zu praktizieren", schreibt Friedlaender,

„so geriet man in desto mehr Zweifel, je differenzierter die Urteilskraft war. Man verstand nämlich diese Idee positiv – und bekam daher, wegen der Exorbitanz, mit der Negation zu tun: diese verwechselte man unbedenklich mit der Nullität, hielt die

Nullität, statt in ihr das Zentrum zu erkennen, für die Vernichtung bloß des Positiven, während sie doch das Negative mit vernichtet, beides ‚aufhebt', aufwägt, balanciert." (SI 156)

Polarität, Differenz ergibt sich aus diesem Verständnis als die Unhintergehbarkeit jedes Prozesses, jedes Ereignisses und selbst noch jener „Nullität", in der die Distanz zwischen Negativum und Positivum zusammengefallen ist. Die Nichthintergehbarkeit von Differenz hat aber nicht bloß erkenntnistheoretische Auswirkungen, sondern auch ganz praktische, denn was man im philosophischen Diskurs, wie Friedlaender ihn verstand, bis ins zwanzigste Jahrhundert hinein unter Identität, genauer, unter „personaler Identität" verstanden wurde, hatte nichts mit jener polaristischen Vernunft zu tun, wie sie in der *Schöpferischen Indifferenz* angelegt ist. So war es „das Gebrechen des Gedankens, die Krankheit der Vernunft, daß man persönliche Identität leblos definierte" (SI 174). Epistemologisch deutet sich darin jene notwendige Einheit von Körper und Geist an, die in der *Schöpferischen Indifferenz* gleichsam als Voraussetzung ihres Verstehens, ihrer Psychologie gilt und von der aus sie das intimste Selbstverhältnis des Individuums zu beschreiben versucht. „Mit der Selbstentdeckung der persönlichen Indifferenz" nämlich, so Friedlaender,

> „hebt eine Karriere des Individuums an, deren Verwirklichung die phantastischsten Träume der Utopisten prosaisch machen soll. Dieser Beginn ist allerdings noch unscheinbarer als der der Elektrotechnik ..." (SI 307)

Worauf Friedlaender anspielt, ist jene „persönliche Indifferenz", deren Realisation nur aus der relationalen Einheit der Differenz von Differenz und Indifferenz heraus zu verstehen ist. Hier ergibt sich im ganz praktischen Sinne der Unterschied zur Dialektik, die nämlich auf die Identität der Differenz von Identität und Differenz, bzw. von Indifferenz und Differenz setzt.[1]

Den Unterschied von Polarismus und Dialektik aufzuzeigen, wird da problematisch, wo sich scheinbare oder auch tatsächliche Verträg-

---

1 Vgl. Luhmann 1984a, 607

lichkeiten zwischen beiden Formen des Erkennens und Beschreibens von Wirklichkeit einstellen. So könnte man etwa vordergründig unter dem polaristischen Ich, wie es die *Schöpferische Indifferenz* erfindet und das als unbedingter Aktivposten des Polarismus gilt, jenes „Tat-Ich" verstehen, das in Fichtes Spätphilosophie auftaucht, die zwar keine große Beachtung findet, weil man sie „häufig für unverständlich hält",[1] die aber doch durch Dieter Henrich aktualisiert werden sollte. Als heilsamer Kontrast zu jeder Aktualisierung Fichtes bietet sich ein Blick auf „Das Andere der Vernunft"[2] an, das den Pathologieverdacht der Fichteschen Ich-Konstruktion und die Aporie seines (Selbst-)Reflexionsmodells auf den Punkt bringt. Dem zufolge führt nämlich die in sich selbst kreisende Dialektik von Ich und Nicht-Ich zur quasi pathologischen, nivellierenden Ununterscheidbarkeit zwischen Repräsentation und Imagination, zwischen Wahn und Reflexion (ebd. 127). „Zuletzt ist bei Fichte jede ‚nach außen' gehende Anschauung ‚in sich selbst zurückgehende' ‚Selbstaffektion'." (ebd. 127)

Fichtes Selbstbewußtseinskonzept, um das es Henrich geht, beschreibt Selbstbewußtsein als „eine Aktivität, der ein Auge eingesetzt ist",[3] womit die Rückkehr der Anschauung zu sich selbst noch einmal als Fichtesche Bewegung des Ich charakterisiert ist. Aber genau in diesem Selbstbewußtseinskonzept wirkt schon „verwirrende perspektivische Täuschung", in die „der schöpferische Geist" gerät (SI 282), wie Friedlaender schreibt, wenn er das absolute Subjekt, wie Fichte es tut, als schöpferische, gleichsam reflektierende Aktivität setzt, die selbst differentiell zu verstehen ist. Aber

> „das Subjekt kennt in sich selber keinen Unterschied, es äußert ihn, es ist der Unterscheidende, es äußert auch den Menschen Fichte, und es befreit sich von der Illusion, als ob es von diesem aus irgend etwas produzieren könnte, und sei es auch nur Anbetung. Die Reaktion des Geschöpfs ist lediglich reflektorisch,

---

1 Henrich 1982, 75
2 Vgl. Böhme 1983
3 Henrich 1982, 75

und diese Reflex-Aktion würde präzis automatisch funktionieren, wenn sie nicht illusorisch korrumpiert würde." (ebd.)

In Fichtes Konzept verläuft das Selbstbewußtsein zirkulär, bis dieses in der „Selbstaffektion" seinen identischen Ort gefunden hat. Die Differenz des „Außen" wird in die Identität des „Selbst", des „Innen" hineingenommen, so daß die Differenz von Identität und Differenz in der Identität zusammenfällt: die Differenz zwischen Innen und Außen ist damit gleichsam aufgehoben.

In der *Schöpferischen Indifferenz* bezieht sich Friedlaender mehrmals auf Fichte im Sinne eines notwendig zu korrigierenden Geistesverwandten (SI 249, 253, 345), der im deutschen Idealismus wohl am radikalsten die Frage nach dem Ich stellte. Fichte galt Friedlaender als einer der ersten, die die „Unvermeidbarkeit" der Kantischen Revolution „eingesehen" (SI 249) haben:

> „anstatt aber nun das Absolute von ihm als von sich aus zu erleben, hielt er dieses in allzumenschlicher Weise für Wahnsinn und erlebte es von seinem Menschen aus als ‚Ideal': wodurch er sich das Konzept notwendigerweise verrückte. Tatsächlich war er so wenig freier Geist, so sehr besonders moralisch gebunden, daß sich die Freiheit selber ihm unter den Händen Zwang, Pflicht und Gesetz verwandelte. Soll kein Schielen in die gesamte objektive Perspektive kommen, so darf der Sehende kein Mensch sein, den Menschen nicht einmal, wie es beliebt ist, als ‚endlichen' Geist einschätzen, sondern ihn als ein Objekt erkennen und das Subjekt von ihm befreien, um ihn strenger regieren zu können und die Perspektive klar zu erblicken." (SI 249)

Diese „Perspektive klar zu erblicken", auf die hin das Individuum sich zubewegen soll, war zentrale Aufgabe der *Schöpferischen Indifferenz*, genauer, der ihr eingeschriebenen Leitdifferenz.

> „Ich will west-östlich sein, indo-amerikanisch. Ich lehne eine Kultur der bloßen Indifferenz ebenso ab wie eine der bloßen Differenz, beide sind verführerische Scheinbarkeiten." (Briefe Kubin, 57)

1.2. Differenz-Indifferenz als Leitdifferenz

„Es gibt keine Definition des Vorhandenen, sondern definieren bedeutet *polar* definieren, bedeutet *erschaffen*" (SI 424), lautet Friedlaenders philosophische Maxime für das Definieren von Begriffen. Danach sind Definitionen eben auch Erfindungen, die als Vergegenständlichungen, als Objektivationen, als Materialisationen in den Medien zum Ausdruck kommen, was ja zugleich wiederum auf Polarität und Differenz verweist. Jedenfalls hat Friedlaenders Auffassung von Definieren auch für die Erörterung seiner eigenen Definitionen, die u. a. im Folgenden vorkommen, bestand.

Alfred Kubin, Zeichner, Schriftsteller und, wie sein Briefwechsel mit Friedlaender belegt, wohl auch intimster Kenner von dessen Polaritätsphilosophie, kommentierte 1920 in einem emphatisch geschriebenen „Hinweis" auf die *Schöpferische Indifferenz* den quasi universalen Geltungsbereich jenes gleichermaßen auf Theorie und Praxis ausgerichteten Philosophierens „als völlig ausreichend zur Erklärung aller Unterschiede ..."[1] und damit auch zur Beschreibung aller Differenzverhältnisse:

> „Der Kardinalsatz Friedlaenders", schreibt Kubin, „,das Erlebnis ,Welt' ist die unendliche Entzweiung des Selben' wird hier [im Buch *Schöpferische Indifferenz*; RS] durch immer wieder neue, überraschende Varianten erhellt. Das Gesetz der Polarität aus seiner lebendigen Indifferenz, die in sich selbst eben aus Überschwang zur Schöpfung genötigt ist, erweist sich als völlig ausreichend zur Erklärung aller Unterschiede der Logik, der Mathematik, des Raumes, der Zeit wie der gesamten psycho-

---

1 Kubin 1920, 119 (GS 10, 590 f.)

physischen Erscheinung. Es ist immer wieder diese im Grunde gleiche Idee, die dem Werk als Leitmotiv eingewebt, in suggestiver Weise abgewandelt und auf die verschiedensten einzelnen Fragen Praxis und Theorie angewandt wird." (ebd.)

Kubins Hinweis zielte weniger auf eine neue Philosophie oder auf einen „neuen Philosophen",[1] als vielmehr auf einen neuen Umgang mit Philosophie, also auf ein Philosophieren, das von jener „uralten Formel" Polarität[2] ausgeht, die Friedlaender auf vielfältigste Weise nicht nur erforschte, sondern auch weiterentwickelte.

1919 besprach ein anderer Rezensent, Walter Rheiner, die *Schöpferische Indifferenz* als „Philosophie des Dionysismus" mit restloser Begeisterung für das Buch und seine Idee. Um den abstrakten Sachverhalt dieser Idee anschaulich zu machen, versuchte er „mit Hilfe einer kleinen mathematischen Darstellung" das Prinzip zu erläutern:

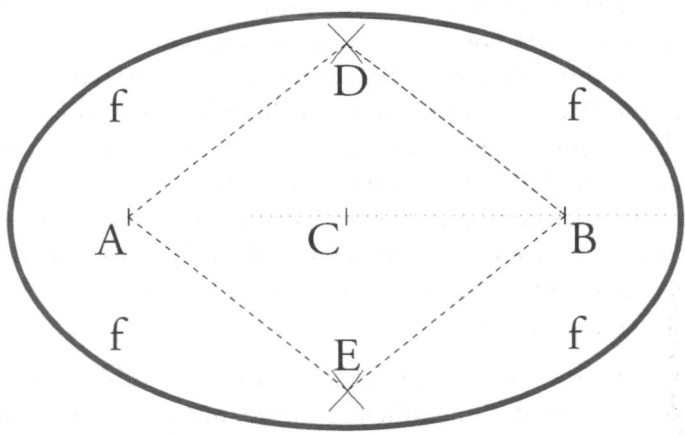

„Die beiden Punkte A und B mögen die Pole der Differenz bezeichnen. Brennpunkte einer Ellipse f. Punkt C würde dann die banale Mitte, die tote Indifferenz, doch niemals eine Synthese sein. D und E, Schnittpunkte der um A und B geschlagenen

---

1 Vgl. Briefe Kubin, 3
2 Vgl. Autobiographie, 45

Kreise, würden die ersten Synthesen darstellen, die aber, da es eine oben und eine unten gibt, kein Neutrum, keine Indifferenz wären. Die synthetische schöpferische Indifferenz kann überhaupt kein Punkt sein, da jeder Punkt, der sich aus zwei anderen Punkten ergibt, notwendig seinen Gegenpunkt haben müßte, so daß es immer noch bei Polarität bliebe. Die synthetische Indifferenz, die beide Pole A und B beherrscht und sich in ihnen äußert, ist vielmehr die Ellipse f selbst, deren Brennpunkte A und B sind; das runde, ungeteilte Ganze, das dies alles umschließt, ohne sich ihm zu vermengen." (Rheiner 1919)

Im universitätsphilosophischen Diskurs der Moderne jener Zeit spielte, wie schon erwähnt, die *Schöpferische Indifferenz* fast keine Rolle. Wohl aber hatten das Buch und seine Idee eine wichtige Bedeutung für Künstler wie Kubin und Ludwig Meidner sowie für Autoren wie Melchior Vischer und Walter Mehring.[1]

Sicherlich war die *Schöpferische Indifferenz* bekannter, als es sich heute noch eruieren läßt, was ja auch die entlegenen Äußerungen Benjamins oder Simmels gezeigt haben.

Früh schon kündigte sich an, was Friedlaender dann 1918 ausgearbeitet vorlegte:

„Als zwanzigjähriger geriet ich in den Bannkreis Schopenhauers, dessen Farbenlehre mich mit der Polaritätsformel, dadurch mit der polaren Welt Goethes bekannt machte. Als ich durch Nietzsche zum skeptischen Freigeist geworden war, erretteten mich zwei mächtige Experimente davor, im schlechten Sinn modern zu bleiben: Polarismus und Kritizismus. Aber erst in meinem 65. Jahr fand ich die magische Formel des kritischen Polarismus." (Autobiographie, 94)

Auch wenn Friedlaender, wie hier im Jahre 1936, die Entdeckung der „magischen Formel des kritischen Polarismus" in sein 65. Lebensjahr verlegt, bedeutet dies keineswegs, daß sein vorhergehender Polarismus, um den es hier in der Hauptsache geht, unkritisch gewesen wäre.

---

1 Vgl. Meidner 1931, 50 f. u. Geerken 1980, 311

Auf 1896, dem Zeitraum, in dem Freud seine *Traumdeutung* zu schreiben begann, die ja bekanntlich ausführlich Traum- und Wachleben gleichsam polaristisch zu behandeln schien, indem sie den Dualismus zwischen Träumen und Wachen in einer differentiellen Einheit aufhob, datiert Friedlaender die ersten, ernster zu nehmenden gedanklichen Experimente und Formulierungen seines Polarismus. Es entsteht der Entwurf einer Philosophie „Von der lebendigen Indifferenz der Weltpolarität", der als „direkte Vorarbeit" zur *Schöpferischen Indifferenz* gelten kann.[1] 1897 erscheint auch der utopische Roman *Auf zwei Planeten* des in Philosophie promovierten Schriftstellers und Gymnasiallehrers Kurt Lasswitz,[2] der von der Überwindung der Schwerkraft handelt, was ja als technisches Motiv so etwas wie die Indifferenzierung der Anziehungskräfte meint und auf literarischer Ebene das behandelt, was Friedlaender/Mynona später noch differenzierter zu beschreiben versuchte.

Zwischen 1897 und 1918 entwickelte Friedlaender einen Polarismus, der sämtliche vorhergehenden Polaritätsauffassungen nicht nur an erkenntnistheoretischer Differenzierung übertraf, sondern der zugleich auch als Transformation der „uralten Formel" Polarität zu verstehen war. Selbst mit der Moderne verbunden, orientierte sich dieser Polarismus nicht mehr widerspruchsfrei am Axiom der Moderne, an jenem selbstidentischen individualen Subjekt, wie es noch vom deutschen Idealismus her definiert worden war. Vielmehr versuchte Friedlaender eine Identitätsphilosophie zu begründen, die nicht allein auf Identität basierte, sondern die grundsätzlich von der Einheit der Differenz von Identität und Differenz ausgeht.

Dissonanz, Differenz, Widerspruch, Kontrast, Opposition und Gegensatz, also alles Begriffe, die auf Unterscheidung verweisen, gehören, im Sinne der *Schöpferischen Indifferenz*, notwendig zur Markierung von Identität dazu.

Gerade in der Abkehr von einer dualistischen Polaritätsauffassung, sowie in einer Neubestimmung von Polarität als zentrale Metapher für das Zusammenspiel von Identität und Differenz, zeigt sich die

---

1 Vgl. Geerken 1980, 283
2 Lasswitz: *Auf zwei Planeten*. Roman in zwei Büchern, Leipzig 1897

Transformation, auf die die *Schöpferische Indifferenz* hinarbeitet. Zugleich bedeutet dieses polaristische Ausdifferenzierungsprogramm von Polarität auch eine Möglichkeit zur Entparadoxierung[1] jener klassischen Differenz von Identität und Differenz, um deren polaritätsphilosophische Transformation es in der *Schöpferischen Indifferenz* geht.

Identität kann demnach überhaupt nur wirksam werden, wenn sie von dieser relationalen Einheit von Polarität ausgeht. Was sich aber hier so theoretisch anläßt, betrifft auch sehr direkt die Problematik persönlicher Identitätsbildung und das im ganz praktischen Sinne verstanden, womit schon auf die Verknüpfung von Aktivität und Identität hingewiesen ist. Identitätsbildung, schon das Wort selbst zielt auf ein Tun, in dem sich Identität äußert, ist für die *Schöpferische Indifferenz* immer auch ein polarer Prozeß. Für die „persönliche Identität" heißt dies, daß sie sich gar nicht anders als polar äußern kann und von daher auch Identität gar nicht anders als polar aktiv werden kann (SI 389, 434). Polarität entpuppt sich als Funktion von Identität. Zugleich bildet Polarität auch das Spannungsfeld, in dem sich Identität überhaupt erst als aktiv, als relevant für Praxis erweist.

Erkenntnistheoretisch gesprochen heißt das, daß ohne Differenz Identität überhaupt nicht in Aktion treten kann, überhaupt nicht wirksam werden kann, daß Identität allein in der Differenz sich zeigen kann. Für die „persönliche Identität", in der jeder sich von jedem unterscheidet, bedeutet dies, daß sie sich erst im Austausch mit anderen überhaupt als solche herausbilden kann. Damit kommt die Relationalität in den Prozeß der *Schöpferischen Indifferenz,* die gleichwohl immer auch als Identitätsphilosophie gelten will, denn:

> „Identitätsphilosophie ist die einzige, welche es geben kann; aber Identität ist nur subjektiv und zwar bloß zum Behuf ihrer polaren Objektivation. In der Vernachlässigung dieser beiden Erfordernisse besteht der Fehler der philosophischen Versuche." (SI 436)

---

[1] Vgl. Luhmann 1987b, 36. Entparadoxierung nennt Luhmann einen die Paradoxien entspannenden Vorgang.

Subjektive Identität, für Friedlaender das „schöpferische Salzkorn" (SI 436), bezeichnet so etwas wie die logische Voraussetzung jeder Polarität, wobei zugleich aber erst die Polarität subjektive Identität freizusetzen vermag, indem diese sich polar objektiviert, d. h., indem diese sich äußert.

Aus dem relationalen Gerüst von Identität und Differenz, wobei Friedlaender Identität und Indifferenz zuweilen gleichbedeutend versteht, ergeben sich unterschiedliche Rollen für beide Begriffe. Ist Identität als Impuls aller Differenz, aller Erfahrungen, Erscheinungen, Wahrnehmungen zu verstehen, so kommt ihr aber diese Rolle nur in der logischen Beschreibung dieser jeweiligen Relationen zu. Für sich, gleichsam als empirisch reine Form, kann es Identität nicht geben. Sie ist ein intelligibles Konstrukt, das, sobald es aktiv wird und prozessiert, gleich wieder von relationalen Zusammenhängen, aus denen heraus es ja auch erst überhaupt beschreibbar ist, aufgesogen wird.

Bei Friedlaender zeichneten sich diese Ereignisse, wenn auch noch wenig differenziert, in jenen damals so mächtigen geistigen Erfahrungen von 1897 ab, die später dann seinen gesamten Lebensplan für immer beeinflußten. Die dabei gewonnene, scheinbar oder tatsächlich so paradoxe Polaritätsfigur der Einheit der Differenz von Indifferenz und Differenz, entwickelte er zu einem heuristischen Prinzip, das für sämtliche Erscheinungsweisen, Vorstellungen und für jede Form von Äußerungen Geltung haben sollte. Polarität avancierte so zu einem erkenntnistheoretischen Konstrukt, das zum einen die eigene Ausdifferenzierung steuern sollte, das die Selbstbeschreibung gleichsam zu regeln vermochte und das andererseits immer auch das Konstrukt Realität beschreiben und ausdifferenzieren sollte.

Vielleicht wichtiger noch, als die Erkenntnis von Polarität, als die Erfindung eines Differenzierungsprinzips und einer Kontrastierungsformel war für Friedlaender wohl die Erfindung einer alle Differenzen balancierenden, nicht vernichtenden, Indifferenz. Darunter verstand er nicht eine motorische Trägheit oder eine bewußtseinsmäßige Inaktivität, sondern, und damit belegt Friedlaender ihren fiktionalen Charakter,

„in concreto die Unmöglichkeit selber, der Irrealis in eigener Person, alles übrige ist bereits differenziert. Somit ist das sie ausdrückende Symbol schon differenziert, das nächste Abbild des ewig verhüllten Urbildes; alle Bilder sind hier Schleier um ein allzugrelles Licht." (SI 146)

Indifferenz, das ist für Friedlaender der Ermöglichungsgrund jeder Erfahrung, jeder Äußerung schlechthin. Sie bedeutet „das Nichts des Unterschiedes" (Briefe Kubin, 30). „Dieses persönlich eigene Nichts ist der ‚Stein der Weisen', das Salzkorn, das jeden Unterschied zum Stimmen witzigen soll." (ebd.)

Zu diesen, zum Teil hochkomplizierten philosophischen Ergebnissen gelangte Friedlaender weniger durch rationale Analyse oder durch die Rekonstruktion polaristischer Phänomene, also nicht so sehr durch ein systematisch kontrolliertes, methodisch abgesichertes Vorgehen, als vielmehr durch psycho-physische Experimente. Denn aufgrund „inwendiger Experimente", deren Ergebnisse ja nicht zwangsläufig vorhersehbar waren, und bei denen er, „dirigiert obendrein von der asketischen Absicht, Essen und Trinken wochenlang fast gänzlich [vergaß]" (Autobiographie, 46), stellten sich jene Visionen ein, die ihm die Lösung des Problems der Polarität vor Augen führten. Der Sechsundzwanzigjährige erlebte „phantastische Ekstasen", die eine „innere Wandlung" (ebd.) bewirkten, womit hier ein Motiv zum Vorschein kommt, das etwa fünfzehn Jahre später für die expressionistische Literatur bezeichnend werden sollte.[1] „Die Verzückungen", schreibt Friedlaender,

„enthielten Visionen eines polaren Lebens, in denen sich MITTEN zwischen allen Lebenspolen, zwischen Ja und Nein des Willens, mein in der Mitte schwebendes Ich immer sonnenhafter regte. Ich entwarf eine Philosophie, die ich ‚von der lebendigen Indifferenz der Weltpolarität' nannte." (Autobiographie, 46)

Friedlaenders Suche nach einem Sinn des Daseins, die in diesen Experimenten offensichtlich zum Ausdruck kommt, drängte nach einer Entscheidung: „Über Welt und Leben geriet ich in immer tiefsinni-

---

1 Vgl. u. a. Ernst Toller: *Die Wandlung* (1917)

geres Grübeln. Immer weniger wurde ich klug aus mir. Es mußte doch irgendeinen ersten und letzten Sinn des Daseins geben?" (ebd. 45) Aber Urgrund und Letztbegründung von dem, was ist, lagen entweder beide noch im Verborgenen oder ließen sich überhaupt nicht mit den Mitteln erkennen, beschreiben und definieren, die dem Menschen gegeben waren. Und doch übten sie zugleich einen existentiellen Druck, wie Sog auf den sich immer noch an Schopenhauer orientierenden, aber schon Nietzsche lesenden Studenten Friedlaender aus.[1]

Sich selbst erfaßte er zunehmend als divergierende, von Auflösungen, von Dissoziationen bedrängte Individualität. Friedlaender mußte es damals als unvorstellbar weiter Weg erschienen sein, der zu jener personalen Individualität führt, von der er in der *Schöpferischen Indifferenz* schreibt. Freiheit und Selbstverantwortlichkeit, die in Personalunion gleichsam das personale Selbstverhältnis, die personale Individualität charakterisieren, mußten erst miteinander koordiniert werden, damit überhaupt die von Differenz bedrängte Individualität sich als Individualität behaupten kann.

Friedlaenders real-utopische Version von Individualität war so konzipiert, daß nicht die Macht der Differenz das Innen dominiert, das die Außenverhältnisse in den Griff zu bekommen versucht, sondern das eben jenes selbstidentische Innere, jene grandiose Fiktion der Indifferenz Individualität begründet und sämtliche Differenzen schöpferisch zu indifferenzieren sucht.

Mit der Erfindung einer relational eingebundenen Individualität, die sich gleichsam nur im Prozeß ihrer Äußerung als Individualität realisieren kann, erfüllte sich das polaritätsphilosophische Erfordernis der Leitdifferenz, nach der eben die Dinge nur Sinn haben können, wenn sie gleichermaßen auf Identität (Individualität) und Differenz (Äußerung der Individualität) gründen. Friedlaender vermutete daher den Kern seiner Überlegungen, der für den Sinn von Dasein und Leben stehen sollte, in der genauen Analyse einer auf Identität und Differenz begründeten Individualität zu finden:

---

1 Friedlaender studierte ab 1896 Philosophie in Berlin, dann von 1897 bis 1899 in Jena Philosophie, Germanistik, Geschichte, Archäologie, Kunstgeschichte. Promotion in Philosophie: Jena, 1902.

"Schopenhauer fand ihn [den Sinn des Daseins; RS] im Entschluß des Willens zur Bejahung oder Verneinung des Lebens. Aus der Spannung dieses Gegensatzes blitzte mir eine *Formel* auf, deren Geschichte ich kaum kannte und also ignorierte, das es eine uralte Formel ist." (Autobiographie, 45)

Die aufgeblitzte „Formel" Polarität, die einem epiphanischen Einfall ins Grübeln über erste und letzte Dinge gleicht, wird Friedlaender zum „Stein der Weisen" (SI 437). Angeregt durch seine psychophysischen Experimente, gelangt er vor allem durch Selbstbeobachtung und Selbstreflexion, diese Experimente betreffend, zu einer fast universalistischen Auffassung von Polarität. Beeindruckend war dabei aber wohl weniger der metaphysische Aspekt, als vielmehr die reale Wirksamkeit dieser Idee auf das persönliche Selbstbewußtsein, auf sein eigenes Selbstverhältnis. „Selbstbändigung" und „Selbstbalancierung" (SI 155) sind gleichermaßen Ziel und Aufgabe dieser persönlichen Identität, dieses persönlichsten Selbstverhältnisses, das sich nach außen hin als Selbstbewußtsein zeigt. Ein Konzept der Selbstregulierung kommt in Sicht, das als Grundmuster der *Schöpferischen Indifferenz* jede Seite ihrer „Abhandlungen", „Skizzen" und „Aphorismen" durchzieht.

Friedlaenders Selbstkonzept, das ja zunächst sehr theoretisch, abstrakt und philosophisch formuliert ist, zielt aber vor allem auf Lebenspraxis, auf Alltagserfahrung und Wirklichkeitserfassung. Deren Paradoxien auf eine erkenntnistheoretische Grundlage zu stellen, um Leben, Alltag und Wirklichkeit besser bestehen zu können, ließe sich als Grundmotivation der *Schöpferischen Indifferenz* bezeichnen. Dabei geht es vor allem darum, sämtliche Außenbeziehungen, sämtliche, die eigene Individualität bedrängenden Differenzen in den Kern, ins Innere seiner Individualität hineinzunehmen, um dann gleichsam mit dem geringsten Aufwand an persönlicher Energie den größten Effekt zur Polarisation zu erreichen, von dem aus sich die Äquilibration, die Balance dieser Differenzen, also gleichsam deren Indifferenzierung, wie automatisch einstellt. Es geht um die Entspannung der Realität, um die tatsächliche Entkrampfung des Faktischen, um die qualitative Veränderung der Realität, die nicht mehr ungeordnet in den Individuen herrschen soll, die nicht mehr total deterministisch Individuen lenken soll, sondern die als das gelten soll, was von diesen Individuen als Realität ausgegeben wird. Diesen hier nur recht vage ausgeführten Gedanken einer vom Individuum selbst oder vom individualen Selbst ausgehenden Empfindung, die auf dieses Selbst wieder zurückkommt, hat Friedlaender im Sinne seines philosophischen Lehrers Ernst Marcus, als exzentrische Empfindung bezeichnet, die bei diesem einen allgemeinen Sachverhalt der Empfindungen in seiner Theorie des Empfindens betrifft.[1]

Eine individuale Ordnung zu erreichen, die mit der von Differenzen beherrschten Umwelt harmonisiert, um in ihr als freies Wesen leben zu können, war zentrales Anliegen der *Schöpferischen Indifferenz*. Insofern richtete sich Friedlaenders Transformation der Polaritätsphilosophie stets an die empirische Wirklichkeit, denn nur in ihr konnte sich ja die Wirksamkeit der *Schöpferischen Indifferenz* erweisen.

Dabei war jederzeit von der Einheit der Differenz von intelligiblem Konstrukt und empirischer Erfahrungswirklichkeit auszugehen. Die Einheit der Realität stand nicht zur Disposition, sondern bloß die verschiedenen Möglichkeiten ihrer Konstitution, insofern sie nicht polaristisch orientiert waren. Gerade die Polarität, die das scheinbar Unvereinbare gegensätzlicher Formen aufeinander zuzuführen vermag, indem sie sie extremisiert, ist ja Ausdruck dieser Realität als eine der Einheit von Gegensätzen.

Dualismen haben dagegen als erstarrte entweder-oder-Logik kaum noch einen überzeugenden Beschreibungswert für die Überwindung von Problemen, für den Umgang mit Paradoxien, wie sie die Beobachtung der Realität beobachtet. Deren Beschreibungsrationalität reicht nicht mehr aus, um den komplexen Erfahrungen und Erkenntnissen sich stets ausdifferenzierender Gesellschaften und Individuen Beschreibbarkeit abzugewinnen.

Polarität geht von der Einheit des Getrennten, des Unterschieds aus. Als heuristisches Prinzip verweist die Erkenntnis der Polarität, wie sie in der *Schöpferischen Indifferenz* vorkommt, immer auch

---

1 Vgl. Kant gegen Einstein, Nr. 166 (GS 1, 119 f.).

auf die Polarität der Erkenntnis. Erkenntnisse sind demnach selbst polar strukturiert, sind selbst nicht aus dem evolutiven Entwicklungsprozeß zu entlassen, in dem sie vorkommen. Erkenntnisse als intelligibler Pol psycho-physischer Realität unterliegen selbst auch Polaritäten. Unter dieser Perspektive polaristischer Verhältnisse ist auch die gesamte Bewußtseinskonzeption der *Schöpferischen Indifferenz*, ihre Beschreibung, Ausdifferenzierung und Selbstreflexion zu verstehen. So sind sämtliche Beschreibungsverhältnisse in sich polar strukturiert.

Dieser, die Materialität und Medialität der epistemologischen Aspekte betreffende Polarismus der *Schöpferischen Indifferenz*, steht auch im Einklang mit dem ihr eingeschriebenen Materialismus. Seiner Idee zufolge haben allein die intelligiblen Verhältnisse die Fähigkeit zur Formierung, Erkenntnis und Gestaltung des Physischen, was auf dem Bewußtseinskonzept der *Schöpferischen Indifferenz* gründet, wonach eben die Macht des Willens, die dem Individuum Kraft Selbsterkenntnis gegeben ist, entscheidenden Einfluß auf die Geschicke des Individuums hat.

Der deskriptive Zug Friedlaenderscher Philosophie, ihr auf Schrift und Schreiben gründendes Erscheinungsbild, kommt vor allem auch darin zum Ausdruck, daß es die Differenz, die zwischen Beschreibung und beschriebenem Sachverhalt nicht verwischt. Zwischen der Idealität der Idee der *Schöpferischen Indifferenz* etwa und deren lebenspraktischer Umsetzung läßt sich keine Identität im Sinne eines Abbildungs- oder Widerspiegelungsverhältnisses begründen oder herstellen. Und doch gilt das Bestreben der *Schöpferischen Indifferenz* nicht nur der Ausdifferenzierung eines erkenntnistheoretischen Problems, das Polarität heißt, sondern der realen Bezugnahme dieser Idee auf Praxis und Alltagsleben.

In ihren Deskriptionsverhältnissen allerdings bleibt diese Idee, diese grandiose Fiktion, diese epistemologische Erfindung aus der Metapher der *Schöpferischen Indifferenz* heraus an die Geschlossenheit ihrer Selbstreflexion gebunden, auch wenn sie intentional für die Offenheit von Individualität, jeder Erfahrung gegenüber, plädiert.

In seinem *Katechismus der Magie* (1925) versuchte Friedlaender den psycho-physischen Zusammenhang der Wirklichkeit und Wirklichkeitserfahrung noch einmal deutlich zu machen, indem er das Konzept schöpferische Indifferenz mit der Idee einer philosophisch begründeten Magie verknüpfte. Dabei ist

„das Ziel der Magie" „die Überwindung der Natur. Man hüte sich aber, unter dieser Überwindung die ‚Verneinung' oder Vernichtung, die asketische Abkasteiung der Natur zu verstehen! Im Gegenteil:" schreibt Friedlaender, „die immer innigere Harmonie zwischen Natur und Vernunft ist gemeint ..." (GS 15, 133)

An anderer Stelle dieses *Katechismus*, dieser psycho-physischen Diätetik, heißt es: „Vernunft und Natur genügen zur Magie, und ihre beste Kraft entnimmt sie dem innersten Selbstvertrauen zur Möglichkeit beider Harmonisierung." (ebd. 134)

Jenes „innerste Selbstvertrauen", von dem hier die Rede ist, mußte Friedlaender wohl während seiner physisch initiierten, phantastischen Ekstasen erlebt haben. Überhaupt entspricht die Experimentierfreude Friedlaenders, die weniger nach bestimmten, etwa schamanistischen Ekstasetechniken ausgerichtet, als vielmehr vom Drang motiviert ist, das Problem Polarität nach allen Richtungen hin lösen zu wollen, auch dem Zug seines Philosophierens, den Dingen, wenn nötig, auf sehr unterschiedlichen Wegen, auf die Spur zu kommen.

Jedenfalls stellte sich um 1896 eine Art Schlüsselerlebnis ein, das Friedlaender ganz real die Möglichkeit der Empirizität vor Augen zu führen schien. Die hervorgekitzelten „Verzückungen", „Visionen" und „Ekstasen", in denen die „Formel" Polarität „aufblitzte", stellte aber noch nicht die Lösung des Problems dar, sondern führte erst zu einem Problembewußtsein, zu einer Problemsensibilisierung gegenüber dem Phänomen Polarität, das es nun in seinen diffizilsten Aspekten zu analysieren, zu beschreiben galt.

Die „Differenz von Problem und Problemlösung"[1] ergab sich dabei als Differenz von Polarität (Problem) und der ihr gleichsam

---
1 Vgl. Luhmann 1987b, 42

entspringenden Leitdifferenz von Indifferenz und Differenz (Problemlösung). Die Leitdifferenz fungiert in diesem Zusammenhang als das erkenntnistheoretische Kernstück der Transformation der Polaritätsphilosophie in der *Schöpferischen Indifferenz*. Daß die Problemlösung, die ihren Niederschlag in der Leitdifferenz gefunden hat, zunächst nur für die theoretische Seite gilt, versteht sich insofern von selbst, wie ja für jedes Problem der Praxis eine jeweils eigene Konstellation von Polaritäten auftritt, die in ihrer Eigenheit wiederum auch besondere Lösungen erfordert. Gleichwohl scheint die Metaphysik der Polarität, was ihre Kohärenz und Stringenz der Beschreibung betrifft, mit der *Schöpferischen Indifferenz* nicht nur ein gutes Stück weiter entwickelt worden zu sein, sondern auch eine praktikable Lösung gefunden zu haben.

In der angestrebten Indifferenzierung von Differenzverhältnissen, die nicht in einem Punkt für immer zur Ruhe kommen können und sollen, sondern, sobald sie indifferenziert sind, selbst wiederum nach Differenz streben, bleibt Polarität in Bewegung. Aber: „Polarität ist nicht zweideutig, sondern entscheidend, und ihre subjektive Identität nur das schöpferische Salzkorn, womit jede polare, das heißt entschiedene Äußerung gewitzigt werden will, wenn die Pole weder konfundiert noch zertrennt werden sollen." (SI 436) Der, so paradox es auch klingen mag, polaristische Fixpunkt ist gleichsam ein Prozeß der Selbstkonzentration, ist das „heliozentrische Ich", das wie die Sonne unablässig pulsiert.

Was Friedlaender in jener so „denkwürdigen Phase des Geistes"[1] erfuhr, hatte tatsächlich etwas von jener Art epiphanischer Empfindungen, wie James Joyce sie in *Stephen Hero* oder im *Ulysses* beschrieben hat. Plötzlich, schlagartig mußte Friedlaender die „Formel" Polarität erfahren haben, gleichsam im Sinne jener Manifestationen, die Epiphanie heißt, die urplötzlich in die Erfahrungswirklichkeit des Individuums einbricht und lebenszeitlich für jede weitere Erfahrung des Individuums Bedeutung hat.

Mag die ursprüngliche Erkenntnis von Polarität auch noch wenig differenziert, eher noch profan und noch keineswegs die Lösung des

---

1 Vgl. Joyce 1972, 224

Problems gewesen sein, so visierte ihre Ausarbeitung aber ein neues Paradigma im philosophischen Diskurs der Moderne an, nämlich das einer neuen Leitdifferenz von Identität und Differenz, bzw. von Indifferenz und Differenz, das erst sechzig Jahre später ins Blickfeld der sogenannten Geisteswissenschaften rückte. Friedlaender selbst wurde diese Erkenntnis wohl auch erst in ihrer deskriptiven Differenzierung, in ihrer schriftlichen Ausarbeitung klar, denn immer wieder versuchte er in Briefen, Artikeln und Aufsätzen seine Idee zu präzisieren, so daß der epiphanische Einfall nicht im metaphorischen verblaßte, sondern in Begriffen Ausdruck finden sollte, die gleichwohl nicht weniger metaphorisch zu lesen waren. „Epiphanie als epistemologische Metapher", so benannte Umberto Eco (1977, 412) dieses Phänomen einer erkenntnisschaffenden, oft ans Profane gebundenen Erfahrung, die plötzlich bisher verstellte Zusammenhänge freisetzt, sie ins Offene zerrt, um dann in der Geschlossenheit einer Idee erkenntnisleitende Wirkung zu haben. Eco plädierte dafür, Joyce' *Ulysses* als „grandiose epistemologische Metapher" (ebd.) zu verstehen und ebenso seinen *Finnegans Wake* als „zur Sprache gewordene kosmische Struktur" (ebd. 420) aufzufassen, was ja auf Friedlaenders *Schöpferische Indifferenz* insofern übertragbar scheint, wie auch hier ein „einziger Gedanke und dieser in hundert und aberhundert Wendungen und Beleuchtungen"[1] vorkommt, der wie eine „grandiose epistemologische Metapher" fungiert, die quasi einen universalen Anspruch behauptet. Als „erlebter Augenblick" jedenfalls, von dem George Lukács (1965) in seiner 1914/15 geschriebenen *Theorie des Romans* sprach und mit dem er auf den „organischen" (ein Lieblingswort des jungen Lukács)[2] Zusammenhang von Literatur und Erfahrung anspielt, läßt sich auch Friedlaenders Erfahrung von 1896 charakterisieren.

Wie nun die epistemologische Qualität jener dann in der *Schöpferischen Indifferenz* ausgearbeiteten Erfahrung in eine „ästhetische Qualität der ‚Epiphanie'"[3] umschlägt, wie also der Erkenntniswert der Metapher wieder in der Metapher selbst zum Vorschein kommt,

---

1 Nietzsche, zitiert nach SI 647
2 Vgl. Wunberg 1974, 374
3 Vgl. Bohrer 1981, 180 ff.

läßt sich jetzt auch deutlicher in Mynonas literarischen Texten zeigen.

Die „Phantasie" *Der Schöpfer* etwa, um einen der wichtigsten Texte Mynonas zu zitieren, verwendet den epistemologischen Sachverhalt der Polarität so als ästhetische Metaphorik, daß aus dieser Verwendung selbst wiederum epistemologisch relevante Bezüge zum Polarismus gewonnen werden können. Als Form des Bewußtseins erfährt der Ich-Erzähler „Herr Weiß" in *Der Schöpfer* im Grunde die Polarität und deren Indifferenzierung mit jener Macht plötzlicher Epiphanie, wie sie der junge Friedlaender autobiographisch berichtet. Da *Der Schöpfer* an späterer Stelle noch ausführlich zur Sprache kommt, sei hier nur auf einen Aspekt seiner polaristischen Realitätsauffassung verwiesen, und zwar auf die Traum-Wachen-Polarität.

Von der inneren Logik des Textes her ist auf der Erzählebene kaum eine letztgültige Entscheidung über die momentane Situation des Ich-Erzählers zu treffen. Sicher ist nur die Medialität des literarischen Textes als literarischer Text, sowie die Materialität seiner Zeichen, Worte, Sätze, Satzkonstellationen und der der Grammatikalität der Schrift. Von daher läßt sich im Text selbst auch nur im Rekurs auf die Medialität des Literarischen, sowie auf die Materialität der Sprache, die im Text zum Ausdruck kommt oder an ihn angelegt werden kann, eine Orientierung gewinnen, die mit der Inhaltlichkeit des Erzählten korrespondiert.

So ist der Traum ja auch kein tatsächlich geträumter Traum, der nach den Kriterien traumanalytischer Theorie zu befragen wäre, sondern ein literarisch konstruierter, mit Wachphasen kombinierter Traum. Und doch ist man versucht, dem Erzählprinzip in *Der Schöpfer* mit jenem begrifflichen Vokabular der Psychologie und Psychoanalyse nahe zu kommen, das sich im ersten Moment auch als geeignet zu erweisen scheint. Aber es bleibt eben jenes Unverhältnis zwischen Literatur und Leben, das sich durch keine Interpretation in Abbildungs- oder Widerspiegelungsverhältnisse umwandeln läßt und deshalb scheint auch für die Textanalyse der epistemologische Aspekt der Metaphern, der gleichwohl nicht weniger mit psychoanalytischer Metaphorik zu tun hat, relevanter zu sein, als etwa eine bloß literatur-psychoanalytisch orientierte Textanalyse, die notwendigerweise allein von ihren Projektionen her argumentieren müßte.

Mynona behandelt selbst die Motive Traum und Wachen in seiner „Phantasie" *Der Schöpfer* nicht im Sinne psychoanalytischer Fallgeschichten, die sich sicherlich auch daraus konstruieren ließen, sondern er versteht sie viel eher als epistemologische Metaphern, die in ihrer literarischen Formalisation Aufschluß über das komplexe Zusammenwirken von Phantasie, Vorstellungskraft, Traum und Wachen ermöglichen, wie es im geordneten Wissenschaftsdiskurs kaum möglich erscheint.

So wähnt sich der Träumende, Herr Weiß, als Wachender, der die Traumereignisse so reflektiert und interpretiert, als könne er gleichsam metaperspektivisch den Zusammenhang von Traum und Wachen synchron erfassen und sich so in gegenwärtiger Gleichzeitigkeit in beiden Bewußtseinsformen aufhalten. Der erlebende Ich-Erzähler kennt nur noch einen Zustand, nämlich den, in dem Traum und Wachsein in zeitlicher Synchronie zusammengefallen sind. Mynona schildert das in seiner „Phantasie" in einer Geschichte in der Geschichte:

> „In einem Andersenschen Märchen steigt ein Kind in einen gemalten Kahn und fährt den gemalten Fluß entlang. So ähnlich versenkte ich [Herr Weiß; RS] mich in eine Phantasie, in ihre Gestalten, bis Traum Wirklichkeit schien. Wer eine rege Phantasie hat, hat ein doppeltes Gesicht, doppelte Sinne",[1]

heißt es in Anspielung auf den polaren Charakter der phantasiebegabten individualen Subjektivität im Prozeß ihrer Äußerung.

In einer diesem Zitat vorhergehenden Stelle in Mynonas Text reflektiert Herr Weiß seine traumhafte Wachheit, die als Symbiose von Traum und Wachen, von Schlaf und Wachen erscheint, obwohl die Grenzen, die hier so fließend ineinander übergehen scheinen, nicht verwischt werden. In den Übergängen bleibt die Differenz gewahrt, die Traum und Wachen trennt. Herr Weiß wählt nun genau jenen Zustand des „ZWISCHEN", der ihm am intensivsten den Zustand des Übergangs gewährleistet:

---

1 Der Schöpfer (GS 13, 81 f.)

„In meinem Leben war es einige Male zu sonderbaren Erlebnissen ZWISCHEN Schlaf und Wachen gekommen. Ich gehöre zu den Wenigen, welche sich zuweilen, während eines Traumes, darauf besinnen, das sie träumen; welche sich selber agieren sehen wie einen Fremden; oder sich im Bette liegend wissen, während sie agieren."(ebd. 83)

Mit diesem kurzen Exkurs zu Mynona sollte jenes Zusammenspiel von Erkenntnistheorie und Literatur von der Literatur selbst in den Blick kommen, wie es auch für die Literarizität der *Schöpferischen Indifferenz*, wie es auch in der ästhetischen Formalisation literarisch wirksam ist.

Um den motivischen Aspekt von Schlafen und Wachen in *Der Schöpfer* erkenntnistheoretisch aufzulösen, genügt zunächst ein Aphorismus der *Schöpferischen Indifferenz*: „Schlafen und Wachen", heißt es dort, „sind nur die objektive Differenzierung des subjektiv indifferenten Bewußtseins, nur planetarische Phänomene des innerlichsten Sonne-Ichs." (SI 545)

Daß ganze Theoriezusammenhänge, ganze Motivkomplexe und Problemkonstellationen von Friedlaenders Polaritätsphilosophie in Mynonas Geschichte *Der Schöpfer* auftauchen, wird noch ausführlich erörtert (Kap. 3).

Für die Ausdifferenzierung von Polaritätsphilosophie, um die es Friedlaender ging, bleibt hier vor allem der polaristische Charakter der Metapher festzuhalten, der sich aus dem Zusammenspiel von epistemologischer Qualität, symbolischer Bedeutung und bildhaftem, nicht-begrifflichem Ausdruck, der in Begrifflichkeit umzuschlagen vermag, wenn entsprechende Interessen an die Metapher angelegt werden, ergibt. Für Friedlaenders deskriptives Philosophieren ist dies insofern bedeutsam, wie es ja selbst stark metaphorisch arbeitet, wie es ja selbst Literatur und Philosophie als miteinander vernetzt begreift. Fast problemlos lassen sich daher auch beide interferierende Diskursebenen des Polarismus, Literatur und Philosophie betreffend, als Einheit verstehen, obwohl Friedlaender immer eine strenge Unterscheidung zwischen philosophischer und literarischer Beschreibung polaristischer Phänomene getroffen hat, was ja allein schon durch die Doppelung des Namens Friedlaender/Mynona gewährleistet werden sollte und sich letztlich doch als bloße fiktionale Differenz erwiesen hat. Was an polaritätsphilosophischen Motiven und Argumentationen in *Der Schöpfer* erscheint, ließe sich ohne große Mühe in den polaritätsphilosophischen Diskurs der *Schöpferischen Indifferenz* integrieren. Man muß also Friedlaender gegen Friedlaender reiben, um einer offensichtlich richtigen Sache, nämlich dem Zusammenspiel von Philosophie und Literatur, bei Friedlaender/Mynona selbst auf die Spur zu kommen. Dessen eigenes polaristisches Denken läßt die Trennung zwischen beiden, die ja die Materialität und Medialität seines Polarismus begründen, gar nicht zu. Schrift und Sprache sind Medium beider Äußerungsformen. Was Philosophie ist, hat bei Friedlaender auch mit Mynona zu tun, ist also von der Literatur gar nicht zu trennen und umgekehrt. Daß beides wiederum mit dem Leben zu tun hat, daß jene „geistige Manifestation"[1] von 1896, daß deren Polarismus in seiner Intelligibilität Einfluß auf Leben hat, belegt die Biographie Friedlaender/Mynonas in überzeugender Weise.

Geerken kommentierte diesen Zusammenhang, der mit den intensiven Erfahrungen von 1896 einen ersten Höhepunkt erreichte, im Sinne einer psycho-physischen Schleife, wobei anfangs die psycho-physische Situation des jungen Friedlaender Anlaß genug schien, eine Antwort auf die Frage nach dem Sinn des Lebens herbeizuexperimentieren. Was dann mit der „aufgeblitzten" Formel der Polarität in Gang kam, war jenes großartige Willenskonzept, mit dem Friedlaender nicht nur den philosophischen Diskurs, sondern auch sein eigenes Leben in Händen hielt. „Dieser Philosophie", schreibt Geerken, „zu jenem Zeitpunkt" um 1896 „noch in rudimentärem Stadium, blieb Friedlaender sein Leben lang treu und dachte sie konsequent durch bis zu jenem simplen Endpunkt",[2] an dem die Philosophie das Leben selber ist. „Meine Philosophie ist gar keine Philosophie", schreibt Friedlaender 1937 in der deprimierenden Situation des Pariser Exils, „sondern das Leben selber." (ebd.)

---

1 Bohrer 1981, 195
2 F/M an Lothar Homeyer, 24. Juli 1937 (Brevier, 34)

Seit der Entdeckung seines nicht mehr dualistischen, sondern relationalen Polarismus, der sämtlichen Phänomenen, sowie ihren Erscheinungsweisen und -formen, der also jeglicher Gegenstandskonstitution zugrunde liegen sollte, beschäftigte sich Friedlaender in immer neu ansetzenden Beschreibungsversuchen mit der Klärung jener polaritätsphilosophischen Leitdifferenz von Indifferenz und Differenz, die im Begriff der schöpferischen Indifferenz zusammengefaßt wurde. Differenz, Indifferenz und schöpferische Indifferenz entwickelte Friedlaender zu einem systemischen Begriffsgefüge, das die Mikro- und Makrobereiche der Wirklichkeit, die sich aus der beschreibenden Differenzierung von Wirklichkeit ergeben, daß deren Ineinandergreifen und gegenseitiges Beeinflussen polaritätsphilosophisch zu beschreiben und zu plausibilisieren vermochte. Die Realität als psycho-physische Einheit zu erfassen, war eine Sache. Das Verhalten der individualen Subjekte in dieser Realität zu beschreiben war eine andere, gleichwohl mit der ersten korrespondierende Angelegenheit. Die Lösung der Frage nach einem nicht deterministischen Ausgeliefertsein an diese Realität lag gleichsam in der Frage selbst. Denn ein Bewußtsein, das sich diese Frage stellt, so Friedlaenders Folgerung, müßte auch in der Lage sein, sich eine erlösende Antwort darauf geben zu können. Friedlaenders Vertrauen auf die Bewußtseinskräfte, die die Natur- und Triebkräfte zu beherrschen wissen, war ein Vertrauen in den „magischen Willen", der die Natur erst erzeugt.

Von dieser grundlegenden Überlegung ging Friedlaender aus, um immer präziser das Verhältnis von Individuum und Welt, von Innen und Außen zu erfassen und zu beschreiben, wobei sich die Erkenntnis zumeist in einem Satz zusammenfassen ließ:

> „Das eigene Innere ist nur zum Äußern wirksam: es ist die schöpferische Indifferenz der Welt und die Welt ist nur die Selbstentzweiung (Polarisation) des eigenen Innern, welches sich ja gar nicht anders äußern kann, als indem es sich unterschiedlich objektiviert." (SI 114)

Daß der analytische Zugriff auf das Problem der Polarität selbst auch polaristisch verfahren mußte, um nicht, wie es in Hegels Dialektik der Fall war, die eigene polaristische Position in der Vorstellung eines alles überbietenden Gottes gleich wieder aufzugeben, wird von der *Schöpferischen Indifferenz* eingelöst. Darin ist ihre methodologische Selbstreflektion konsequent. Zugleich ließe sich auch Friedlaenders Eigenbeobachtung als selbstreflexiv bezeichnen. Versuchte er doch seine eigenen Alltagserfahrungen am Maßstab seiner Philosophie zu messen oder deren Wirksamkeit im Alltag praktisch zu erproben. Selbstreflektion als polaritätsphilosophische Grundoperation ist selbst schon aus sich selber heraus eine polaristische Operation, die über andere Polaritäten Aufschluß zu geben vermag.

Die Auffassung, daß die Realität als polar geordnet zu verstehen sei, bezieht sich im polaritätsphilosophischen Diskurs sowohl auf den Gegenstand der Erkenntnis, wie auch auf den Prozeß der Erkenntnis selber. In diesem Sinne spricht Friedlaender auch von der heuristischen Funktion der Polarität.

Wenn also die Beschreibung von Polarität selbst wiederum polaristisch verfährt und als Polaritätsverhältnis zu analysieren ist, dann ließe sich der gesamte polaritätsphilosophische Diskurs als Beschreibung der Beschreibung der Beschreibung von Polarität analysieren, der nichts weiter als polaristische Beschreibungen der Polarität erzeugt.

Polarität und Polarisation als „die Entspringung des Unterschiedes aus dem in sich selber Identischen" (SI 98) bezeichnen den „echten Akt des individualen Willens" (SI 99). Insofern kommt der Polarität immer auch eine ganz praktische Bedeutung zu, die letztlich darin begründet liegt, wie dieser Wille Realität zu gestalten versucht, was seine unendliche Aufgabe ist, folgt man Friedlaenders Konzept des Willens.

Polarität als heuristisches Prinzip ist intentional zwar auf Offenheit gerichtet, etwa indem sie auf jede Äußerung beziehbar ist, ohne deren besondere Rhetorik, Ideologie oder sonstige Wertmäßigkeit aus dem Blick zu verlieren. Zugleich ist sie in ihrer Selbstbezüglichkeit eine geschlossene Beschreibungsform von Realität, die auf der Einheit der Differenz von Identität und Differenz beruht. Über den Geltungsbereich dieser Leitdifferenz hinaus lassen sich polaritätsphilosophisch keine Aussagen zur und über Wirklichkeit machen. Auch in dieser Hinsicht gilt für die epistemologische Funktionsweise von Polarität die Einheit der Differenz von Geschlossenheit und Offenheit. Als analytischem Instrumentarium kommt der Leitdifferenz eine universalistische Funktion zu, die immer dann zum Vorschein kommt, wenn überhaupt irgend etwas erscheint, wenn überhaupt Äußerungen gemacht, Phänomene erfahren, beobachtet oder wahrgenommen werden, wenn also überhaupt irgend etwas passiert.

Indifferenz nun, die im polaritätsphilosophischen Sinn soviel wie Identität bedeutet, fungiert nicht als „Zentrum der Differenz", obwohl sie diese „regiert", „wie wenn sie deren Zentrum wäre."[1] Vielmehr bedeutet sie so etwas wie die gänzlich polarisierte Differenz, wie die vollkommen ausbalancierte Polarität, wie die optimale Äquilibration von Gegensätzen und Unterschieden. Indifferenz ist eine Art Vakuum der Differenz, das einerseits im Prozeß der Ausdifferenzierung angestrebt wird und andererseits aber auch als Initiator neuer Differenzen fungiert. Denn „gerade Indifferenz trachtet nach Differenz, das Nichts ist concordia discors, durstig nach dieser nicht positiven, sondern oppositiven Welt." (SI 143)

Als theoretisches Konstrukt bezeichnet Indifferenz einen intelligiblen Aspekt der Idee der schöpferischen Indifferenz, der „in concreto die Unmöglichkeit selber" ist (SI 146), der den logischen Dreh- und Angelpunkt des Ich bildet, das nur in seiner Äußerung real ist. Wie Indifferenz „allemal differenzierende Funktion" hat, so bedarf die Differenz eines „indifferenten Funktionärs" (SI 271). Indifferenz ist aber „nicht das andere Extrem zum Objekt, zur Differenz", sondern aus ihr entstehen erst „die Extreme der Differenz" (SI 272).

Differenz und Indifferenz sind in erster Linie durch ihr relationales Zusammenspiel definiert, wobei dessen Ausdruck die Leitdifferenz bildet.

Im Unterschied zur Indifferenz ist Differenz zunächst einmal „das allerallgemeinste Merkmal jedes irgend möglichen Phänomens [...], welche bis in Extreme gehen kann" (SI 98). Sie bildet die Voraussetzung jeder Erscheinung, jeder Äußerung und damit jeglicher Ob-

---

1 Vgl. Briefe Kubin, 88

jektivation schlechthin. Da, wo Äußerungen gemacht, Phänomene erfaßt, erkannt oder beschrieben werden, oder wo überhaupt Äußerungen getätigt werden, geht Friedlaender erkenntnistheoretisch von der Differenz, von Differenzverhältnissen aus, denn alles Äußere ist Differenz: „Um das Innere vom Außen präzis zu unterscheiden, charakterisiere man das Außen als Differenz, als Polarität, als Selbst-Entzweiung aus Überschwang des Innens ..." (SI 119)

In den unzähligen Formulierungen dessen, was Differenz bedeutet, die Friedlaender in der *Schöpferischen Indifferenz* ausprobiert, bezieht sich Differenz immer auf Objektivation und „Objektität" (SI 256). Differenz ist als die „allgemeine Form der Objektität" (ebd.) zu verstehen, wobei erst ihre Rationalität das Objektive, das die empirischen Relationen entwickelt, ebenfalls „rationalisierbar macht" (SI 257).

Indifferenz als Movens der Differenz veräußerlicht sich aber gleich wieder in dieser Funktion, und insofern kommt der Differenz theoretisch, wie praktisch eine nicht hintergehbare, quasi apriorische Funktion zu:

> „Differenz ist die Form, in der sich das absolute Individuum, das Innere veräußerlicht: Insofern ist diese Form a priori; es ist evident, daß sie notwendigerweise stattfinden muß, damit etwas zur Erscheinung gelangen könne: Differenz ist die Bedingung aller Möglichkeit von Erscheinung." (SI 256)

Dabei ist der relationale Zusammenhang von Differenz und Indifferenz genauso evident, denn Differenz „beruht" (SI 145), von der Logik der *Schöpferischen Indifferenz* her, notwendigerweise auf Indifferenz. Die Differenz erzeugende Indifferenz fungiert als „absolut individuale Null aller Differenz", als „pures Subjektives" (SI 271), das natürlich empirisch gesehen überhaupt keine Bedeutung hat, das bloß als Metapher intelligibler Verhältnisse zur Beschreibung von Wirklichkeit erfunden wird, wobei die Beschreibung nicht mit der Wirklichkeit selbst identifiziert werden darf. In ihrem empirischen Bezug hat diese

> „subjektive Indifferenz ganz reale, praktische Funktion, denn da fungiert sie als „die lebendige Angel der objektiven Differenzierung, der persönliche Spielpunkt, ohne dessen Präzision die Differenz verrenkt wird." (SI 278)

Auf der Ebene individualer Subjektivität lieferte Friedlaender mit seinem Konzept der schöpferischen Indifferenz schon eine ziemlich klare Beschreibung dessen, was fast siebzig Jahre später als Einführung einer „neue[n] Leitdifferenz",[1] als neues Paradigma in den Wissenschaften diskutiert werden sollte.

Was Niklas Luhmann, einer der Protagonisten in der Diskussion um dieses neue Paradigma, als Erfordernis der Wissenschaften beschreibt, nämlich die Akzeptanz einer gleichermaßen auf Identität und Differenz basierenden Leitdifferenz, die, in den Termini soziologischer Systemtheorie gesprochen, „die Informationsverarbeitungsmöglichkeiten der Theorie steuer[t]" (ebd. 19), hatte für Friedlaender ja auch schon insofern Bedeutung, wie er dieses Problem als Indifferenz-Differenz-Relation beschrieb. Damit erscheint, was den erkenntnistheoretischen Aspekt dieser Leitdifferenz anbelangt, Friedlaenders Polaritätsphilosophie mit der Vorstellung einer Luhmannschen Leitdifferenz als vereinbar, womit natürlich nichts über eine darüber hinausgreifende Anschließbarkeit der einen an die andere Theorie gesagt ist. Verblüffend ist es allemal, wie aktuell Friedlaenders *Schöpferische Indifferenz* in diesem Zusammenhang ist. So ließe sich auch unschwer folgender Sachverhalt soziologischer Systemtheorie aus den polaritätsphilosophischen Forschungen Friedlaenders herleiten: „Für die Ausarbeitung einer Theorie selbstreferentieller Systeme", schreibt Luhmann,

> „die die System/Umwelt-Theorie in sich aufnimmt, ist eine neue Leitdifferenz, also ein neues Paradigma erforderlich. Hierfür bietet sich die Differenz von Identität und Differenz an, Denn Selbstreferenz kann in den aktuellen Operationen des Systems nur realisiert werden, wenn ein Selbst (sei es als Element, als Prozeß oder System) durch es selbst identifiziert und gegen anderes different gesetzt werden kann. Systeme müssen mit der

---
1 Vgl. Luhmann 1984a, 26

Differenz zurechtkommen, wenn sie sich als selbstreferentielle Systeme reproduzieren; oder anders gesagt: Reproduktion ist das Handhaben dieser Differenz. Dies ist zunächst kein theoretisches, sondern ein durchaus praktisches Problem" – dem Friedlaender vorbehaltlos zustimmen würde – „Eine Wissenschaft, die solchen Systemen gewachsen sein will, muß dann aber Begriffe auf entsprechendem Niveau bilden, und nur für sie ist demzufolge die Differenz von Identität und Differenz ein Leitfaden der Theoriebildung, ein Paradigma." (ebd. 26 f.)

Friedlaenders „Indifferentismus polarer Observanz" (SI 159), der sich um eine systemische Ausdifferenzierung von Differenzverhältnissen bemüht, scheint mir mit diesem Paradigma durchaus vereinbar zu sein.

Erstaunlich ist dagegen, daß man sich dieser Vereinbarkeit nirgends zu erinnern versucht. Selbst da, wo heutige Arbeiten kombinatorisch den philosophischen und soziologischen Diskurs der Moderne um 1918, entweder in Überblicksarbeiten[1] oder in Einzeluntersuchungen[2] zur Sprache bringen und die Bezugnahme auf Friedlaender sowohl aus biographischen, historischen und theorieinternen Gründen auf der Hand läge, fehlt jeder Hinweis auf seinen Polarismus, von dessen Relevanz so einflußreiche Autoren wie Georg Simmel und Walter Benjamin überzeugt waren.

Was den Indifferenzbegriff anbelangt, der für Friedlaender ja zentrale Funktion hatte, so kommt ihm für die systemtheoretische Ausdifferenzierung von Systemtheorie ebenfalls die Funktion einer „Grundstrategie" zu, die die „Indifferenzierung" von Systemen zu leisten hat.[3] „Überlegte Indifferenz", die auf „einem Verfahren der Absorption von Komplexität und Veränderlichkeit" (ebd. 199) beruht, fungiert gleichsam als Ausgleichsbewegung, die die überkomplex erscheinende Wirklichkeit übersichtlich zu machen versucht. Damit betreibt „generalisierende" und „gesicherte Indifferenz" eine

---

1 Vgl. Schnädelbach 1986
2 Vgl. Lichtblau 1986, 231 f.
3 Vgl. Luhmann 1973, 185

„Reduktion von Komplexität",[1] die eben jene Klarheit erzeugt, von der in der *Schöpferischen Indifferenz* allerorten die Rede ist.

Daß dieser Befund der Systemtheorie in seiner Anlage schon der Friedlaenderschen Transformation der Polaritätsphilosophie eingeschrieben war, verweist die Gegenwart aber nicht nur auf Friedlaenders Konzept, sondern insgesamt auf eine Zeit, nämlich auf das erste Drittel des zwanzigsten Jahrhunderts, in der es in sämtlichen Bereichen des gesellschaftlichen Lebens Innovationen gab, deren Wirkungen, was Kunst, Literatur, Musik, Philosophie, Naturwissenschaften betrifft, gegenwärtig immer noch fortdauern. Inwiefern Friedlaenders Polarismus eine ähnlich fortdauernde, wenn auch verdeckte, Gültigkeit zugeschrieben werden kann, kann hier allenfalls erörtert, aber nicht entschieden werden.

Dazu sei noch einmal auf die Abzweigung der *Schöpferischen Indifferenz* von der „dialektischen Tradition"[2] verwiesen, die in vielleicht ähnlicher Weise auch für die systemtheoretische Erkenntnistheorie gilt. Von Hegel jedenfalls ist im gesamten Werk Friedlaenders kaum die Rede, was nicht heißt, das Polaritätsphilosophie ohne Dialektik auskäme. Nur ist diese eben nicht mehr so am Pathos dialektischer Vermittlung orientiert, wie es von dessen Tradition inauguriert wurde. Friedlaenders Vermittlungsprinzip ergibt sich vielmehr aus der Einheit der Differenz von Indifferenz und Differenz und nicht aus einer angenommenen Präferenz, etwa der der Indifferenz gegenüber der Differenz.

> „Von alters her ist man den Gedanken gewöhnt, in der Welt Gegensätze, Widersprüche, Dualismen, Polaritäten – und also ebensosehr gewisse Vermittlungen, Versöhnungen, Monismen, Indifferenzierungen, ja Identifikationen walten zu lassen. Diese Tradition ist aber fruchtlos, solange man sie nicht durch diese neue Aussaat zum Blühen bringt. Es ist nämlich nichts leichter als falsche, schiefe, quere Gegensätze und platte, seichte, mittelmäßige, trübe Vermittlungen vorzunehmen. Diese Verwirrung, worin man sich hier seit alters und insbesondere seit den Tagen

---

1 Ebd. 206 f. Vgl. Luhmann 1986a, insbesondere 273 f. u. 32 f.
2 Luhmann 1984a, 26

der deutschen Romantik befindet, schlichtet sich erst, wenn man das Leitmotiv der persönlichen neutralen Größe im eigenen Subjekte lebendig erfaßt." (SI 123)

Und dieses lebendige Erfassen (Differenz) der „persönlichen neutralen Größe im eigenen Subjekte" (Indifferenz) ist ohne ein Bewußtsein der hier beschriebenen Leitdifferenz kaum möglich. Von der dialektischen Betrachtung eines zu sich selbst kommenden Geistes jedenfalls schien Friedlaender, wohl auch wegen der praxisferne dieser Idee nichts zu halten. Dagegen stand ganz einfach die Formel des lebendigen Erfassens von Wirklichkeit, die vielmehr mit Paradoxien zu tun hat, als mit dialektischem Denken und die viel eher den Umgang mit Paradoxien ermöglichen sollte, als sie dialektisch zu verwischen.

Ganz allgemein lehnte Friedlaender jene subjektivistischen Selbstverhältnisse ab, wie sie sich im Kontext idealistischer Ich-Kultur herausbildeten, da sie nicht die Widersprüche, Aporien und Paradoxien ihres eigenen Entwurfs auszuhalten vermochten, sondern immer wieder Lösungen vorgaukelten, wo sich oppositive Formen einfach unvereinbar, inkommensurabel und kontrastiv zum alles beherrschenden Vermittlungsgedanken der Dialektik verhielten.

Differenz und Indifferenz bilden daher auch in der Transformation der Polaritätsphilosophie keine dialektische Einheit, sondern eine, die sich selbst immer wieder ihrer differentiellen Struktur zu versichern scheint. Um 1918 gab es im philosophischen Diskurs wohl kaum einen Entwurf, der sich in Bezug auf die Ausdifferenzierung dieser paradigmatischen Leitdifferenz, der sich also in Bezug auf das Erkenntnisniveau dieser Leitdifferenz hätte in Deutschland mit Friedlaenders Entwurf vergleichen lassen. Für die literarische Thematisierung dieser erkenntnistheoretischen Problematik stellt sich der Sachverhalt um 1918 ganz anders dar. In der Prosa jener Zeit gibt es nämlich Beispiele dafür, daß Friedlaenders Polarismus keine ehrgeizige Einzelbeschäftigung war, sondern als ein viel allgemeineres Phänomen der Zeit zu betrachten ist. Carl Einstein etwa problematisierte das Zusammenspiel von Identität und Differenz in seinem *Bebuquin* literarisch und ästhetisch, trotz seines antiästhetizistischen Bestrebens, noch viel versierter und avancierter als es von vielen Prosatexten Mynonas behauptet werden kann. In direkter Gegenüberstellung von *Bebuquin* und Mynonas Texten *Gar nichts* oder auch *Der Schöpfer* würde ich keine Entscheidung über ein Stärker oder Schwächer der Texte, auf diesen Sachverhalt bezogen, treffen wollen.

Jedenfalls beschäftigten Einstein wohl ähnliche erkenntnistheoretische Probleme wie Friedlaender. So führte, *Bebuquin* zufolge, nicht mehr abgeschottete Identität zu neuen Erfahrungen und Erkenntnissen, sondern die „Zerstörung des traditionellen Gegensatzes von Subjekt und Objekt",[1] aus der heraus Identität sich neu formulieren läßt, eröffnet neue Wege, Wirklichkeit zu erkennen und zu beschreiben. Erst die Einsicht in die paradoxe Verfassung von Realität, so erscheint es als Forderung im *Bebuquin*, legt den Blick für noch unbekannte Perspektiven frei, eröffnet noch unentdeckte Bereiche des Realen: „Ich grüße Dich, alter Märtyrer. Vernichte die Identität, und Du fliegst rapide; aber fraglich, ob Du das Tempo aushalten wirst."[2] Die Warnung vor dem Verlust der Identität, die hier so prosaisch formuliert wird, warnt ja gerade vor jenen pathologischen Zuständen eines unkoordinierten, nicht balancierten Experimentierens mit der Identität, dessen Kritik Friedlaenders gesamte Arbeit galt. In der *Schöpferischen Indifferenz* findet sich daher ein ganz ähnlicher Gedanke, wie in Einsteins *Bebuquin*. Nur geht es Friedlaender dabei nicht um die „Vernichtung" von Identität, sondern um deren Entzweiung: „Wie will man jemals Flügel kriegen, wenn man die eigne Identität nicht entzweit, nicht polarisiert und, von der indifferenten Mitte aus, Extreme wie Flügel entfaltet?" (SI 178) *Bebuquins* Radikalität scheint, angesichts der logischen Plausibilität Friedlaenders, im Widerspruch mit sich selbst zu stecken, so daß die vermeintliche Ähnlichkeit zwischen beiden, sich nur auf die Erkennung des Problems, nicht aber auf deren Beschreibung beziehen läßt, wobei sicherlich aber auch eine Differenz in der Erkenntnis selbst liegt.

---

1 Kleinschmidt: *Nachwort,* in: Einstein 1985, 75
2 Einstein 1985, 34. Geschrieben 1906/9, Teildruck 1907, vollständiger Druck 1912, zweite Fassung 1917.

Um das „Tempo", von dem im *Bebuquin* die Rede ist, aushalten zu können – Einsteins Flugmetapher (Flügel, Fliegen, Flügelschlag sind ja klassische Motive phantasievoller Erkenntnistätigkeit, die, was Friedlaender anbetrifft, wohl vom geschätzten Jean Paul übernommen wurden) fordert geradezu eine weitere Metaphorisierung des epistemologischen Sachverhalts heraus –, muß ich den Sicherheitsgurt Identität wieder anlegen, nur muß dies eben eine Identität sein, mit der es sich jederzeit fliegen läßt.

Einstein *Bebuquin* setzt auf den immanenten Widerspruch zur Identität. Er provoziert eine paradox anmutende „Unlogik"[1] gegenüber der so vernünftigen Logik einer nur auf Identität basierenden Erkenntnis. Der „Widerspruch, die Unlogik", das Prinzip des permanenten Widerstreits, werden im *Bebuquin* zum erkenntnis-„leitenden Prinzip" (ebd.). Aber: die „Negation besagt gar nichts, ebenso wenig die Bejahung. Das Künstlerische beginnt mit dem Wort anders." (ebd.) Und anders wird alles, wenn man es unter jener Leitperspektive betrachtet, wie sie im *Bebuquin* als „Widerspruch" formuliert ist (ebd. 11).

Das Wort „anders", das im *Bebuquin* den Anfang jeder künstlerischen Äußerung meint, steht zugleich auch für die Identität dessen, was anders ist. Es steht nämlich für die Identität des Anderen, der auf eine Differenz verweist, nämlich auf den Bezug, auf die Relation, die die Rede vom Anderen überhaupt erst ermöglicht. Anders, das bedeutet Unterscheidung, Differenz in zeitlicher wie räumlicher Hinsicht. Aber es bedeutet eben nicht nur Differenz und schon gar nicht nur Identität, sondern eben beides als relationale Einheit. Differenz und Identität, so lehrt uns auf ganz radikale Weise Heinrich Lippenknabe im *Bebuquin,* gehören gemeinsam zum Prozeß des künstlerischen Beginnens und vielleicht sogar überhaupt zum Prozeß von Wirklichkeit.

Neben Carl Einstein beschäftigten sich noch eine Reihe anderer Autoren jener revolutionären Phasen, Emphasen und Atmosphären[2]

---

1 Kleinschmidt: *Nachwort,* in: Einstein 1985, 72
2 Atmosphäre, ein Wort, das sowohl psychologische wie physikalische Bedeutung hat – psychologisch im Sinne von „guter Atmosphäre" und physikalisch als Maßeinheit für den Druck –, hat für die ästhetische For-

um 1918 auf der Suche nach neuen, erkenntnismäßig motivierten Wirklichkeitsperspektiven und deren literarischer Umsetzung mit dem Problem von Identität und Differenz, das ja von sich aus schon ein Problem der Polarität ist. Vor allem Paul Scheerbart ist hier zu nennen, der, ein Freund Friedlaenders, wie Mynona, „eine neue Form gesucht und gefunden hat, und dies vielleicht gerade deshalb, weil sie" – Mynona und Scheerbart – „in einer ‚dünnen Atmosphäre' (W. Benjamin) heimisch gewesen sind."[1] Was Scheerbart nämlich in seiner Literatur als kosmologischen Polarismus inszeniert, ist bei Mynona zumeist auf den Mikrobereich des individualen Seelenlebens, der subjektiven Psyche konzentriert.

Ein anderer, der sich intensiv literarisch mit dem Problem der Polarität auseinandersetzte, ist Melchior Vischer.[2] So „entsprechen" die „Gegensatzverknüpfungen auf belletristischem Terrain" bei Vischer

> „ziemlich genau der Philosophie des Mannes, der in der ersten Hälfte unseres Jahrhunderts die polaristische Philosophie am konsequentesten durchdacht hat: Salomo Friedlaender. Seine *Schöpferische Indifferenz* wird eben in diesem Vischerschen ‚Punkt' freigesetzt."[3]

In diesem ‚Punkt', der aus dem „Busen der Gegenüberkokotte" und dem „schönen Flimmer der Milchstraße, die zum Saturn führt", gebildet wird, „kreuzen" sich die beiden „Bewußtseinslinien" von Jörg, dem Protagonisten, dem tragischen Helden in Vischers Text *Sekunde durch Hirn*. Vischers Polarismus ist nicht erkenntnistheoretisch formuliert oder von erkenntnistheoretischen Termini getragen, wie dies etwa für das Zusammenwirken von Erkenntnistheorie und literarischer Ästhetik in der Prosa Carl Einsteins gilt. Um seine po-

---

malisation des *Bebuquin* entscheidende Funktion. Vgl. Einstein 1985, 14 f. Neuerdings hat Gernot Böhme (1985, 192 f.) den Begriff Atmosphäre anthropologisch nutzbar zu machen versucht und dabei auf den Zusammenhang dieses Begriffs mit Ästhetik, Erkenntnis und Emotionalität hingewiesen.

1 Soergel 1965, 53 f.
2 Melchior Vischer (Pseudonym für Emil Fischer, 1895-1975).
3 Geerken: *Nachwort*, in: Vischer 1976, 197

laristischen Ideen, vagen oder auch genauen Vorstellungen deutlich zu machen, setzte Vischer poetische Sprache ein, wobei die Poesie seiner Texte, seiner oft elliptisch verfahrenden Prosa, eine ungeheure Dynamik entwickelt:

> „Erde, ich reiß Dir die Pole aus den Lagern. – Ich bin selbst der Stern. Ich, der Schogun. Suchend stürz ich durch alle Sphären, den letzten Feind zu fällen. Die Pole sind tot."[1]

Der Schogun, Vischers nach japanischen Motiven erzählte kurze Geschichte, die in greller, sichelschwertscharfer Sprache vom bis in den Tod hinein stolzen Schogun erzählt, ließe sich von ihrer Sternenmetaphorik her als phantastisch astrale Vision bezeichnen, in der die „Zirkel der Vernunft", sowie die „Achse", die die „gewesenen Pole verband" und die „vom großen Riß" übrig blieb (ebd. 8 f.), aber auch die gesamte Dynamik des Erzählten auf Polaritäten verweisen. Der „letzte Feind", den es zu fällen gilt, sind die Differenzen, die Pole. Was hier so macchiavellistisch erscheint, nämlich die Vernichtung der Pole, der Extreme, bis sie „tot" sind, verbindet sich auf eigentümliche Weise mit Friedlaenders Forderung, daß „der *Principe* des Macchiavelli noch zum Rezepte für einen Gott umzuschreiben" ist (SI 525). Friedlaenders Rede vom „Tod aller Differenz" (SI 489) ließe sich hier zwanglos anfügen.

Ganz unabhängig von Friedlaenders Studien zur Polarität kamen in Kubins Roman *Die andere Seite,* erschienen 1909, ähnliche Einsichten zum Phänomen des Polarismus zum Vorschein, wie in den Texten von Friedlaender/Mynona, Einstein und Vischer, wobei die jeweiligen, zum Teil gravierenden Unterschiede in dieser Hinsicht dem nicht ausgetauschten gemeinsamen Interesse, den Polaritäten auf die Spur zu kommen, nicht entgegenstanden.

Auch im Sinne einer nie ausformulierten, immer nur bruchstückhaft gebliebenen, fragmentarisch rekonstruierbaren dadaistischen Epistemologie war der Indifferenzbegriff, der auch im dadaistischen Kontext jederzeit mit Polaritäten verknüpft ist, von höchster Relevanz. So etwa bei Raoul Hausmann und Theo van Doesburg. Hausmann verstand Dada nämlich als „die Schöpfung aus dem In-

---

1 Vischer: *Der Schogun,* in: Vischer 1976, 8

differenzpunkt des Nichts, des ‚nihil neutrale', ohne Vorliebe, noch Abneigung, relativer als die Relativitätstheorie",[1] die ja auch von Friedlaender in ihren philosophischen Belangen kritisiert wurde. Bis in die Wahl der Terminologie hinein lassen sich Parallelen zu Friedlaenders Idee der *Schöpferischen Indifferenz* aufzeigen. Und das Absolute, auf das Hausmann hier anzuspielen scheint, braucht für Hugo Ball in keiner Weise „abstrakt zu sein".[2] Als hätten die Dadaisten Friedlaenders Idee gründlich studiert, so jedenfalls ließe sich deren Abkehr vom dialektischen, dualistischen und paradoxielosen Denken erklären. Theo van Doesburg brachte Indifferenz und Dada auf folgende Formel:

> „Dada lehnt die Dualität von Materie und Geist, von Mann und Frau, welche gemeinhin akzeptiert wird, völlig ab und schöpft somit den ‚Punkt der Indifferenz', einen Punkt über dem menschlichen Verstehen von Zeit und Raum."[3]

In der Diskussion um die Begründung einer dadaistischen Epistemologie wird aber nicht Friedlaender, sondern Peter Demjanowitsch Ouspensky angeführt,[4] der mit seiner Studie *Tertium Organum* großen Einfluß auf Künstler und Literaten jener Zeit um 1918 ausübte. Eine genauere Analyse und Gegenüberstellung von Friedlaenders *Schöpferischer Indifferenz* und Ouspenskys *Tertium Organum* müßte erfolgen, um eine gültige Aussage über den jeweiligen Grad der Differenzierung in Bezug auf den Indifferentismus in polaristischer Sicht treffen zu können. Unbestreitbar dürfte wohl der Zusammenhang von dadaistischem Erkenntnisstreben und polaristischer Indifferenz sein.

Im Kapitel „Die Klärung der Erkenntnis", dem epistemologischen Kernstück von Kubins Roman *Die andere Seite,* wird dessen Polarismus auf den Punkt gebracht. Um diesen so genau wie möglich zu erfassen, sei eine längere Passage zitiert:

---

1 Hausmann 1972, 14
2 Vgl. White 1982, 107
3 van Doesburg, in: Baljeu 1974, 132-135
4 Vgl. White 1982, 106 f.

„Was ich vor allem lernte, war, den Wert der Indolenz zu schätzen. Diese zu erobern, erforderte für einen lebhaften Menschen die Arbeit eines Lebens. [...] Immer mehr fühlte ich das gemeinsame Band in allem. Farben, Düfte, Töne und Geschmacksempfindungen waren für mich austauschbar. Und wußte ich es: – die Welt ist Einbildungskraft, Einbildung – Kraft. Überall, wohin ich ging und was ich trieb, war ich bemüht, meine Freuden und Leiden zu verstärken, und heimlich lachte ich über beides. Wußte ich es doch sicher, daß das Hin- und Herpendeln ein Gleichgewicht darstellt; gerade bei der weitesten und heftigsten Schwingung kann es sich am deutlichsten fühlbar machen. Einmal sah ich die Welt als ein teppichhaftes Farbenwunder, die überraschendsten Gegensätze alle in einer Harmonie aufgehend; ein andermal überschaute ich ein unermeßliches Filigran der Formen. [...] Ich entsinne mich jenes Morgens, da ich mir wie das Zentrum eines elementaren Zeichensystems vorkam. Ich fühlte mich abstrakt, als schwankender Gleichgewichtspunkt von Kräften – ein Gedankengang, der mir niemals wieder gekommen ist. Jetzt verstand ich Patera, den Herrn, den Meister. [...] Da fand ich zu meinem Schrecken, daß mein Ich aus unzähligen ‚Ichs' zusammengesetzt war, von denen immer eines hinter dem andern auf der Lauer stand. [...] Jedes dieser Ichs hatte seine eigenen Ansichten. [...] Der Irrsinn, der Widerspruch müssen mitgelebt werden."[1]

Aber auch der Blick auf „die andere Seite", sowohl das Buch, wie auch die Vernunft betreffend, die in diesem Buch so polaristisch durchscheint, bringt keine „Klärung der Erkenntnis" in dem Sinne, daß man nun wüßte, wie die Ich-Dissoziation, wie die konstruktive Destruktion des einen Ichs, die zu den „unzähligen ‚Ichs'" führt, wenn schon nicht aufzuhalten, so dann aber wenigstens auszuhalten wäre. Kubin bleibt hier im Proklamatorischen hängen, während Mynonas Geschichten immer auch von der präzisen Logik Friedlaenders zehren können und somit von der *Schöpferischen Indifferenz* ausgehend eine Antwort auf den ich-dissoziativen Prozeß geben, der

---

1   Kubin 1909, 146 f.

für das Individuum der Moderne bezeichnend ist. Trotzdem kommt auch in Kubins Roman jenes Unbehagen einer bloß an Identität orientierten Wirklichkeitsauffassung zum Vorschein, das bei Friedlaender/Mynona in der Relation von Identität, bzw. Indifferenz und Differenz aufgelöst ist. Letztlich scheinen sich Kubin und Friedlaender darin einig, daß „der Widerspruch" „mitgelebt" werden muß, nur hat Kubin um 1909 noch keine genaue Vorstellung davon, wie sich diese praktische Erfordernis realisieren läßt. Ihm fehlte ganz einfach eben jene „Klärung der Erkenntnis" zur Formel der Polarität, wie Friedlaender sie philosophisch formulierte. Belege für dieses theoretische Defizit des Kubinschen Polarismus in der Literatur liefert der Briefwechsel, der eindeutig Aufschluß über die philosophische Überlegenheit des Friedlaenderschen Polarismus gibt.[1]

Die Ich-Filialen, die Kubins Ich-Dissoziation erzeugen, kommen bei Friedlaender so nicht vor. Zwar hält auch Friedlaender die Zeit für das Ich als „Dividuum" (SI 173), als das er den „einzelnen Menschen" verstand, für „abgelaufen" (SI 173), aber nicht in dem Sinne, daß es nun, wie es die Moderne propagierte, nur noch Ich-Filialen und kein Ich mehr gibt. Wenn Kubin allerdings sein „Ich" in *Die andere Seite*, das „aus unzähligen ‚Ichs'," „zusammengesetzt" war, so wie Friedlaenders „Welt-Ich" (SI 173) verstand, dann käme auch bei Kubin jener Aspekt der Identitätsproblematik zum Vorschein, dem zufolge es in der Identität um die Balance von Kräften geht, die das Hin- und Herpendeln des Ichs in seinen Zuständen nicht mehr mit außen seienden Zuständen verwechselt.

Festzuhalten bleibt, was Geerken in Kubins *Die andere Seite* entdeckte, nämlich daß der darin vorkommende Begriff der „Indolenz" Parallelität zu Friedlaenders Begriff der Indifferenz entfaltet.[2]

Was nun die zuweilen sehr unterschiedliche Thematisierung, Beschreibung, Problemverarbeitung oder auch einfach die jeweils besondere Literarizität polaristischer Phänomene, deren grundle-

---

1 So erklärt Kubin: „Sie sind ja weit klarer als ich [...] Bitte vergessen Sie nie, daß ich doch Künstler bin (Visionär, Halluzinist, für Fiktion und Illusion eingenommen). Ich kann auch besser zeichnen wie Kant und Marcus und Sie!" Briefe Kubin, 180; vgl. 63
2 Vgl. Geerken & Hauff: *Vorwort*, Briefe Kubin, 7

gendste in diesem Falle Differenz und Identität darstellen, in den Texten von Friedlaender/Mynona, Einstein, Vischer und Kubin zusammenführt, ist eben jenes veränderte Umgehen mit Identität und Differenz, wie es bei Friedlaender wohl am deutlichsten, was diese vier Autoren anbelangt, durch die philosophisch beschriebene Einheit der Differenz von Identität und Differenz, bzw. Indifferenz und Differenz formuliert wurde. Aus der Krise des Erkennens von Realität, wie sie um 1918 vor allem mit den Erfahrungen des Ersten Weltkriegs verknüpft sein dürfte, deutete sich bei diesen Autoren eben auch jene schon erwähnte Abkehr vom dialektischen und dualistischen Denken an, die nicht dialektischen Aufhebungsstrategien vertraute, sondern das Problem von Identität und Differenz auf andere Weise zu beschreiben versuchte.

Paradoxien, wie sie im Denken, in den Alltagserfahrungen und im Überdenken von Alltagserfahrungen vorkommen, sollten nicht mehr aus der scheinbar so logisch geordneten Realität ausgespart werden, nur weil sie eben nicht in dialektischen Phantasien in imaginäre Lösungen zu überführen waren. Denn gerade aus den Gegensätzen, aus der Widersinnigkeit des Realen sollte jene Kreativität geschöpft werden, die eine wirklich neue Wirklichkeit begründen und erschaffen konnte.

Was sich, diese Krise des Bewußtseins und seine Realität betreffend, schon in der Literatur um 1900 anzukündigen schien, nämlich die Notwendigkeit von sozialem Wandel und funktionaler Ausdifferenzierung von Gesellschaft auf noch umfassendere Weise, mit noch höherer Geschwindigkeit und mit noch besserer Effizienz, als es der Industrialisierungsschub des neunzehnten Jahrhunderts noch zu leisten vermochte, kulminierte gleichsam in den revolutionären Ereignissen von 1918. Ob aber tatsächlich diese mehr über sich selbst, denn über die globale gesellschaftliche Lage reflektierende Literatur des Expressionismus, Futurismus und Dadaismus entscheidend, Einfluß nehmend an diesem Prozeß des gesellschaftlichen Wandels Teil hatte, ob sie also tatsächlich einen „wirklichen Kampf gegen die Wirklichkeit"[1] führte, kann zumindest in dem Maße bestritten wer-

---

1 Ramm 1981, 7 f., vgl. 15

den, wie von ihr behauptet wird, daß sie ihn geführt habe. Letztlich reichten die Absichten des futuristischen, dadaistischen oder surrealistischen Integralismus nicht so weit, daß sie nun auch tatsächlich alle Lebensbereiche mit ihren Vorstellungen nach ihren Vorstellungen gestalten konnten. Ihr metaphysischer Anspruch scheiterte notwendigerweise an dem metaphysikkritischen Impuls, dem sie sich selbst verdankten. Zur Verteidigung dieser These sei auf Carl Einsteins Kritik der Moderne hingewiesen. In *Die Fabrikation der Fiktionen. Eine Verteidigung des Wirklichen* klagt er den Anspruch der Moderne ein, konstruktiv die Tradition überwinden zu wollen. Aber:

> „Seit 1910 flüchtete die Elite immer eiliger in die Fiktion. Die verbrauchenden Gruppen verlangten distanziertere Gedichte und traumhafte Ornamente. Die religiösen und die metaphysischen Konstruktionen waren niedergebrochen; sie enttäuschten. Die Liberalen fanden hierfür Ersatz im ästhetischen Erlebnis, das nicht verpflichtet." (Einstein 1973, 45)

Versuchte Einstein den modernen Ästhetizismus, Intellektualismus und Individualismus in den wirklichkeitsentleerten Formen von Kunst und Literatur zu erfassen, um dann die Fiktionalität der gesellschaftlich und historisch entwurzelten, darin oft lebensfernen Vorstellungen, Einbildungen und Imaginationen dieser Moderne und Modernen gegen eine kollektive und gesellschaftliche Perspektive von Wirklichkeit zu halten, ohne dabei allerdings, von der Kritik ausgehend, selbst ein Konzept zur Überwindung der Moderne vorzulegen, so interessierte Friedlaender der konstruktivische Gedanke in der sich selbst destruierenden Gegenwart der Moderne als Hebel zu deren Überwindung.

Daß all diese Überlegungen zur Moderne, seien sie kritisch oder affirmativ ihr gegenüber, selbst Elemente im Prozeß der Moderne sind und daß diese dies erkennt, ist Indiz für den hohen Selbstreflexionsgrad der Moderne, die ihr eigenes Scheitern konstitutiv mit einzubeziehen scheint. Daß dieses Reflexionsniveau in der Literatur, die Polaritäten des Literarischen betreffend, wie es die Texte von Mynona, Einstein, Vischer und Kubin belegen, in ästhetisch formalisierter Hinsicht noch viel höher zu bewerten ist, als es im ersten Moment erscheinen mag, oder als es das schon hohe Niveau des Friedlaenderschen Polarismus vermuten läßt, läßt sich damit begründen, daß eben diese Literatur viel radikaler, viel grundsätzlicher die Ablösung alter Denkformen betreiben konnte, als es vom philosophischen Diskurs jener Zeit behauptet werden kann. Dieser war ja vornehmlich noch am Transzendentalismus orientiert, jedenfalls was die Philosophie in Deutschland um 1918 anbetrifft.[1]

Für Friedlaender/Mynona ergibt sich gerade aus dem Spannungsfeld von philosophischer Reflexion und literarischer Phantastik eine Möglichkeit, Philosophie mit den Mitteln der Literatur neu zu bestimmen und Literatur philosophisch zu reflektieren, bzw. in ihr die Möglichkeiten philosophischen Reflektierens zu erproben. Insofern läßt sich hier auch von einem deskriptiven Philosophieren sprechen.

Zwar begegnet auch Friedlaender der „Identitätskrise der Philosophie", die sich nach Hegel, wie Schnädelbach (1986, 128) schreibt, „manifestierte", mit der traditionellen Reaktion, mit dem Instrumentarium der Instrumentalisierung von Philosophie als Kritik, zugleich aber versucht er auch die philosophischen Grundlagen von Philosophie selbst dem Prinzip der Kritik zu unterziehen, etwa indem er deren erkenntnistheoretische Basis polaritätsphilosophisch neu bestimmt.

Diese Neubestimmung von Philosophie geht einher mit der polaritätsphilosophischen „Rehabilitierung der Philosophie als Metaphysik" (ebd. 137), aber einer Metaphysik, in der „Ich selber das ‚Meta' der Physik [bin], wenn ich mich aus deren Differenzen, aus dem gesamten Reich der Unterscheidung in geisterhaft innerlichster Weise zurückziehe, – um es zu beherrschen." (SI 112) Auch hier greift Friedlaender auf seine Leitdifferenz zurück, wobei deren universalistische Beschreibungsfunktion deutlich wird. Gleichsam aus der Selbstreferentialität des Bewußtseins heraus ergibt sich die Operationalisierung dieser Leitdifferenz, die als Basisrelation seiner Philosophie gelten kann.

---

1 Vgl. Schnädelbach 1986

Friedlaenders metaphysischer Ich-Begriff ist identisch mit jener „indifferenten Medialität", ohne die „keine harmonische Polarität des Lebens" (SI 185) möglich ist, wobei, unübersehbar, gleich wieder die Einheit der Leitdifferenz zum Vorschein kommt. Mit diesem Ich-Begriff löst Friedlaender einerseits jenes Ich ab, das als Parameter der Moderne nur noch im Sinne eines Krisenphänomens in Erscheinung tritt und das andererseits immer noch, gleichsam als Fichtesche Fiktion, als höchstes Gut idealistischer Selbstreflektion im philosophischen Diskurs mit all seiner Pathologie fortwirkt. Dabei geht es Friedlaender nicht nur um die Definition des „intelligiblen Ich", durch das wir uns „schöpferisch" „wissen" (Briefe Kubin, 170), sondern auch um eine mögliche polaristische Begründung eines psychosozial wirksamen und relevanten Ich, das in der Moderne zu verschwinden droht oder schon längst nur noch als vollkommen zerfetztes wahrgenommen werden konnte. *Explosion der Mitte* nannte John Willet seine Studie über die Zeit zwischen 1917 und 1933, womit nicht nur die geographische Mitte Europas in den Blick kommt, sondern auch jener Mikrobereich von Individualität erscheint in dieser Metapher, der als psychosoziales Ich um 1918 im wahrsten Sinne des Wortes explodierte.[1] Die Identität der individualen Existenz ließ sich nicht mehr konfliktfrei vom Gesellschaftlichen herleiten oder aus ethischen und religiösen Werten heraus problemlos, gleichsam normativ bestimmen. Die Wirklichkeit verhielt sich eben anders, als es die eingeschliffenen Strukturen philosophischer Identitätsbestimmung noch zu erfassen vermochten.

Auf dem Hintergrund dieser sich auch psychosozial ausprägenden Folie eines gesellschaftlichen Strukturwandels setzten sich Autoren, Künstler und Intellektuelle jener Zeit zunehmend nicht nur mit ihrer eigenen Identitätsproblematik auseinander, sondern sie nahmen zugleich auch den Konflikt ums Ich als Konflikt des Umgangs mit den Materialien auf, die auf dieses Ich einwirkten, wobei dann auch der Konflikt, der in den Materialien selbst steckt, transparent zu werden begann. Die Medialität der Materialien, die sich im Umgang

---

1 Willet: *Explosion der Mitte. Kunst + Politik, 1917-1933* (engl. 1978), München: Rogner & Bernhard 1981

mit den Materialien gleichsam notwendigerweise ergab, wurde als schier unerschöpfliche Quelle des literarischen und künstlerischen Tuns entdeckt. Sprache, um bei der Literatur zu bleiben, gab als Medium nicht nur Aufschluß über anderes, sondern vor allem und zunächst über sich selbst. Hier müßte vielleicht eine Kritik der Einsteinschen Kritik an der Moderne einsetzen, die jenen Rückzug des Ichs auf sich selbst, der ja mit einem Rückbezug der Materialien auf sich selbst einherging, als individualistischen Neomanierismus abtat (vgl. Einstein 1973). Was von Friedlaender autobiographisch schon berichtet wurde, nämlich die experimentelle Konzentration auf sich selbst, die zu den ersten klaren Vorstellungen der Polarität führten, brachte in zweierlei Hinsicht Aufschluß über das Ich: Zum einen wurde es Friedlaender deutlich, daß dieses Ich eine intelligible Konstruktion ist, mit der man psychosoziale Differenzierungen in Bezug auf das eigene Selbstverhältnis betreiben kann und andererseits kam dieses Ich überhaupt nur als Differenzverhältnis zum Vorschein. Ohne seine Äußerung war dieses Ich nämlich nichts als eine logische Form zur intelligiblen, zur begrifflichen Bestimmung und Beschreibung individualer Subjektivität, wobei Bestimmung und Beschreibung selbst schon wieder Äußerungsformen sind.

Aus dieser doppelten Erkenntnis der relationalen Eingebundenheit des Ich in seine Äußerungen und des Ich als intelligible Konstruktion kommt dem Willen jene entscheidende Funktion zu, aus der heraus das Ich sich selber „erschafft" (SI 163). In diesem konstruktivistischen Gedanken der Ich- und Realitäts-Konstitution liegt wohl auch der Unterschied zum psychoanalytischen Ich-Begriff, der das Ich als funktionale Instanz im Triplett von Ich/Über-Ich/Es beschreibt und das es erst im Rekurs auf die eigene verschüttete Vergangenheit, genauer Kindheit, freizulegen gilt, um die eigene Stabilität zu erreichen. Ob Friedlaender schon damals die ungeheure Gefahr vor Augen hatte, die mit diesem psychoanalytischen Unternehmen einhergeht, läßt sich insofern annehmen, wie er die Rollenverteilung von Analysand und Analytiker selbst schon als Quelle pathologischer Prozesse verstehen mußte, da sie die, wenn auch gestörte, Subjektivität des ‚Patienten' konzeptlogisch außer Kraft setzt.

Auch wenn Friedlaender die psychoanalytische Beschreibungsrationalität zum Teil ja selbst übernahm, erschien sie ihm doch als zu vordergründig: „Psychoanalysis sollte beträchtlich tiefer graben als nur bis zur Sexualität, welche ein bloßes Symptom des Individuums ist. Aus dessen schöpferischer Synthese erst entspringt die Welt als deren polare Analysis." (SI 456) Überhaupt empfand Friedlaender die verschiedensten Theorien, die die Moderne hervorbrachte, als viel zu reduktionistisch, worin sich jene Krise des Denkens zu offenbaren schien, gegen die er sein Konzept der schöpferischen Indifferenz anlegte. Die Moderne, die ihre eigenen Grundlagen nicht mehr zu erfassen schien, die damit gleichsam orientierungslos die Gegenwart besetzte, hatte kein einheitliches Prinzip mehr, von dem ihre Synthesen und Analysen ausgehen konnten oder daraufhin projektiert werden konnten. Die Zusammenhänge ließen sich nur noch in speziellen Theorien und Philosophien wie Psychoanalyse, Relativitätstheorie, Soziologie, Phänomenologie oder Fiktionalismus (Vaihingers Philosophie des Als Ob) quasi reduktionistisch erfassen.

Dagegen setzt Friedlaender einen Polarismus, dessen Methode der Differenz, wie man sein Vorgehen bezeichnen könnte, sämtliche Phänomene der Realität in ihrer polaristischen Verfassung erkennen und beschreiben können sollte.

Dieser universalistische Anspruch der Polaritätsphilosophie trifft sich mit einem anderen, ebenfalls auf universale Geltung ausgerichteten, gleichsam kosmologischen Entwurf einer Metaphysik, nämlich mit Whiteheads Unternehmen der „organistischen Philosophie". Fast zur gleichen Zeit, in der Friedlaender seine Polaritätsphilosophie ausarbeitete, entwickelte Whitehead seine Kosmologie, sein „System von Kategorien", mit dem „schlechthin alles interpretierbar sein [sollte], die volle Wirklichkeit ohne jeden Abzug."[1]

---

1 Jürgen v. Kempski: Klappentext zu Whitehead 1982. Whiteheads Unternehmen, das das Friedlaendersche an logischer Beschreibung und kategorialer Komplexität weit zu übertreffen scheint, führte ähnlich wie Friedlaender das phantasievolle Denken und die „Methode der Differenz" auf einander zu. Andere Übereinstimmungen ergeben sich da, wo Whitehead seinen kosmologischen Entwurf grundsätzlich als polaristisch versteht, oder wo er den Kern seiner Philosophie darin sieht, die wirklichen

Gegensätze, Differenzen, Relationen und Kontraste, ohne die die Idee einer schöpferischen Indifferenz gar nicht denkbar wäre, hatten auch für Whitehead einen hohen Stellenwert im kategorialen Geflecht seiner „organistischen Philosophie". Wie diese, so ging auch Friedlaenders Polarismus von einer „unendlichen Progression" von Kontrasten aus, was zu „Kontrasten von Kontrasten" und „zu immer höheren Graden von Kontrasten fortschreiten"[1] kann. Kubin, der vielleicht wie kein Zweiter von Friedlaenders Philosophie überzeugt war, spricht in Bezug auf sie von einem „eigentümlichen Kontrastgefühl" (Briefe Kubin, 52), das ihn beflügle und das von Friedlaenders Idee zweifelsohne auszugehen scheine. Auch die Beobachtung des „gradweisen Unendlichkeitsbewußtseins", von dem Kubin behauptet, daß in der Psychologie „noch niemand" „so weit war" (ebd. 63), und überhaupt der Unendlichkeitsgedanke in der *Schöpferischen Indifferenz* werden nicht historisch, sondern kosmologisch gedacht. Die zeiträumliche Dimension des unendlich Polaren konzentriert sich in der Vergegenwärtigung der schöpferischen Indifferenz, im Jetzt, um dessen intensivste Erfahrung und Erfassung es Friedlaender ging. So bedeutet Zeit für ihn ein Differenzverhältnis, in dem sich die Zeit als „Magnet mit polarem EINST und der Indifferenz JETZT" erweist; „analog der Raum als Hüben & Drüben und HIER" (ebd. 229). Das mathematische Symbol für unendlich verwendet Friedlaender als Symbol für Indifferenz, die sich gleichsam aus der Polarität von plus unendlich (+) und minus unendlich (–) zusammensetzt, bzw. diesen Kontrast ins Gleichgewicht gebracht hat (SI 159).

Die erkenntnistheoretische Kombination aus Indifferenz und Unendlichkeit führt die Gegensätze, Differenzen, Relationen und Kontraste wieder auf die Idee der Einheit der Differenz von Indifferenz und Differenz zurück. Denn diese steht quasi für die Einheit des Getrennten, für die Einheit der Unterschiede, die nur als getrennt, als unterschieden erfahren werden können, weil es ein synthetisierendes Bewußtsein gibt, das die Welt, die Realität im Sinne der Leitdiffe-

Einzelwesen als zugleich identisch und verschieden zu betrachten. Vgl. Whitehead 1982, 69 f.

1 Whitehead 1982, 64

renz analysiert und synthetisiert. Daß diese Leitdifferenz eine wissenschaftliche Erfahrung konstituiert, die mit empirischer Wirklichkeit nicht identifiziert werden darf, ergibt sich aus ihrer Geschlossenheit als theoretischem Konstrukt. Indem man mit ihr umgeht, erschafft sie aber auch zugleich Realität, etwa so, wie für die Polarität gilt, daß sie „keine auf eine vorhandene Empirie anwendbare Formel" ist, sondern Empirie allererst „erschafft": „Es ist eine schöpferische ‚Anwendung'." (SI 524) Polarität, Polarisation bedeuten soviel wie „die Entspringung des Unterschiedes aus dem in sich selber Identischen" (SI 98). Die synthetische Kraft des Polarismus, die hier angesprochen wird, beruht auf dem konstruktivistischen Gedanken eines sich selbst bewußten und selbst bestimmenden Individuums. Polarität ist keine gegebene Struktur der Wirklichkeit, sondern eine Ordnungsformel des Realen, die Wirklichkeit erschafft.

Polarität, als schöpferische Anwendung verstanden, hat Auswirkungen auch auf die mit ihr kooperierenden Begriffe wie Differenz und Indifferenz. Letztlich ist Friedlaenders Konzept ja auch keiner definitionsbildenden Axiomatik verpflichtet, die jenseits empirischer Verhältnisse Definitionen gleichsam statisch inauguriert. Orientierung gibt daher vor allem der konzentrierte Blick auf die sich in diesem Blick formierende Realität, deren Balance von Fall zu Fall immer wieder neu entschieden werden muß. In diesem Sinne ist Polarität Variabilität in Aktion. Polaristische Ausdifferenzierung ist geradezu durch ihre Variabilität charakterisiert.

Trotz des Verzichts auf axiomatische Begründungssicherheit verfährt auch Friedlaenders Polaritätsphilosophie definitionsmäßig, scheint auch sie nicht ohne Definitionen auszukommen. Polaritätsphilosophisch gesprochen verhalten sich polaristische Definitionen oppositionell zu axiomatischen Definitionen, die quasi Aussagen von zeitloser Gültigkeit darstellen. Deutlich wird der oppositive Charakter polaritätsphilosophischen Definierens, wenn man die drei klassischen Axiome abendländischer Philosophie – Satz der Identität, Satz des Widerspruchs und Satz vom ausgeschlossenen Dritten – auf das paradoxale polaristische Denken abzubilden versucht.

In Friedlaenders Verständnis sind Definitionen diskursive Objektivationen, die selbst Realität erzeugen, denn Definieren bedeutet soviel wie tätiges Unterscheiden und damit das Bilden von Differenzen. Als Tätigkeit der Unterscheidung und Differenzierung fungiert Definieren auch als Ab- und Begrenzung von Dingen, von Sachverhalten, etc. Qua Definition werden Differenzen gebildet, Unterscheidungen getroffen, Elemente der Wirklichkeit sortiert, bezeichnet und markiert. Dabei kommt jene unendliche Progression der Differenzenbildung in Sicht, nach der Differenzen Differenzen bilden, die wiederum als Differenzen von Differenzen fungieren. Definieren ist also eine Variante polaristischer Differenzenbildung. Es ist ein kreativer Prozeß, denn: „definieren bedeutet polar definieren, bedeutet erschaffen" (SI 424). Kreativität scheint dabei entscheidend auf sich selbst gerichtet zu sein und nicht so sehr darauf, was als Objekt aus ihr entsteht.

Anhand polaristischer Definitionsproblematik wird die Prozessualität der Polaritätsphilosophie deutlich, in der das Ergebnis des Prozesses mit dem Prozeß selbst zusammenzufallen scheint. Definieren drückt gleichsam aus, daß die Dinge, die die Definition erschafft, in Fluß sind.

Unumstößliche Stofflichkeit, auf der sich substanzmetaphysische Konzepte gründen, wird dynamisiert. Sie verschwindet gleichsam im Fluß der Dinge. Konzepte wechselnder Zustände, wechselnder Ereignisse, verändernder Wirklichkeit gründen sich aber nicht mehr nur allein auf Dynamik und Bewegung, sondern auf Prozeß.[1] Definieren und Definiertes, Vorgang und Ergebnis der Definition bilden einen relationalen Zusammenhang. Definitionen sind demnach nicht mehr aus dem Vorgang des Definierens zu entlassen. Als Formen der Äußerung sind sie schon von sich aus polar strukturiert. Da „Äußerung *eo ipso* Differenz" ist (SI 279), bezeichnen auch Definitionen Differenzverhältnisse. Definitionen sind Formen der Äußerung, wobei ganz allgemein gesprochen Äußerungen am deutlichsten den pragmatischen Aspekt der Polarität zur Geltung bringen.

Definitionen als Formen der Äußerung bestimmen sich in erster Linie aus ihren jeweiligen Verwendungsweisen und -zusammenhängen, sowie aus ihren Entstehungsbedingungen. Als Ausdruck

---

1 Vgl. Whitehead 1982, 385

von Differenzverhältnissen betreiben Definitionen zugleich selbst Differenzierung. Sie erschaffen gleichsam neue Differenzen. Definieren ist demnach selbst auch ein kreativer Vorgang, der sich nicht mit dem Definierten, etwa mit dem geklärten Begriff erledigt hat, sondern der das Definierte selbst wiederum als Element neuer Differenzenbildung versteht.

Definieren bedeutet daher für Friedlaender auch nicht nur, wie Kant meinte, „den ausführlichen Begriff eines Dinges innerhalb seiner Grenzen ursprünglich darstellen."[1] Wäre dies ja selbst wieder ein substanzmetaphysisches Unterfangen, das eine Ursprünglichkeit zu eruieren versuchte, die es in der Gegenwärtigkeit des Definierens als zeitliche Vergangenheit gar nicht geben kann. Ist doch, nach dem Verständnis der *Schöpferischen Indifferenz,* allein die eigene Schöpferkraft, allein „diese Mitte der Extreme, der Urquell aller Möglichkeit der Energie" (SI 198), von dem die Welt ausgeht. Die Ursprünglichkeit selbst, diese Mitte also, läßt sich als Attribut gar nicht darstellen. Friedlaenders polaristischer Definitionsbegriff, der den Vorgang des Definierens mit in die Definition hineinzunehmen scheint, fungiert nicht bloß als Mittel zur „Beförderung der logischen Vollkommenheit des Erkenntnisses",[2] sondern stellt als Medium selbst diese Erkenntnis dar. Wenn Definieren erschaffen bedeutet, wie Friedlaender schreibt, dann bedeutet es auch Erschaffen von Erkenntnissen.

Letztlich scheint es Friedlaender weniger um Definitionen zu gehen, als vielmehr um den Prozeß des Definierens. Ähnlich geht es ihm ja auch nicht um Philosophie, sondern ums Philosophieren. *Philosophieren mit Kant* nennt Gernot Böhme sein Buch, mit dem er eine „Auseinandersetzung mit Kant in uns"[3] motivieren will und das schon vom Titel her jenen Aphorismus Kants aufnimmt, nach dem man eben nicht Philosophie, sondern allenfalls Philosophieren lernen und lehren kann. Ein dynamisierter Philosophiebegriff kommt damit in den Blick, der wiederum für Kant selbst, bzw. für seinen Definitionsbegriff Bedeutung hatte. Um dieses prozessuale Moment der Kantischen Philosophie, für das sich auch Friedlaender

---

1 Kant: KrV, A 727, B 755
2 Kant: *Logik,* § 99 (Akad.-Ausg. Bd. 9, 140)
3 Böhme 1986, Klappentext

interessierte, aufzunehmen, sei in aller Kürze Böhmes Zugriff auf Kants Definitionsbegriff erwähnt. Böhme legt klar, daß Kant den Begriff und somit auch den Begriff Definitionsbegriff nicht als tatsächlichen „Merkmalskomplex" (ebd. 32) von Dingen versteht, der reale Merkmale in sich vereinigt und zum Ausdruck bringt, indem er sie als definiert ausgibt. Genau dies wäre ja eben jener prädikative Substantialismus, der einem substantialistischen Subjekt Prädikate zuführt oder abgewinnt. Kant versteht dagegen Definition als „Regel einer Synthesis" (ebd. 32), womit ein modifizierter Definitionsbegriff erfunden ist, der seine eigene Dynamisierung betreibt. Böhme schreibt dazu:

> „Versteht Kant den Begriff nicht mehr als Merkmalskomplex, sondern als Regel einer Synthesis, so wird zur Definition im neuen Sinne erfordert: 1. die objektive Realität des Begriffs deutlich zu machen, 2. eine Bedingung anzugeben, unter der der Begriff seine Anwendung findet." (ebd. 32)

Aber der hier scheinbar so klar diagnostizierte Dynamismus bei Kant täuscht Prozessualität nur vor. Der eigentliche Sachverhalt seines Definitionsbegriffs nämlich, der Definitionen als Regeln begreift, die gleichsam von außen in Bestimmungs- und Differenzierungsprozesse eingreifen, müßte selbst dynamisiert werden, um als Aussage über sich selbst deutlich zu werden. So kann die Definition „die objektive Realität des Begriffs" auch nicht jenseits ihrer Bedingungen klären, sondern sie erschafft zunächst diese und kann nicht mehr deutlich machen, als sie von sich aus gleichsam als Medium über sich selbst deutlich zu machen vermag. Kommt bei Kant mehr der funktionale Aspekt der Definition in den Blick, so bei Friedlaender mehr der des Definierens selbst.[1] Definieren wird bei Friedlaender immer als kreative Tätigkeit verstanden, die als Initialfunktion für weitere Kreativität ihre Bestimmung hat. Insofern betreibt das Erschaffen von Neuem immer auch die Selbstauflösung.

---

[1] Schon in der Dissertation weist Friedlaender auf den funktionalen, dynamischen Aspekt des Kantischen Begriffs Begriff hin (GS 2, 180).

Als wissenschaftliche Technik zur Ordnung von Diskursen hat Definieren, im polaritätsphilosophischen Verständnis, nur dann Sinn, wenn es notwendig die Definition als transitorisches Element im Prozeß des unabschließbaren Definierens begreift. Das Verschwinden der Definition ist gleichsam in ihr selbst angelegt.

Definitionen als Elemente eines intelligiblen Konzepts wissenschaftlicher Erfahrung scheinen ständig in empirische Wirklichkeiten einzubrechen. Und sie tun dies auch insofern, wie sie diese konstituieren. In dieser pragmatischen Hinsicht des polaristischen Definitionsbegriffs kommt diesem eine entschieden empirische Funktion zu, deren Relevanz bei Kant gänzlich zu fehlen scheint.[1]

Daß auch polaritätsphilosophisches Definieren kategorialen Erfordernissen genügen muß, geht aus der inneren Logik der Polaritätsphilosophie selbst hervor. Entscheidendes Erfordernis ist dabei allemal die reduktive Form der Leitdifferenz, die für jede Begrifflichkeit polaritätsphilosophischer Transformation von Polaritätsphilosophie unhintergehbar ist. Letztlich bildet ja die gesamte *Schöpferische Indifferenz* einen unabschließbaren Prozeß des Definierens, der gleichsam auch als selbstreferentielle Praxis des Philosophierens zu verstehen ist: Deskriptives Philosophieren als auto- und autorreferentielle Praxis. Damit erscheint die *Schöpferische Indifferenz* als monumentale Definition des Begriffs schöpferische Indifferenz.

Kaum ein philosophisches Problem wird in diesem Philosophieren ausgespart. Kaleidoskopisch, im wahrsten Sinne des Wortes spielerisch, farbig, „wie durch ein Prisma"[2] betrachtet, erscheinen die Motive, Themen und Probleme philosophischer Reflexion.

Dabei ist ihr Erscheinen an die Materialität der Schrift- und Zeichenverhältnisse gebunden. Erst im deskriptiven Vollzug des Philosophierens zeigen sich die Motive, Themen, Probleme, die als Differenzverhältnisse vorkommen und nicht etwa als reine Begrifflichkeiten. Es sind komplexe Signifikanten, deren Signifikate im Spiel der Signifikanten aufgesogen werden, denn die Signifikanten verweisen selbst wiederum auf Signifikanten, wobei jene „Unabschließbarkeit

---

1 Vgl. Böhme 1986, 203 f.
2 So der Titel von Friedlaenders einziger Essaysammlung, Frankfurt: Taifun 1924.

der Signifikantenkette" (Müller 1986) in Sicht kommt, die sich schon in der Unabschließbarkeit der Differenzenbildung angezeigt hatte.

Friedlaenders deskriptives Philosophieren stößt da an die Grenzen der Sprache, wo es um den sprachlichen Ausdruck des „Allerwichtigsten" geht, nämlich um die Benennung der „polarisierenden Gleichgültigkeit", um die Erfindung eines Wortes, das den Sachverhalt der *Schöpferischen Indifferenz* ausdrücken kann:

> „Die Sprache macht aus demselben Begriff mit verschiedenen Vorzeichen verschiedene Worte und erschwert dadurch die leichte Verständigung; sie zerspricht das polar Selbe. Sie hat für die negative Liebe das besondre Wort ‚Haß'; und sie hat eigentlich gar kein Wort für das Allerwichtigste, für die polarisierende Gleichgültigkeit, für das Liebe und Haß kompensierende schöpferische Erleben ihrer Neutralität und Kommunität. Hier hat die Sprache nur subjektiv ihren Kontinent, objektiv aber ihren blinden Fleck, ihr Vakuum und Intervall, wodurch sie polar wird, hier schweigt sie." (SI 189)

Präziser läßt sich die Sprachlosigkeit im Konflikt von Liebe und Haß kaum beschreiben. Das Aneinander-vorbei-reden liegt also in der Sprache selbst begründet. Es muß gleichsam ein Überspringen der Grammatik, der Semantik und Syntax des Sprachlichen erfolgen, um Sprache überhaupt noch als Kommunikationsmittel verwenden zu können. Das Phonetische, das im stummen Schriftbild nicht verloren geht, das die Sprache als Rede zum Ausdruck bringt, das im abendländischen Diskurs als Logo-Phonozentrismus kursiert, in dem das Schriftbild Abbild des Phonetischen sein soll, indem gleichsam die „Phonetisierung den Gipfel der Leistungsfähigkeit" (Kainz 1967, 21) der Schrift darstellt, hat im deskriptiven Philosophieren der *Schöpferischen Indifferenz* keinen höheren Stellenwert, als das Visuelle, wie es vom Schriftbild herkommt. Das Lesen der *Schöpferischen Indifferenz* zieht keinen manifesten Sinn aus der Bedeutung der Worte und Sätze, sondern indem man liest, gewinnt man aus dem Gelesenen einen Sinn, der vorher nicht gegeben war, obwohl er im Rahmen einer strukturierbaren Polaritätsphilosophie beschreibbar ist, der sich als relationales Element des Lesens entpuppt und damit der Flüchtigkeit des Gelesenen unterliegt. Gleichwohl ist man ständig bemüht, die Immanenz der Materialität der Schriftverhältnisse in eine metaphysische Transzendenz zu überführen, um der Flüchtigkeit des Sinns für Momente Einhalt zu gebieten. Im Gewahrwerden dieser Flüchtigkeit von Sinn, in der Selbstvergegenwärtigung des Lesers beim Lesen entwickelt sich jenes differentielle Selbstverhältnis, von dem aus die eigene Identität in den Blick kommt. Und die ist die logische Form des Subjekts, das Friedlaender als autopoietisch faßt, denn „das Subjekt ist der einzige Fall der Selbsterzeugung" (SI 538). Indem man sich als Subjekt weiß, verschwindet die Gespaltenheit seiner selbst, die als Lücke zwischen Immanenz und Transzendenz Konflikte erzeugt. So ähnlich ist dann auch im kosmologischen Maßstab der Weltidentität der „Unterschied zwischen Wesen und Erscheinung" nicht mehr vorhanden, weil der Unterschied selbst die „Erscheinung des Wesens" ist (SI 355).

Auch die Zeichenverhältnisse, die hier implizit immer schon den Diskurs regelten, sind Differenzverhältnisse, sind polaristische Verhältnisse, die als semiologische Differenz von Signifikat und Signifikanten beschrieben werden. Saussure hatte für die moderne Linguistik in der Analyse dieser polaristischen Zeichenverhältnisse Initialfunktion. Wurden also anfangs diese tatsächlich noch im Sinne des Saussureschen Zeichendilemmas behandelt, nämlich so, als ließe sich die Opposition zwischen Signifikat und Signifikanten eruieren, so klärte Derrida (1974, 28) über die aporetische Vorstellung dieser Opposition auf, indem er den Purismus eines signifikantenreinen Signifikats für jede Form von Äußerung als bloß einen Pol der intelligibel-sinnlichen Differenz behandelte und so die Logizität, die absolute Sphäre des Signifikats zwar bestimmte, sie aber zugleich in ihrer Präsenz gleichsam dekonstruktivistisch beschreibt.

Es gibt keinen Anhaltspunkt dafür, daß Friedlaender sich in irgendeiner Weise mit Saussure beschäftigt hat. Und doch läßt sich die *Schöpferische Indifferenz* in ihrer Kritik am reinen Signifikat, das als „Ausdruck reiner Intelligibilität [...] auf einen absoluten Logos verweist, mit dem es unmittelbar zusammengeht" (ebd. 28), genau mit jener Derridaschen Dekonstruktion der binären Zeichenopposition von Signifikat und Signifikanten vereinbaren, wie sie gegen die Saussuresche Auffassung dieser Opposition gewendet wird. „Ein Purismus, eine Idee der Keuschheit, Unberührbarkeit, Gewissenhaftigkeit, für welche Äußerung bereits Befleckung bedeutet, ist der sterilste Erzirrtum" (SI 167), schreibt Friedlaender. Daß gleichwohl die Identität, die Indifferenz in ihrer idealen Verfassung rein, neutral zu verstehen ist, steht dem nicht entgegen, solange man die Reinheit, die Neutralität, das „reine Innere" (SI 242) nicht von ihrer relationalen Funktion trennt, denn „das eigene Innere ist nur zum Äußern wirksam" (SI 113). Ebenso ist „Äußerung ein dem reinen Innern so notwendiges wie widerstrebendes Material" (SI 131).

In einer Replik auf sein Philosophie und Literatur kombinierendes Philosophieren deutet Derrida auf eine „Spur" „jenseits dieser Trennung" von Philosophie und Literatur, die der Analyse von Schriftverhältnissen entgegensteht, deren Beschreibung sich mit der Vorstellung „schöpferischer Sprachindifferenz" (SI 190) zu treffen scheint. Denn

> „jenseits dieser Trennung kann sich die Eigentümlichkeit einer Spur ankündigen, und sie kann auch zur Wirkung kommen, eine Spur, die noch nicht Sprache (langage), noch nicht Wort (parole), nicht Zeichen, ja nicht einmal das ‚eigentlich Menschliche' ist. Weder An- noch Abwesenheit, jenseits der binären, dialektischen Logik der Gegensätze." (Derrida 1985a, 54)

Derridas Vision eines weder An- noch Abwesenden entspricht auf verblüffende Weise jener Beschreibung des Friedlaenderschen Indifferenzgedankens, wie er sich von der Leitdifferenz her verstehen läßt.

Gegen dialektische Logik richtet sich ja auch Friedlaenders Satz: „polar definieren heißt erschaffen" (SI 467), wobei erschaffen selbst einem subjektivistischen Prinzip folgt, dem zufolge es „sofort unschöpferisch" ist, „nicht selber die Voraussetzung aller Voraussetzungen sein zu wollen" (SI 111). Dieser schöpferische, kreative Prozeß ist aber nicht bloß als philosophische Botschaft der *Schöpferischen Indifferenz* zu verstehen, etwa als deren proklamatorische Idee, sondern er ist Teil des deskriptiven Philosophierens selbst, aus dem heraus die Idee der schöpferischen Indifferenz Gestalt gewinnt. Beim

Schreiben entsteht so jene Philosophie, die erst schreibend über sich Klarheit gewinnt. Im deskriptiven Ausdifferenzieren der Idee der *Schöpferischen Indifferenz* fallen polaristische Methode und ihre Anwendung, die ja schon in der schriftlichen Abfassung der Idee passiert, zusammen. Deskriptives Philosophieren bedeutet hier immer auch Selbstbeschreibung. Eigenes Tun ist darin gar nicht so sehr eigenes Tun. Analog dem Künstler, der ein guter Beobachter seiner selbst ist, und der sich nicht mit dem, was er erschafft, identifiziert, wird auch der Philosoph finden, daß seine Idee eigentlich gar nicht von ihm entwickelt wurde, sondern „so klar und selbständig" objektiviert ist, daß er diese Idee wie eine „fremde Tatsache konstatieren" kann (SI 252). „Schöpfung ist kein Machwerk", sondern „sie ist der unwillkürliche Reflex des schöpferisch freien Willens ..." (ebd.)

Selbstreflexive Beschreibung, die den selbst gewonnenen epistemologischen Befund auf die eigene philosophische Praxis umzulegen versucht, kennzeichnet die *Schöpferische Indifferenz*. Ihr literarischer Stil, der gleichsam den epistemologischen Befund formalisiert, äußert sich selbst als polaristisches Phänomen. Als Stil wäre demnach auch der Modus seines polaritätsphilosophischen Diskurses zu bezeichnen, wie er Materialien verwendet und zitiert. Und zitiert wird von Sokrates bis zum Neukantianismus, von der Antike bis zur Moderne, aber nicht, um eine Geschichte der Polaritätsphilosophie zu schreiben, sondern um den Fehleinschätzungen in der Verwendung der Polaritätsformel nachzugehen, von dem aus sich die Transformation der Polaritätsphilosophie plausibilisieren läßt. Die überhaupt nicht kontinuierlich verlaufende Entwicklungsgeschichte des Polarismus interessiert Friedlaender nur insofern, wie sie für die Beschreibung seiner Transformation nützlich ist. Das „Philosophieren mit Gegensätzen"[1] greift dabei vor allem auf solche Philosophien zurück, die als Versatzstücke dieser Transformation fungieren können. Charakteristikum der Friedlaenderschen Transformation der Polaritätsphilosophie ist das Bestreben, Polarität auf eine Grundlage zu stellen, die über alle bisherigen polaristischen Entwürfe hinausreicht. So betreibt die *Schöpferische Indifferenz* philosophische

---

1 Vgl. Dissertation (GS 2, 189)

Grundlagenforschung, die sowohl Kommunikationswissenschaften wie Medientheorie berührt. „Treu und delirant folgt Friedlaenders Philosophie dem medientechnischen Stand" (Kittler 1986, 121), lautet ein eilfertiger Reim auf Friedlaenders Philosophie, dessen Mißverständnis darauf beruht, daß Kittler sich nur auf den literarischen Mynona verlassen hat, ohne den philosophischen Friedlaender zu befragen. Denn Friedlaenders Philosophie folgte ganz und gar nicht dem „medientechnischen Stand" seiner Zeit, sondern ganz im Gegenteil gingen deren Vorstellungen weit über das damals technisch Machbare hinaus.

Medientheoretisch forderte Friedlaender, daß man „den Satz des Grundes [...] zum Satz der Mitte" korrigieren muß, um nicht mehr die „polarisierende Funktion des medialen ‚Grundes'" (SI 178) zu verkennen, wobei der mediale Grund jene „mediale Indifferenz" ist, die allein „Herrschaft über alle Differenz" (SI 333) geben kann und die zugleich auf „Polarisation" „dringt" (SI 194).

Der „Satz der Mitte" transformiert die gesamte Philosophiegeschichte in Mediengeschichte, deren zentrales Medium die indifferenzierte Person ist, denn ihr gegenüber verhält sich „jede andre Mitte" relativ und somit als ihr „mehr oder minder grobes Symbol" (SI 195). So, wie „im persönlichen Medium" (SI 209) die Differenzen indifferenziert sind, scheint in ihm auch Geschichte aufgehoben. Überhaupt scheint ja Geschichte durch das Medium Person zu verlaufen. Diese ist dann nichts weiter als ein von Informationen, also von Differenzverhältnissen durchflutetes Medium: ein polaritätsphilosophischer Sachverhalt, der in Mynonas Texten oft die Komik der Ereignisse, den Humor seiner Vernunft, aber auch die medientechnische und medienphilosophische Utopie ausmacht, so daß literaturwissenschaftlich nicht allein das Groteske Mynonas von Interesse ist, sondern auch, daß er „wie kein zweiter Schriftsteller seiner Zeit aus Mediengeschichte wieder Geschichten gemacht" hat (Kittler 1986, 93).

In denen erscheint Philosophie nicht mehr als Liebe zur Weisheit, sondern als Liebe zum Medium, so daß der Philosoph sich als „Freund des Mediums" umbenennen müßte.

Darin ist Friedlaenders Philosophie auch eine der Medien, die von der doppelten Medialität Sprache und Person ausgeht, die beide zusammengehören und erst in dieser Kombination die Medienphilosophie möglich machen.

Auch wenn Friedlaender in der *Schöpferischen Indifferenz* von der notwendigen Kombination philosophischer und wissenschaftlicher Erfahrung ausgeht – Begriffe wie „lebendige Indifferenz" als „persönliche Indifferenz" (SI 194), „lebendige ‚Mitte'" (SI 145) oder „exakt auspolarisiertes Leben" (SI 191) sprechen dafür –, identifiziert er nicht philosophische Deskription mit lebenspraktischer Wirklichkeit, wie es Gernot Böhme etwa für Kant behauptet.

Als Idee verbleibt die schöpferische Indifferenz ein Element wissenschaftlicher Erfahrung und somit nicht mit empirischer Realität zu verwechseln. Ohne empirischen Bezug allerdings wäre diese Idee vollkommen witzlos, was ja gerade Mynona reizte, wissenschaftliche oder philosophische abstrakte Idee und empirische Erfahrungswirklichkeit aufeinander zuzuführen. Die Nicht-Abbildbarkeit der Idee auf die Wirklichkeit hinderte Friedlaender aber nicht, auf deren empirischer Wirksamkeit zu bestehen und diese innerhalb seiner Philosophie auch zu plausibilisieren (vgl. *Kant für Kinder*).

Sprache fungiert dabei gleichsam als materialer Brückenkopf, der die Intelligibilität der Idee und deren materiale Präsentation in der Schrift aufeinander zuführt. Die sinnlich-intelligible Einheit ist in der Schrift, in der Deskription dieser Philosophie aufgehoben. Damit verbleibt diese Philosophie nicht in der Sphäre des Geistigen, des Intelligiblen, sondern reflektiert sich selbst gleichsam als polaristisch verfaßte, die ihre Plausibilität im Praktisch-Werden erlangt. Für sich hat somit das transzendentale Signifikat Indifferenz gar keinen Sinn. Als Ausdruck einer Reinheit, einer unbefleckten Empfängnis gleich, die ohne Signifikanten auszukommen wähnt, verbliebe diese Idee als bloße Fiktion, letztlich ohne jede Relevanz für Praxis. Aber im Bestreben der Indifferenz nach Differenz kommt eine Realistik zum Vorschein, von der sich die Einheit der Differenz von Indifferenz und Differenz nicht lösen läßt. Im Differenz-

---

1 Vgl. Böhme 1986, 175

gedanken kommt nämlich schon eine Materialität zum Ausdruck, die jeder Äußerung zugrunde liegt. Äußerungen sind im Kontext der *Schöpferischen Indifferenz* Formen der Differenz, die jederzeit auf ihr Medialität und Materialität hin analysiert werden können. Sich äußern heißt, die Dinge nach außen kehren, Differentiation betreiben. Auf die polaristische Metapher der Innen-Außen-Filialen bezogen, bedeutet dies, daß das Innen, die „personale Indifferenz", „alle Differenzen [gehören] nach außen" (SI 284) treiben muß, um als Indifferenz schöpferisch tätig zu bleiben. Differenzen sind demnach Außenverhältnisse. Es sind Äußerungsverhältnisse, in denen sich die schöpferische Indifferenz zugleich äußert und identisch durchsetzen muß. Äußerungen sind auch Lernprozesse. So soll man dem „Rückschlag der eigenen Äußerung" (SI 283) Widerstand entgegensetzen, um nicht dem Verfänglichen, das jeder Äußerung anhaftet, zu erliegen. Eine diffizile Logik der Äußerung, der polaristischen Aussageverhältnisse wird begründet, die sich bei näherer Betrachtung als relationale Logik verstehen läßt. So ist auch das Absolute, das so unverständlich dem Relativen gegenüberzustehen scheint, eine Relation, „die nicht mehr in Relation zu anderen Relationen steht, also unbedingt, absolut ist. – Es handelt sich also niemals um absolute oder relative Messungen, sondern um objektive, d. h. richtige, oder nur subjektive, d. h. falsche Maßbestimmungen. Es ist ganz falsch, Raum, Zeit, Bewegung als relativ oder absolut zu bezeichnen. Ein Objekt kann nicht in Relation ‚zum Beobachter' festgestellt werden", was diesen dann ja verabsolutieren würde, „sondern nur in Relation zu allen anderen Objekten, überhaupt nicht sinnlich-phänomenal durch Wahrnehmung, sondern nur durch Verstand und Urteil unter Benutzung sinnlicher Merkmale."[1] Was Friedlaender hier zunächst gegen Einsteins Relativitätstheorie einwendet, hat auch ganz allgemein Geltung für seine polaristische Erkenntnistheorie. Im Grunde ist damit wieder an jene wissenschaftliche Erfahrung angeknüpft, von der Böhme gesprochen hat und die nicht mit der sinnlich erfahrbaren Realität identifiziert werden kann.

---

1 Kant gegen Einstein (GS 1, 138)

Geht man von der Relationalität der Äußerungen aus, die ja selbst Ausdruck der in der Leitdifferenz beschriebenen Verhältnisse sind, so unterliegen sie in ihrer Polarität auch der Einheit der Differenz von intelligiblem und material-physischem Pol. Die Medialität der Äußerung wird dann wirksam, wenn sich die Äußerung in der Realität realisiert, wenn sie gleichsam geäußert wird. Und genau in diesem Moment „konstituiert die Materialität (zu einem Teil) die Aussage",[1] worin die Relationalität der Aussage, der polaritätsphilosophischen Äußerung zum Ausdruck kommt. Äußerung ist nicht „als das bloße Gegenteil, sondern [als] das in sich polare Gegenteil des Innern" zu verstehen, „und durch diese wesentliche Gegenseitigkeit der Form der Äußerung vermag das Innere sich gegen den Wirbel seiner Äußerung in dessen Mitte zu retten und ihn von dort aus zu regieren." (SI 242) Äußerung als einfachste Form „schöpferischer Anwendung" von Polarität (SI 524) erzeugt gleichsam Realität. Auf Sprache bezogen ist dies zunächst sprachliche Realität. Als nichthintergehbares Medium deskriptiven Philosophierens verweist Sprache, die selbst immer auch differentiell funktioniert, auf den relationalen Charakter des Zusammenhangs von Deskription, von Beschreibung und Philosophie. So wird auch in der *Schöpferischen Indifferenz* die polaristische Verfassung von Sprache zum Impuls ihres Stils. Sprachpolaritäten greifen in den Stil ein, bilden ihn gleichsam auch selbst heraus und werden in Kombination mit der philosophischen Erörterung von Polarität zum charakteristischen Stil der *Schöpferischen Indifferenz*. Insofern fällt die Beschreibung von Polarität mit deren Erkenntnis zusammen. Der Text *Schöpferische Indifferenz* plausibilisiert gleichsam die Information, die er selber ist. Informationstheoretisch und medientheoretisch gesprochen beschreibt Friedlaender den Digitalismus, der sich an den Parametern Plus und Minus orientiert, von der Indifferenz her. Denn ohne Indifferenz, ohne die äquilibrierende Null würde es nur ein Hin und Her der Differenz geben, die sich darin selber verflüchtigte. Daher bleibt Differenz auch immer mit Indifferenz kombiniert. So, wie das Medium Sprache sich nicht bloß in Rede und Gegenrede differenziert, sondern

---

1 Foucault 1973, 146

das Schweigen diese Differenz gleichsam erst ermöglicht, verhält es sich auch mit jeder Form von Kommunikation. Damit wäre jene sprachphilosophische Relevanz der Leitdifferenz (Einheit der Differenz von Indifferenz als Schweigen und Differenz als Rede/Gegenrede) erörtert, wie sie für die *Schöpferische Indifferenz* konstitutiv ist.

Rede als ungebändigte Metaphernbildung der Sprache, als diskursiv reglementierte Form wissenschaftlicher Aussageverhältnisse, als Kommunikation in Aktion, stellt ein „diskursives Ereignis" dar (Kittler 1977, 19), dessen Ausdifferenzierung, Analyse und Beschreibung der Geschlossenheit des Mediums und des Systems Sprache unterliegt. Rede ist Äußerung, ist Differenzenbildung, ist gleichsam Kommunikation. Schweigen bedeuten das, „was für die Zahlenreihe die Null bedeutet, das durch nichts Positives noch Negatives mehr auszudrückende Integral aller differenzierten Worte, die schöpferische Sprach-Indifferenz." (SI 190) Und, so fügt Friedlaender unmißverständlich hinzu:

> „Nur unter diesem Vorbehalte läßt sich sprechen, daß man auch hier, wie bei den Naturkräften und in der Mathematik, besonders beim Rechnen, positive, neutrale und negative Größe streng unterscheidet. Beispiele, daß tiefsinnige philosophische Systeme nur am Mangel dieser Unterscheidung laborieren, lassen sich in Hülle und Fülle beibringen." (ebd.)

Friedlaenders polaristische Reduktion, die die digitale Reduktion komplexer Sprach- und Redeverhältnisse um Null erweitert, macht auf das Schweigen in der Sprache und beim Sprechen aufmerksam. Die polare Einheit von Sagbarem und Unsagbarem, von Sprechen und Schweigen kommt in den Blick. Wittgensteins sprachphilosophisches Plädoyer fürs kommunikative Pausenzeichen, das 1918, zeitgleich mit der *Schöpferischen Indifferenz* aufgeschrieben, in die mittlerweile zum leerformelhaften Allgemeinplatz avancierte Erkenntnis mündete: „Wovon man nicht sprechen kann, darüber muß man schweigen",[1] ließe sich, von Friedlaender ausgehend, so erweitern, daß man notwendigerweise schweigen muß, um überhaupt weitersprechen zu können.

---

1 Wittgenstein 1962, 115

Trotz dieser sprachphilosophischen Elemente ist Polaritätsphilosophie aber nicht auf Sprachphilosophie reduzierbar. Die sprachphilosophische Reflexion, die gleichsam den Paradigmenwechsel von Bewußtsein auf Sprache einleitete und begründete, müßte ihr eigenes Scheitern angeben, wollte sie als Oberbegriff philosophischer Reflexion gelten. Denn „keine sprachliche Behauptung [kann] als adäquater Ausdruck einer Aussage gelten",[1] so daß notwendigerweise zur sprachphilosophischen Reflexion eine metaphysische hinzukommt, die ungleich tiefer in die Grundlagen laufender Prozesse zu dringen vermag, als es die Beschreibung der Sprache durch Sprache, als es die sprachorientierte Reflexion in der Realität, die ja selbst nur zum Teil sprachlich verfaßt ist, leisten kann. So etwa ließe sich der metaphysische Anspruch der Polaritätsphilosophie aus der inneren Verfassung der Sprache heraus beschreiben.

Metaphysische Implikate polaritätsphilosophischer Beschreibungen durchziehen die gesamte *Schöpferische Indifferenz*. Als Medium dieser Polaritätsphilosophie ist es vor allem die Sprache, die die Metaphysik erzeugt, obwohl es „nicht mehr als gutgläubig [ist], sprachliche Ausdrücke als adäquate Formulierung von Aussagen hinzunehmen." (ebd. 46)

Friedlaender täuscht insofern nicht über diesen, hier von Whitehead formulierten, Sachverhalt hinweg, wie er die differentielle Form der Äußerung nicht für eine Widerspiegelung von Wirklichkeit hält. Denn das, was die Äußerung äußert, ist nichts weiter als eine Differenz, deren Verstehen neue Differenzen erzeugt. Darin ist Sprache ein funktionales Medium, ein Mittler und Mittel, dessen psychophysische Effekte und Wirkungen Friedlaenders Sprachmagie ausmachen, auf der sein autosuggestives Selbstbewußtseinskonzept beruht.[2] Die Reden/Schweigen-Polarität hat darin auch eine therapeutische Bedeutung, wie sie gegenwärtig von autogenem Training und Couéismus genutzt wird.[3] Aber auch diese Sprachpolarität von Reden und Schweigen gibt kein direktes Abbild von dem, was

---

1 Whitehead 1982, 49
2 Vgl. Katechismus (GS 15)
3 Vgl. Emil Coué: *Die Selbstbemeisterung durch bewußte Autosuggestion* (1913), Basel: Schwabe 1924

als Wirklichkeit vor der Sprache steht. Insofern gibt es auch „keine Sprache", „die anders als elliptisch wäre, so daß ein Überspringen der Phantasie hinzukommen muß, um ihre Bedeutung in ihrer Relevanz für die unmittelbare Erfahrung zu verstehen."[1] Die Differenz zwischen Sprachsystem und unmittelbarer Erfahrung beflügelt geradezu die Phantasie, auch wenn wir manchmal „beunruhigt" sind,

> „weil die unmittelbare Erfahrung nicht das gewünschte Wort mit sich gebracht hat. In einem solchen Fall ist es dem Wort, das die richtige Art von Verknüpfung mit der Erfahrung besitzt, nicht gelungen, sich in der Beschaffenheit unserer Erfahrung als relevant durchzusetzen." (ebd. 340 f.)

In diesem Konflikt, der konkreten Erfahrung nicht die passenden Worte abgewinnen zu können, spiegelt sich jenes Mißverständnis der Sprache gegenüber, das auf dem Glauben beruht, man könne eine adäquate Relation zwischen Ding und Erfahrung, zwischen Ding und Bedeutung herstellen. Symbole dagegen sind viel „leichter verfügbare Elemente unserer Erfahrungen als Bedeutungen" (ebd. 341).

Um also die Differenz zwischen Sprache und unmittelbarer Erfahrung zu überbrücken, ist ein synthetisierendes Bewußtsein gefordert, das die Komplexität sinnlich-physischer Erfahrung auf Sprache zu reduzieren vermag, sodaß von der Sprache ausgehend wieder auf die Komplexität der Erfahrung Bezug genommen werden kann. Hinter dieser funktionalen Sprachverwendung entfaltet ja auch Friedlaenders Sprachmagie ihre suggestive und autosuggestive Wirkung, die nicht vom Symbolischen ausgeht, sondern von der Differenziertheit der Sprache und insofern wird es „notwendig sein, alle Bilder orthopädisch zu behandeln" (SI 380), schreibt Friedlaender in seiner mit „Symbolik" überschriebenen „Skizze". Und diese „Orthopädie" des Symbolischen vollzieht der Rückgriff auf die Beschreibungsrationalität der Sprache.

Friedlaender geht es aber nicht allein um Beschreibung, sondern vielmehr noch um eine Medientransposition vom Medium Sprache zum Medium Leben. So soll auch die *Schöpferische Indifferenz*,

---

1 Whitehead 1982, 49

also das Medium Buch, in konkreten Erfahrungen wirksam werden, wobei Sprache als Transmissionsmedium das Medium aller Medien, nämlich das „eigene Selbst" (SI 177) freilegt. So soll das vollkommen indifferenzierte Subjekt, die personifizierte Indifferenz, die „lebendige Indifferenz" durch philosophische Reflexion, qua Sprache, wieder zugänglich gemacht werden, wobei die „Differenzierbarkeit der Indifferenz" (SI 195) als Lebendigkeit der Indifferenz erscheint. Aber: „Die Unfähigkeit, den Begriff der lebendigen polarisierenden Indifferenz zu fassen, kennzeichnet den Menschen" (SI 194), was Friedlaender gleichwohl nicht davon abhält, diesen Begriff doch vollständig erfassen zu wollen.

Sartre, dessen Existentialismus Friedlaender noch in seinen letzten Lebensjahren aufmerksam verfolgte, hatte, vielleicht auch aufgrund eines existentiellen Strebens nach Indifferenz, behauptet, daß diese gleichsam realisierbar sei und als „Indifferenz des Seins" erscheinen könne:

> „Die Indifferenz des Seins erscheint durch jene Streifen des Nichts hindurch, die ich als mein eigenes Nichts der Verneinung zu sein habe. Jedoch habe ich diese Indifferenz zu realisieren durch jenes Nichts der Verneinung, das ich zu sein habe, und zwar nicht insofern ich ursprünglich beim Dieses anwesend bin, sondern insofern ich auch beim Jenes anwesend bin. In und durch meine Anwesenheit beim Tisch realisiere ich die Indifferenz des Stuhls – den ich gleichsam gegenwärtig nicht zu sein habe – wie die Abwesenheit eines Sprungbretts, ein Aufhalten meines Schwunges zum Nicht-sein hin, eine Unterbrechung des Zirkels." (Sartre 1943, 261)

Wie Friedlaender geht auch Sartre von der Realisierbarkeit der Indifferenz aus, wobei Sartre die ontologische Bestimmung der Indifferenz paradoxerweise wieder als Differenz faßt, denn „eben durch die absolute Innerlichkeit seiner Verneinung (da ich in der ästhetischen Intuition ja ein imaginäres Objekt erfasse) entdeckt das Fürsich sogar die Indifferenz des Seins als Äußerlichkeit" (ebd.), also als Differenz. „Die Indifferenz des Seins" ist bei Sartre „nichts, wir können sie nicht denken und nicht einmal wahrnehmen" (ebd. 262). Jedes Denken und Wahrnehmen wäre ja selbst wiederum differentiell, wäre Form der Äußerung und darin nicht mehr Indifferenz in nuce.

Das Nichts, das Friedlaender in der „subjektiven Bedeutung" gleichbedeutend mit der „schöpferischen Indifferenz" (SI 561) behandelt, ist jenes „schöpferische Medium aller Welt" (SI 177), das „eben nicht etwa die Anwesenheit" bedeutet, sondern

> „die vollwesentliche Indifferenziertheit des Alls und wirklich nur auf den ersten Blick so schauderhaft leer, bis man einsehen lernt, gerade diese Leere inauguriere die Lehre vom Sternenich, vom Flug des Individuums, von seiner Weltfreiheit, seiner Unabhängigkeit auch noch vom differenzierten ‚Subjekt'." (SI 177)

Auch für Sartre ist „dieses Nichts [...] die einzige Weise, in der Bewußtsein den Identitätszusammenhang erfassen kann, der das Sein kennzeichnet."[1] Damit formuliert Sartre 1943, ein Vierteljahrhundert nach Friedlaender, die Notwendigkeit einer erkenntnistheoretischen Leitdifferenz von Sein und Nichts, die in ihrer Beschreibung sehr genau mit dem Sachverhalt der polaritätsphilosophischen Leitdifferenz von Identität und Differenz, bzw. von Indifferenz und Differenz zusammenzutreffen scheint, wobei nichts über die ontologische Verträglichkeit dieses Zusammentreffens gesagt ist, was an anderer Stelle genauer zu untersuchen wäre. Beide, Sartre und Friedlaender, verstehen Sein als Ausdruck von Differenzverhältnissen. Es ist die Äußerung aus dem „Nichts des Äußeren".[2] Gleichwohl gibt es kein Erschaffen aus dem Nichts, sondern nur eines „aus dem Schöpfer, aus dem Innern, welches kein Nichts, sondern nur ein Nichts des Äußeren, d. h. des Unterschiedes, der Differenz, der Polarität ist." (ebd.) Das Nichts der Differenz fungiert gleichsam als Voraussetzung möglicher Erfahrung. So, wie vielleicht auch das Schweigen, oder die Möglichkeit zu schweigen, die Friedlaenders „schöpferische Sprachindifferenz" (SI 190) bezeichnet, als Voraussetzung der Rede gelten kann, ist das Nichts der Differenz als implizites Faktum der Differenz zu verstehen.

---

1 Sartre 1943, 262
2 Der Schöpfer (GS 13, 135)

Ähnlich beschreibt auch Whitehead in seiner Polaritätsphilosophie die Relation von Nichts und Schweigen. So gründet das „ontologische Prinzip" seiner organistischen Philosophie auf den „wirklichen Einzelwesen", die so etwas wie die Minimalsumme von Realität bedeuten und zugleich die wichtigste Einheit von Wirklichkeit und Sein bezeichnen. Zusammengefaßt lautet dieses Prinzip: „Wo kein wirkliches Einzelwesen, da auch kein Grund." (Whitehead 1982, 58) Whiteheads Folgerung daraus: „losgelöst von wirklichen Einzelwesen (ist) nichts und nur Nichts – ‚Der Rest ist Schweigen'." (ebd. 97)

Mit dem Gedanken der Entstehung aus dem Nichts, aus dem Nichts der Differenz, den Whitehead und Friedlaender konstatieren und der eng an den Gedanken der „eigenen Selbst-Erfahrung" gebunden ist, kommt ein Paradoxon ins „ontologische Prinzip", das für Whitehead damit dann auch „verletzt worden" ist (ebd. 144). Diese Hypothese, daß aus dem Nichts an Differenz doch etwas entstehen kann, läuft darauf hinaus, daß dem „geistigen Pol" (ebd.), dem die schöpferische Indifferenz zuzurechnen ist, Kreativität und schöpferische Qualität zugeschrieben wird. Damit ist das Prinzip der Selbsterschaffung benannt, das ja gerade auf dem Impuls schöpferischer Indifferenz beruht. „Das echte Selbsterlebnis" (SI 151) nämlich, das hier anklingt, das „der Mühe der Selbsterschaffung (SI 152) entspringt, sowie die „Selbstbemühung um Gleichgewicht" (SI 153), die der „Selbstherstellung Gottes" entspringt, entsprechen jenem „Autotheismus", jenem „Von-Selbst-aller Welt" (SI 156), dessen Prozeß von keinem Außen mehr beeinflußt scheint.

Diese Eigendynamik des Schöpferischen, die in sich selbst auf Differenz verweist und die doch allein auf Indifferenz zu gründen scheint, läßt sich letztlich nur von der Einheit der Differenz von Indifferenz und Differenz heraus beschreiben. Von hier aus wird auch die erwähnte Rationalität des Indifferenzgedankens einsichtig, denn in ihm ist das Absolute, die Indifferenz nicht „ohne Relation zu denken", wobei der Ursprung aller Relation als „absolut indifferent" (SI 133) zu denken ist. Aber weil eben im Indifferenzgedanken die „harmonisierende Auffassung der Differenzen" (ebd.) zum Vorschein kommt, also die Differenz in seiner eigenen Bestimmung eine Rolle spielt, kommt in der Form des Gedankens zugleich auch seine Relationalität zum Ausdruck.

Überhaupt täuscht uns die Sprache darin, wenn sie einen Gedanken formuliert, der das Absolute jenseits aller Relationalität zu fassen versucht. Daher Friedlaenders apodiktische Erklärung: „Es ist falsch, sich das Absolute ohne Relation zu denken." (ebd.) Ebenso falsch wäre es aber auch, sich das Absolute so vorzustellen, als verhielte es sich „irgendwie zum Relativen", denn dann wäre es ja „nicht absolut" (SI 378).

> „... alles Verhalten als solches, die gesamte Relativität ist die Funktion des Absoluten", schreibt Friedlaender, „so daß es nicht etwa Übergänge, Brücken zwischen Absolut und Relativ gibt, sondern dieses Zwischen schon selber der Gegenstand des Absoluten ist." (ebd.)

Insofern wäre auch die Differenz als Funktion von Indifferenz zu verstehen, die in ihrer Funktionalität auf Indifferenz gerichtet ist. So wie Indifferenz Differenz braucht, so braucht auch Differenz Indifferenz: Ein paradoxes Verhältnis, das zugleich aber die Möglichkeit zur Entparadoxierung eröffnet, indem es das scheinbar oder tatsächlich Widersinnige zum Anlaß nimmt, schöpferisch, kreativ Realität nicht aufgrund ihrer paradoxen Verfassung zu verabschieden, sondern sie gerade aus dem Widerstreit heraus zu formieren und zu formulieren.

Was noch im transzendentalphilosophischen Diskurs unter dem Signum reiner Signifikate, etwa als Absolutes, Subjekt, Freiheit erörtert wurde, gerät im polaritätsphilosophischen Diskurs unter den Druck relationaler Signifikantenlogik, die die binäre Opposition von Signifikat und Signifikanten als fiktionale Differenz entzaubert, weil jede Rede über Signifikate diese gleichsam zu Signifikanten macht.

Gott als mächtigste Metapher des Schöpfermythos, der zugleich auch die oberste Stelle einer transzendentalen Signifikantenhierarchie besetzt hält, wird in der *Schöpferischen Indifferenz* ebenfalls polaristisch verstanden. Am Beispiel des Dionysiers, der Friedlaender in seiner mythologischen Gestalt als personifizierte schöpferische Indifferenz gilt, wird das polaristische Gottesverständnis beschrieben. Eine interne Relationalität[1] Gottes wird behauptet, deren Spannungsverhältnis die Extreme „Gott" und „Teufel" bilden, die es in ihrer moralischen Differenz zu balancieren gilt (vgl. SI 268). „Der Dionysier ‚identifiziert' nicht etwa ‚Gott' und ‚Teufel'", sondern

> „er schätzt im Teufel das Göttliche von entgegengesetztem, aber koordiniertem Range, kennt die Harmonie des Verhältnisses, begreift obendrein die Notwendigkeit dieser Antipodie des Göttlichen aus dessen Exorbitanz. *Die Entladung exorbitanter Spannkraft erfolgt immer polar.* Wenn die Welt Entfaltung eines göttlich überschwenglichen Prinzips ist, so muß Entfaltung in gegensätzlichen Werten von gleicher Valenz erfolgen." (SI 267)

Die „Antipodie des Göttlichen", der gleichwertige Gegensatz im Schöpfer aller Schöpfer, in Gott, dient Friedlaender nicht im Sinne einer theologischen Wahrheit, sondern viel eher als Metapher der schöpferischen Indifferenz. Aus der Einheit dieses schöpferischen Prinzips erklärt sich auch das Relative als „Polarisation (Selbstentzweiung aus Überschwang) des Absoluten. Das Nichts der Relationen ist also ihre wahre Prädisposition." (SI 141)

Als Funktion des Absoluten ist das Relative, im Sinne der *Schöpferischen Indifferenz,* nicht schöpferisch. Schöpferisch ist nur der indifferenzierte Polarist, der nur als solcher frei ist. „Und frei ist er nur zu diesem Zwange, zu den Gesetzen seiner Äußerung, seiner Objektivation." (SI 558)

Äußerung, Objektivation, Produkt: das Geschöpf also „ist der Erkenntnisgrund des Schöpfers, dieser aber doch der Realgrund des Geschöpfs, der Differenz, der Welt, der Natur." (SI 557)

---

[1] Interne Relationalität bedeutet hier im Unterschied zur externen, daß es Relationen in einem identischen Begriff geben kann, ohne daß damit zugleich die Identitätsbedingungen dieses Begriffs relational zu verstehen sind. Zur ausführlichen Diskussion dieser Problematik vgl. Whitehead 1982 und Horstmann 1984. „Polarität als relationale Denkform" wird im Anschluß an Walter Blochs ausführliche Polaritätsstudie (1972) von Franz-J. Clauss beschrieben, wobei ihm Polarität als „wissenschaftslogischer Grundbegriff" der Relationalität gilt (Clauss 1980, 433 f.).

Man selbst als „Realgrund" der Differenz? Kommt dies nicht jenen Selbstbewußtseins- und Selbstbestimmungskonzepten entgegen, die in traditioneller Weise Transzendentalpragmatik betreiben?[1] Aber Friedlaenders relationales Selbstbewußtseinskonzept versteht „die Welt, das Geschöpf" „gleichsam" als „Gegenschöpfer" (SI 292) zu jenem Individuum, das ein „sich selber treffender Blitz" (SI 101) ist.

Mit der Vorstellung der Welt als „Gegenschöpfer" ist nicht nur die Relationalität der Realität begründet, sondern zugleich die psycho-physische Einheit der Idee der *Schöpferischen Indifferenz* ins Lot gebracht, die zwischenzeitlich zu sehr ins Intelligible abzurutschen drohte. Aus der Einheit von Schöpfer (Individuum) und Gegenschöpfer (Welt) erklärt sich, daß es keinen, wie auch immer erklärten, Vorsprung des Bewußtseins (intelligibler Pol) vor den Naturverhältnissen (physischer Pol) gibt und geben kann. Ein antizipierendes Bewußtsein, das auf Projektion gerichtet ist, wäre daher eine Widersinnigkeit, die sich mit einem psychophysischen Polarismus kaum vereinbaren ließe.

Gleichwohl kommt aus polaritätsphilosophischer Perspektive allein den Ich-Filialen wie Person, Individuum und Subjekt der Status des Schöpferischen zu. Aus ihnen geht „aller Unterschied" (SI 98) hervor. Zugleich bilden sie das „kostbarste Bindemittel" (SI 99) zwischen den mißstimmigen Differenzen, um „intime Identität" stiften (SI 99) zu können. Sie sind gleichsam der real-utopische Ort der „schöpferischen Indifferenz".

Das Individuum, das ungeteilte, indifferenzierte Einzelwesen verkörpert als das „Nichts aller Differenz" den Ursprung des Schöpferischen, das schöpferische Prinzip schlechthin. Es ist der „wirklich identifizierte Wille" (SI 106), es polarisiert Gegensätze, es ist „das schöpferische Zentrum aller Diametrik" (SI 103 f.), das nicht selbstevident ist, sondern das allein aus der Differenz von Identität und Differenz heraus beschrieben und plausibilisiert werden kann. Mit der Gleichsetzung von schöpferischer Indifferenz mit Indi-

---

1 Vgl. Ernst Tugendhat: *Selbstbewußtsein und Selbstbestimmung. Sprachanalytische Interpretationen,* Frankfurt: Suhrkamp 1979

viduum soll aber „bitte nicht sofort ein Mißverständnis." (SI 97) entstehen. Wohl ahnend, daß dies nicht ausbleiben wird, gehört Friedlaenders Hauptinteresse der polaristischen Beschreibung dieses subjektiven Selbstverhältnisses, das Individuum heißt.

„Materialisation, gegenständliche Verwirklichung dessen, was schöpferisch identisch in ihm zusammengedrängt ist, wäre das Ideal und der Triumph des Individuums. Daher gilt es, alle Vereinzelung, insonders diejenige des Menschen, zu überwinden – nicht im Sinne ihrer vernichtenden Aufhebung, sondern ihrer Expropriation aus dem innersten Selbste, ihrer unverschluckt exakten Äußerung und Objektivation. [...] Objektivation im individualen Sinne ist Kultur des schöpferischen Prinzips." (SI 100)

Auf dieses Ziel hin, versuchte Friedlaender den philosophischen Diskurs der Moderne zu beeinflussen.

„Erst wer sich selber individual erlebt, geht mit der ganzen Welt schwanger. Diese Konzeption ist urplötzlich; erst deren Ausgebärung wäre die echte Welt, kein Anthropomorphismus, sondern polare Schöpfung." (SI 350 f.)

1.3. Hintergehbare Individualität

Friedlaenders Konzept von Individuum und Individualität ist in seiner theoretischen Beschreibung nicht von dem epistemologischen Sachverhalt der Leitdifferenz von Indifferenz und Differenz zu trennen. In zahlreichen Metaphern, fragmentarischen und aphoristischen Äußerungen zu seinem Individualitätsbegriff wird dieser Zusammenhang immer wieder deutlich. So erscheint auch Individualität in ihrer polaristischen Verfassung als paradox, widersinnig und widerstreitend konzipiert. So nämlich, wie „die Menschen die Rebellen ihrer eigenen Individualität" sind (SI 472), so unterlaufen sie zugleich auch in diesem Rebellentum, in dem Widerstand gegen sich selbst, die Möglichkeit eines indifferenten Selbstverhältnisses, einer Individualität, die für Friedlaender zum Hebel von Realität und Welt wird. In diesem Sinne geht es ihm um eine „Entmenschung des Selbstes" (ebd.), von dem aus dann „Individualität" als „indifferenzierte Selbstanstrengung" wirken kann (SI 475). Individualität ist also keineswegs als personales Selbstkonzept selbstevident, sondern muß erst im Prozeß, in diesem Falle einer polaristischen Individuation, herausgebildet werden.

Individualität, als adjektivisches Unterscheidungsmerkmal von Individuen ausgeprägt, wird hier nicht als monadologische Substanz begriffen, die, etwa gelöst von sozialer Realität, als Konstante individualer Subjektivität fungiert. Vielmehr kommt hier die Prozessualität von Individualität in den Blick, die nach Indifferenz strebt und Indifferenzierung betreibt. Individualität, im Sinne der Schöpferischen Indifferenz, bildet sich im Laufe der Geschichte des Individuums immer präziser aus, wobei die jeweilige Individualität als Charakteristikum des Individuums das Individuum definiert.

Für Friedlaender hatte die Vorstellung einer mißlingenden Individualität, die die Möglichkeit gelingender genauso impliziert, im Bewußtsein von Werden und Vergehen des Individuums Bedeutung. So mißlingt Individualität dann, wenn sie nicht auf „persönliche Indifferenz" (SI 477) ausgerichtet wird, sondern sich an den Differenzen orientiert, die sie zu verhindern trachten. Friedlaender spricht daher auch von „defekter Individualität" (SI 476) oder von einer, die „ihre Eierschale noch nicht durchbrochen, ihr Geschöpf noch nicht irdisch und menschlich ausgeboren" (SI 481) hat.

Mißlingende Individualität, in der sich die Hintergehbarkeit von Individualität zeigt, bezieht sich hier auf den Äußerungsprozeß von Individuen, der Individualität nicht als selbstevident versteht, sondern sie in der Geschlossenheit von Prozessen zu beschreiben versucht. Hintergehbare Individualität kommt da zum Vorschein, wo es um die Realisation von Individuen geht. Daß Individualität dabei viel seltener gelingt und sich lieber selbst zu hintergehen scheint, als sich schöpferisch indifferent zu realisieren, ist Hauptthema der Friedlaenderschen Individualitätsanalyse.

Paradox erscheint diese Selbstverhinderung von personaler Individualität deshalb, weil jedes Individuum Identität will und doch in seinem unkoordinierten Wollen von Differenzen verzehrt wird, weil es deren Logik nicht durchschaut hat.

Friedlaenders polaristisches, idealisches (nicht idealistisches) Konzept der Nichthintergehbarkeit von Individualität, das zugleich ganz stark von deren Hintergehbarkeit ausgeht, sie einkalkuliert, entparadoxiert zugleich auch das angespannte Verhältnis zwischen Identität und Differenz, indem es nämlich von einer Identität ausgeht, die notwendigerweise nach Äußerung, nach Differenz strebt und sich somit der Druck nach Identität gleichsam erübrigt. Erst im Prozeß der Äußerung, der Differenzenbildung läßt sich auch eigene Individualität erfahren und ausdifferenzieren. Individualität ist deshalb auch etwas Entstehendes,[1] das die Unterscheidung der individualen Subjekte begründet. Daß dieser Prozeß schon, etwa auf menschliche Individuen bezogen, pränatal, vorgeburtlich Individualität ausbil-

---

1 Vgl. Whitehead 1982, 282

det, läßt sich als Phase im Entwicklungsprozeß schöpferisch indifferenter Individualität verstehen.

Im Folgenden geht es um Individuen, die sich reflexiv, bewußtseinsmäßig über ihre eigene Individualität verständigen können, ohne sich allerdings in diesem Selbstverständnis, in diesem Selbstverhältnis Klarheit über sich selbst verschafft zu haben. Es geht um Individualität, die sich ihres schöpferisch indifferenten Kerns versichern kann und versichert, womit dann eigentlich erst jene Individualität in den Blick kommt, auf die hin die *Schöpferische Indifferenz* argumentiert.

Gerade weil die Konstitution von Individualität als schöpferische Indifferenz ein Entwicklungsprozeß ist und nicht als gegebene, gleichsam selbstevidente Wesenheit angesehen werden kann, sieht Friedlaender auch die Möglichkeit, der alltäglich hintergangenen und sich dabei ständig selbst hintergehenden Individualität polaristisch entgegenzutreten, um aus diesem polaristischen Bewußtsein heraus die nichthintergehbare Individualität dann auch tatsächlich zu begründen.

Friedlaender zufolge ist „defekte Individualität" (SI 476) der Regelfall. Sie gilt ihm als die noch von Differenzen belegte Individualität, die sich ihrer Indifferenz erst noch zu versichern hat. Solange nämlich diese von Differenzen besetzte Individualität das individuale Subjekt regiert, bleibt sie jederzeit von diesen Differenzen hintergehbar. Erst polaristische Individualität ist eben jene selbstidentische Form des Subjekts, aus der alle Differenz entspringt, weil sie zuvor sich aller Differenz entledigt hat, weil sie restlos vor aller Differenz geflüchtet ist. Individualität (Indifferenz) bleibt aber jederzeit relational mit ihrer Äußerung (Differenz) verbunden.

Als paradox erscheint auch ein weiterer Sachverhalt, der eng mit dem vorhergehenden verknüpft ist. Individualität nämlich muß bis zu einem gewissen Grad vom Individuum aufgegeben werden. Es muß gleichsam seine Einzigartigkeit im Äußerungsprozeß in bestimmter Hinsicht preisgeben, um sich überhaupt in seiner Individualität inszenieren zu können. Erst dann nämlich bleibt die Anschließbarkeit an die Wahrnehmung und Erfahrung anderer gewahrt, woraus sich dann Unterschiede, Charakteristika und Individualität bestimmen lassen. Das Individuum geht quasi über sich selbst hinaus, um sich seiner Individualität gewahr zu werden. Es agiert darin intersubjektiv, um letztlich aber wieder seine individuale Subjektivität gegen alle Intersubjektivität durchsetzen zu können. So erscheint es auch erst unter dieser Perspektive paradox, daß eine sich selbst äußernde Individualität zugleich ihre Individualität dabei aufgibt. Denn die Äußerung, in der sich Individualität erweist, ist differentiell strukturiert und erst im relationalen Geflecht von Äußerung und Individualität kommt diese überhaupt zum Vorschein. Indem nun Äußerungen konstitutiv für die Ausbildung von Individualität sind, kommt, durch die Möglichkeit mißlingender Äußerung, auch deren Hintergehbarkeit in Sicht, wobei einschränkend gilt, daß Äußerungen natürlich nur für das Erscheinen von Individualität im relationalen Prozeß der Äußerung selbst konstitutiv sind. Nicht berührt wird davon gleichsam so etwas wie die transzendente Wesenheit von Individualität, die mit dem Individuum quasi zusammenfällt.

Im Prozeß der Äußerung bleibt die Relationalität der Individualität, nicht die des Individuums, kein Auflösungsmoment dieser Individualität, individuiert diese doch die Äußerung, in der Individualität zum Tragen kommt. Individualität verbleibt im persönlichen Selbstverhältnis, das nicht mehr von der Innen-Außen-Metapher differenziert wird, sondern in der *Schöpferischen Indifferenz* viel eher als Indifferenz-Differenz-Relation gefaßt wird.

Daß sich ein derart aufs eigene Selbst bezogenes Individualitätskonzept nicht vom Apriori des Gesellschaftlichen aus verstehen und beschreiben läßt und trotzdem soziale Individualität als Voraussetzung anerkennt, lenkt den Blick um 1918, der ja auf die Dynamik des Gesellschaftlichen fokusiert schien, auf die elementare Basis dieses Gesellschaftlichen, nämlich auf den Einzelnen, genauer auf das Einzelne und dessen Einzelheit. Dabei klammerte Friedlaender, wie schon angedeutet, keineswegs die soziale Frage, die in jener Zeit um 1918 so vehement diskutiert wurde, aus seinem Polarismus aus. Nur ging er sie eben nicht von der Komplexität gesellschaftlicher Formen an, sondern reduzierte zunächst sein Untersuchungsfeld auf den Mikrokosmos des Gesellschaftlichen, auf Individuum und Individualität, um die Möglichkeiten dieser kleinsten Einheit gesellschaftlicher Wirklichkeit zur Veränderung von sich selbst und dann jener selbst zu ergründen.

Erst wenn sich die Individuen Klarheit über sich selbst verschafft haben, sowohl was ihr Selbstverhältnis wie auch ihre gesellschaftlich bestimmten Differenzverhältnisse angeht, können, so Friedlaenders These zur sozialen Frage, auch die gesellschaftlichen Verhältnisse geändert und verändert werden. Letztlich kommt es dabei, im schöpferisch indifferenten Sinne, auf die äquilibrische Auffassung der Sein-Bewußtsein-Relation an, die Friedlaender zunächst auf der Seite des Bewußtseins untersucht und dort den Hebel ansetzt, um letztlich das Sein zu verändern.

Veränderung, Revolution: Um 1918 von Bloch noch so beschrieben, als könnte „die Resonanzkraft der Utopie" auf einen Weg verweisen, der über den „bloßen Selbstweg, der puren Seelenbreite der Selbstbegegnung" hinaus vom „einsamen Wachtraum der internen Selbstbegegnung zum Traum" führt, der wiederum „die äußere Welt wenigstens entlastend"[1] zu gestalten vermag.

Bloch projizierte die Idee der Freiheit vom individual erfahrenen „Dunkel des gelebten Augenblicks" (ebd. 343) – „Und doch, es bleibt uns hier, die wir leiden und dunkel sind, weit hinaus zu hoffen." (ebd.) – in die Sphäre des Gesellschaftlichen, um jene individual subjektive Spannung in eine kollektiv subjektive Entladung zu überführen. Revolution, Umbruch, Aufbruch: Um 1918 waren damit zunächst gesellschaftliche Abläufe, Zustände und Ereignisse gemeint.

Friedlaenders Verständnis von Freiheit richtet sich allererst auf das Individuum selbst, das sich aus eigener Kraftanstrengung, aus eigenem Willen vom „Dunkel des gelebten Augenblicks" lösen soll. Freiheit ist aber nichts, auf das hin man seine Hoffnung ausrichten müßte, denn sie

> „fehlt ja niemals eigentlich (es gibt keine subjektive Unfreiheit), sondern nur in dem Sinne, daß ihre präzise Reinheit, indem sie sich nicht restlos desobjektiviert (zum Beispiel vom Menschen),

---

1 Bloch 1918, 296

sich trübt. Subjektive Freiheit ist das Adyton aller, also auch der menschlichen Unterschiede, und dieses Individuum regiert, von eigenen Gnaden, die Welt der Dividualität."[1]

Gegen diese Welt setzt sich das schöpferisch indifferente Individuum durch. Es avanciert zum Garanten der Möglichkeit, als individuale Identität nicht von Differenzen verzehrt und aufgesogen zu werden.

In der *Schöpferischen Indifferenz* oder überhaupt in Friedlaenders Polaritätsphilosophie werden die Begriffe Individuum, Individualität, Ich, Person, Subjekt immer als unterschiedene Namen für das Unbenennbare, Namenlose, für das „indifferente, von sich aus differenzierende" verwendet. „Dieser echte Herr, das Individuum, hat und habe keinen Namen, der etwas Besonderes bezeichnet." (SI 301) Und trotzdem hatte Friedlaender schon ein genaues Gespür dafür, zwischen den einzelnen Verwendungsweisen von Individuum, Subjekt, Ich und Person begriffliche Unterscheidungen treffen zu müssen. Dabei kommt ein Problem in Sicht, das auch im gegenwärtigen philosophischen Diskurs längst noch nicht als gelöst gelten kann.

So monierte Manfred Frank 1986 in seinen „Tübinger Ernst-Bloch-Vorlesungen" die unzulässige Identifikation von Individualität mit Subjektivität, obwohl doch spätestens in den Theoriediskussionen um 1968 die Differenz zwischen individualem und kollektivem Subjekt der Geschichte geklärt schien. Und trotzdem: „Subjektivität und Individualität: zwei Begriffe, mit denen wir spontan bekannt zu sein glauben und die wir in den meisten Sprechsituationen gar nicht voneinander unterscheiden." (Frank 1986, 20) Darin ist Frank sicherlich zuzustimmen. Der hier vollzogene Zugriff auf Franks Individualitätskonzept erscheint mir überhaupt als brauchbarer Katalysator zur Beschreibung des Friedlaenderschen Konzepts von Individualität, wobei es hier nicht so sehr auf etwaige Parallelen, Anleihen oder Anschließbarkeiten ankommt, sondern in erster Linie auf eine genauere Beschreibung des polaristischen Begriffs der Individualität.

---

1 SI 302. Adyton: das Unbetretbare, Allerheiligste in griechischen und römischen Tempeln.

Weil Frank sich nun eben nicht mit der zuvor eingestandenen Unklarheit der Unterscheidung zwischen Subjektivität und Individualität zufrieden gibt, unternimmt er einen transzendentalhermeneutisch motivierten Differenzierungsversuch. Dabei werden gleichzeitig so eng beieinander liegende Begriffe wie Ich, Person, Selbst mit den erkenntnistheoretischen Parametern Reflexion, Bewußtsein, bzw. Selbstbewußtsein, Identität, Sinn und Repräsentation voneinander abgegrenzt. Die hier unübersichtlich zusammengedrängten Begriffe vernetzt Frank zu einem Geflecht transzendentalhermeneutischer Semantik. Darin beantwortet er die allemal rhetorisch gestellte Frage: „Ist das Individuum theoretisch am Ende, wie seine Existenz in der Realität bedroht ist?" (ebd. 19) nach „geduldiger Rekonstruktionsarbeit" mit einer „hermeneutischen Konzeption von Individualität" (ebd. 116-131) so, daß man an der Unhintergehbarkeit von Individualität notwendigerweise keine Zweifel mehr zu hegen braucht.

Zunächst befreit er den in vielerlei Hinsicht vorbelasteten Begriff des Ich von seinen Cartesischen Substantialismen und bestimmt es von Kant her „als Subjekt des Denkens und als Ermöglichungsbedingung von Objektivität" (ebd. 29). Dabei kann das Ich „kein Gegenstand der Psychologie, nämlich kein gegenständliches Existierendes sein" (ebd. 19), sondern es wird als „Intellektualität" gedacht. Es ist keine „Monaden-Substanz", wie es von Leibniz in den philosophischen Diskurs der Identitätsphilosophie implantiert wurde (ebd. 29).

Wenn, wie Fichte und Novalis behaupten, das Ich „Tathandlung, nicht Tatsache" (ebd.) sei, dann kommt über die Aktivität, die in diesem Ich-Begriff steckt, auch Relationalität in den Begriff des Ich hinein, was Frank konsequenterweise dazu veranlaßt, den von Selbstbewußtseinspolen, also von Differenzen beherrschten Begriff des Ich von der theoretischen Annahme eines „reinen Subjekts" zu unterscheiden (ebd. 30).

Im weiteren Verlauf seiner Untersuchungen, seiner funktionalen Ausdifferenzierung verschiedener Individualitätsfilialen (Ich, Person, Subjekt, Selbst) arbeitet Frank ein Konzept von Individualität aus, das vor allem auf der „Idee einer nicht-relationalen-Vertrautheit-mit-sich" (ebd. 116) beruht. Darin angelegt ist zugleich Franks fundamentale Kritik an relational orientierten Konzepten zur Beschreibung von Selbstverhältnissen.

Als Ergebnis seiner Analyse behauptet Frank dann die von vornherein nie in Zweifel gezogene „Unhintergehbarkeit von Individualität", die quasi als logische Folgerung der Untersuchung erscheint. Ein Begriff von Individualität wird dabei begründet, der diese von ihrer konzentrierten Eigentümlichkeit her versteht und so beschreibt, daß Individualität als theoretisch nicht deduzierbar zu gelten hat und deshalb immer nur vom Individuum selbst auszugehen hat. Von daher dürfte es dann eigentlich nur Un- oder Nicht-Begriffe von Individualität geben. Frank definiert daher auch nicht Individualität, sondern beschreibt vielmehr ihre Notwendigkeit. Sie ist ihm jene

> „Instanz, und sie scheint die einzige zu sein, die der rigorosen Idealisierung des Zeichensinns zum einen instantanen und identischen Widerstand entgegenbringt (also eben das leistet, was Derrida der ‚différance' zutraut). Anderseits hat allein sie den Vorteil, als selbstbewußt gesichert zu sein, also Motivation und hypothetische Urteile, wie es Interpretationen sind, letztlich überhaupt all jene Prozesse verständlich zu machen, in denen die Kategorie ‚Sinn' notwendig, d. h. in unersetzbarer Weise, auftaucht. Zugleich erklärt sich die Unabhängigkeit individualer Sinnentwürfe aus semantisch-pragmatischen Typen." (ebd. 130)

Mag diese „Unableitbarkeit" vielleicht noch gelten, aus grammatikalisch-textuellen lassen sie sich allemal ableiten. Franks eigener Entwurf erscheint mir dafür geradezu als beispielhaft. Jedenfalls wird die konstruierte Verfassung von Individualität im philosophischen Diskurs erst im Rückblick auf deren mediale und materiale, sprich grammatikalische Bedingungen überhaupt verständlich. Erst im Rückbezug auf die Technizität der Beschreibung von Individualität, also auf deren grammatikalische Bedingungen im Text, wird auch deren konstruierte Verfassung einsichtig. Wer diesen Blick ausspart, wird auch schwerlich die Relationalität von Individualität im Prozeß ihrer Äußerung einsehen können. Textuell jedenfalls läßt sich Individualität in ihrer behaupteten Reinheit gar nicht vermitteln. Die Sprache, der Text nämlich unterminiert schon aufgrund seiner komplexen Ordnung die Rede vom absoluten Selbstbezug, von der reinen Identität der Individualität, womit ein Dilemma auftritt, das ja auch Friedlaender beschäftigte. In seinem Konzept von Individualität wird Relationalität von vornherein gleich mit einbezogen, indem Individualität als Äußerung begriffen wird, daß heißt von ihrer Differentialität her beschrieben wird.

Textverhältnisse sind keine puristischen Verhältnisse. Deshalb ist dann auch jeder Blick auf so etwas Unvorstellbares wie die Reinheit des Individuums ein transzendentaler. Für Friedlaender hat dieser Blick nur Geltung im Kontext der Leitdifferenz, während der transzendentalhermeneutische Blick immer noch Identität vor Differenz setzt.

Daß der Gedanke einer differenzlosen, reinen Individualität, die nur als eine die konkreten medialen Verhältnisse transzendierende in Erscheinung treten kann, selbst nicht aus den Differenzverhältnissen des Denkens zu lösen ist, verweist auf eine Aporie transzendentalen Denkens, die wohl kaum in einer transzendentalen Theorie gelöst werden kann.[1]

Friedlaenders Konzept von Individualität ist jedenfalls immer im Zusammenhang mit der Differenz von Indifferenz (Individuum) und Differenz (Äußerung des Individuums, das sich darin als Individuum erweist) zu verstehen und zu beschreiben. Daher läßt sich dieses Konzept nicht auf eine dialektische Theorie spannen, die jene Leitdifferenz allein auf Identität rückbindet, was ja an Franks transzendental-hermeneutischer Konstruktion von Individualität zu beobachten ist. Hier scheiden sich die Geister zwischen Transzendentalhermeneutik und Polaritätsphilosophie, wie Friedlaender sie versteht. Erkenntnistheoretisch betrachtet steht die Polaritätsphilosophie der systemtheoretischen Beschreibung von Individualität

---

1 Franks grandioser Selbstverständigungsversuch einer transzendentalen Bedeutung von Individuum und Individualität kann hier nur unzureichend behandelt werden. Vgl. u. a. Frank 1977, 1983 u. 1985. Zur Kritik dieses nicht-relationalen Konzepts vgl. Formann 1986.

viel näher als der transzendentalhermeneutischen, denn wie die systemtheoretische Epistemologie geht auch die Polaritätsphilosophie von der Einheit der Individualität aus; wie diese behauptet sie deren Ungeteiltheit von der Leitdifferenz her (vgl. SI passim).

Offen zutage tritt der Unterschied zwischen systemtheoretischer, polaristischer Beschreibung auf der einen Seite und transzendentalhermeneutischer Beschreibung von Individualität auf der anderen Seite, wenn beide Positionen aufeinander zugeführt werden und so der Funkenschlag riskiert wird. Geht Frank also davon aus, daß „das Individuelle gerade kein Einheitsprinzip" ist, so behauptet Friedlaender genau das Gegenteil. Seinen Gedanken fortführend schreibt Frank (1986, 123):

> „was immer ‚Individualität' sonst noch meinen mag, sie ist jedenfalls als der direkte Widersacher des Gedankens der Einheit und Abgeschlossenheit der Struktur (und der Identität der von ihr zu einem Ganzen ausdifferenzierten Ausdrucke mit sich) zu denken. Für Schleiermacher ist's grundsätzlich und immer das Individuum, durch dessen Intervention die Struktur (bzw. die von ihr in ihrer Selbstidentität gesicherten Zeichen) am Zusammenfallen mit sich selbst verhindert wird. Mit sich zusammenfallen hieße: präsent sein."

Sicherlich ist Frank darin zuzustimmen, daß Individualität gegen Einheit, auch gegen ihre eigene, opponiert. Nur erscheint mir jene Argumentation schlüssiger, die davon ausgeht, daß Individualität zunächst aus ihrer selbstreferentiellen Geschlossenheit heraus, also aus ihrer Einheit der Differenz von Identität und Differenz heraus gegen Einheit, die bloß Identität meint, gerichtet ist und darin nach Differenz strebt. Konträr zu Frank und darin wohl auch im Sinne Friedlaenders zieht Luhmann diesen erkenntnistheoretischen Sachverhalt zusammen: „Diese zirkuläre Geschlossenheit also, in die alles Bestimmte, sie mitvollziehende, eingelagert ist, nennen wir Individualität, denn sie ist, wie alle Autopoiesis, unteilbar."[1] Ähnlich argumentierte auch Friedlaender, für den Individualität ein sich selbster-

---

1 Luhmann 1984a, 358

schaffendes, unteilbares Element polarisierender, indifferenzierender Prozesse darstellt (vgl. SI passim)

Individualität im polaristischen Sinne strebt ja gerade aufgrund ihrer selbstreferentiellen Geschlossenheit nach Offenheit, wobei sie zugleich ja nicht ihre Geschlossenheit im Äußerungsprozeß aufgibt, sondern sich darin erst recht als polaristische Einheit zeigt. Die polaristische Verfassung von Individualität wird als „indifferenzierte Selbstanstrengung" (SI 475) ausgewiesen.

Auch auf die Begrifflichkeit von Individualität selbst müßte man gleichsam mit dem Doppelblick sehen, den Friedlaender fordert. Und zwar bleibt einerseits Individualität jene selbstidentische, selbstreferentiell geschlossene Form, mit der sich das Individuum von anderen unterscheidet und zum zweiten hat diese Form der Identität, hat diese Individualität nur dann Bedeutung für die Wirklichkeit und deren Beschreibung, wenn sie sich äußert und ausdrückt, also objektiviert und materialisiert. Erst die sich äußernde und darin materialisierende Individualität, die zugleich auch relational fungiert, hat überhaupt einen Sinn als Ordnungsfunktion von Realität. Sinn von Individualität nun so eng an Äußerung zu binden, führt auf eine Variabilität von Sinn, den es für sich nicht gibt, sondern der immer nur im relationalen Kontext vorkommen kann.

Friedlaender macht sich hier Nietzsches Vorstellungen von Individualität zu eigen, nicht etwa, um sie bloß terminologisch zu überbieten, sondern um sie polaristisch auszudifferenzieren. Nietzsche, der Individualität als Prozeß verstand, genauer, der sie als Movens[1] jeden Prozesses gegen jede Form von Totalität und Ganzheit zu behaupten versuchte, kommt, wie wir an späterer Stelle sehen werden, für Friedlaenders Beschreibung von Individuum und Individualität wohl die größte Bedeutung zu. Deutlich wird dies schon in der „Vorrede" zur *Schöpferischen Indifferenz:* „Die Vereinzelung des Individuums", schreibt Nietzsche, „darf nicht täuschen – in Wahrheit fließt Etwas fort unter den Individuen" (SI 97). In seinem Sinne diesen Gedanken präzisierend fährt Friedlaender fort: „dann sollte

---

1 Vgl. Hamacher 1986, 316 f. u. 311

man eben dieses ‚Etwas' Individuum nennen und dessen Vereinzelungen Dividuum." (ebd.)

Das, was fortfließt, jenes Etwas, das Friedlaender Individuum nennt, ist nicht reduzierbar auf etwas anderes, sondern ist jene Wirksamkeit, ist jener „Herr" „aller Differenz" (SI 306), dessen ungeteilte Sympathie der Differenz gehört.

Diese „paradoxeste aller Revolutionen" (SI 307), die sich hier in der Beschreibung und Differenzierung von Individuum und Individualität ankündigt, ist eigentlich schon im Begriff der schöpferischen Indifferenz ausgedrückt, wobei schöpferisch auf Differenz verweist und Indifferenz eben auf den selbstidentischen Kern des Individuums, der das Individuum selbst ist.

Der schöpferische Vorgang, die Äußerung etwa, kann nur unter den Bedingungen der Differenz realisiert werden. Differenz fungiert daher als Unhintergehbarkeit jeder Äußerung. Für den polaristischen Individualitätsbegriff bedeutet dies, daß Individualität überhaupt nur wirksam werden kann, wenn sie nach Differenz strebt, wenn sie sich also äußert, wenn sie sich von der Aura des Nichtrelationalen löst und sich selbst ihrer Individualität im Prozeß der Äußerung versichert.

Wenn also Individualität erst als Äußerung, als Veräußerung ihrer selbst wirksam werden kann, wenn sie überhaupt erst in Differenz für die Wirklichkeit relevant ist, dann kommt ihr auch erst in dieser Differenz jener Widerstandssinn zu, den Frank von ihr gegen jede Form von Idealisierung behauptet.[1]

Auch in Friedlaenders Konzept gerät Individualität unter den Druck des Metaphysischen, weil sie konkret, direkt, wirklich nicht erfahrbar ist und doch jederzeit als Voraussetzung jeglicher Erfahrung fungiert. Individualität im Kontext ihrer Äußerung verweist auf die Unhintergehbarkeit von Differenz.

Bezieht man Individualität auf die Einheit von Prozeß und Impuls, so ließe sich dieser Zusammenhang so verstehen, daß in Bezug auf den Prozeß Differenz und auf den Impuls bezogen Identität oder Indifferenz vorherrscht. Im Rückgriff auf die Leitdifferenz beschreibt

---

1 Vgl. Frank 1986, 130

Friedlaender das Zusammenspiel von individualem Selbstverhältnis und Wirklichkeit so, als wäre es nicht nur möglich, sondern zugleich auch unbedingt notwendig, sich sämtlicher Differenzverhältnisse zu entledigen. Die „reine Konzentration bis auf den letzten Rest – auch noch der psychophysischen Differenzen" (SI 306) sollte betrieben werden. Denn erst in dieser idealischen Übersteigerung kommt es zum Abenteuer „persönlicher Indifferenz" (ebd.). Erst der „reine Tod aller Differenz" setzt „das schöpferische Prinzip" (SI 307) frei. Hier formuliert sich nicht etwa ein Widerspruch zum antipuristischen Denken Friedlaenders, sondern allenfalls ein Gegenpol dazu. In diesem scheinbar so undurchsichtigen Geflecht aus Indifferenz (Reinheit) und Differenz („Befleckung") führt letztlich nur die Verständigung über die Einheit dieser Differenz in der Leitdifferenz zu mehr Klarheit.

Der „Motor Individualität" (SI 110), ohne den sich die „Vereinzelungen einander gegenseitig verwirren" würden, fungiert als Ordnungsprinzip des Realen, das zugleich gegen jede Ordnung, die gegen die eigene Individualität verstößt, opponiert. Und in diesem Sinne formuliert auch Friedlaender den polaristischen Aspekt von Individualität:

> „Polarität *par excellence* sollte [...] allein derjenige Akt heißen, den das Individuum vollzieht, um sich, trotzdem Äußerung sofort mit Differenz und Relation gleichbedeutend ist, im also widerstrebenden Material dieser Differenz, dennoch gleichsam identisch durchzusetzen." (SI 100)

Die polaristische Einbindung von Individualität in einen „Indifferentismus polarer Observanz" kündigt den oppositv erstarrten Charakter der Differenz zwischen der empirischen und der transzendentalen Beweislage des Individuums auf. Die „lebendige Indifferenz des Wirklichen" (SI 204) verweist auf ein pragmatisches Verständnis dieser Indifferenz, um das sich Friedlaenders Polarismus bemüht.

„Sinnenglück" und „Seelenfrieden", „Schillers so berühmter Gegensatz" (ebd.), der poetisch die philosophische Differenz von Immanenz und Transzendenz beschreibt, treffen sich in der schöpferischen Indifferenz als „vermählter Strahl", in dem der „Seelenfrieden das Zentrum der Windrose Sinnenglück und nicht ihr Gegensatz" ist (ebd.). Hierbei geht es nicht um die Suspendierung von Individualität zugunsten einer positiven Durchsetzung des Allgemeinen. Vielmehr ist im Kontext der *Schöpferischen Indifferenz* das Allgemeine der Ort des „Seelenfriedens", von dem aus die jeweiligen „Sonderfälle" des „Sinnenglücks" ihren äquilibrischen Impuls empfangen. So ist „das Schöpferische, das Allgemeine, persönlich Inwendige, ja eigentlich nur die zentrale Maxime des Zusammenbestehenkönnens aller Sonderfälle" (SI 164). Das individuelle Allgemeine im polaristischen Sinne kommt gleichsam im Ausdruck schöpferische Indifferenz selbst zum Vorschein.

Im Rekurs auf die transzendentalhermeneutische Konzeption des individuellen Allgemeinen (M. Frank) 1977, die sich vor allem im semiologischen Diskurs gegen die Textorientierung des poststrukturalistischen Vorgehens (vgl. Forget 1984) zu behaupten versucht, ergibt sich für Friedlaenders Entwurf eine gewisse Distanz zum transzendentalhermeneutischen Parameter des „Eigentümlichen", wie ihn Frank, von Schleiermacher her, entwickelt. Im Begriff des „Eigentümlichen" soll, so argumentiert Frank (1977, 313 f.), jene stilistische Formalisation der Äußerung zum Ausdruck kommen, die sprachanalytisch nicht weiter aufgeschlossen werden kann und somit ein Merkmal für Individualität bedeutet.

Aber, so würde Friedlaender dagegenhalten, wenn Eigentümlichkeit und Originalität, vielleicht auch Besonderheit Individualität markieren, dann wäre diese nichts als die sich in dieser Eigentümlichkeit äußernde Form des Individuums. Eigentümlichkeit wäre demnach bloß ein Modus der Äußerung des Individuums. Sie würde ein Differenzverhältnis bezeichnen, in dem die Signifikanten, die das Besondere und Eigentümliche sind, im Medium der Äußerung zum Vorschein kommen. Das Beharren auf Eigentümlichkeit und Originalität ist letztlich Franks Eingeständnis für die relationale Verfassung von Individualität im Prozeß ihrer Äußerung, in dem diese sich erst als besondere, eigentümliche gegen andere durchzusetzen vermag. Zugleich kommt dabei verdeckt der Beleg für die Hintergehbarkeit von Individualität als differentielle Eigentümlichkeit in den Sinn.

Eigentümlichkeit von Individualität zu behaupten heißt, den Unterschied zum Andern angeben. Es heißt die „ausschließende Begrenzung" benennen, die gleichsam die synthetisierende Kraft des Individuums ausmacht. Präziser noch als Friedlaender, aber, wie ich meine, vielleicht doch auch in dessen Sinne hatte Whitehead in seiner polaristisch-organistischen Philosophie diesen Sachverhalt beschrieben. So bedeutet die Individualität eines „wirklichen Einzelwesens", das so etwas wie das erste und letzte Element der Realität bildet, „auch eine ausschließende Begrenzung". Und „dieses Element der ‚ausschließenden Begrenzung' ist die Abgegrenztheit, die für die synthetische Einheit eines wirklichen Einzelwesens entscheidende Bedeutung hat."[1] Gerade in der Differenz von Individualitäten untereinander erweist sich deren Fähigkeit zur Synthesis. Das individuale Subjekt, die Indifferenz tritt mit dem Beweis ihrer Individualität aus der Geschlossenheit ihrer selbstreferentiellen Ordnung heraus und richtet ihr Interesse auf Differenz.

Für Friedlaender hatte Nietzsche als erster die Polarität der Individualität bis in die Extreme hinein verfolgt und beschrieben, ohne freilich schon mit der polaristischen Leitdifferenz präzis argumentieren zu können. Wie nah und wie fern sich Nietzsche und Friedlaender in ihrer Konzeptualisierung von Individualität waren, versuchte Friedlaender selbst zu beschreiben: „In meinem Buch über Nietzsche", schreibt Friedlaender,

„präzisiere ich Nietzsches Bedeutung als Indifferentismus polarer Observanz. Hier ist endlich das dionysisch individual verfaßte Subjekt nicht mehr quietistisch verinnerlicht, sondern in einer amerikanischen Verve weltlich nach außen gerichtet. Der Orient ist hier, der sich okzidentalisiert; Afrika, welches den Norden der Kultur inspiriert; alle effeminierte Kultur verspürt wieder die Männlichkeit; und dionysische Individualität hält das gesamte Außen zusammen. – Da man diesen Schlüssel zum Erlebnis Nietzsches verschmähte, schloß ich unter dem Namen Mynona ein Lachkabinett auf; mein Groteskenbuch ‚Rosa die schöne Schutzmannsfrau' enthält in den Grotesken ‚Aëroso-

---

1 Whitehead 1982, 102

phie', ‚Präsentismus' und ‚Fasching der Logik' den Indifferentismus polarer Observanz humoristisch formuliert. Ich wollte dem Menschen mindestens auf den Zahn fühlen, den er beim Grinsen zeigt." (SI 503)

Um dieses „individual verfaßte Subjekt" polaristisch beschreiben zu können, schien Friedlaender Nietzsche viel eher geeignet, als der ansonsten von ihm so bewunderte Kant. Unmißverständlich heißt es dazu in der ersten Ausgabe der *Schöpferischen Indifferenz* von 1918:[1] „Und gar erst Nietzsche beweist in einer Zeile echtere Unabhängigkeit des Geistes als Kant in der ganzen Kritik; nur daß Kant von seinem gebundenen Subjekte aus ein klareres und schärferes Gestaltungsvermögen erwies als jene freien Geister" (SI 253), zu denen Friedlaender auch die für ihn so wichtigen Autoren Fichte und Schopenhauer zählte.

Friedlaenders Individuum ist kein bloßer Zuschauer des Weltenlaufs, sondern ein für sich selbst, aus der Welt heraus tätiges. „Das Individuum ist etwas ganz Neues und Neuschaffendes, etwas Absolutes, alle Handlungen ganz sein eigen",[2] heißt es bei Nietzsche, woran Friedlaender konfliktlos anknüpft. „Wir werden nicht", so ließe sich Nietzsches Gedanke mit Friedlaender fortführen,

„wie Kant es verundeutlichte, den Weltenzuschauer sich drehen und die Welt in Ruhe lassen, sondern dafür sorgen, daß, dem schöpferisch indifferenten Zuschauer zuliebe, die Welt sich in Bewegung setze. Zwar, der Anthropomorphismus hat ausgewirtschaftet; aber die Zentralität der eigenen Göttlichkeit beginnt." (SI 498)

Mit der Gottesmetapher ist hier kein Rückfall in einen wie auch immer gemeinten monadologischen Substantialismus anvisiert und was Friedlaender unter Zentrum versteht, meint nichts anderes als eine punktuell konzentrierte Polarität, denn „im Zentrum ist

---

1 Um sich vom kantkritischen Impuls der ersten Ausgabe der *Schöpferischen Indifferenz* abzusetzen, stellte Friedlaender der zweiten Ausgabe von 1926 ein revidierendes Vorwort voran.
2 Nietzsche: NF, Winter 1883-1884, 24[32] (KGA VII/1, 705)

nicht die Antipodie, nur die Distanz aufgehoben" (SI 478). Dem Zentrumsgedanken ist der Differenzgedanke immer schon eingeschrieben. Distanzlose Antipodie verweist ja geradezu auf eine ihr innewohnende Kraft der Polarisation. Erkenntnistheoretisch ist hier letztlich wieder die Leitdifferenz im Spiel. So zielt etwa die Individualität als „indifferente Selbstanstrengung" (SI 475) schon von ihrer polaristisch orientierten Begrifflichkeit aus auf das Zusammenspiel von Differenz und Indifferenz.

Friedlaenders Individualitätsbegriff, der ja eigentlich gar kein Begriff ist, sondern viel eher eine Metapher für das begrifflich nicht gänzlich erfaßbare individuale Subjekt, setzt „das Subjekt allein" als „das Beginnende" (SI 307), womit die Einzigartigkeit, die Individualität dieses Subjekts als Folge erscheint. Herausbildung und Ausdifferenzierung von Individualität im Prozeß der Evolution gründen sich Friedlaender zufolge aufs Subjekt, das selbst als Ergebnis seiner Bedingungen zu verstehen ist. Das selbstreferentiell geschlossene Subjekt bricht gleichsam zu neuen Wegen auf, wenn dessen Individuation einsetzt. So bringt Individualität gleichsam die Differenz ins individuale Subjekt.

Mit diesem, wie ich finde, ziemlich präzisen Befund Friedlaenders zum Verhältnis von Subjekt und Individualität, grenzt er sein Konzept auch von „bisherigen Subjektivismen" ab. Denen fehlt nämlich „die Präzision des Subjekts als der Welt-Indifferenz jeder Differenz; und auch der Mensch ist nur Differenz, nur Dividuum, nicht Subjekt, nicht Individualität." (SI 309)

Erst die Äußerung, die Differenzenbildung, mit der sich „alle Dividualität nach außen" (SI 312) entlädt, bringt das „echte Individuum" nicht nur zum Vorschein, sondern vor allem auch zur Wirkung. Novalis' unentschiedene Formel: „Das ächte Dividuum ist auch das ächte Individuum",[1] deren fehlende Unterscheidung in eine Aporie mündet, die nicht über ihren bloß tautologischen Aussagewert hinauskommt, ist ungültig. Behauptet sie doch eine Identität, deren innerer Widerspruch keinen Ansatz zur Entparadoxierung ermöglicht. Friedlaenders Entscheidung dagegen ist eindeutig: „Das

---

1 Novalis 1798, Nr. 952

menschliche Dividuum danke zugunsten seines Individuums ab." (SI 310) Erst unter dieser Perspektive, so könnte man, ganz im Sinne von Nietzsche und Friedlaender, weiterformulieren, „überlebt"[1] dann auch das Individuum.

Zwar schöpfte Nietzsche nicht gänzlich den Indifferenzgedanken in seinem Philosophieren aus, aber für dessen Differenzierung griff Friedlaender immer wieder darauf zurück. Hamacher, der Nietzsches Individualitätskonzept an die „Disgregation des Willens"[2] bindet, trifft mit seinem Verständnis der Nietzscheschen Individualität des Inkommensurablen genau den Punkt, den Friedlaender als Indifferenz polarer Observanz versteht. „Individuell ist das Inkommensurable, sofern es der Ort der Verbindung zwischen unverträglichen Größen ist." (ebd. 319) Vergangenheit und Zukunft, Liebe und Haß, Feuer und Wasser sind Beispiele dafür. Es sind polaristische Extreme, die ihren gemeinsamen Ort im Indifferenzpunkt haben. Individuum ist ja auch bei Friedlaender nicht bloß einpolar zu verstehen, ebenso wie bei Nietzsche. Da ist es „nicht nur Frühling und Herbst zugleich, es ist der Frühling des Herbstes" (ebd.), die Gegenwart der Zukunft. Im Begriff der Indifferenz, den Friedlaender zuweilen auch mit Individuum gleichbedeutend verwendet, kündigt sich jene Emanzipation des Individuums vom anthropomorphen Dividuum an, mit der jeder polaristische Subjektivismus zum „Abenteuer" wird. Voraussetzung dieser „Abenteuer" ist der Wille zur Indifferenz. Denn erst *„wenn das eigne Subjekt den menschlich indifferenten Entschluß zu sich selber faßt"*, wenn also der Wille als indifferenzierter auch „das eigne Subjekt" als „das schöpferische Prinzip selber" (SI 310) nimmt, kann sich die „magische Kraft des Ego" entfalten (SI 312). Diese wird nicht eher entbunden, als bis das Ego, alle Dividualität nach außen entladend, als echtes Individuum wirkt" (ebd.), „denn subjektive Freiheit von aller Differenz bedeutet

---

1 Vgl. Hamacher 1986, 318
2 Ebd. 323. „Disgregation heißt nicht bloß Desintegration, Auflösung einer ganzen, in sich geschlossenen Gestalt, sondern bezeichnet als Terminus der Nietzsche wohlbekannten zeitgenössischen Physik die Trennung der Moleküle eines Körpers durch gesteigerte Erwärmung ..."

automatisch die objektive Notwendigkeit ihrer differenzierten Äußerung." (SI 313)

Freiheit ist vor allem Freiheit von Differenz, wobei „subjektive Freiheit nichts als objektive Notwendigkeit (bedeutet)." (SI 511) Ebenso ist „die Freiheit vom Gesetz nur die Freiheit zum Gesetz" (ebd.). Anarchistische Idealität von Freiheit, sowie der anarchistische Begriff des Individuums werden vom polaritätsphilosophischen Begriff der Freiheit suspendiert. Die Utopie gänzlicher Herrschaftslosigkeit verkennt den Eigensinn der Macht. Sie verkennt vor allem, aufs Individuum bezogen, den Eigensinn der Macht über sich selbst, der sich im Willen zu Selbstbewußtsein und Selbstbestimmung äußert. Freiheit im polaristischen Sinne ist eben nicht nur die Abwesenheit von Zwang und Gesetz: „Freiheit ist das Parfüm der Notwendigkeit, das göttliche Cachet der Welt." (SI 518) Sie ist „die Kopula der polaren Weltgleichung" (SI 524), die sich zwischen Wirklichkeit und Notwendigkeit aufspannt und unter den Bedingungen eines freien Willens das Individuum als Movens dieser Wirklichkeit begreift.

Notwendigkeit, Gesetz und überhaupt jede Bedingung sind nur als „Geschöpf der Freiheit" (SI 554) zu verstehen. Aber, um sich „äußern zu können", um gleichsam als Schöpfer seiner eigenen Gesetze fungieren zu können, muß der „freie Wille" „sich polarisieren" (SI 538), muß er sich indifferenzieren. Auch wenn Freiheit sich erst als geäußerte überhaupt vorstellen läßt und sei es bloß in der gedanklichen Projektion, so ist sie selber doch „nichts objektives, sondern das Subjekt selber" (SI 543). Als „Bewirkerin" individualer Selbstverhältnisse, wie Friedlaender Freiheit charakterisiert, führt sie direkt auf die Selbstreferentialität von Individualität, die sie als innerlich determiniert (selbstreferentielle Geschlossenheit) und äußerlich als frei beschreibt (Offenheit). In dieser quasi außenperspektivischen Freiheit ist Individualität aber nicht für sich, sondern zielt, von „indifferenzierter Selbstanstrengung" ausgehend auf „alle Peripherie" (SI 475). Darin findet sich Friedlaenders gesamtes Kulturprogramm: „Das subjektive Zentrum der Dinge und ihre objektive Peripherie sind getrennt kultiviert worden; das geht aber nicht.

Kultur resultiert erst, wenn das persönliche Zentrum geflissentlich auf alle Peripherie influiert." (ebd.)

Erst diese „schöpferische Selbstentzweiung des Identischen" (SI 449), wie Friedlaender den Prozeß der individualen Äußerung nennt, dem das Allgemeine aufgrund der medialen Bedingungen der Äußerung immer schon Eingeschrieben ist, ermöglicht die Kultur „aller Peripherie", die schon in der geringsten Differenz auftaucht. Individualität zielt vor allem auf die Kultivierung des Äußeren, das Außen, der Umwelt.

Im Prozeß der Äußerung, der gleichsam als Prozeß der Vergegenständlichung von Individualität bezeichnet werden kann, zieht diese den physischen und intelligiblen Pol in sich zusammen. Erst in der Einheit dieser grundlegenden Polarität entwickelt sich die Eigentümlichkeit des Individuums, entwickelt sich die Individualität des Individuums.

Für die Beschreibung von Individualität ist aber nicht nur diese Polarität relevant, sondern der intelligible Pol ist darin selbst noch differentiell zu verstehen. Individualität fungiert nämlich einerseits als nichthintergehbare Voraussetzung jeder Äußerung und Objektivation und zum andern kann sie erst in der Unerfahrbarkeit dieser Äußerungsdifferenz überhaupt wirksam werden. Für sich, ohne die Einbindung in ihre Äußerung ist sie gänzlich wirkungslos.

Individualität als bloß intelligibles Konstrukt verstanden, das bloß in seiner Diskursivität real ist, dem nur im Rückgriff auf die begriffliche Beschreibungsrationalität nahe zu kommen ist, versagt sich konsequenterweise selbst jeder realistischen Abbildbarkeit. Was hier also als Individualität bezeichnet wird, nämlich die indifferente Konzentration des Individuums auf sich selbst, die es in der Äußerung zu realisieren gilt, läßt sich erst in der deskriptiven Praxis überhaupt verstehen. Dabei ist ein Überschreiten des bloß Begrifflichen allerdings wieder notwendig, um sich das Unvorstellbare vorzustellen, um sich auf irgendeine Weise ein Bild dieses Individuums zu machen, um sich einfach die Indifferenz, symbolisch etwa, zu vergegenwärtigen.

Nicht nur das Individuum selbst, sondern auch dessen Weg erscheint als paradox. Denn um sich in seiner Äußerung als Individualität gewahr zu werden, ist es bestrebt, aus der Gleichgültigkeit seiner Anfangsgründe spontan auszubrechen, sich daraufhin mit größter Impulsivität zu äußern und dann wieder die Äquilibration zu betreiben. „Schöpferische Indifferenz" wird damit als auf Offenheit gerichtete, in sich geschlossene, polaristisch formalisierte Figur ersichtlich. Das scheinbar oder auch tatsächlich Widersinnige, Paradoxe dieser Figur wird zum kreativen Impuls individueller Realitätsaneignung. Individualität geht dabei allemal das Risiko ein, das jeder Äußerung eigen zu sein scheint, im Prozeß ihrer Äußerung, der ja ursprünglich ihrer Selbst-Bestimmung dienen sollte, verloren zu gehen.

Sich äußernde Individualität ermöglicht den Einbruch von Differenzen in den Prozeß der Selbst-Bestimmung von Individualität. Im Modus ihrer Äußerung entsteht Reibung mit anderen Individualitäten, gegen die sie sich zu behaupten versucht und die ja ein ähnliches Ziel in ihrem Selbstverhältnis verfolgen. Und genau in diesem Streit der Äußerungen wird anderen Individualitäten, die die Differenz bedeuten, die Möglichkeit eröffnet, die scheinbar so sicher vom eigenen Identitätsprinzip kontrollierte eigene Individualität zu hintergehen, indem sie nämlich einen nicht mehr übersehbaren Einfluß auf die Konstitution eigener Individualität gewinnen. Damit unterminieren sie zugleich den Purismus eines Selbstbewußtseins, das sich frei von jeglicher Relation wähnte. Eine Krise der Individualität kommt in Sicht, die Friedlaender um 1918 als Charakteristikum der Moderne bezeichnete. Die war nämlich gerade nicht in der Lage, jenes äquilibrische Verhältnis zwischen Identität und Differenz zu bilden, das für eine stabile Individualität notwendig zu sein schien. Ursächlich für die Nicht-Bewältigung dieser Krise war sicherlich auch die einseitige Rückbindung von Individualität an Identität, dem Friedlaender ein Individualitätskonzept entgegensetzte, dem in jeder Hinsicht seine Leitdifferenz zugrunde lag. Zuwider läuft dem daher auch jene Konzeption, die quasi die Identitätshypothese als Fixpunkt von Individualität hervorhebt, ohne Differenz als immer schon vorgängig einzusehen.

Im polaritätsphilosophischen Diskurs von Individualität kommt dagegen notwendigerweise der Gedanke von der Hintergehbarkeit von Individualität ins Spiel, wenn überhaupt von Individualität die Rede ist. Persönliche Individualität differenziert sich ja nicht als abgeschottetes Konstrukt, sondern dadurch, daß sie nach außen tritt, daß sie kommuniziert, sich darin selbst zur Disposition zu stellen vermag, um im Läuterungsprozeß der Differenz eine um so klarere Identität behaupten zu können. Individualität, die keine Wirklichkeit riskiert, ist keine. Erst, wenn sie sich der Wirklichkeit aussetzt, findet sie um so intensiver auch wieder zu sich selbst. So jedenfalls ließe sich das Einüben einer differenzresistenten Individualität, die ohne Differenz gar nicht zu erreichen ist, beschreiben. Daß, aufs Ganze oder auch nur auf Teilprozesse bezogen, Individualität dabei als hintergehbar erscheint, liegt auf der Hand. Erst wenn das Programm „schöpferische Indifferenz" gleichsam funktioniert, kann Individualität ihr Schöpfertum im Sinne des Indifferentismus ausspielen. Letztlich bewahrt eine darin verwickelte Individualität immer ihre Identität, aber nicht um der Identität Willen, sondern um jederzeit für Erfahrungen und Differenzen, für Widerstreits und Widersprüche offen zu sein. Daß diese Ausdifferenzierung zur schöpferischen Indifferenz nicht automatisch gelingt, sondern als Entwicklungsprozeß von Individualität bezeichnet werden kann, verweist nur noch einmal darauf, daß es keine Garantie für das Gelingen dieses Prozesses gibt und das die Hintergehbarkeit von Individualität im Kommunikationsprozeß eigentlich der Regelfall ist. Friedlaender spricht in diesem Sinne auch von „defekter Individualität" (SI 476), die sich noch nicht selbst, qua „indifferenzierter Selbstanstrengung" (SI 475) zu helfen weiß. Der „Mangel an Individualität" (ebd.) wird für Friedlaender allseits offensichtlich. Er ist gleichsam ein Symptom für die Anfälligkeit der Individualität. Infiziöse Differenzen lauern allerorten, um die eigene Schöpferkraft zu blockieren. Erst die „Desinfektion von aller Differenz" (ebd.) ermöglicht jene persönliche Individualität, die der sich äußernden schöpferisch indifferenten Individualität zugrunde liegt.

Letztlich führt die Idee einer sich äußernden Individualität wieder auf die Einheit von Körper, Seele und Geist zurück, die zwar auch in der defekten Individualität nicht aufgegeben, aber darin gestört ist. Mißlingende oder defekte Individualität ist eine, deren subjektives

Empfinden Differenzen nicht zu balancieren vermag. Für die Beobachtung und Selbstbeobachtung mißlingender Individualität ergibt sich eine doppelte Sphäre des Erfassens. Zum einen empfindet das betroffene Individuum selbst sein eigenes Mißlingen im Äußerungsprozeß (oder auch nicht) und andererseits erfahren die Beobachter jenen Prozeß der Individualität, der nicht gelingt. Für Friedlaender gilt als einziges Kriterium zur Entscheidung darüber, wann von gelingender oder wann von mißlingender Individualität die Rede sein kann, die schöpferische Indifferenz. Was aber so eilfertig als Pathologie des Beobachteten erscheint, was also eilig als mißlingende Individualität diagnostiziert wird, entpuppt sich schnell auch als Pathologie des Beobachters selbst. Erst wenn der Beobachter selbst das Beobachtete schöpferisch zu indifferenzieren versteht, kehrt er seine eigene Pathologie nach außen, entledigt sich ihrer durch Indifferenzierung und ermöglicht sich so den schöpferischen Zugriff auf die Realität.

Mißlingende Individualität ist nicht aus dem Individuationsprozeß herausgefallen, sondern bezeichnet dessen Scheitern, entweder in einzelnen Phasen oder auf die gesamte Genese bezogen. Daher das ständige „bewähren" des Individuums an den Differenzen. Mißlingt diese „Kraftprobe des Individuums" (SI 495), so verspielt es sein Selbstbewußtsein.

Individualität, die sich als Form des Bewußtseins ausprägt, die sich als Summe bewußtseinsmäßiger Daten und Informationen ausbildet, ist zwar in „polaren Grad[en]" (SI 146) variabel, verliert aber nicht in dieser Variabilität ihre Identität. Auf die „lebendige Indifferenz" bezogen fungiert die Person als „aller Grade Grat" (SI 147). Wo diese schöpferisch indifferente Person noch nicht ausgebildet ist, wo also die Herausbildung von Individualität zur Person noch nicht gelungen ist, haben die „synthetischen Ichkräfte", von denen die Psychiatrie spricht und die für klares Denken, sowie für die subjektive Organisation von Umweltverhältnissen verantwortlich sind, ihre Aufgabe noch nicht abgeschlossen. Wo aber diese Kräfte vollends zusammenbrechen, wo unkontrollierte Ängste der Innenwelt nach außen treten und sich dem Individuum als Wirklichkeit wieder gegenüberstellen, wo also die Psychiatrie mit Bleuler von Schizophrenie und Spaltungsirresein spricht, da findet jenes Überspringen von Erfahrung und Logik statt, das nicht mehr von den „synthetischen Ichkräften" reguliert und geordnet werden kann, um etwa für andere Formen des Alltagsbewußtseins problemlos verstehbar zu sein, um für andere konfliktfrei erfahrbar zu sein. In dieser Extremsituation von Individualität ist nicht die Individualität als pathologische hintergehbar, sondern allein deren Möglichkeit, sich im Sinne der „Schöpferischen Indifferenz" vom Selbstbewußtsein her gegen die Komplexität mannigfaltiger Differenzverhältnisse zu behaupten. Wenn Friedlaender vom modernen Menschen als „noch nicht gelungene Äußerung" (SI 282) spricht, dann meint er den mit sich selbst im Zwist Liegenden, der sich der Verfänglichkeiten seiner Äußerungen nicht bewußt ist.

Hintergehbare Individualität, wie sie im Rekurs auf die Schizophrenieforschung deutlich wird, läßt sich als von den sie umgebenden Differenzverhältnissen hintergangene verstehen und beschreiben. Die polaristischen Verhältnisse sind gestört, und genau deren Behebung gilt Friedlaenders gesamtes Unternehmen.[1] In Mynonas Grotesken wird vorgeführt, wie, in literarischer Formalisation, die Idee der „Schöpferischen Indifferenz" die vielfältigsten Motive schizophrener Symptome zu kurieren versucht. Lachen ist dabei allemal eines der wichtigsten Mittel.

Derart verletzbare Individualität ist auf optimale Selbstsorge angewiesen. Die „Verpflichtung zu sich selber" (SI 495), deren Mißachtung Ohnmacht gegenüber der Wirklichkeit erzeugt, ist das höchste sittliche Prinzip der „Schöpferischen Indifferenz". Erst in der Selbstverpflichtung zu sich selber nämlich, so deren Devise, wird Freiheit möglich. Erst wenn Individuen die Notwendigkeit eigener Differenzierung erkannt haben, können sie auch die „eigne Identi-

---

1 Als signifikante Symptome der Schizophrenie gelten: „Denkstörungen (Zerfahrenheit, Zerfall des logischen Zusammenhangs, Verblödung), Wahnideen, krankhafte Bedeutungserlebnisse (Verfolgung-Größenwahn), Wahnstörungen (,Wortsalat', Verbigeration, phrasenhafte Redeweise u. a.), Sinnestäuschungen (Halluzinationen, Illusionen, z. B. Stimmenhören, abnorme Leibempfindungen), Bewegungsstörungen [...]." Zitiert nach Dorsch 1970, 369.

tät" (ebd.) gegen jede Differenz ins Spiel bringen: „Eigne Identität ist die göttliche Kraftprobe des Individuums. Lauter Unterschied ist das, woran es sich zu bewähren hat. Das Individuum bewährt sich an lauter Dividualität, Dionysos an seiner Zerstückelung, Gott an der Welt, Gesundheit an Krankheit, Leben an Tod." (ebd.) Individualität „bewährt" sich in und an der Differenz. Sie gilt als „indifferenzierte Selbstanstrengung", als „Nutzbarmachung" (SI 475) des Selbstbewußtseins, als „lebendige Sanduhr" (SI 476), welche niemals ausläuft, sondern auf dem archimedischen Punkt Identität ruhend, immer in Fluß gehalten werden kann. Individualität ohne Differenz, ohne Äußerung, ohne jegliches Objektivationsbestreben, ohne Motivation zur Selbstentzweiung versiegt in eigener Identität. So ist „Äußerung ein dem reinen Innern so notwendiges wie widerstrebendes Material." (SI 241) In diesem Gedanken steckt mehr Ironie, als es der Ernst der Theorie auszudrücken vermag, denn im Grunde kommt die Forderung nach „Selbstentzweiung" der Individualität einer fast kosmisch anmutenden Vernichtung von Individualität gleich. Individualität spottet gleichsam ihrer selbst. Deren Identität, so scheint es, ist ohne Selbstironie nicht zu haben. Ironie nämlich bringt, auf subtile Weise Identitätsprinzip und Differenzgedanken zusammen. Ohne Ironie jedenfalls ist Identität nur schwer oder kaum auszuhalten. Mynona hat diesen Zusammenhang von Ironie und Leitdifferenz, von Ironie und Kritik, sowie von Ironie und Vernunft als epistemologischen Aspekt seines Grotesken und Phantastischen eingesetzt. *Die Bank der Spötter,* so der Titel eines Alfred Kubin gewidmeten, mit „Kreuz- und Querschnitten" versehenen „Unromans" von Mynona, wendet Ironie nicht bloß gegen andere, sondern Mynona selber sitzt als erster auf dieser Bank. Selbstironisch fordert er die Integrität seiner bloß literarischen Identität heraus, um dann um so plausibler anderes zu verspotten. Lesegewohnheiten (vgl. die Groteske *Gar nichts*) und bürgerliche Verhaltensmuster (vgl. die Rahmenhandlung des „Unromans") werden in ihrer eigenen Komik und Antiquiertheit hervorgehoben, ironisiert und kritisiert.

Für die Entwicklung von Individualität, so Friedlaenders Konzeption, sind Ironie und Bewußtsein, vor allem Selbstironie und Selbstbewußtsein unumgänglich. Auf personale Individualität bezogen hieße das: wer nicht ironisch sein kann, wer Ironie als rhetorisches Mittel zur Selbstbehauptung nicht versteht, der leidet an der Einförmigkeit seiner Identität und wer deswegen Schaden nimmt, so könnte man sprichwörtlich weiterformulieren, der braucht für den Spott der Differenz nicht zu sorgen. Wer also glaubt, lebenspraktisch auf Ironie verzichten zu können, oder wer die Mühe scheut, Ironie zu begreifen, der nimmt sich selbst ein Differenzierungsmoment eigener Identitätsbildung, eigener Individualität. Essenz dieses Gedankens: personale, individuale Identität kann nur in Differenzen wirksam werden und nur in ihnen zum Vorschein kommen. Individualität als Ausdruck reiner Signifikate, als theoretisches Konstrukt reiner Sphären hat im Kontext ihrer Äußerung eine logische Funktion, die nur als relationale Form fungiert, erkennbar und beschreibbar ist. So scheint auch zwischen der Identität des Individuums und der Differentialität seiner Individualität als Äußerung ein infinites Paradoxienverhältnis vorzuherrschen, in dem sich der Unendlichkeitsgedanke des individualen Selbst aktualisiert: „je restloser die Differenz aus dem Innern explodiert wird" – schon die passivische Form eines aktivischen intransitiven Verbs klingt paradox –, „desto unmerklicher wird der Tod, desto ausbalancierter der Stoffwechsel des Fleisches, ein desto reinerer Spiegel der inwendigen Unsterblichkeit die Welt" (SI 490), heißt es in einem Aphorismus der *Schöpferischen Indifferenz*. Erst in dieser inwendigen „Explosion" der Differenz konstituiert sich das individuale Selbst als schöpferisches. Aber das „logische Urphänomen ist die Differenz überhaupt" (SI 353), ohne die nichts erscheinen kann. Bis in die „Selbsteigenheit" hinein als „Voraussetzung alles Andern" (SI 345) ist sie wirksam.

Schlägt nun dieses „inwendige Experiment der Individualität" (SI 476) fehl, wird gleichsam nicht alle Differenz aus dem Innern explodiert, bleibt also die angestrebte „indifferenzierte Person" aus, dann herrscht jener „Mangel an Individualität" (SI 477) vor, den die „Schöpferische Indifferenz" zu beheben versucht. Aber dieser Versuch kommt einer Übersetzung des Unübersetzbaren gleich. Er hält nämlich dem Individuum mit der Idee der schöpferischen Indifferenz jenen Spiegel vor, den das Individuum in seiner Äußerung, in seiner Objektivation selbst erzeugt. Darin ist es der „differenzierte, der objektivierte Reflex des Subjektes." (SI 345) Was als Übersetzung erscheint, nämlich die objektivierte Idee der schöpferischen Indifferenz, ist nichts weiter als eine Setzung dieser selbst aus eigner Identität.

Das Individuum fungiert gleichsam als „differenzierender Spiegel des schöpferisch indifferenten Subjektes", das „so wenig hinter sich hat wie der Spiegel als Spiegel." (ebd.) Welt und Weltsicht des Individuums hängen also in großem Maße von den ausbalancierten Reflexionsverhältnissen ab, und von dem, wie sich in ihnen Individualität in ihrem Selbstverhältnis konstituiert, wobei aber

„die Welt nicht so [ist], daß wir uns mit ihr identifizieren könnten. Aber jede Aktion in ihr, auch und gerade die zum Ritual erstarrte prätendierte Identifikation. Also muß, wer sagt: jawohl, ich identifiziere mich, den Erfolg darstellen: die mißlingende Identifikation. Eulenspiegel, nicht Sokrates, ist der Maieutiker der Schaumwelt",

schreibt Klaus Heinrich (1964, 85) und trifft mit seiner Analyse „mißlingender Identifikation" sehr genau jenen Sachverhalt, der sich im Rahmen der „Schöpferischen Indifferenz" dann ergibt, wenn sich die schöpferisch indifferente Individualität mit ihrer Äußerung identifiziert. Letztlich verbirgt sich in diesem Sinne in jeder Äußerung die Hintergehbarkeit von Individualität.

Wo die Welt also nicht gleich „Komplize unserer Erkenntnis" ist (Foucault 1977, 36), wo sie erst in der Aneignung von Realität entsteht, da kann Individualität auch nur dann gelingen, wenn diese Aneignung nicht unter dem ausschließlichen Diktat der Identifikation mit dieser Welt geschieht. Einzig die Identifikation mit sich selbst, die alle Differenz- und Projektionsverhältnisse nach außen kehrt, ermöglicht nach Friedlaender jene Individualität, die die „Schöpferische Indifferenz" anstrebt. Womit sich dagegen alle Welt identifiziert, so ließe sich sagen, ist eben jener Sog nach außen, nach Differenz, der die „defekte Individualität" erst recht inauguriert. Wer sich mit der Differenz identifiziert, bringt sich um die Möglichkeit, jene zu kompensieren. Er überläßt sich deren Einfluß, wo Indifferenzierung weiterführen könnte. Kompensation, das Ausgleichen und Verrechnen von Differenzbeträgen, die eine an Indifferenz orientierte Ökonomie der Individualität immer wieder zu äquilibrischen Korrekturmaßnahmen zwingt, bildet ein Ausgleichsprinzip individualer Selbstverhältnisse. Eine Individualität auf der schiefen Ebene, „defekte Individualität", die keine oder kaum noch Kompensationsleistungen erbringt, „so daß der Mensch einem Tier gleichen kann, das auf einem Wagebalken entlang kriecht, ohne zu wissen, daß es ein Wagebalken ist" (SI 476), hat noch kein Bewußtsein von der Ökonomie der Indifferenz entwickelt. Aber das Individuum ist zur „Ökonomie gezwungen, wenn es sich objektivieren will" (SI 452), ist es doch „nichts als dieser Wille" zur Äußerung, zur Objektivation, zur Materialisation. Es ist der Wille zur Differenz, auf den Friedlaender insistiert. Als dieser Wille ist das Individuum polares Zentrum aller Differenzen. Darin weiß es sich mit keinem andern identisch, obgleich es sich erst im Bezug zu anderen als identisch erfährt. Zugleich verliert das Individuum im Bezogensein zu anderen jene verdächtige Aura des Einzigartigen, Eigenwilligen und Originellen, die metaphysische Projektionen da erzeugt, wo der Profanität der eigenen Gattung ein Schnippchen geschlagen werden soll, wo also das Individuum aus der Summe seiner Gattung auszubrechen versucht und letztlich sich doch des Scheiterns darin gewahr wird.

Friedlaenders Individualitätskonzept entspringt, sozial- und geistesgeschichtlich betrachtet, einer Krise der Individualität, wie sie vor allem mit den Ereignissen des Ersten Weltkriegs verbunden ist. Was nämlich um 1918 moderne Individualität genannt werden konnte, steht paradigmatisch zugleich auch für deren Hintergehbarkeit. Mit seinem Konzept der „Schöpferischen Indifferenz" schuf er jene Bedingungen der Möglichkeit einer nicht mehr von Differenzen beherrschten Individualität, die konstruktiv dem Dilemma moderner Individualität entgegentrat.

Carl Einstein, Friedlaenders Zeitgenosse und ebenfalls radikaler Kritiker der Moderne, konzentrierte sich, anders als Friedlaender, noch intensiver, noch mehr aus einer intellektuellen Insider-Perspektive heraus auf die Destruktion moderner Individualität. Beispielhaft war sie ihm in der Erscheinung des Intellektuellen manifestiert. Dem Intellektuellen, der Einstein selber war, galten seine „Invektiven" (Sello 1973, 352). Ihn stilisierte er fast schon zu gattungsähnlichen Wesen. In den Motiven ähnlich wie Friedlaender, sprach Einstein, den modernen Intellektuellen und seine Individualität charakterisierend, von „ästhetischen Revolutionären", von „Komödianten der Revolution" und von „verfehlten Halbkokotten, die auf keinen geraden Strich gehen konnten" (ebd. 352). Der Intellektuelle als sich selbst hintergehende Individualität wird Einstein zum Protagonisten des individualen Scheiterns in und an der Wirklichkeit. Dabei richtet sich Einsteins Aversion vor allem gegen dessen kontemplatives Philosophieren und Kunsterfassen, sowie gegen romantische Implikate der Moderne überhaupt, die nichts weiter als inszenierte Scheinwelten hervorbringen. Dies entziffert Einstein als „Fabrikation der Fiktionen", was durchaus mit Friedlaenders Kritik der Moderne vereinbar ist. Beide kritisieren die Moderne aus ihrer Konzeption von Individualität heraus, sofern diese überhaupt als konzeptioniert beschrieben werden kann. Der Hauptvorwurf richtete sich nicht gegen die so oft und gern gescholtene Dekadenz der Moderne, sondern gegen eine nebulöse Kultivierung moderner Individualität im Geiste ihres eigenen Scheiterns, worin die Dekadenz allenfalls ein Element, ein Symptom dieses Scheiterns darstellt.

Moderne Individualität, aber auch die Individualität der Moderne verlor sich um 1918 zunehmend in der nicht mehr von ihr überschaubaren Realität. Komplexe Zusammenhänge fanden keine Ordnung, die Individuen beherrschen konnten. Überschaubare Sinnsegmente fehlten, von denen aus Individualitäten Perspektiven entwickeln konnten. So kultivierte die Moderne das Leiden, das sie selbst hervorbrachte, bis in den Zerfall einer zuvor noch wilhelminisch stabilisierten Persönlichkeit. Selbststilisierung überdeckte den morbiden Charakter moderner Individualität: „Die allzu heftige Differenzierung der Person bewirkt ihren Verfall", erklärt Einstein und begründet dies so:

„(da man die Zielsetzung des Ichs nicht mehr erreicht und somit kontemplativ verfällt. Die kontemplative Minderung wird in

der Lehre von der Kunst als Selbstzweck offenbar, im Glauben, daß formale Vollendung allein die Geltung geistiger Produkte erweise; Solche Stimmung weist implicite, daß die überdifferenzierten Individuen immer schwerer den Übergang von der Reflexion in das Tun fanden.) Bald suchte (wünschte) man die feine Stufung der Person, die lähmende Kraftzerstreuung verursacht, abzuwehren und beschwor die vereinfachenden Archaismen. Die Ausbildung der Sonderindividuen forderte stärkste Differenzierung. Doch diese löste das Individuum auf; um den Ausgleich zu finden, primitivierte man nun leidenschaftlich. Aktuelle und verbindende Elemente dringen jetzt kaum noch in die isolierten, archaisch betonten Erlebniszonen und werden von privaten und gleichzeitig überalterten Spaltungsfantasmen verdrängt. (Die Individuen werden die Dupierten ihrer Fiktionen.)
Man war Individualist um jeden Preis. Bald versuchte Einjeder, die ihm eigene Welt zu bilden. [...]
Tatsächlich enthält die Überwertung des Imaginativen noch Reste des alten, christlichen Dualismus. Die Modernen verharrten in der Illusion, daß selbständige, seelische Prozesse bestünden, (so wie man früher unbedingte intellektuelle Prozesse angenommen hatte.)" (Einstein 1973, 146)

Für Einstein waren die Modernen an „geschichtlicher Belastung erkrankt". Sie hatten die „Gegenwart verloren" und waren viel eher „Romantiker", die „unfähig" waren, „spontane Individualitäten zu bilden" (ebd. 147). Aber gerade dies, nämlich aus dem Druck der Differenzen heraus, spontan eigene Individualität zu bilden, erschien auch Friedlaender als entscheidendes „Heilmittel" moderner Individualität. „Echte Spontaneität" ist im Sinne der „Schöpferischen Indifferenz" das Signum von Individualität. Sie kommt „nur beim Individuum, nie beim Einzelnen" vor (SI 108).

Einsteins Kritik der modernen Individualität richtet sich letztlich gegen das, was Friedlaender Dividualität nennt. Während dieser sich nun, im philosophischen Diskurs, eher mit den erkenntnistheoretischen Grundlagen dieser Moderne beschäftigt, beschreibt Einstein vor allem die vielfältigsten Fluchtbewegungen von Moderne und Modernen, die er als Flucht in die regressive Welt der Archaismen, sowie in die Welt der Fiktionen, Phantasien und Imaginationen erkennt. Es ist eine Flucht vor der kollektiv verfaßten Wirklichkeit. „Schulze riß vor der eigenen Individualität aus. Er vergaß Differenzierung und flüchtete ..." (Einstein 1973, 49)

Einsteins Kritik ist eine radikale Selbstbeschreibung der Moderne. Deren kompromißlose Einschätzungen und scharfsinnigen Charakterisierungen der vielschichtigen Auflösungs- und Zersetzungserscheinungen moderner Individualität kritisieren eine gesamte Epoche, die sich an ihren eigenen Fiktionen zu berauschen schien. Individualität konnte darin selbst auch bloß als Fiktion erscheinen.

Im Unterschied zu Friedlaender, der an die imaginative oder eher autosuggestive Kraft des selbstinaugurierten Individuums appellierte und der mit seiner Kritik der Moderne eine Lösungsstrategie individualer Selbstbestimmung verband, gibt es bei Einstein keine systematisch formulierte Antwort auf die Aporien und Dilemmata der Moderne. Seine kompromißlose Ablehnung einer romantizistischen Moderne würde selbst noch Friedlaenders Individualitätskonzept als Relikt dieser an sich selbst zugrunde gehenden Moderne beschreiben. Friedlaenders Metaphysik wäre für Einstein unhaltbar, unakzeptabel (vgl. ebd. 225).

Vielleicht auch aus diesem antimetaphysischen Impuls heraus möchte man eher der Einsteinschen Destruktion der Moderne zustimmen, als der Friedlaenderschen Antwort auf die Frage, die die vor sich selber fliehende Moderne stellt. Daß diese Antwort schließlich selbst mit der Moderne verwurzelt ist, wird an späterer Stelle dieser Arbeit zu diskutieren sein. Aber Einsteins Kritik scheint notwendigerweise in sich selber stecken zu bleiben. Ihrer Analyse folgt keine Synthese, ihrer Diagnose kein Therapievorschlag, was zwar auch nicht die Aufgabe des Kritikers ist, was aber Friedlaender als Kritiker der Moderne sich selbst als Hauptaufgabe stellte. Seine schöpferisch indifferente Kur sollte ja vor allem für die Gegenwart gelten, die sich, wo sie kontemplativ war, in Kunst und Literatur verkroch.

Weil Individualität um 1900 aber nicht mehr über Poetik und „unendlich viele Gedichte",[1] wie in der Romantik noch üblich, definiert und therapiert werden konnte – ihre Entdeckung als polaristisches Element einer psychophysisch verfaßten Wirklichkeit untergrub die Macht der Fiktion, die noch in den Gedichten beschworen wurde – entstand gerade aus dieser Unmöglichkeit ein ungeheurer Sog, so daß „seit 1910 [...] die Elite immer eiliger in die Fiktion" „flüchtete".[2] Darin zeichnete sich die Romantisierung der Moderne ab,[3] die Friedlaender und Einstein so vehement angingen. Überhaupt erschien beiden die Reflektions- und Projektionsmetaphorik der Moderne noch zu sehr im Romantischen verharrt. So

---

1 Vgl. Borsche 1976, 315
2 Einstein 1973, 45
3 Daß die Romantik, oder genauer, daß romantische Reflexion und Beschreibung zu Individuum und Individualität im polaristischen Diskurs nicht gänzlich zu verwerfen sind, sondern als Teilstrecke darin Differenzierungsarbeit leisteten, belegt ein Fragment des romantischen Naturwissenschaftlers Johann Wilhelm Ritter (1776-1810), in dem der Begriff Individuum jenes Spannungsfeld von Differenz und Indifferenz umfaßt, wie es, allerdings unter anderen epistemologischen Voraussetzungen bei Friedlaender vorkommt. Um einen Eindruck davon zu geben, sei dieses Fragment zitiert: „Nur das Individuum sieht, die Gattung nicht, denn diese ist eins mit dem Licht. Das Individuum sieht mit seiner Differenz vom Licht. Mit der Indifferenzierung aber steht die Gattung dem Licht gleich und sieht es nicht mehr, sondern fühlt es. Alle Sinne scheinen bloß fürs Individuum berechnet zu sein, sie sind Organe seiner Indifferenzierung mit dem Gegensatz. Aber das eigentliche Organ der Liebe bleibt das Auge. Wenn zwei Augen ineinander verschwinden, ist Liebe da. – Hierher auch alle Kunstanschauung, das Mehr-Sehen, als man sieht. Alles Konstruktion der Liebe, der Schönheit. Das Licht ist die reinste Liebe. Darum sucht die liebe die Nacht. Alle Liebe ist durchsichtig wie das Licht selbst. Daher alle Indifferenzen durchsichtig. Das Durchsichtige ist das schönste Bild der Liebe: der Diamant; so wie das Gold das schönste Bild der Geliebten – durch seine Farbe. Von dem Allerindifferentesten würde das Licht gar nicht in Farben auseinandergehen, so wie es an sich selbst nicht in dergleichen auseinandergeht." Ritter 1946, 43 f.

identifizierten die „Intellektuellen von 1910 das Poetische mit dem schlechthin ‚Erfundenen'"[1] und unterlagen damit jenen selbstimaginierten Projektionen, die sie dann als Moderne ausgaben. Von daher gründete sich auch der Romantikvorwurf gegen die Moderne, der eher noch einer gegen die Modernen war, auf jene kontemplativen Versenkungsstrategien des Individuums, die letztlich auch zu dessen Selbst-Vernichtung im Rausch der künstlichen Paradiese führte, die Friedlaender literarisch bei Baudelaire und de Quincey[2] kennen gelernt hatte. Um 1910, jenseits der psychophysisch entzauberten Welt proklamierten die Expressionisten nicht mehr das Schöne „im klassischen Sinne",[3] sondern richteten sich in einer Ästhetik des Häßlichen ein, die „das Gift tragischer Visionen" (ebd. 12) zu kultivieren schien, so daß, von Einstein aus betrachtet, auch tatsächlich „kein wirklicher Kampf gegen die Wirklichkeit"[4] geführt wurde.

Einsteins Kritik war letztlich so radikal angelegt, daß ihm selbst therapeutische oder alternative Antworten darauf ausblieben. Seiner Destruktion folgte keine Konstruktion. Aber gerade auf eine konstruktivie Überwindung der Moderne hatte es Friedlaender abgesehen. Den Dissoziationserscheinungen moderner Individualität stellte er sein Konzept von Polarität entgegen. In seiner polaristischen Metaphysik verfällt er daher auch der Einsteinschen Kritik jener „imaginativen Moderne",[5] die mit ausgeklügelsten Selbstdisziplinierungsstrategien im Fahrwasser bürgerlicher Ideologien gegen ihr eigenes Ende ankämpft. Gänzlich mißverstanden wäre Friedlaender allerdings, würde man seine Transformation der Polaritätsphilosophie problemlos als Fortschreibung dieser Moderne interpretieren. Ebenso falsch wäre es, sein Philosophieren in die Werteethik bürgerlicher Kultur einschreiben zu wollen. Galt ihr doch vor allem der Spott Mynonas. Friedlaenders Utopie eines sozialen Rechtsstaats, die insbesondere in der didaktischen und ethischen Aufbereitung

---

1 Einstein 1973, 69
2 Vgl. Autobiographie, 30
3 Otten 1962, 13
4 Vgl. Ramm 1981
5 Einstein 1973, 280

seiner Ideen eine Rolle spielt,[1] beruhte vor allem auf dem hohen Stellenwert des Sittlichen, der Vernunft, der von keinerlei Machtinteressen geschmälert werden sollte. Auf die Verwirklichung seiner Utopie Rechtsstaat hatte Friedlaender immer wieder gedrängt. Ihm galt letztlich sein ganzer Vernunftglaube und die feste Überzeugung, daß allein „die ‚Staat' genannte Gemeinschaft der einzelnen Menschen" (ebd.) Recht und Sittlichkeit gewährleisten kann. Darin war Friedlaender kein Staatsphilosoph, dem es um einen parteiideologisch organisierten Staat ging. Vielmehr setzte er, was die real-politische Geschichte seiner Zeit anbetraf, gegen den Interessenstaat, der sich allzuoft auf Staatsraison berufend, als Staat schlechthin ausgab, die Notwendigkeit einer staatlich sich behauptenden praktischen Vernunft: eine Utopie, in der Staatsmacht und Vernunft eins sind (GS 13, 352 f.). Darin sollte sich das polare Spannungsverhältnis von Staat und Individuum, von Allgemein- und Einzelinteressen am polaristisch orientierten kategorischen Imperativ entspannen. Insofern spielte auch kollektive Subjektivität, ähnlich wie in Einsteins Kritik der Moderne, eine wichtige Rolle. Auch in der durch „Überdifferenzierung"[2] erzeugten Überkomplexität, die zur Desorientierung moderner Individualität führte, stimmen Friedlaender und Einstein überein, wobei Friedlaender klar die Identität von Individualität behauptet. Denn im Zentrum individualer Subjektivität ist ja „nicht die Antipodie", also die polare Verfassung, sondern „nur ihre Distanz aufgehoben." (SI 478) Selbst in dem so monadenhaft anmutenden Gedanken vom Zentrum, vom „Kern" (SI 479), um den sich die „Schale" „Natur" bildet, bleibt die Gültigkeit der Leitdifferenz gewahrt.

Daß sich aus sich selbst heraus dezentralisierende, äußernde Zentrum, das der sich äußernden Individualität entspricht, ähnelt in gewisser Hinsicht jenen Beschreibungsperspektiven in der Nachfolge Foucaults, die von einem „nichtzentrischen Zentrum der Geschichte"[3] ausgehen. Was hier als Nivellierung von Zentren erscheint, bedeutet keine, im pejorativen Sinne verstandene, „mora-

---

1 Vgl. Kant für Kinder (GS 15, 71 f.)
2 Vgl. Einstein 1973, 143 u. 301
3 Vgl. Müller 1985, 30

lische oder erkenntnistheoretische Gleichgültigkeit (Indifferenz)",[1] sondern meint viel eher eine Gültigkeit, die für alle Zentren, die für jedes Individuum in gleicher Weise Geltung hat und wo die Hierarchie der Zentren aufgehoben ist.

Auch in einem anderen, gleichwohl mit diesem erkenntnistheoretischen Sachverhalt eng verbundenen Zusammenhang, läßt sich eine Parallele zu Foucault mit Friedlaender aufzeigen. In Foucaults Diskurs um „Freiheit und Selbstsorge"[2] nämlich wird eine Ethik des individualen Subjekts entworfen, die in ihrer polaristischen Verfassung durchaus mit der Friedlaenderschen vereinbar zu sein scheint. Foucaults letzte Vorlesung zur „Hermeneutik des Subjekts", 1984 gehalten, greift mit ihrer Aktualisierung sokratischen Denkens jene Problemkonstellationen von Individuum und Gesellschaft auf, die auch Friedlaenders polaritätsphilosophischer Diskurs behandelt.

Auch aus dieser Perspektive erscheint es möglich, eine epistemologische Klammer anzubringen, die den Protest gegen die Moderne von 1918 (Friedlaender, Einstein, u. a.) mit dem von 1968 verbindet. In ihr verständigen sich Teile der Großvätergeneration (Erster Weltkrieg) mit Teilen der Enkelgeneration (68er Bewegung) viel eher miteinander, als etwa die Söhne (68er Bewegung) mit den Vätern (Zweiter Weltkrieg), was sich vor allem im literarisch-künstlerischen Bereich beobachten ließe. Nicht umsonst leistete ja gerade die 68er Generation eine ungemein wichtige Entdeckungs- und Wieder-Holungsarbeit, die Literatur, Kunst und Philosophie der frühen Moderne betreffend, worunter ja auch die Entdeckung von Friedlaender und Einstein fällt.

Für Einstein hatte seit dem Ersten Weltkrieg alle Romantik jeden Orientierungssinn und -wert fürs Reale verloren und doch fand er Romantizismen selbst noch bei den „Rationalisten" der Moderne. Die betrachteten nämlich „Gedichte als angenehme Fiktionen",[3] als ästhetische Fiktionen, nach denen Gedichte „als Ausdruck einer direkten Wirklichkeit" (ebd. 64 f.) zu verstehen sind. Eine Haltung bildete sich, die imaginative Welten mit dem Leben selber zu ver-

---

1 Frank 1983, 147
2 Vgl. Foucault 1985, 9 ff.
3 Einstein 1973, 64

wechseln begann. So sollten sich Individuen nicht nur an Gedichten orientieren, sondern sich auch mit ihrem „ästhetischen Gehalt" identifizieren. „Man war von der Utopie eines unmittelbaren, privaten Menschen besessen" (ebd. 65), lautet Einsteins Resümee jener desorientierten Moderne.

Friedlaender, dem Einsteins Kritik, wenn auch nicht in der hier präsentierten Form, die sich ja vor allem auf später veröffentlichte Texte stützt,[1] bekannt war, monierte um 1916 in einem kurzen Artikel Einsteins Parteinahme für das „Gesetzmäßige der Kunst gegen den ‚zerfließenden Individualismus'".[2] Dabei hielt Friedlaender die Tendenz der Einsteinschen Kritik der Moderne für richtig, kam sie doch in Einzelaspekten seinem Polarismus entgegen: Etwa, wenn Einstein „dem Romandichter diesen wunderbar zutreffenden Rat [gibt]: ‚Seien Sie in der Nähe Gottes, d. h. ursprünglich von Ihrem Innern aus'" (ebd.), dann findet das Friedlaenders ungeteilte Zustimmung. Vermissen dagegen tat Friedlaender, wie zu erwarten war, eine konsequente Anwendung polaristischen Denkens auf das, was Einstein in seiner Kritik zu fordern schien, nämlich die Abkehr von einer sich in romantischer Regression verlierenden Moderne zugunsten einer radikalen, desillusionierten Wirklichkeitssicht. Einsteins Kritik war keinem alles durchleuchtenden Prinzip verpflichtet, wie es bei Friedlaender die *Schöpferische Indifferenz* forderte. Jede systematische Organisation seiner Kritik – „die Philosophen verspürten ein manisches Bedürfnis nach Ordnung"[3] – hätte deren Bissigkeit, Schärfe und apodiktische Prägnanz nur gestört.

Friedlaender dagegen wollte ganz bewußt dem Individuum der Moderne eine Möglichkeit zur Selbstorganisation aufdecken, die in ihm selbst steckte. In einer relativ frühen Studie von 1913, die *Das Individuum und die soziale Frage* heißt,[4] erläutert er skizzenhaft sein Individualitätskonzept, wobei jene Differenz von Identität und Dif-

---

1 Die um 1930 entstandenen Texte zur „Fabrikation der Fiktionen" wurden erst 1973 veröffentlicht.
2 Friedlaender: *Carl Einstein: „Anmerkungen"* (1916; GS 2, 494)
3 Einstein 1973, 225
4 GS 2, 385-389

ferenz zum Vorschein kommt, die in der *Schöpferischen Indifferenz* optimal geklärt werden sollte.

In einer *Ergänzung* zu diesem „Aufsatz", der Individuum und soziale Frage aufeinander zuführt, proklamiert er die selbstbewußte Individualität, ohne die keine Lösung der sozialen Frage möglich ist. Das Individuum selbst ist dabei das allerallgemeinste von der Welt, denn „jeder hat es inne – aber wie totes Kapital" (GS 2, 390).

„So soll das menschliche Dividuum zugunsten seines Individuums abdanken. Und die Leute, denen Indifferentismus soviel ist wie Quietismus oder gar Fakirismus, mögen gütigst endlich aufmerken, daß eine *subjektive lebendig-persönliche* Indifferenz *keine maschinelle,* objektive, paralytische sein kann. Die göttliche Gleichgültigkeit ist wirklich kein Esel zwischen Heubündeln. An die Stelle des menschlichen trete das unmenschliche, indifferente Subjekt als lebendig neutrale Ermöglichung allen reinen, restlosen Differenzierens.
Sehe also jeder bei seiner eigensten Zerrissenheit zu! Wer diese klaffende Wunde bei *sich* vernarben läßt, stillt den Blutsturz der Welt. Man lasse sich von der Grandiosität der differenzierten sozialen Anstalten nicht verdutzen? Das Imponierendste von allem ist etwas unendlich Grandioseres, ob auch ganz und gar Unscheinbareres: die *persönliche Balance des Ganzen,* der lebendige Spielpunkt, den es *nur* im Individuum, in der total indifferenzierten Person findet. Solche ist Atlas der Welten. Ohne sie ist die Welt nur Karikatur dessen, was sie sein könnte, *wenn jeder in sich auf alle Differenz verzichtet, nur nicht auf die indifferente Person,* welche dann zum Gott ihrer Welt werden *muß.* Ihr Zweifler! Man kann Zweifel nur dadurch los werden, daß man sie persönlich konterbalanciert: *Zweifeln heißt wackeln,* Zweifellosigkeit ist *bloß Gleichgewicht.*"[1]

In dieser persönlichen Konterbalance beschreibt Friedlaender die Entwicklungsgeschichte des Individuums. Individuum und Individualität sind darin eng mit Kreativität und schöpferischer Indifferenz verbunden. Prozeß und Individualität gehören zusammen,

---

1 Friedlaender: *Das Individuum und die soziale Frage* (GS 2, 388 f.)

denn der Prozeß ist die „Phase, in der die schöpferische Idee in Richtung auf die Abgrenzung und Erreichung einer bestimmten Individualität wirkt. Der Prozeß ist die Entwicklung und Erreichung eines abschließenden Ziels",[1] das bei Friedlaender Individuum, Individualität, persönliche, indifferente Subjektivität heißt.

Auch wenn Friedlaender seinen Blick zunächst aufs Individuum konzentriert, so geht die Sicht aufs Ganze der Gesellschaft nicht verloren. Ohne Gesellschaft wäre Individualität gar nicht beschreibbar. Nur geht Friedlaenders Polarismus eben davon aus, daß gesellschaftliche Veränderung vom Individuum und seinen gesellschaftlichen, gleichsam relationalen, Verflechtungen aus zu erfolgen hat. Im Individuum muß jene Anlage erkannt und motiviert sein, die gesellschaftliche Prozesse zu überblicken, zu beschreiben und in Gang zu bringen vermag, wobei das Individuum durchaus erst in Gruppen, in gesellschaftlichen Formationen seine Wirksamkeit erlangen mag. Für Siegfried Kracauer, der sich um 1920 intensiv mit sozialen Bewegungen und Gruppenprozessen beschäftigte, war

> „die Gruppe" „der Mittler zwischen den Individuen und der die soziale Welt erfüllenden Idee. Wann immer eine Idee aus dem Dunkel hervorbricht und Formulierung erfährt, da erzeugt sie den Menschen, auf die sie trifft, eine gleichmäßige Seelenlagerung, und ihre Realisierung beginnt, wenn diese Menschen sich zur Gruppe vereinen, um ihr die Realität zu erkämpfen."[2]

Was also für die Individuen sozialer Systeme, hier Gruppen, gilt, nämlich daß sie erst in der „Interaktion [...] konstituiert",[3] gilt ja letztlich auch für die relationale Konzeptionierung polaristisch verfaßter Individualität. Insofern bilden auch bei Friedlaender Individuum und Gesellschaft eine Einheit, die mit der Leitdifferenz von Identität/Indifferenz (Individuum) und Differenz (Gesellschaft) beschreibbar ist.

---

1 Whitehead 1982, 282
2 Kracauer: *Die Gruppe als Ideenträger,* Archiv f. Sozialwissenschaft u. Sozialpolitik 49 (1922), zitiert nach Kracauer 1977, 129
3 Luhmann 1984a, 551

Relationalität und Prozessualität, die im Konstitutionsprozeß von Individualität unhintergehbare Funktion haben, verweisen auf das Machen, das Herstellen, Erschaffen von Individualität. Es sind Kreativitäts- und Übergangsmetaphern, die von den Veränderungen der Formen und Ordnungen handeln, um neue Formen und Ordnungen herstellen zu können. Der Aspekt des Neuen, der hier anklingt, ist allemal einer der Individualität selbst, die vom „Prinzip aller Aktion" (SI 510), der schöpferischen Indifferenz, der Kreativität, ausgeht. Zugleich ist das Individuum selbst Schöpfer des Neuen, ein „Neuschaffendes".

Wo, wie hier, Individuum und Neues, Individualität und Neuschaffendes aufeinandertreffen, und wo die Positivität der schöpferischen Indifferenz eindeutig im Vordergrund steht, erscheint die untrennbar damit verbundene Hintergehbarkeit von Individualität als negative Kategorie im Individuationsprozeß.

Bezeichnet die Unhintergehbarkeit vielleicht so etwas wie die metaphysische Positivität von Individualität, so steht ihr im materialistischen Sinne deren Hintergehbarkeit gegenüber. Offensichtlich wird diese, nämlich die Hintergehbarkeit von Individualität da, wo Individuen sich mit ihren Projektionen identifizieren. Bis in die eigene Identität hinein ist die Hintergehbarkeit von Individualität virulent. Wer sich etwa mit seiner Äußerung identifiziert, was ja als Grundstrategie moderner Medienkultur ständig eingeübt wird, oder wer sich überhaupt mit Äußerungen identifiziert, hintergeht praktisch seine eigene Individualität. Das ist nicht nur erkenntnistheoretisch gemeint, sondern in einem viel weiter ausgreifenden Sinne, Medienkultur, -theorie[1] und Anthropologie[2] betreffend.

Hegel, der Philosoph der Moderne, reflektierte noch dialektisch über dieses Problem. So definierte er Sprache als Äußerung, „worin das Individuum nicht mehr an ihm selbst sich behält und besitzt, sondern das Innere ganz nach außer sich kommen läßt, und dasselbe Anderem preisgibt."[3] Und genau in diesem Vertrautsein mit sich selbst durch das Medium Sprache, durch Äußerungen, kann in

---

1 Vgl. Kittler 1986, 246 f.
2 Vgl. Böhme 1985, 210
3 Hegel: *Phänomenologie des Geistes* (Hegel 1970, Bd. 3, 235)

der Reflexion über diese Äußerungen jenes innige Verhältnis in Entfremdung und Selbstentfremdung umschlagen, so daß der Prozeß der Individualität, von dem Hegel spricht, die eigene Individualität auf der Bewußtseinseben hintergeht. Betrug und Selbstbetrug von Individualität ist also allemal eine Angelegenheit der Medien und Medienverwendung. Wäre das Problem der Mitte, das ja das Verhältnis von Identität und Äußerung, von Individualität und Sprache in Friedlaenders Konzept regelt, von Hegel nicht dialektisch angegangen worden, so hätte Friedlaender vielleicht auch in der Ausformulierung seines Selbst-Konzeptes intensiver auf Hegel zurückgreifen können.

„Die Mitte ist überall."[1]

„Da die Differenz niemals an sich und per definitionem eine sinnlich wahrnehmbare Fülle ist, widerspricht ihre Notwendigkeit der Behauptung einer von Natur aus lautlichen Wesenhaftigkeit der Sprache."[2]

„Mitte! Das ist ein Zauberwort, und seit Jahrzehnten beschäftigte ich mich mit diesem Problem, bis mir die kritische Lösung einfiel."[3]

1.4. Die Mitte der Differenz

Was sich in den vorhergehenden Kapiteln zur Idee der „Schöpferischen Indifferenz" ankündigte, nämlich daß Friedlaenders Transformation der Polaritätsphilosophie vor allem auch eine Philosophie „zur Befreiung von jeder Lehre"[4] bedeutet, daß sie in ihrer Lehrmeinung, wenn es denn darin eine geben sollte, zu allererst den Stachel des Widerspruchs gegen sich selber zückt, daß also dem vermeintlich Widersinnigen, Paradoxen, das ja vielmehr ein Problem der Praxis, denn eines der Theorie ist, eine konstitutive Funktion in der Ausdifferenzierung polaristischer Verhältnisse zugeschrieben wird, kommt vor allem in der epistemologischen Metapher von der Mitte der Differenz zum Ausdruck, die Friedlaender meines Wissens in der Formulierung zwar nicht gebrauchte, die aber sehr genau seinen Vorstellungen des Verhältnisses von Mitte und Differenz zu entsprechen scheint.

Was Nietzsche als Allgegenwärtigkeit behauptet, nämlich die Präsenz der Mitte, und was Derrida als Unmöglichkeit sinnlicher Wahrnehmung beschreibt, nämlich die Differenz, scheint Friedlaender in

---
1 Nietzsche: *Also sprach Zarathustra*, III, Der Genesende, 2
2 Derrida 1974, 92, im Abschnitt „Das Drinnen und das Draußen"
3 Briefe Kubin, 210
4 Geerken & Hauff: *Vorwort*, ebd. 12

einer Formel zusammenzuziehen. So eröffnet er dem Leser seine Idee der Schöpferischen Indifferenz als Paradoxie, als scheinbar ausweglose Widersinnigkeit. Denn, so schreibt er: „Anfang und Ende sind Mitte! Hier ist die Grenze des scheinbar Grenzenlosen." (SI 127) Formallogisch ist diese Behauptung kaum in den Griff zu bekommen oder auf den Begriff zu bringen. Selbst Friedlaenders eigene, definitionsähnliche Formulierungen bringen zuweilen kaum mehr Klarheit oder gar Aufschluß zum Problem von Mitte und Differenz. Jedenfalls ergibt sich dieses unbefriedigende Bild, wenn man einzelne, aphoristisch kurze Äußerungen Friedlaenders dazu aus dem Kontext der *Schöpferischen Indifferenz* herauslöst. Insofern verweist letztlich jedes Zitat des Friedlaenderschen Polarismus wiederum auf die Gesamtheit der ihr zugrundeliegenden Idee der „schöpferischen Indifferenz". Gleichwohl lassen sich Mißverständnisse nicht vermeiden, sind sie doch geradezu folgerichtige Erscheinungsweisen des Zitierens.

Diesem Dilemma entgeht natürlich auch nicht die vorliegende Arbeit. Und so bietet sie auch an keiner Stelle auf irgendeine Weise Ersatz für die eigene Lektüre der Texte von Friedlaender/Mynona. Diesen Allgemeinplatz der Selbstbescheidung verlassend, soll im Folgenden das Verständnis von Mitte, Differenz und Mitte der Differenz untersucht werden.

Aus den zahlreichen Bestimmungen dessen, was Friedlaender unter Mitte versteht, geht hervor, daß Mitte und Indifferenz zuweilen gleichbedeutend verwendet werden. „Mitte ist keine banale, sondern eine polaristische Bestimmung", schreibt er und bringt damit wieder jene Leitdifferenz ins Spiel, die schon ausführlich diskutiert wurde. Mitte also, heißt es weiter,

> „repelliert und attrahiert Extreme und wird dadurch manifest, wenn man diese Extreme nicht ohne sie unmittelbar zu verschränken trachtet.
> Wie der Grund des Differenzierens die unfaßbare Indifferenz ist, so ist ihre Faßbarkeit, ihr Zum-Vorschein-kommen sein Zweck, den man verfehlt, wenn man sich's in sich selber verlaufen läßt. Es ist also, in diesem Interesse aller Interessen, not-

wendig, daß man jedes Erlebnis polar beleuchtet. Ist es einmal erlebt, so stelle man seine Extreme, sein Pro und Contra, sein Ja und Nein energisch heraus; man mache sich klar, daß dieser Kontrast von der persönlich eigenen Mitte ausgeht, und benutze ihn zur Realisation der sichtbaren Erscheinung dieses ihm neutral voranwaltenden schöpferischen Wesens." (SI 397)

Aber auch wenn mit dieser Passage aus der *Schöpferischen Indifferenz* vielleicht etwas mehr Klarheit in die Metapher der ‚Mitte' gekommen ist, so drängt sich gerade bei diesen, Friedlaenders gesamtes polaristisches Konzept erfassenden Formulierungen der Gedanke auf, es mit einer epigonalen Philosophie zu tun zu haben, die aus einer mehr oder weniger originellen Mixtur aus Kant, Schopenhauer, Nietzsche besteht und die selber kaum etwas Neues zu sagen hat. Kant kommt ins Spiel, weil er, für Friedlaender entscheidend, die negativen Größen in die Philosophie einführte und vor allem auch wegen seiner philosophischen Präzision des Argumentierens, sowie seines großartigen polaristischen Verständnisses von Repulsion und Attraktion. Schopenhauer wird relevant, weil er „die Logik des Indifferentismus" streift (SI 561) und Friedlaender auf Goethes polaristisches *opus magnum,* die Farbenlehre, aufmerksam machte. Und Nietzsche, „der mit durchdringend hellem Auge den Charakter der Souveränität des Willens erblickt hatte" (SI 105), bleibt jederzeit der wichtigste Zeuge Friedlaenders. Auch wenn die Parallelen und Affinitäten zu diesen Philosophien, die Friedlaender ja keineswegs bestritt, und deren kritische Anleihen er jederzeit anzeigte, manchmal übermächtig erscheinen, so ist ihm mit der Idee der „Schöpferischen Indifferenz" eine praktische Philosophie gelungen, die, wie wohl keine zuvor, die polaristische Verfassung der Realität auf den (Indifferenz-)Punkt brachte.

Davon ausgehend behauptet Friedlaender nun, gegen die gesamte bisherige geistesgeschichtliche Beschäftigung mit dem Problem der Polarität, daß sich das „schöpferische Genie, das Individuum", die personifizierte Mitte, noch nicht „des Menschen" „bemächtigt" hat (SI 471). „Erst sein Vorgefolge ist sichtbar geworden: die hohen Stirnen und leuchtenden Augen der Platon, Goethe, Kant, Schopenhauer, Nietzsche." (ebd.) So richtig, behauptet Friedlaender selbstbewußt, ohne den Anschein des geringsten Zweifels, ist also noch keinem die philosophische Begründung und Beschreibung der „Schöpferkraft" gelungen. Wird sie doch „durch Kant" bloß „diplomatisiert, durch Schopenhauer indisch sekretiert" und „erst durch Nietzsche proklamiert" (SI 432), um dann, so ließe sich anfügen, durch Friedlaender schöpferisch indifferenziert zu werden.

Mit der Beschreibung des „Schöpferischen", das „das Allgemeine, persönlich Inwendige" (SI 164) bedeutet, ist zugleich auch die Mitte, das „absolute Weltzentrum" (SI 162), die „überlebendige Indifferenz", die „Welt-Intimität" (SI 200), die „persönliche Indifferenz" (SI 194) beschrieben. Immer insistiert Friedlaender dabei auf die „lebendige Indifferenz" (SI 193), auf das Praktisch-Werden seiner Idee in der Person. Diese gilt ihm als „die Mitte aller Mitten", weil in ihr „die Unendlichkeit der extremen Distanz" als „intim persönliche Berührung wie in der präzisesten Mitte zu Ende ist." (SI 331)

Im Kapitel 7, „Schwebkraft" der *Schöpferischen Indifferenz* unterscheidet Friedlaender zwischen dieser persönlichen Mitte und „jeder anderen Mitte", die dieser einen Mitte gegenüber immer als „paarig" erscheinen.

> „Alsdann hat man es in der Hand, von hier aus die andren Mitten so zu paaren, daß sie diese Schwebe der persönlichen immer präziser mitmachen, zu Flügeln werden, welche die Person dirigiert. Alle andren Mitten sind Extreme dieser persönlichen, die sie sich aus dem Unendlichen gar nicht heranholen und annähern könnte, wenn nicht eben sie die Nähe selbst wäre: die Nähe ihrer eignen (antipodischen!) Ferne." (ebd.)

Mitte, das Medium aller ontologischen Zielprojektion, ist gleichsam der Ort jeder Entscheidung, den jede Form von Gegensätzlichkeit anstrebt.

> „Wo Gegner unentschieden miteinander kämpfen, tritt etwas Drittes entscheidend auf den Plan, um das sie eigentlich konkurrieren, während ihre Anstrengungen nur gegenseitig zu sein schienen. Jedem Pro und Contra wohnt inmitten die neutrale

Größe inne, wie der Keim dem Wachstum", so daß „bloß durch die echte Mitte alles entschieden und ganz" wird (SI 197).

Diese Mitte der Differenz, diese „Mitte der Extreme" ist der „Urquell aller Möglichkeit der Energie", der Friedlaender zufolge „gerade von entschieden energischen Menschen gut und gern", „paradoxer Weise", „verleumdet worden" ist (SI 198). Dies gilt für Kant ebenso wie für Schopenhauer (SI 253 u. 561). Und obwohl Nietzsche mit seiner Metapher der „Mittelsphäre" nahe an Friedlaenders Vorstellungen von der schöpferisch indifferenten Mitte herankam, fehlte ihm doch die logische Präzision, um das Problem der Mitte vom metaphorischen aufs Begriffliche zu bringen, obwohl er dessen Notwendigkeit klar erkannte. Aber, so Nietzsche:

„zwischen zwei absolut verschiedenen Sphären, wie zwischen Subjekt und Objekt, giebt es keine Causalität, keine Richtigkeit, keinen Ausdruck, sondern höchstens ein *ästhetisches* Verhalten, ich meine eine andeutende Uebertragung, eine nachstammelnde Uebersetzung in eine ganz fremde Sprache: Wozu es aber jedenfalls einer frei dichtenden und frei erfindenden Mittel-Sphäre und Mittelkraft bedarf."[1]

Daß diese Kraft allein in der Wirklichkeit möglich ist, daß ihr schöpferischer Impuls nur in der Realisation Bedeutung hat, machte Nietzsche nicht zum Positivisten einer Idee der Mitte, einer Idee der Vermittlung und Mitteilung, sondern löste jene metaphysischen Implikate bei Nietzsche, aus denen auch Friedlaender seinen Gewinn zog.

Wirklichkeit, für Kant die „Mitte zwischen Möglichkeit und Notwendigkeit",[2] war für Nietzsche allemal verdächtigt, über ihre Scheinhaftigkeit hinwegzutäuschen. Insofern die Wirklichkeit anthropomorph verstellt war, richtet sich Friedlaenders schöpferischer Indifferentismus gegen sie und auf eine „lebendige Indifferenz des Wirklichen", wobei „das Wirkliche, sein Streben und Ringen als

---

1 Nietzsche: *Über Wahrheit und Lüge im aussermoralischen Sinne,* 1 (KGA III/2, 378)
2 Wasmuth 1931, 127

die polare Verweltlichung des göttlichen Geistes der selbsteigenen schöpferischen Indifferenz" (SI 203) zu gelten hat, wie es in einer emphatischen Formulierung heißt. In diesem Selbstverhältnis verbirgt sich gleichsam „Das Gesetz der Mitte",[1] aus dem sich jene „Mittelkraft" entfaltet, die sämtliche sie umgebenden oder anfliegenden Differenzen in „systematischen Zusammenhang" (ebd. 4) zu bringen vermag. Sie ist gleichsam konzentrierter Ausdruck aller kategorialen Erfordernisse, aller kategorialen Bedingungen, die dann zu greifen beginnen, wenn es um die Realisation der Idee der *Schöpferischen Indifferenz* geht. Ideen sind für Friedlaender Werkzeuge, Instrumente, die die Realität zusammenhalten. Selbst sind sie keine Erfahrung, aber ohne sie bliebe alle Erfahrung „sinnloses Fragment" (ebd. 1).

> „So beachtet die Idee das zeitliche Früher und Später, das räumliche Da und Dort, und sie akzentuiert das Jetzt, das Hier dermaßen, es ihr gelingt, als *Gesetz der Mitte* zu wirken, wodurch das sonst Rand- und Bandlose systematisch zusammengehalten wird. So konstituieren erst die Ideen überall Wunden, die sie zugleich heilen, Differenz, die sie polar integrieren. Im ICH als dem eigentlichen Menschen sind die Ideen ununterscheidbar konzentriert als in der subjektiven MITTE der Immanenz, als im Gesetz der polar extremisierenden Mitte. Dies erst kann kopernikanische Denkungsart heißen, durch die der wahre Horizont, die systematische Perspektive des Menschenlebens, der Erfahrung sich exakt auftut. So wird der bestirnte Himmel zu Peripherie des nicht nur moralischen, sondern des kardinalen Menschengesetzes überhaupt. Und erst kraft dieses subjektiven kann der objektive Mensch, der Erdfloh scheint, als Sinnbild seines Subjektes zum exakten Vorschein kommen. Auf diese Weise bewirken die Ideen die systematische und symbolische Erfahrung ihrer eigentlich unerfahrbaren Ideale. Wirken sie vornehmlich auf die Phantasie, so bewirken sie nur Kunst im weitesten Sinne, durch den auch die Natur selber ästhetisiert

---

[1] Friedlaender: *Das Gesetz der Mitte* (Essay, 1939; Typoskript, 30 Blatt, Deutsches Literaturarchiv Marbach; erscheint in GS 21).

wird. Gesellt sich aber zu dieser phantasievollen Wirkung auch noch die theoretische, physische, moralische und religiöse, so eröffnet sich ein Reich der Erfahrung, in Vergleich mit dem Utopien nur matten Vorspuk bedeuten." (ebd. 4 f.)

Mitte als intelligibles Konstrukt, das selbst keiner Erfahrung zugänglich ist, empirisch nicht erfaßt werden kann, fungiert gleichsam als Voraussetzung aller Voraussetzungen zur Veränderung des Realen. Die „Inkarnation des Logos" (ebd. 5), die persönliche Verkörperung der „polar extremisierenden Mitte" (ebd. 4) forciert die Selbstaufgabe des menschlichen Dividuums, zugunsten eines polaren Zentrums, einer „polarisierenden Identität" (ebd. 27), die keinerlei Differenz mehr irritiert, stört oder beherrscht. „Wie ein Automat sich selbst erhalten kann" (ebd. 27 f.), so hat Kant, auf den sich Friedlaender hier beruft, den äquilibrischen Vernunftmenschen gefordert. „Es gilt, sagt Kant, ein Gesetz des Gleichgewichts ausfindig zu machen" (ebd. 28), mit dem dann selbst ein „Volk aus Teufeln" harmonisierbar wäre. Ein Vernunftglauben wird inauguriert, ohne den für Friedlaender Vernunft gar nicht realisierbar wäre, wobei er ausschließlich eine polaristisch verfaßte, kritische Vernunft im Auge hat. Rationalität und Glauben gehören darin zusammen. Diesen Aspekt übersehen all jene Untersuchungen zum Problem der Mitte, die letztlich wieder anthropozentrisch den Menschen als Maß aller Dinge in sein für alle Zeiten verlorenes Recht einsetzen wollen und damit einen Glauben an den Menschen hofieren, dessen Rationalität ihn längst widerlegt hat. So etwa auch Ludwig Rubiner mit seiner 1917 erschienen Textsammlung *Der Mensch in der Mitte*, was er zugleich als „stärkste Forderung des Menschen"[1] seiner Zeit deklarierte. Aber der „Mensch als Weltzentrum ist längst explodiert; ähnlich wie die vorkopernikanische Erde. Er hat es aber wegen der Langsamkeit seiner Sinnesorgane noch kaum wahrgenommen." (SI 432)

Rubiner setzte damals vor allem auf den politisch handelnden Künstler, auf den politisch in die Realität eingreifenden Menschen, der seine Geschicke selbst in die Hand nimmt, und bleibt dabei im Proklamatorischen stecken. Ebenso, wie „Bergsons Griff in diese

---

1 Rubiner 1917, 6

lebendige Mitte"[1] nicht vom Indifferenzgedanken beherrscht wird, bleibt auch Rubiners Forderung nach Aktion, nach Vitalität und höherem Menschentum dem Diktat des revolutionären „Aktualismus" des Schöpfertums unterworfen. Gleichwohl trifft sich Rubiners: „Ihr müßt weniger Medium und mehr Magier sein"[2] mit Friedlaenders Grundgedanken der „Schöpferischen Indifferenz" da, wo der Schöpfer eben nicht Geschöpf, sondern Herr seiner selbst sein soll. Wie Friedlaender behandelt Rubiner dies nicht als „Angelegenheit der Mystik", sondern als „eine des Willens" (ebd.). Auch im Literarischen standen sich Friedlaender und Rubiner nahe, denn genau im Sinne Rubiners war Mynona auch ein „guter Dichter", der „dichtet nicht von Fabriken, den Telefunkenstationen, den Automobilen, sondern von den Kraftlinien, die aus diesen Dingen im Raume umherlaufen." (ebd. 26) Rubiner, der Mynona zur Veröffentlichung seiner Grotesken riet,[3] verwendete, vielleicht in Kenntnis von Friedlaenders Philosophie, zwar auch den Begriff der Indifferenz im eher positiven Sinne,[4] blieb aber in der erkenntnistheoretischen Beschreibung des Problems der Mitte im subjektiven Pathos. Trotzdem äußerte sich Friedlaender anerkennend zu Rubiners Buch. Im Brief vom 3. März 1920 an Kubin heißt es:

> „Gestern habe ich meinen Duzbruder Ludwig Rubiner begraben. Kennen Sie sein Buch ‚Der Mensch in der Mitte'? Ein wunderbares Subjekt! Objektiv nicht so klar wie subjektiv. Ja, die Objektivation ist die Kraftprobe: wem sie gelänge, der wäre Magier und würde die Erde bezwingen."[5]

Ganz anders dagegen fällt Friedlaenders Urteil zu Max Brods „indifferentistischen Roman" *Schloß Nornepygge*, dem „Roman eines Indifferentisten" aus, der, 1908 erschienen, die Indifferenz, die Mitte der Differenz als tatenlose, passive Handlungsform versteht und da-

---

1 SI 205, mit Bezug auf Henri Bergson: *Schöpferische Entwicklung* (1907), Übers. Gertrud Kantorowicz, Jena: Diederichs 1912
2 Rubiner 1917, 77
3 Vgl. Autobiographie, 73
4 Vgl. Rubiner 1917, 23
5 Briefe Kubin, 128

mit das, was Friedlaender als einzige Möglichkeit von Freiheit inauguriert, als Fluchtbewegung beschreibt. Für Friedlaender stellt dieser Roman ein „Mißverständnis der schöpferischen Indifferenz und der Polarität" dar.[1] Ihm entgeht das „schöpferische Nichts" als „Kombination aller Kombinationen" (SI 144), als in sich rhythmisch pulsierende Mitte. So verstand sie auch Walter Hueck, der sein 1928 erschienenes Buch *Die Welt als Polarität und Rhythmus* nannte, in dem er allerdings dem Trugschluß unterlag, Polarität als „dualistische Struktur"[2] zu verstehen. In seinem Bestreben, sämtliche Erscheinungen in ihren polaren Verfassungen und strukturellen Formationen zu beschreiben und überhaupt die Polarität als das entscheidende Prinzip philosophischer Erkenntnis herauszustellen, kommt Hueck Friedlaenders Absichten sehr nahe. Allerdings klärt Hueck nicht die Sowohl-als-Auch-Paradoxie, sondern erkennt sie allenfalls als notwendige Gleichgewichtsformel, als harmonisierende Vereinbarung divergierender Phänomene. Und so liegt für ihn dann, letztlich dualistisch konsequent, „die Weisheit und Kunst eines reichen, vollen und harmonischen Lebens nicht in der ängstlich eingehaltenen Mitte, sondern in der freien elastischen Schwingung und in der unbekümmerten Bejahung der Extreme." (ebd. 199) „Ängstlich" kann die „Mitte" für Friedlaender erst gar nicht eingehalten werden, was umso mehr den Unterschied beider Konzepte charakterisiert.

Friedlaender, der sehr aufmerksam den Diskurs des Polarismus verfolgte, kommentiert all diese Versuche, dem „Problem" der Polarität,[3] das ohne den Indifferenzgedanken für ihn gar nicht zu erfassen war, Lösungen abzugewinnen, als sämtlich verfehlte Unternehmen. „Interessant ist mir", schreibt er 1937 an Kubin, also zu einem Zeitpunkt, an dem er für sich schon die „kritische Lösung" dieses Problems reklamierte (ebd. 220),

> „wie man vielfach seit alters um diese simple Lösung herumirrt und sie verfehlt. In allerneuester Zeit finde ich einen solchen Versuch bei Felix Weltsch: ‚Das Wagnis der Mitte'. Auch dieser

---

1 Briefe Kubin, 77
2 Hueck 1928, 307
3 Briefe Kubin, 220

Mann strengt sich sehr brav an (wie dereinst schon Aristoteles), aus den Extremen die Mitte, aber nicht die faule, sondern die echt goldene, zu kombinieren, die wahre coincidentia oppositorum herzustellen, um dadurch die Menschenwelt in Ordnung zu bringen. Aber dieses Wagnis der Mitte muß mißlingen, und Weltsch selbst endet daher dialektisch, weil er dialektisch beginnt."[1]

Friedlaender hält die Umkehrung der Perspektive für notwendig:

„Man muß nämlich kopernikanisch umdrehen: man soll einsehen, daß die Mitte das Ursprüngliche ist, und daß sie polar extremisierend funktioniert, – wenn diese Mitte selber in Person zu sein versteht ... So einfach es scheine, in seinem Selbst so kardinal einfach zu sein und zu verharren, um in polarer Evolution dadurch alle Extreme zu bändigen, präzise kooperieren zu lassen: – so ist doch in Wahrheit eine spontane, aktive Leistung, und doch erst diese Leistung der echte Mensch, der autonome, der alle Extreme der Zeit, des Raumes, der Materie und des Gemüts erst zum Jetzt, zum Hier, zum Leib und Leben zwingt." (ebd. 220)

Dieser Satz, 1937 geschrieben, kommentiert im Grunde schon bekannte Ergebnisse aus der Berliner Zeit um 1918. Er verdeutlicht noch einmal, daß Friedlaenders philosophisches Spätwerk keinen Bruch mit früheren Phasen seines Philosophierens darstellt, deren Erörterung hier maßgeblich ist.

Was die epistemologischen Grundlagen des schöpferischen Indifferentismus anbetrifft, so waren diese um 1918 ausformuliert. Dazu gehört auch die erkenntniskritische Begründung der „indifferenten Mitte" (SI 332), die als polaristische Figur zum Movens, zum quasi zeitlosen Beweger jeder Idee avanciert und durch das „Gesetz der Mitte" empirische Relevanz zugesprochen bekommt. Denn kraft

---

[1] Ebd. Felix Weltsch: *Das Wagnis der Mitte. Ein Beitrag zur Ethik und Politik der Zeit,* Nachw. Max Brod, Mährisch-Ostrau: Kittl 1936, Ndr. Stuttgart: Kohlhammer 1965

dieser Gesetzmäßigkeit soll das empirisch-Werden einer polaristisch differenzierten Vernunft möglich werden.

Wo das Gesetz nicht als „Gesetz der Mitte" erkannt und akzeptiert wird, da herrscht keine Vernunft im polaristischen Sinn. Aber „der Vernunftmensch soll und kann sein, ist erforderlich und möglich, und ohne ihn kann Erfahrung nicht als System verwirklicht, das Leben nicht integer-vitalisiert werden."[1] Daß hierbei die Mitte der Differenz, die immer auf Differenz weist und zugleich auch selbst als differentiell zu verstehen und zu beschreiben ist, als Urquell aller synthetischen Kräfte fungiert, ergibt sich aus der materialen Belegung dieses formalen Gesetzes. Erst „die Mitte zwischen Extremen", erst ihr „antithetischer Gebrauch", der zur Opposition befähigt,[2] erkennt sogar noch gegen die eigene Positivität die Notwendigkeit der Negativität an, was sich wiederum leicht als Positivität beschreiben ließe. Es bleibt dabei, die „absolute Mitte", die hier unter der epistemologischen Voraussetzung der Leitdifferenz beschrieben wurde, ist ein „sonderbares Ding an sich, man könnte scherzhaft sagen, Nonsens realissimum." (SI 176)

---

1 Friedlaender: *Das Gesetz der Mitte*, 2
2 Friedlaender: *Die Mitte zwischen Extremen* (1913; GS 2, 357)

„Was nicht strikt formallogisch ist, nennen sie leichtfertig ‚irrational' und werden so zu Obskuranten. Vernunft erkennt nicht nur. Sie ist auch eine den Naturgewalten mindestens ebenbürtige praktische Willenskraft, ein tatkräftiges Ich."[1]

1.5. Polarität der Vernunft

Insofern er vernünftig ist, schreibt Friedlaender, „ist der Polarist sein eigener Doppelgänger" (SI 499), der tätig, kreativ, schöpferisch die Indifferenzierung aller ihn betreffenden Differenzen anstrebt, ohne dabei in einer „moralischen" Indifferenz (SI 267) paralytisch zu vergehen. Polarität und Vernunft sind bei Friedlaender im Zuge seiner Idee der schöpferischen Indifferenz als Polarität der Vernunft kombiniert. Mittler dieser Kombination ist allemal jenes tätige Individuum, jenes kreative Ich, jene schöpferische Subjektivität, also jene schöpferisch indifferente Mitte, von der aus Vernunft als „Zwinge" „des Wahnwitzes" (SI 486) fungiert.

Kant und Nietzsche, die in Friedlaenders Transformation der Polaritätsphilosophie zu Dioskuren verschmolzenen Hauptzeugen der Notwendigkeit eines schöpferischen Indifferentismus polarer Observanz, treiben in dieser Kombination Vernunft durch alle Logik und Unlogik hindurch. Von Kant aus gelesen bedeutet Nietzsche für Friedlaender eine Radikalisierung im evolutionären Ausdifferenzierungsprozeß der Vernunft: „Erst Nietzsche setzte an die Stelle der kantischen Vernunft den göttlichen Experimentator und Abenteurer, die ursprüngliche Freiheit des Geistes, den Schaffenden, den Willen zur Macht." (SI 243) Vernunft wird bei Nietzsche erst recht instrumentalisiert. Kritische Vernunft, die die Aufgabe hat, Konstruktionen, die an die Wirklichkeit angelegt werden, zu analysieren, wird bei Nietzsche selbst in diesem Bezug zur Realität einer kritischen Analyse unterzogen. Darin erweist sich Vernunft als historisch, als in Entwicklungsprozessen verflochten.

---

1 Katechismus (GS 15, 137 f.)

Als unveränderbare Koordinate zur Orientierung des Individuums in der Wirklichkeit, als rein intelligibles Axiom verstand auch Friedlaender nicht die Vernunft. Die Selbstreflexion vernünftiger Individuen über Vernunft oder auch die Selbstinauguration der Vernunft durch Vernunft hatte ihre Grenzen, im Sinne der Schöpferischen Indifferenz da erreicht, wo die komplexe Erfahrung der Moderne nicht mehr auf reine Intelligibilität zu gründen war, wo das Leben nicht mehr den Lebensentwürfen der Aufklärung zu folgen vermochte. Auch wenn es in der Aufklärung „nicht einfach um die Durchführung der Selbstgesetzgebung der Vernunft und auch nicht um Verwirklichung des Menschen als Menschen"[1] geht, so bricht doch mit der Modernität Nietzsches jene stromlinienförmige Vernunft zusammen, die sich jenseits ihrer medialen und materialen Bedingungen, jenseits von Wille, Macht, Sprache, Individuum, Leben konstituieren zu können glaubte.

Die Kritik der reinen Vernunft bei Friedlaender führt zu einer Natur-Vernunft-Beziehung, die um so besser funktioniert, je „besser" Vernunft der „Natur gemäß verfährt".[2] Eine bloß intelligibel orientierte Ausdifferenzierung von Vernunft genügt nicht mehr den Erfordernissen „lebendiger Indifferenz". Jenseits der Natur, in reinen Sphären, hatte man eine Vernunft begründet, die im Diesseits ihre Deplazierung und Disfunktionalität erfahren mußte. Friedlaender aber geht es um eine „immer innigere Harmonie zwischen Natur und Vernunft" (ebd. 133), um eine Immanenz-Transzendenz-Relation, über deren Einheit sich Individuen konfliktlos verständigen können.

Daß diese Harmonisierung nicht von der Naturseite, sondern von der Vernunft her in Gang zu bringen ist, erklärt sich aus der gesamten Verfassung des selbstbewußten Individuums, das als intelligibles Konstrukt selbst wirklich ist und zugleich Wirklichkeit zu ordnen, zu erschaffen vermag. So also, wie Vernunft keine reine, sondern aus polaren, relationalen Verhältnissen heraus zu verstehen und zu beschreiben ist, charakterisiert Friedlaender auch den puristischen

---

1 Luhmann 1984a, 467
2 Katechismus (GS 15, 134)

Aspekt der schöpferischen Indifferenz. „Jedenfalls darf die schöpferische Indifferenz, von der das Funktionieren der polaren Gegenseitigkeit abhängt, nie sterilisiert werden." (SI 269)

Vernunft im Sinne der Schöpferischen Indifferenz ist erst als tätige Vernunft vernünftig. Als tätige, als „unterscheidende Vernunft", die „allen Mächten der Natur überlegen" sein soll, versteht Friedlaender sie als „magische Macht".[1] Diese Vernunft-Magie, die Friedlaender jederzeit vom Mediumismus und Spiritismus seiner Zeit abgegrenzt wissen möchte, soll eine materialistische sein. Theoretisch und praktisch orientiert sich Friedlaender nach 1918 bei der Formulierung seines Vernunftbegriffs vor allem an den Schriften Ernst Marcus', Jurist und Kantforscher in Essen, den er allen Angeboten des Neukantianismus vorzog und gegen neukantisches Denken zu verteidigen sucht.[2] „Marcus, der Newton der Empfindung",[3] begreift die Vernunft aus ihrem *„dynamischen Charakter"* heraus und nennt es ein Faktum des Bewußtseins, „daß die reine Vernunft den Willen zur Tat hat."[4]

Mit dem Willen zur Äußerung, in der sich Vernunft als vernünftig erweist, gerät sie in eine Art Medientransposition, die den Übergang von reinen Idealismen zu funktionalen Äußerungsformen darstellt. In der Medialität und Materialität ihrer Äußerungen wird die Polarität der Vernunft offensichtlich. Gleichwohl sind Äußerungen nur dann vernünftig, wenn sie allein der Vernunft „gehorchen".[5] Deren Ausdifferenzierung ist zwar eine Sache der Vernunft selbst, zugleich ist dieser „unbedingte Wille der Vernunft" (ebd.) aber auch Ausdruck von Gegenkräften, gegen die sich dieser Wille behaupten und durchsetzen muß. Und in diesem Bezogensein von Vernunft und Natur, von Vernunftwillen und Naturkräften setzt sich die Polarität der Vernunft bis in die feinsten Strukturen ihrer Differenzierung fort. In der Ausformulierung seines Vernunftkonzeptes orientiert sich Friedlaender zwar kantisch an der Idee leiberzeugender Ver-

---

1 Katechismus (GS 15, 135 u. 134)
2 Vgl. Mahnruf (GS 15) sowie weitere Texte in GS 3.
3 Friedlaender: *Das kosmische Gehirn* (1921; GS 3, 680)
4 Marcus 1917, 206 f.
5 Katechismus (GS 15, 173)

nunft – „Wille und Leib können nur unter der Bedingung aufeinander einwirken, daß die Bildung des Leibes uranfänglich bereits vom Willen gewollt war." (ebd. 163) –, zugleich aber erkennt er auch die nicht hintergehbare Rolle des Leibes, also das Leibapriori an, denn „der eigene Leib" gilt ihm als das „wichtigste Instrument der Magie" (ebd. 136).

Vernunft und Leib, für sich schon eine Grundfigur grotesker Konstellationen. Vernunft, Leib, Wille, Natur, Magie, alles Begriffe, Wörter, die Friedlaender polaritätsphilosophisch zu klären und dann auch zu instrumentalisieren versucht. In ihrem literarischen Gemenge scheinen sie schon von sich aus Stoff genug für Mynonas Grotesken abzugeben. Gerade auch in Mynonas philosophisch ausgefallensten Texten – wie etwa *Rosa die schöne Schutzmannsfrau*, *Der Schöpfer* oder *Der antibabylonische Turm* –, in denen das Spannungsfeld von Vernunft und Natur in grotesker Manier, absurd und paradox zum Vorschein kommt, wird der enge Bezug von Vernunft und Komik, von Vernunft, Humor und Clownerie, von Vernunft und Lachen, von Ernsthaftigkeit und Witz deutlich. Genauer müßte man diesen Zusammenhang von Vernunft und Humor weniger vom Text als vielmehr vom Lesen her erfassen, in dem sinnliche Erfahrung und intelligible Erkenntnis in einer Gleichzeitigkeit vergegenwärtigt werden.

Da, wo die Vernunft ins Komische gerät, wo vernünftiges Denken an eine physische Grenze zu stoßen scheint, man sich also zuweilen vor Lachen nicht mehr vernünftig halten kann, wo also Vernunft ohne Ironie behauptet wird, und dadurch ihre Komik erst offenbar wird, wird Vernunft nicht untergraben, sondern differenziert. Ohne die Differenz von Vernunft und Humor aufheben zu können, entspannt sie sich im Lachen. Martin Seel (1986) hat den Zusammenhang von Vernunft, Humor und Lachen polaristisch treffend – Joachim Ritter und Odo Marquard paraphrasierend – dargestellt:

> „Ritter und Marquard begreifen das Komische und seine Reaktionen als ein Komplement nicht einfach des Gültigen oder als geltend Akzeptierten, sie verstehen es als ein Komplement der in menschlichen Verhältnissen unvermeidlichen – und unver-

meidlich instabilen – Polarität von Geltendem und Nichtigem, Relevantem und Irrelevantem, Gebotenem und Verbotenem. Das Lachen wird als Kompensation dieser Differenz verstanden, die es nicht tilgen kann und die es nicht tilgen will."

Lachen als psychophysischer Ausdruck der Mitte der Differenz, die sich zwischen Gebotenem und Verbotenem auftut, entspannt diese, ohne sie zu „tilgen". Hier interessiert nun weniger die Hypothese des Lachens als Kompensation von etwas anderem, als vielmehr der offensichtliche Vermittlungsaspekt des Lachens, in dem die Extreme zusammenfallen, der die Differenz von Rationalität und Irrationalität oder von Eindeutigkeit und Paradoxie in ihrer Faktizität entkrampft.

Überhaupt scheint ja Lachen ein zugleich kombinierender und entzweiender Prozeß zu sein. Kombiniert wird eben jenes vermeintlich Getrennte, aber doch als polaristische Einheit beschreibbare, nämlich die „Zerrissenheit des Seins", die nichts als stabil erfaßt, in der sich alles aufzulösen scheint und der alles „ins Gleiten" gerät (Kamper 1986, 10).

Entzweit, dezentriert, in aller Sicherheit erschüttert wird aber auch jene sich identisch vermutende Individualität, die dem plötzlichen Zusammentreffen von Unvereinbarkeiten nicht zu folgen vermochte, die erstarrt in ihrem Status verharrte und so der Lächerlichkeit preisgegeben wird.

Was sich ja schon in der romantischen Ironie andeutete, nämlich daß Reflexion ohne die Möglichkeit zur Selbstverspottung, daß eine Vernunft ohne Ironie kaum zu ertragen ist, setzt sich bei Friedlaender im Kontext des kritischen Polarismus fort. Dessen praktische Vernunft ist nämlich keineswegs so humorlos, wie es ihr Kantianismus zuweilen vermuten läßt. Und doch bleibt die Differenz zwischen dem Humor Mynonas und der polaritätsphilosophischen Reflexion Friedlaenders bestehen, obgleich darin ein notwendiger Ergänzungszusammenhang von Vernunft und Humor vorherrscht.

Ehe bei Friedlaender aber der aufklärerische Gestus des Lachens zur Geltung kommen konnte, ehe Vernunft also über sich selber lachen konnte, mußte sie erst einmal als reine der Kritik unterzogen werden, um dann als Parameter einer „fröhlichen Wissenschaft" „zugunsten der Kritik" als Sekundäreffekt des Lebens die Vormachtstellung zu verlieren. „Gottvertrauen und Lebensverneinung war bis zu Kant hin die Haltung der Vernunft der Natur gegenüber."[1] Räumte Kant kategorisch und kategorial mit diesem Mißverständnis auf, so wendete Nietzsche die Kraft des neuen Lebens gegen die Vernunft, womit Vernunft als Modus der Kritik mit Zweifel belegt wurde. Daß damit eine List der Vernunft verbunden war, die ihrer eigenen Stabilisierung dienen sollte, macht sich Friedlaender in seinem polaristischen Verständnis von Vernunft zunutze. Nietzsche hatte noch eine ziemlich dualistische Auffassung zum Verhältnis von Vernunft und Unvernunft. Im 307. Aphorismus der *Fröhlichen Wissenschaft*, der mit „Zugunsten der Kritik" beginnt, beschreibt er das Trügerische der Vernunft, die selbst wie eine alte Haut vom „neuen Leben" abgestoßen werden kann, wobei die Kritik als Beweis der „lebendig treibenden Kräfte in uns" zu verstehen ist. Aber die Vernunft ist nicht bloß eine subjektive, individuelle Veranstaltung, die heute so und morgen so abläuft. Ihr transzendenter Aspekt behauptet ja gerade eine Unabhängigkeit vom empirischen Sein, mit der sie selbstreflexiv ihre Eigenheit zu bewahren versucht und doch jederzeit auf der relationalen Einheit von Immanenz und Transzendenz gründet. Nietzsche nun, wie Friedlaender ihn verstand, wollte Irrtümer und sprachlich sich manifestierende Unwahrheiten rücksichtslos, also ohne sonderlichen Bezug auf die Selbstreflexion der Vernunft, nachgehen, um deren vernunftkonstitutive Verstrickung aufzuzeigen. Weniger gegen, als vielmehr unabhängig von „allen intelligiblen Garantien Kants"[2] versuchte Nietzsche dem Verhältnis von Natur und Vernunft als differentielle Unvereinbarkeit auf die Spur zu kommen. Dabei erkannte er zwar die Polarität von Vernunft und Natur, nicht aber deren Indifferenzierung: Ein epistemologisches Defizit, das Friedlaenders gesamter Nietzscherezeption zugrunde liegt.

Verging einem im Prokrustesbett der Vernunft bei Kant das Lachen, und war Nietzsche noch viel zu sehr mit der „Umwertung aller

---

1 Katechismus (GS 15, 134)
2 Nietzsche (GS 9, 93)

Werte" beschäftigt, um über alle Konventionen hinweg mit dem Lachen so richtig loslegen zu können, so scheint Friedlaender vor allem auch von Mynona gelernt zu haben, der gleichsam das Humoristische nicht der Vernunft entgegenhält, sondern es aus ihr selbst heraus zu holen scheint. Vielleicht ist ja auch deshalb die Schöpferische Indifferenz, Friedlaenders kritischer Polarismus eine viel fröhlichere Wissenschaft als Nietzsches aphoristisch durchgespielter dionysischer Pessimismus. Kants antiseptischer Transzendentalismus, den Friedlaender in der ersten Auflage seiner *Schöpferischen Indifferenz* noch kritisierte, und der auf den ersten Blick überhaupt nicht humorvoll wirkt, war selbst ein „heimlicher Witz",[1] wie Nietzsche bemerkte. Den greift Friedlaender auf, um ein Überschreiten der Vernunft durch die Vernunft im Humor, im Lachen zu ermöglichen. Darin nämlich überschreitet Vernunft ihre eigene Enge und vergegenwärtigt sich eines Anderen, das sie ist. Was vorher nicht als vernünftig galt, was gleichsam als Unvernunft ausgeschlossen war, erfährt im Lachen nicht nur Rehabilitation, sondern offeriert dem Individuum darin zugleich auch die Freiheit der Vernunft. Für Friedlaender ist das „schöpferische Prinzip", das aller tätigen Vernunft zugrunde liegt, und das Freiheit bedeutet, „vor allem lachend". (SI 565)

Kant, der Vernunft als „das ganze obere Erkenntnißvermögen"[2] faßt, setzt damit dem Empirischen das Rationale kontrafaktisch entgegen. Und genau in diesem Punkt bekommt auch Friedlaenders Kritik an Kant eine Nietzschesche Dimension. So hätte Kant, meint Friedlaender, vom „Ding an sich" „persönlich" ausgehen sollen (SI 479). Kant setzte aber der sinnlichen Wahrnehmung als natürlichem Bereich unserer Erkenntnis (vermittelt durch gehirnphysiologische Prozesse) die „Vernunfterkenntniß" entgegen, wobei diese sich entweder „aus Begriffen, oder aus der Construction der Begriffe" bildet.[3]

Friedlaender greift diesen konstruktiven Gedanken so auf, daß er eine Art philosophische, intelligible Erfahrung begründen will,

---

1 Nietzsche: *Die fröhliche Wissenschaft*, Nr. 193
2 Kant: KrV A 835, B 863
3 Kant: KrV A 837, B 865

die auf der physischen Realität basierend, Realität zu gestalten vermag. Um als Instrument dieser Gestaltung von Wirklichkeit optimal fungieren zu können, darf Vernunft nicht mehr substantialistisch begriffen werden, sondern muß als Differenzierungselement selbst ständiger Differenzierung zugänglich sein. Darin erscheint sie selbst als Element evolutiver Entwicklung, das zugleich selbst der Evolution unterliegt. Die Prozessualität der Vernunft, die quasi im Kontext ihrer Äußerung zum Vorschein kommt, weist sie dabei als historische aus. Und in diesem Sinne sind auch die Äußerungen, in denen sich Vernunft als vernünftig erweist, aus ihrer historischen Prozessualität nicht zu entlassen. Die Rede einer reinen Vernunft würde sich letztlich selbst ad absurdum führen, sollte sie eine ahistorische Vernunft behaupten. Diese ist jederzeit an die materialen und medialen Aspekte des Wirklichen gebunden.

Als sich äußernde greift Vernunft in das Leben ein, um sich und dieses in eine immer differenziertere Ordnung zu bringen. So bedeutet die Ausdifferenzierung der in romantischer Selbstreflexion geübten Vernunft durch den Fall in die Moderne in gewisser Hinsicht eine Säkularisation ihrer überspannten Intelligibilität. Für Friedlaender jedenfalls gehören Erleben und Vernunft, Natur und Vernunft in ein und dasselbe Experiment der noch allzu menschlich verstellten Individualität des persönlichsten Verhältnisses, das schöpferische Indifferenz heißt.

Was sich in der *Schöpferischen Indifferenz* von 1918 ankündigte, nämlich die Lösung des polaristischen Verhältnisses von Natur und Vernunft, von Mensch und Individuum, findet Friedlaender dann im Pariser Exil (1933-1946). Entsprechend lauten die Titel seiner unveröffentlichten Typoskripte *Das magische Ich* und *Das Experiment Mensch* (GS 19 u. 21).

Erleben und Vernunft, sinnliche Erfahrung und sittliches Urteil müssen ständig in ihrem polaristischen Verhältnis zueinander ausbalanciert werden. Vernunft hat darin die Aufgabe, als intelligibles Korrektiv die Natur nach Maßgabe der Idee der schöpferischen Indifferenz so zu erfassen, daß dem Individuum der Balanceakt zwischen menschlichen Triebkräften und sittlichem Sollen jederzeit gelingt, wobei sie selbst als Ergebnis von Evolution zu verstehen ist.

Denn „die Entwicklung der Vernunft entspringt der gesteigerten Bedeutung des kritischen Urteils für die Disziplin des phantasievollen Erlebens."[1]

Was den intelligiblen Aspekt von Erfahrung anbetrifft, so übernimmt Friedlaender die kantische Perspektive, wonach die Welt in ihrer Objektivation als theoretisches Konstrukt aus rein subjektiver Erfahrung entsteht: „Unser Geist erzeugt die Natur als solche, indem er ihr an sich uns Unbekanntes in seine Gesetze einfängt."[2] In diesem Tun ist Vernunft als oberstes Erkenntnisvermögen für Friedlaender „Magie", womit keine „schwarze Magie" gemeint ist, sondern eine „natürliche Magie des vernünftigen Willens" (ebd.). Ohne diesen vernünftigen Willen, ohne die Erfüllung der kategorialen Erfordernisse der Vernunft, läßt sich, so Friedlaender, überhaupt keine schöpferisch indifferente Erfahrung machen. Allenfalls würde man ein Chaos von Empfindungen registrieren. „Vernunft mit ihren logischen, ästhetischen, ethischen Gesetzen, Geboten und Verboten bringt die Natur erst zum Vorschein und zur Entscheidung." (ebd. 137)

Auf den ersten Blick könnte man meinen, daß Friedlaender mit diesen Ergebnissen, wie sie im *Katechismus der Magie*, der 1925 erschien, aufgeschrieben sind, hinter früher erreichte Positionen zurückgefallen sei. Vor allem scheint der kantkritische Impuls, wie er 1918 in der *Schöpferischen Indifferenz* entscheidend war, kaum noch spürbar. Und trotzdem bleibt Friedlaenders Kantlektüre, im Fahrwasser von Marcus, kritisch, wo er den Transzendentalismus Kants auf die Beine seines kritischen Polarismus stellt. Die Einheit psychophysischer Erfahrung und deren Beschreibung sah Friedlaender mit Nietzsche klarer als Kant.

Wenn, wie Friedlaender schreibt, „ohne Begriff, ohne Gedächtnis keinerlei Erfahrung" (ebd. 190) möglich ist, was ja für die wissenschaftliche Erfahrung durchaus gilt, so scheint die Einheit psychophysischer Erfahrungswirklichkeit aufgegeben. Letztlich aber ist damit ja nur die Polarität des intelligiblen Pols beschrieben, der

---

1 Whitehead 1982, 332
2 Katechismus (GS 15, 147)

Begriffe konstituiert und von daher jene Realität konstruktiv gestaltet, von der Friedlaender behauptet, daß sie nur aufgrund ihrer Begrifflichkeit und Erinnerbarkeit erfahren werden kann. Auf Friedlaenders deskriptives Philosophieren bezogen, verständigt sich der Philosoph schreibend, die Schrift als Erinnerungsmedium verwendend. Überhaupt ist ja die Sprache gerade wegen ihrer Erinnerbarkeit auch jenes Medium, das Friedlaender in seine Vernunftmagie so zentral einbindet. Deren Materialität und Medialität, in Form von Begriffen und Begriffskonstellationen, gewinnt auch aus sich selbst heraus dem Begriff der Vernunft eine Klarheit ab, wie es kein anderes Medium vermag.

Das sich an Begriffen ausdifferenzierende „wollende Vernunftwesen" gerät bei Friedlaender nur scheinbar in Widerspruch mit sich selbst, wenn es als „unabhängig vom Leibe" (ebd. 163) sich entwikkelndes beschrieben und dann doch als mit dem Leib in „Wechselwirkung" befindlich angesehen wird. Scheinbar ist die Vermutung einer theorieinternen Inkohärenz in diesem Aspekt auch insofern, wie ja Vernunft in den Bereich intelligibler Welten gehört und die „Wechselwirkung" mit der körperlichen, der leiblichen Welt, sie nicht gleich verleiblicht, obgleich dies ja die utopische Absicht des Friedlaenderschen Unternehmens war.

Vernunft als Bewußtseinsform versteht alle Materie „nur" als „einen Reflex des Bewußtseins" (ebd. 139). Friedlaenders intelligible Reduktion der Materie als Bewußtseinsform, als Reflex des Bewußtseins, ermöglicht erst den Zugriff der Vernunft, des Vernunftwillens als gleichsam magische, übernatürliche Kraft auf die Natur, auf die Materie. Hier setzt auch die quasi magische Wirkung von Sprache an. Sie bildet den Schlüssel zu ansonsten sprachlich verstellten komplexen Sachverhalten. Sprachlich geht Friedlaender die Unzulänglichkeiten von Sprache an, um sie in ihrem weiten Feld rhetorischer Wirkungsmächtigkeit zu erkunden und dann auch seinem Vernunftverständnis gemäß zu instrumentalisieren. Was sich in diesem Kontext als Vernunft herausbildet, ist notwendigerweise auch auf ihre sprachliche Verfassung hin reflektierbar.

Was die Entwicklungsgeschichte der Vernunft anbetrifft, so nimmt Friedlaender an, daß deren Idee immer schon in der Natur vorhanden gewesen sein mußte. Mehr oder weniger dunkel wird damit auf Gott verwiesen, auf so etwas wie einen Ur-Willen, ohne den die Idee eines „wollenden Vernunftwesens" nicht vorstellbar ist. Diese metaphysische Annahme, die seinem Konzept einer leibererzeugenden Vernunft eingeschrieben ist, behauptet einen Willen als übersinnliche, übernatürliche Kraft, die allenfalls als „menschlicher Wille durchaus für uns selbst erkennbar" (ebd. 163) ist. Trotzdem ist „unser Wille keine Naturkraft" (ebd.), sondern der Beweger natürlicher Magie, deren „Ur-Erscheinung" die „magische Kraft des Ich" ist, „sich selbst vermittelst seiner Vorstellung zur Ursache natürlicher Wirkungen, der Bewegungen unseres Leibes zu machen." (ebd. 159) Ohne unbedingten Glauben an die Kraft des Vernunftwillens hat diese Vorstellung keinerlei Wirksamkeit. „Vernunftreligion",[1] von der Friedlaender mit Kant spricht, spielt wieder auf die metaphysischen Aspekte des polaristischen Vernunftbegriffs an.

Natur und Vernunft versteht Friedlaender zunächst als ebenbürtige Kräfte, wobei aber die Natur „erleidend *bestimmt*" und die Vernunft „tätig *bestimmend*" ist (ebd. 55). In dieser Differenz liegt allein die Möglichkeit des Individuums, sich mit freiem Willen der Natur gegenüber zu behaupten, wobei es den vermeintlichen Gegensatz von Natur und Vernunft zu balancieren gilt. Indem Vernunft als tätige, als bestimmende aufgefaßt wird, belegt sie ihren Status als Äußerungsform, die sie ist. Sich äußernde Vernunft vollzieht gleichsam ihre eigene Materialisation. Dabei ist dann nicht die Materie, sondern der a priori freie Wille „Ursprung des Geistes".[2] Alles andere wäre für Friedlaender bloß „Unfug von Ignoranten" (ebd.). Der Vernunftwille soll sich hier aber letztlich nicht gegen die Natur stellen, sondern sich mit ihr in immer innigerer Harmonie vereinen. Nietzsche faßte in *Die fröhliche Wissenschaft* einen ähnlichen Gedanken:

> „Es giebt keine ewig dauerhaften Substanzen; die Materie ist ein ebensolcher Irrthum wie der Gott der Eleaten. Aber wann werden wir am Ende mit unserer Vorsicht und Obhut sein! Wann werden uns all diese Schatten Gottes nicht mehr verdunkeln?

---

1 Kant für Kinder (GS 15, 57)
2 Katechismus (GS 15, 139)

> Wann werden wir die Natur ganz entgöttlicht haben! Wann werden wir anfangen dürfen, uns Menschen mit der reinen, neugefundenen, neu erlösten Natur zu *vernatürlichen!*"[1]

Die Harmonisierung von Mensch und Natur, die Nietzsche hier anstrebt, ist für Friedlaender allein über das „wollende Vernunftwesen"[2] erreichbar. Erst muß die Differenz von intelligibler Vernunft und sinnlicher Leiblichkeit geklärt sein, um den Willen auf den Leib wirken lassen zu können. Die Aktivität zur Vernatürlichung des Menschen, von der Nietzsche sprach, zur Materialisation seiner Vernunft, muß vom Menschen selber ausgehen. Und erst im Bewußtsein dieser Aktivität ließe sich dann auch das Verhältnis von Natur und Mensch verändern. Von daher ist Materie ohne den Geist, der sie erschafft, der sie in seiner Ordnung erkennt und konstituiert, für Friedlaender irrelevant. Und trotzdem die „Empfindungen der Sinne" „materiell" sind, versteht Friedlaender sie nicht als „Wirkungen der Materie." Deshalb auch:

> „Materie als Ursprung des Geistes ist Unfug von Ignoranten. Wer die Freiheit des Willens a priori für unmöglich hält, der macht sie sich und anderen schon suggestiv unmöglich und also unpraktikabel. Die Obskuranten verleugnen, daß ihre ‚Instinkte', Gefühle, ‚Intuitionen' aus der Magie der Vernunft herrühren. Man verwerte zur Heilung diese echte Aktivität!"[3]

Im *Katechismus der Magie,* dem Friedlaenderschen Diätetikon, wird der therapeutische Gedanke des Polarismus zum Hauptmotiv. So rät er der „modernen Psychiatrie" um 1925, den Gedanken „von der magischen Macht des Vorsatzes, der physischen Wirkung der Vorstellung" (ebd.) noch ernster zu nehmen. Logotherapie und Gesprächsführung, wie sie heute praktiziert werden, beruhen ja auch zum großen Teil auf der Einsicht in die beeinflussende Kraft der Sprache. Für Friedlaender gibt es jedenfalls keinen Zweifel darüber, daß „der aktive Begriff magisch heilkräftig, bis in Fleisch und Blut

---

1 Nietzsche: *Die fröhliche Wissenschaft*, Nr. 109
2 Katechismus (GS 15, 163)
3 Katechismus (GS 15, 139)

hinein, auf den sinnlichen Stoff einwirken" kann (ebd.). Zur richtigen Koordination dieser quasi natürlich magischen Kräfte und Mächte, zum schöpferisch indifferenten Gebrauch von Sprache und letztlich jeder Äußerung überhaupt, ist der Reflex auf die Vernunft für Friedlaender unumgänglich. Vernunft avanciert so zum Regulationsprinzip sprachlich verfaßter Individualität im Medium des Sozialen. In den Selbststeuerungsprozeß vernunftbegabter Individuen installiert Friedlaender das Prinzip schöpferische Indifferenz, mit dem sich alle Äußerungen äquilibrisch formulieren lassen. Da die Entstehung der Selbststeuerung ein evolutiver, soziogenetischer Prozeß ist,[1] der auf verschiedenen Polaritäten beruht (Eltern-Kind-, Kind-Schule-, Ich-Umwelt-Beziehung), ist die polaristische Anschließbarkeit des Prinzips schöpferische Indifferenz an die Idee individualer Selbststeuerung kein theoretisches, sondern vor allem ein praktisches Problem. Individuale Selbstregulation unter dem Einfluß einer schöpferisch indifferent motivierten Vernunft ist ja auch das Ziel der Transformation des Polarismus.

Damit Individuen überhaupt mit der „magischen Vernunft" umzugehen verstehen, muß sich ihr Wille, der die materiellen Kräfte des Lebens zu beeinflussen sucht, zunächst gegen diese Kräfte behaupten. Als „natürlicher Machtbereich unseres Willens"[2] ist der Leib allererster Gegenstand der Vernunft. Alles Sittliche des kritischen Polarismus ist ja auf den Leib ausgerichtet, wobei die leiberzeugende Vernunft den Leib als sittliches Phänomen gleichsam transzendiert, um ihn dann um so vehementer polaristisch zu materialisieren.

Friedlaenders Transzendentalismus ist eindeutig an Kant orientiert. Kant, der das transzendentale Subjekt auf die transzendentale Apperzeption gründet, die er als „Subjekt der Erfahrung" versteht und die zugleich allen empirischen Vorgängen vorgelagert ist, liefert Friedlaender theoretisch das Konzept, von dem aus er seinen Indifferentismus formuliert. Trotzdem erscheint bei ihm Kants transzendentale Apperzeption als nietzschisch gebrochen. In ihr kommt nämlich jene Intelligibilität der schöpferischen Indifferenz zum Vor-

---

1 Vgl. Maeder 1949, 165.
2 Katechismus (GS 15, 158)

schein, die letztlich wieder auf der polaristischen Einheit von Transzendenz und Immanenz gründet. „Die transzendentale Apperzeption" ist hier, wie der Kantforscher John Sallis schreibt,

> „jenes einige Bewußtseins, jenes ‚eine Bewußtsein' (A 116), dem alle meine Vorstellungen angehören müssen. Sie ist ‚die durchgängige Identität unserer selbst in Ansehung aller Vorstellungen' (A 116), das mit sich selbst identische Ich, welches das Subjekt aller Vorstellungen (von Gegenständen) ist – das Subjekt der Erfahrung. Sie ist rein: Sie geht allem Empirischen voraus, betrifft primär die reine Synthesis. Sie ist ursprünglich: Sie ist nicht von der Sinnlichkeit, der Rezeptivität, abhängig, und geht somit (wiederum) der empirischen Ordnung der Anschauung und Zeit voraus und ist diejenige Einheit, auf die sogar das zeitlich Mannigfaltige zurückbezogen wird. Die transzendentale Apperzeption ist ‚das stehende und bleibende Ich' und ‚macht das Correlatum aller unserer Vorstellungen aus.' (A 123)" (Sallis 1983, 68 f.)

Ähnlich argumentiert auch Friedlaender, wenn er „die ganze Natur, mit ihr also auch der eigene Leib" aus den „Kräften meines Ich, dessen Willen der Leib unterworfen ist",[1] entstanden wähnt.

Damit wäre nun allerdings erst die logische Seite, die Seite der Identität des Ichs beschrieben, von der aus Vernunft in die Welt kommt. In der Welt, in der Realität selbst, tritt die Macht der Differenz auf den Plan. Und die analysierte Nietzsche, Friedlaender zufolge, viel lebendiger als Kant. In der Logik Kant und Ernst Marcus folgend, aber in der experimentellen Erprobung dieser Logik sich auf Nietzsche berufend, formuliert Friedlaender seinen Vernunftglauben, „den die Sinnenmenschen schwer aufbringen" (ebd. 219). Zentrum dieses „Glaubens" ist jenes „heliozentrische Ich", ohne das es „nicht einmal das Nichts ‚gibt'" (ebd. 175).

Bis in kosmologische Zusammenhänge hinein glaubt Friedlaender an die Macht der Vernunft, an eine vom „vernünftigen Willen" beherrschte „Magie":

---

1 Katechismus (GS 15, 158)

„Vom Begriffe, vom Vorsatze, von der Absicht, dem vernünftigen Willen her kann eine Magie wirksam werden, welche, kontinuierlich kultiviert den Kosmos unmittelbar und vermittels der zur Technik entwickelten Organe unvergleichlich souveräner beherrschen würde, als wir jetzt aussinnen können." (ebd. 140)

Friedlaender war aber kein Prophet des Vernunftglaubens. Er knüpfte ganz bestimmte Bedingungen an die Verwirklichung dieser Vernunft, ohne die sie sich als sittliche gar nicht durchsetzen konnte. Das Gesetz der Vernunft, das unbedingt gilt, das aber niemals gegen die Natur durchzusetzen ist, sondern im engen Verbund mit ihr überhaupt vernünftig sein kann, erfährt im Sittlichen gleichsam die Probe aufs Exempel. Denn Sittlichkeit, die „nie fertig" ist, sondern als ein „unaufhörliches Bestreben" (ebd. 173) zu verstehen ist, zwingt ja auch die Vernunft zur Überprüfung ihrer Vernünftigkeit. Das unbedingte Sollen der Vernunft, das für Friedlaender über jeden Zweifel erhaben ist, scheint Kritik gegen Friedlaenders apodiktische Gewißheit gegenüber der Vernunft herauszufordern, die aber gleich wiederum einsehen müßte, daß dies eine Gewißheit aus dem Zweifel heraus bedeutet. Und doch scheint mir Friedlaenders Wahrheitsbegriff, auf dem die „Stimme der Vernunft", die nicht „lügen" kann, „weil Vernunft die Wahrheit selber ist und uns Wahrhaftigkeit zur unbedingten Pflicht macht" (ebd. 172) mit einem moralischen Unterton versehen, der letztlich Friedlaenders Konzept eher schwächt als stärkt. Sicherlich könnte man diesen Aspekt auch zu Ansichtssache erklären und damit die funktionale Bedeutung der „Magie der Vernunft" aus dem idealistischen Kanon, dem dieser Wahrheitsbegriff eingeschrieben scheint, herausführen, ohne damit gleich allen Idealismus preisgeben zu müssen.

Daß die „magische" Kraft der Vernunft zunächst einmal medial gebunden werden muß, um überhaupt wirken zu können, daß die „Stimme der Vernunft" ohne mediale und materiale Objektivation keinerlei Bedeutung hat, führt der Sprache jene Eigenschaften zu, die Friedlaender, darin vielleicht verwandt mit Karl Kraus, als „magisch" versteht. Daß deren Magie, jedenfalls in der Moderne um 1900, wohl kaum jemand so wirkungsvoll umzusetzen verstand, wenn auch sicherlich nicht im Sinne Friedlaenders, wie Rilke und George, weist auf die damals aktuelle Bedeutung eines quasi sprachmagischen Bewußtseins, das Friedlaenders Vernunftkonzept einzuholen versuchte.

Vernunft, logo-phono-zentristisch verstanden, wonach der reine Geist mit seiner Stimme dem Individuum Vernunft direkt einzuflößen vermag, kritisiert Friedlaender da, wo er Vernunft nicht von den medialen und materialen Bedingungen ihrer Äußerung trennt. Die Äußerung der Vernunft als medientranspositorischer Effekt der Sprache, der, wie Friedlaender es beschreibt, aus dem Medium vernünftigen Sprechens das Medium Sittlichkeit erzeugt, ist Teil einer „natürlichen Magie", die Vernunft in sittliches Handeln übertragen kann. Die Instrumentalisierung der Vernunft, ihr Einsatz zum Zwecke sittlichen Handelns, hat für Friedlaender oberste Priorität: „Nicht nur erkennen, sondern Handeln: Taten." (ebd. 157) So lautet Friedlaenders Antwort auf die Frage, was Vernunft sei.

Taten, als praktische Kommunikation, als Formen der Äußerung, konstituieren und bezeichnen zugleich Differenzverhältnisse, die die Vernunft äquilibrisch zu ordnen hat. In dieser Materialisation von Vernunft, die sich im schöpferisch indifferenten Subjekt vollzieht, realisiert sich das Ziel des kritischen Polarismus. Der Prozeß dieser Vernunft, der sich an der „Richtschnur" des Gesetzes orientiert (ebd.), unterliegt jener evolutiven Differenzierung, wie sie von globaleren Zusammenhängen historischer Entwicklung aus beschrieben werden müßte. Zugleich erfolgt diese Differenzierung vor allem auch als intensive Selbstreflexion. Die Selbstsetzung der Vernunft bezeichnet dabei so etwas wie Entzweiung des Identischen, das sich selber als Äußerung gegenüber tritt. Die transzendentalphilosophische Verlarvung der Vernunft, die diese allein auf Identität zu gründen versucht, entpuppt sich als unzureichendes Verständnis von Vernunft. Vernunft als tätiges Ich, dessen vernünftiger Wille alle das vernunftbegabte Individuum umgebenden Differenzen indifferenzieren soll, bleibt in ihrem Macht- und Wirkungsbereich auf die eigene Sphäre beschränkt. Wo sie nicht gehört, gesehen, erkannt wird, da verfehlt sie jede Wirkung. Und deshalb ist sie auch, wie Friedlaender sie versteht, unablässig mit der Ausweitung ihres Macht- und Wirkungsbereichs, ihrer Einflußsphären, beschäftigt. Eben weil „die Körper nicht etwa nur Einbildungen, willkürliche Gedanken oder Phantasien" sind, sondern auch und gerade „ihren eigenen Gesetzen" „gehorchen" (ebd. 152), ist die Anstrengung der Vernunft, die darin ihre Gegenkraft empfindet, so immens. Und trotzdem ist diese Polarität von Vernunft und Körper eine Einheit, denn „die Wirkenskraft des Ich, unser Wille, ist mit der gesamten Körperwelt in Zeit und Raum von einerlei Natur." (ebd.) „Übernatürliche Wunder" (ebd.) gehören daher in den Bereich schwarzer Magie und deren Unvernunft.

Sobald die Körper in den Einflußbereich des Individuums gelangen, zwingt dieses ihnen seine Vernunft auf. Der Naturwille wird durch den Vernunftwillen gleichsam zur Vernunft gebracht. Friedlaenders „exakte Selbstentdeckung der Intelligenz, die Emanzipation der Vernunft von der Natur; die präzise bewiesene Überlegenheit des Geistes und der Tatkraft der Vernunft über sämtliche Naturmächte: Vernunft-Magie"[1], soll aber keine Emanzipation des Individuums von der Natur auf Kosten oder gar durch Eliminierung von Natur betreiben. Der triebmächtige Naturwille soll nicht unterdrückt, sondern in „lauter Allmählichkeit und Natürlichkeit"[2] mit dem Vernunftwillen harmonisiert werden. Dabei war ein wesentliches Element der leibaufbauenden Vernunft der Glaube an deren „Heilkraft" auch durch Heiterkeit (ebd. 207).

Den Einfluß der Vernunft auf die Natur, deren „Wille" dem Vernunftwillen zunächst übermächtig gegenüberzustehen scheint, nennt Friedlaender den Prozeß der „*Umkehrung*" (ebd. 157), die eine Umkehrung der „angeborenen Richtung" des vernunftbegabten Individuums meint. Im Spannungsverhältnis von Sollen (kategorischer Imperativ) und Wollen (Naturwille) stellt sich für Friedlaender die Vernunft, der Vernunftwille als mächtigstes Regulativ zur Harmonisierung von Individuum und Natur dar, wobei diese sich im „sittlichen Gesetz" niederschlägt. Dieses ist „kein mecha-

---

1 Mahnruf (GS 15, 249)
2 Katechismus (ebd. 202)

nisches Naturgesetz, sondern ein intelligibles Willensgesetz" (ebd. 154). Vor allem verwendet Mynona in seinen Phantasien, Utopien und Grotesken die Idee einer leib- und naturerzeugenden Vernunft. Als Geschöpf des Willens (SI 390) avanciert der Leib zum Hauptmotiv Mynonascher Texte. Das Leibgroteske fand darin zugleich seine polaritätsphilosophische Begründung.

Die Polarität der Vernunft, auf der ja die „Vernunftmagie" beruht, wird gerade im Spannungsverhältnis der Polarität von Vernunft und Natur deutlich. Denn indem sich Vernunft darin äußern muß, gleichsam dabei ihre Vernünftigkeit zu beweisen hat, wird sie als sich äußernde, differentielle, polaristische transparent. Zugleich aber, so Friedlaenders Vision, „gibt uns" die Vernunft „die gewisseste Zuversicht, daß, höher als Vernunft und Natur, beide vermählend, ein Wesen sei und wirke, das unsere unzulängliche menschliche Magie durch seine göttliche vervollständige" (ebd. 213). Aber wenn dieser Gott „sich weigert, durch unsere Vernunft zu uns zu sprechen", ist er „Götze" (ebd. 224).

> „Durch die mindeste Bedingung kann das Plus in Minus, das Minus in Plus verwandelt werden."[1]

2. Miszellarische Eingriffe in die Entwicklungsgeschichte des Polarismus

Dem Phänomen Polarität versucht Friedlaender nicht nur theoretisch philosophierend auf die Spur zu kommen. In einer Vielzahl größerer und kleinerer Arbeiten erprobt er auch praktisch die Schlüssigkeit seiner Idee der schöpferischen Indifferenz. Dabei setzt er diese in einen kritischen Kontrast zu den jeweils angesprochenen polaristischen Lehren (Sokrates, Kant, Goethe, Schopenhauer, Nietzsche). Zumeist versucht er die Entwicklungsgeschichte des Polarismus in seinem Sinne umzuformulieren bzw. sie, von seiner Idee ausgehend, als Quelle für diese Idee nutzbar zu machen. Wohl kaum ein wichtiger Gedanke zur Polarität wird in dieser interessegesteuerten Durchsicht der Ideengeschichte der Polarität ausgelassen.

Friedlaender muß sich seiner Sache schon ziemlich sicher gewesen sein, denn selbst bei hochkomplexen polaristischen Systemen wie Goethes Farbenlehre, Nietzsches Philosophie oder auch Einsteins Relativitätstheorie ist er von der Richtigkeit seiner Polarismusthese überzeugt. Quer durch die abendländische Kultur- und Geistesgeschichte – Kunst, Literatur, Physik, Naturwissenschaften, Philosophie und Religion betreffend – durchforscht er den Weg des polaristischen Denkens. Neben einzelnen Systemen, naturwissenschaftlicher und philosophischer Art, werden auch weniger umfassend ausformulierte polaristische Ideen von Künstlern (Kubin, Grosz) und Schriftstellern (Scheerbart, Carl Einstein) auf ihre polaristische Plausibilität hin untersucht und, wenn möglich, in Friedlaenders eigenem Entwurf eingebaut.

---

1 Goethe: *Zur Naturwissenschaft*, 1. Bandes 3. Heft, Entoptische Farben, VIII. Polarität (Juli 1820)

Von Sokrates bis Sartre läßt sich jener diskursive Faden spannen, an dem sich Friedlaenders Polarismus ausdifferenziert. „Polarität ist der Ariadnefaden im Labyrinthe der Welt" (SI 432), heißt es in der *Schöpferischen Indifferenz*. Von Homer bis Scheerbart werden die Zeugen eines literarisch-phantastischen Polarismus aufgespürt, zu deren wichtigsten Mynona selbst gehört. Von Kopernikus, Pascal, Newton bis hin zu Albert Einstein ergibt sich ein Netzwerk aus Mathematikern und Naturforschern, die auf unterschiedliche Weise Eingang in Friedlaenders Polarismus finden. Ausführlich beschäftigt sich Friedlaender in naturphilosophischer Hinsicht vor allem mit Goethes Farbenlehre, die er gegen Newton zu verteidigen sucht, dann mit den wärmeenergetischen Forschungen von Julius Robert Mayer,[1] dessen „Gesetz der Erhaltung der Energie" Friedlaender als paradigmatisch für die Allgemeingültigkeit äquilibrischer Prozesse in der Natur erkennt, und schließlich mit Einsteins Relativitätstheorie,[2] die er unter der Prämisse „vernunftwissenschaftliche Vorbedingungen der Naturwissenschaft" von Kant her kritisiert.[3] In der Kunst sind es vor allem die Arbeiten von Alfred Kubin und George Grosz, in denen er seine Ideen ausprobiert. Kunst wird dabei nicht gegen Philosophie und diese nicht gegen die Kunst ausgespielt, sondern beide in einem Ergänzungsverhältnis beschrieben, in dem die „anschaulich exemplifizierte Logik"[4] der Kunst als „Reallogik" im polaristischen Sinne verstanden wird.

Trotz dieses weitgefächerten Interesses, dem Grundprinzip Polarität auf die Spur zu kommen, sind Friedlaenders Forschungen fast gänzlich in Vergessenheit geraten. So wird nicht einmal sein Name in wichtigen Sammelbänden erwähnt, die das Phänomen Polarität zu aktualisieren versuchen oder dessen Aktualität erklären wollen. Weder im Eranos Jahrbuch 1967, dessen Beiträge unter dem Leitthema „Polarität des Lebens",[5] noch im 1974 im Namen der Humboldt-Gesellschaft erschienenen Sammelband *Polarität als Weltgesetz*

---

1 Vgl. Mayer
2 Vgl. Kant gegen Einstein
3 Kant gegen Einstein, Untertitel
4 Briefe Kubin, 75
5 Vgl. *Polarität des Lebens*. Eranos Jahrbuch 1967, Zürich: Rhein 1968

und Lebensprinzip (Thoms 1974) finden sich Hinweise auf den vielleicht bedeutendsten Grundlagenforscher zum Problem Polarität in der ersten Hälfte des 20. Jahrhunderts, obwohl die ungebrochene Aktualität der Polarität in ihrer historischen Genese darin aufgezeigt werden sollte.

Polarität avanciert zur zeitlosen Metapher, zur überhistorischen Kategorie, in der der Blick auf ihre historische Genese verloren zu gehen droht:

> „[...] ‚Polarität', einem der wichtigsten Leitbegriffe von Goethes Metaphysik, und wir sind überzeugt, daß wir mit diesen Leitbegriffen: Polarität, Steigerung und Symbolik die wesentlichen Probleme unseres Zeitalters erfassen können."[1]

Was 1974 derart enthusiastisch gefeiert wurde:

> „[...] wir haben das Gelenkstück unserer Geistigkeit in dieser Polarität gefunden, denn die Widerspruchseinheit der Pole und ihre Dynamik ist ja eines der größten Symbole der Menschheits-Kultur, so daß unser geistiges Auge mit der Sprache der Begriffe und der Symbole das ansonsten unvereinbare zusammenschaut" (ebd. 1),

hatte Friedlaender spätestens 1918 auf den Begriff gebracht. Die Zusammenschau des ansonsten Unvereinbaren kennzeichnet ja gerade den polaristischen Blick, den „zentralen Blick", der polar „blickt", wie er in der *Schöpferischen Indifferenz* beschrieben ist (SI 427). Spätestens um 1918 glaubte Friedlaender den „Stein der Weisen", „das eigne, schöpferisch indifferente Subjekt" (SI 437), das *missing link,* das Vernunftwesen, nicht erst gefunden oder erfunden, sondern auch grundlegend erforscht zu haben.

In zahlreichen Einzeluntersuchungen, wie erwähnt, oft nur in kleineren miszellarischen Arbeiten versucht Friedlaender die Rele-

---

1 Ebd. I. Vielleicht liegt es ja an den unzureichenden Speicherprogrammen bibliotheksvernetzter Computersysteme, die unter dem Stichwort ‚Polarität' eben nicht eines der Hauptwerke zu diesem Thema, nämlich die *Schöpferische Indifferenz,* erscheinen lassen, so daß die Nichterwähnung Friedlaenders einen ganz trivialen Grund hat.

vanz und Richtigkeit seiner Idee nicht bloß rhetorisch überzeugend darzulegen, sondern auch logisch gegen andere polaristische Vorstellungen durchzusetzen. Als erste, wichtige Arbeit zum Phänomen von Polarität und Indifferenz gilt wohl weniger die 1902 erschienene Dissertation Friedlaenders, als vielmehr das genannte Buch über den Naturforscher und „Begründer der modernen Naturwissenschaft" Julius Robert Mayer (1814-1878). Dessen

> „Gesetz der Äquivalenz fesselte mich schon erkenntniskritisch durch den Zusammenhang des apriorischen mit dem aposteriorischen Wissen, durch die polare Harmonie, die mir daraus hervorging. Mein naturphilosophischer Versuch, in diesem Zusammenhang meine polaristische Philosophie unterzubringen, fiel allerdings phantastisch aus." (Autobiographie, 65)

Dem folgten Bücher zur Logik (1907), Psychologie (1907), eine Textsammlung zu Jean Paul (1907), eine Auswahl aus Schopenhauers Schriften (1907), dann der Gedichtband *Durch blaue Schleier* (1908) und 1911 die hervorragende Studie *Friedrich Nietzsche. Eine intellektuale Biographie*, die Nietzsche als Paradigma des Indifferentismus „polarer Observanz" „präzisiert" (SI 405). Kriegsbedingt dauerte es sieben Jahre, bis Friedlaender mit der *Schöpferischen Indifferenz*, 1918 sein philosophisches Hauptwerk der Berliner Zeit vorlegte. Zwischenzeitlich publizierte er unter seinem Pseudonym Mynona mehrere Groteskenbücher sowie zahlreiche Rezensionen in Zeitungen (GS 2/3).

Nach 1918 erschienen von Friedlaender Schriften zu Bloch, Kant, Einstein, Ernst Marcus sowie ein Sammelband mit sechsundzwanzig literarisch-philosophischen Essays und Rezensionen, die, so Anselm Ruest (1925), „blitzartig" „eine ganze Weltsituation" „beleuchten". In all diesen Arbeiten ging es weniger um eine philosophische Weiterentwicklung der Idee der *Schöpferischen Indifferenz*, als vielmehr um deren praktische Erprobung. Die wichtigsten Arbeiten stehen im Folgenden zur Diskussion.

2.1. Sokrates der Idiot?

Äußerer Anlaß für Friedlaender, sich publizistisch mit Sokrates zu beschäftigen, war Alexander Moszkowskis 1917 erschienene Broschüre *Sokrates der Idiot. Eine respektlose Studie*, die, so Friedlaender, angelehnt an Nietzsches sokratesfeindliche Auffassung, Sokrates „idiotisiert". Interessant ist Friedlaenders im *Berliner Börsen-Courier* erschienene Besprechung[1] deshalb, weil sie in bestimmter Hinsicht ein Charakteristikum des polaritätsphilosophischen Argumentierens zeigt. Im vorliegenden konkreten Fall besteht es darin, daß der Kontrast einer stark polaristischen Philosophie (Nietzsche) zu einer schwach polaristischen Philosophie (Sokrates) so differenziert wird, daß gegen die Polemik Nietzsches die polaristischen Aspekte sokratischer Philosophie hervorgehoben werden. Friedlaenders Emphase für Nietzsche nämlich täuscht nicht darüber hinweg, daß Nietzsche im Falle Sokrates, zumindest in einigen Äußerungen, falsch gelegen hat. Letztlich legt sich hier polaritätsphilosophisches Argumentieren gegen sich selber an. Moszkowski war in dieser Auseinandersetzung nicht mehr als nur ein auslösendes Moment, das inhaltlich zum Diskurs der Polaritätsphilosophie nichts Entscheidendes beitrug.

Sokrates, der Sittlichkeit für erkennbar und lehrbar hielt, vereinte Erkenntnis, Pädagogik und Selbstbeschränkungstugenden der Genügsamkeit zu einer mäeutischen (Hebammenkunst), ironisch agierenden Philosophie, deren oberstes Postulat der Wille zur Selbsterkenntnis war. Sie galt ihm als Voraussetzung jeder Veränderung von Praxis. Daß Nietzsche gegen diese, nach seinem Verständnis, allzumenschliche Art des Philosophierens opponierte, ist nicht Friedlaenders Kriterium der Kritik, sondern daß er den sokratischen Idealismus und seine Logik bloß einseitig zu lesen vermochte, läßt Friedlaender für Sokrates Partei ergreifen. „Es ist ein schlimmes Verhängnis," schreibt Friedlaender,

---

[1] F/M: *„Sokrates der Idiot"* (30. Okt. 1918; GS 3, 558 ff.)

> „daß Nietzsche vergaß: Dionysos ist vor allem Logiker, d. h. Kantianer, Intelligenz, Vernunft, Idee, nicht nur Traum und Rausch, sondern Beherrscher des Lebens durch höchste Vernunft, nüchterner Bezwinger seiner Trunkenheit; kein Naturbursch." (ebd. 559)

Gleichsam mit Nietzsche, der ja selbst polaristisch, im Zusammenhang seiner apollinisch-dionysischen Doppelfigur, operierte, legt Friedlaender den eher noch verdeckten Polarismus bei Sokrates frei, um diesen dann um so überzeugender gegen Nietzsches Sokratesverständnis zu wenden.

> „Sie", gemeint sind Nietzsche und Moszkowski, „verlachen mit Wieland wiehernd die Polarität von ‚Stirb und werde!', welche Sokrates im *Phädon* entwickelt. Goethes ‚Lange hab ich mich gesträubt, / Endlich geb ich nach – / Wenn der alte Mensch zerstäubt, / wird der neue wach', lacht siegreicher." (ebd.)

Schellings Begriffspaar des Apollinisch-Dionysischen aufgreifend, das vor allem durch Nietzsche populär wurde, versucht Friedlaender Sokrates vom Mythos reiner, intelligibler Verhältnisse derart zu lösen, daß das apollinische Konzept des theoretisch-optimistischen Menschen, das Sokrates in der Überlieferung (Platons Dialoge, Xenophons *Memorabilien*) vertreten hat, nicht bloß als intelligibles zu verstehen ist, sondern schon auf die Einheit hin mit dem Dionysischen reflektiert wird. Insofern erscheint das Dionysische dem Apollinischen immer schon eingeschrieben. So bedeuten auch Erhabenheit und Vergeistigung des Eros, wie es Sokrates zugeschrieben wird, für Friedlaender nicht das Fehlen jeglicher Polarität oder jeglicher Reflektion aufs Wirkliche hin, sondern allenfalls eine apollinisch-intellektuale Disproportion, ein Mißverständnis gegenüber dem Dionysischen. Keineswegs liegt darin aber ein ausreichender Grund für Friedlaender, Sokrates, wie es Nietzsche vordergründig zu beabsichtigen schien, einem zukünftigen Vergessen zu überlassen. Im Gegenteil beharrt Friedlaender auf der polaritätsphilosophischen Bedeutung des Sokrates.

Ganz anders Nietzsche, der in *Die Geburt der Tragödie aus dem Geiste der Musik* (1872) die doppelstrukturelle Verfassung des Apollinisch-Dionysischen zur Analyse der Entstehung des Tragischen heranzog. Er kontrastierte nämlich das Sokratische mit dem Dionysischen: „Dies ist der neue Gegensatz: das Dionysische und das Sokratische, und das Kunstwerk der griechischen Tragödie ging an ihm zu Grunde."[1] Sokrates, genauer das Sokratische, wird mit der bloß theoretischen Erkenntnis identifiziert, als reine Intelligibilität gebrandmarkt, worin es als Gegner der Kunst erscheint.

„War Sokrates überhaupt ein Grieche?" Und: „War Sokrates ein typischer Verbrecher", ketzert Nietzsche, um dann seinen Vorwurf gegen Sokrates zu formulieren, daß nämlich erst mit diesem „der griechische Geschmack zugunsten der Dialektik" umschlug, durch die dann der „Pöbel" „obenauf" kam.[2] Nietzsches A-Version ist deutlich. Entsprechend galt auch seinem gesamten Projekt der Metaphysikkritik die Destruktion der sokratischen Behinderung, die ihm zufolge im sokratischen Imperativ des „Erkenne dich selbst" zum Ausdruck kommt. Daß Nietzsche aber nicht mit gleicher Konsequenz an Kritik seiner eigenen Philosophie gegenübertrat – ein Befund, den Friedlaender vor allem in seinem Nietzsche-Buch kritisch anmerkte –, stützt Friedlaenders Annahme einer philosophisch-logisch ungenauen Sokrates-Rezeption von Seiten Nietzsches, die eher von philosophisch-strategischen Interessen geleitet schien als von der Vorstellung eines möglichen Nutzens sokratischen Philosophierens. Auf Nietzsches Haß-Liebe zu Sokrates hat neuerdings Foucault aufmerksam gemacht, der die Spannung dieses Verhältnisses produktiv aufzulösen versucht.[3]

Im Fahrwasser von Nietzsches „Das Problem des Sokrates" wollte Moszkowski nun

---

1 Nietzsche: *Die Geburt der Tragödie*, Nr. 12
2 Nietzsche: *Götzen-Dämmerung*, Das Problem des Sokrates, 4
3 Vgl. Foucault: *Die Hermeneutik des Subjekts* (Vorlesungen 1981/82 am College de France), Frankfurt: Suhrkamp 2009; 1986 als Seminar-Script in Auszügen zugänglich

„die Figur eines alten Mannes [...] vom Altar" stoßen, „dessen bloße Anwesenheit auf hohem Postament an geweihter Stätte zumeist daran Schuld war, daß das Ideal in Mißkredit verfiel. Das Hemmnis heißt: Sokrates; das Ideal, dem er universalen Schaden zugefügt hat: Philosophie."[1]

Auf diesen Unsinn geht Friedlaender gar nicht erst ein. Vielmehr ist er darauf aus, Sokrates gegen Nietzsche und Moszkowski ins polaristische Recht zu setzen, denn „der platonische Sokrates ist kein Idiot, sondern ein Kind, der A-B-C-Schütz der selben Meisterschaft, welche heute in Marcus auf ihren Gipfel gelangt ist."[2] Zugleich richtet sich Friedlaenders Kritik auch gegen jene „geistreich amüsanten modernen Sophisten und begabten Dummköpfe", wozu neben Moszkowski u. a. auch „Mauthner, Scheler, Schleich, Rathenau, Spengler" (ebd. 559) zählen, die er als „Sprachverächter" bezeichnet, da sie, mit Nietzsche bloß im Hinterkopf, als eigentlich „Nietzsche widerlegende Theologen" auftreten, die ansonsten aber seine Themen gar nicht zu verstehen scheinen. Moszkowskis „Umwertung" gilt ihm daher auch als bloße „Spiegelfechterei".

Sicherlich hat auch Friedlaenders Vorgehen, Sokrates gegen Nietzsches Einwände zu behaupten, eine ganz bestimmte Absicht und sicherlich ist es deswegen als philosophische Strategie zu verstehen, wenn Friedlaender Sokrates als Polaristen zu aktualisieren versucht. Geht es ihm doch dabei vor allem um eine Bewahrung bestimmter philosophischer Theoreme einer Philosophie der Selbsterkenntnis, die er seiner eigenen Polaritätsphilosophie einzuverleiben versucht. Zu beobachten ist eine Überschneidung von Sokrates und Friedlaender da, wo es letzterem um eine Ausdifferenzierung praktischer Vernunft geht, die ohne eine Klärung des intimsten Selbstverhältnisses, ohne Selbsterkenntnis gar nicht funktionieren kann.

Als „Ahnherrn aller Logik, und besonders ethischen Logik" (ebd. 560), die vom Streben nach Selbsterkenntnis definiert wird, worin sich das Individuum als in der Wirklichkeit handelndes begreift,

---

1 Moszkowski 1917, 5
2 Friedlaender: „*Sokrates der Idiot*" (GS 3, 560). Gemeint ist Ernst Marcus.

versucht Friedlaender die sokratische Ethikkonzeption für sein eigenes Prinzip Sittlichkeit nutzbar zu machen. Gegen transzendentalidealistische, okkultistische und obskurante Verweise individualer Vernünftig- und Sittlichkeit aufs Jenseits insistiert er auf die Immanenz sokratischer Philosophie, auf die konkrete Realisierbarkeit einer von Selbsterkenntnis bestimmten Individualität.

„Idiotisch ist nicht der der Welt überlegene Idealist, sondern sein Erbfehler, vermöge dessen er diese Welt hier statt sie zu bewältigen, überfliegt und, statt seine schöpferische Kraft am stumpfen Widerstande der Welt hier zu betätigen, sich über sie hinaus in ein erphantasiertes Jenseits schwindelt." (ebd. 560)

Also keine idealistisch erträumte Utopie, sondern die realistisch-idealistische Bewältigung der Wirklichkeit, des Hier und Jetzt ist nach Friedlaenders Auffassung das Ziel der sokratischen Projektion, das Ziel eines Bildungsideals, das Selbsterkenntnis heißt. Selbsterkenntnis bedeutet darin das Zusammenfallen von Weg und Ziel in einem Selbstverständnis, das es immer wieder neu zu befragen gilt. Das „Erkenne dich selbst" des vorsokratischen Thales von Milet, das Friedlaender insbesondere in der sokratischen Fassung interessierte, wird in der *Schöpferischen Indifferenz* als „Schlüssel zur Magie, d. h. zum persönlichen Weltwillen, zur eigenen Göttlichkeit, zum Individuum" (SI 416) bezeichnet.

„Das eigenste Selbst", heißt es dort weiter, „ist neutral, aller Differenz in sich spottend, sie aber objektivierende Größe. Die psychische Selbstzerfaserung erregt den Widerwillen gerade des grandiosen Selbstes:
,Erkenn ich mich, was hab' ich da für Lohn?
Erkenn ich mich, so muß ich gleich davon!'" (SI 514)

Was hier so witzig erscheinen mag, nämlich die Flüchtigkeit des Sinns der Selbsterkenntnis, formuliert Friedlaender zum „magischen Witz der echten Selbsterkenntnis", der Nietzsches freien Willen in polaristisches Licht stellt, denn dieser Witz

„besteht in der Neutralisation aller objektiven Differenz. Aber diese Freiheit von aller Differenz entbindet erst alle Differenz harmonisch. Der freie Wille ist nur zu seiner Objektivation wirksam: und alle Notwendigkeit ist nur objektivierte Freiheit und also polar." (SI 514)

Selbsterkenntnis, Selbsterkennen als Prozeß, fungiert als Voraussetzung jeder ontologisch irgendwie motivierten Daseinsanalyse. Ohne Selbsterkenntnis erlangt man, so Friedlaender, keine Aufschlüsse über die eigenen Erfahrungsgrundlagen. Darin vollzieht sich zugleich ein grandioser Akt der Selbstsetzung der Vernunft, die immer auch mit der Klärung dieses Selbstverhältnisses zu tun hat. Sokrates' Appell zur Selbsterkenntnis gründete ja ebenfalls auf einem Vertrauen in die Vernünftigkeit des Denkens und Erkennens, das allerdings weniger den Immanenzverhältnissen der Realität abgeschaut zu sein scheint, als vielmehr aus metaphysischen Spekulationen über die Welt gewonnen wurde.

Metaphysik und Vernunft, Metaphysik der Vernunft, logozentristisch bei Sokrates als Eckpfeiler okzidentaler Philosophie initiiert, schreibt Friedlaender im polaristischen Sinne fort. Und dies in der doppelten Bedeutung des Wortes. Denn zum einen reflektiert Friedlaender Vernunft von ihren empirischen Verhältnissen her, wozu auch die materialen und medialen Bedingungen deskriptiven Philosophierens zählen, in dem Vernunft als reine Logizität verschwindet, also fort-geschrieben wird und als apuristische im Medium ihrer Differenzverhältnisse erscheint. Zum andern kommt Friedlaender nicht darum herum, seiner Emphase für Metaphysik nachzugeben und ihr letztlich alles wieder zuzuführen, zuzuschreiben, was an philosophischer Erkenntnis gewonnen wurde. Insofern schreibt er das Programm der Vernunft metaphysisch fort, also weiter.

Erschütterte Kant die Tradition der Vernunft und Metaphysik mit dem Ziel, beide Begriffe in neue Bestimmungen zu überführen, so wollte Nietzsche von vornherein Vernunft und Metaphysik in ihren transzendentalen Implikaten verabschieden, um deren Relationen genauer zu erforschen. Vernunft war eine Angelegenheit der Praxis und in diesem Sinne überhaupt nicht von empirischer

Erfahrungswirklichkeit zu trennen. Vernunft und Leidenschaft etwa gehören demnach ein und derselben Wirklichkeit an. „Die Verkennung von Leidenschaft und *Vernunft*, wie als ob letztere ein Wesen für sich sei und nicht vielmehr ein Verhältnißzustand verschiedener Leidenschaften und Begehrungen",[1] diagnostizierte Nietzsche im aporetischen Glauben an eine reine Vernunft, den er vehement bekämpfte. Alle „tiefsinnige Metaphysik",[2] oder überhaupt alle Metaphysik, deren Ursprung Nietzsche im Traum erblickte,[3] kann nicht mit der von ihr hofierten Wahrheit identifiziert werden. Aber Nietzsches Abschied von der Metaphysik ist nur halbherzig, bringt er doch einen „wesentlichen Nachteil" mit sich, und zwar den Verlust der Idee einer zeitlosen oder zeitübergreifenden Individualität. Hören nämlich „metaphysische Ansichten" auf, so faßt „das Individuum zu streng seine kurze Lebenszeit ins Auge und ‚empfängt' keine stärkeren Antriebe, an dauerhaften, für Jahrhunderte angelegten Institutionen zu bauen."[4] Gegen die metaphysischen Grundlagen der Vernunft anzugehen, hieße demnach für Nietzsche, auch und gerade gegen eine historische und psychologische Installation von Vernunft vorzugehen.

Daß Friedlaender nun, trotz seiner am Problem Sokrates entzündeten Nietzsche-Schelte, Nietzsche als engsten Verbündeten ansieht, und nicht etwa sokratisch wird, sollte hier nicht verloren gehen. Letztlich ist Friedlaenders Interesse an Sokrates auch viel weniger grundsätzlich, als es hier erscheinen mag. Aber im Rückgriff auf Sokrates konnte Friedlaender sein eigenes Konzept von Selbsterkenntnis, Selbstsorge und Selbstverantwortung, das immer auch im Kontext sozialer Verflochtenheit von Individualität zu verstehen ist, kontrastiv an die philosophische Tradition anbinden. Dabei geht es nicht um eine Tradierung sokratischen Denkens, oder um dessen unkritische Aktualisierung, sondern um eine polaristische Umcodierung sokratisch inszenierter Selbstverhältnisse, zu denen auch Tugenden wie Genügsamkeit und Tüchtigkeit gehören, die

---

1 Nietzsche: NF, Nov. 1887 - März 1888, 11[310] (KGA VIII/2, 373)
2 Nietzsche: *Morgenröthe*, Nr. 85
3 Nietzsche: *Menschliches, Allzumenschliches*, I, 1. Hauptstück, Nr. 5
4 Ebd. Nr. 22

für Friedlaender ohne ihre ebenso relevanten Gegenteile gänzlich bedeutungslos wären. „Laster sind umgekehrte Tugenden", lautet ein ebenso wahrer wie absurd-grotesker Aphorismus Friedlaenders. In diesem Sinne ist polarisierter Sokrates gar nicht so weit entfernt vom polarisierten Nietzsche, was Nietzsche ja auch selber erkannte. Denn, so eine Stelle im Nachlaß: „*Socrates*, um es zu bekennen, steht mir so nahe, daß ich fast immer einen Kampf mit ihm kämpfe."[1]

Auch wenn Sokrates keine präzise Logik der Polarität entwickelte, wie sie Friedlaender vorschwebt, so erkannte er doch den polaristischen Eigensinn der Vernunft im Prozeß der Selbsterkenntnis. Entsprechend erkennt auch erst derjenige anderes und andere, wer sich selbst erkennt. Selbsterkenntnis als Erkenntnis des anderen, der man selber zugleich ist und nicht ist. Erst, wer sich in Selbstbeobachtung und Selbsterkenntnis übt, so ließe sich dieser Gedanke weiterformulieren, kann auch die Wirklichkeit beobachten, die sein Blick konstituiert. Ein Erkenntnisprinzip wird deutlich, das Friedlaender auf die ‚vernunftmagische' Basis des kritischen Polarismus zu verpflichten versucht. Er trifft dabei die Unterscheidung zwischen realer Dingwelt und deren gedanklicher Organisation zum Zwecke der Erkenntnisbestimmung nicht als absolute Opposition. Vielmehr geht er von der Vorstellung aus, daß kein Repräsentierendes irgendwie Abbild eines Repräsentierten sein kann, sondern daß sich im Repräsentierenden allenfalls der Schein des Repräsentierten zeigt. Schein und Wirklichkeit gehören demnach nicht zwei unvereinbaren Welten und Realitäten an, sondern einer Wirklichkeit. Und deshalb gehören auch Dinge, Gedanken und Vorstellungen einer einzigen Wirklichkeit an. „Möge man doch endlich spüren," schreibt Friedlaender, „daß die hart im Raum einander stoßenden Dinge leicht beieinander wohnende Gedanken zwar nicht sind, aber daß jene schließlich nur diesen gehorchen."[2] Allein in dieser Gesetzmäßigkeit liegen die Idee der Schöpferischen Indifferenz und die des kritischen Polarismus begründet. „Vernunftmagie", an der sich jede Selbsterkenntnis zu orientieren hat, behauptet darin ihre Macht

---

1 Nietzsche: NF, Sommer 1875, 6[3] (KGA IV/1, 173)
2 Friedlaender: „*Sokrates*" (GS 3, 560)

über die „hart im Raum einander stoßenden Dinge", die im Spannungsfeld der Vernunftkräfte, diesen „gehorchen".

Durch die Objektivation von Gedanken, durch deren Verdinglichung oder mediale Materialisierung sind verdinglichte Gedanken Dinge, die Dinge organisieren. Darin eröffnet sich eine funktionale, gleichsam auch technische Dimension des Denkens, die vielmehr mit Psychophysik und Medientheorie zu tun hat, denn mit transzendentaler Hermeneutik, die über die transzendentale Sphäre gedanklichen Verstehens Verstehen zu verstehen versucht.[1]

Friedlaender nivelliert nun aber nicht mit seiner materialistischen Perspektive die Differenz zwischen Ding und Gedanken von ihm. Aber er macht deutlich, daß uns zunächst allein die Signifikanten berühren und daß jede Vorstellung eines Signifikats sofort signifikantenlogisch aufgezehrt wird, daß sie also notwendigerweise sofort als Differenzverhältnis zu entziffern und zu verstehen ist. Gleichwohl aber kann die Welt längst nicht mit dem Gedanken von ihr identifiziert werden.

Die Ordnung der Dinge zu beherrschen, sie gleichsam als Gedankenoperation zu bewerkstelligen, gelingt nur gegen den „stumpfen Widerstand dieser Welt."[2] Erst der Wille, als Trutzkonzept gegen die Versuchungen des scheinbar Realen zum Kalkül der Macht erhoben, widersetzt sich im Verein mit der Selbstermächtigung des Individuums dem Sog, der Ohnmacht gegenüber der Macht dieses Realen. Hier wird der sokratische Imperativ des „Erkenne dich selbst" zum *movens*, zur Selbstmotivation, im Erreichen des weitgesteckten Ziels nicht nachzulassen. Denn gerade im Bewußtsein der eigenen „Allmacht" – die als Erkenntnisinteresse der Schöpferischen Indifferenz erscheint –, in der man sich in der Selbsterkenntnis gewahr werden soll, entledigt man sich fremder Mächte, die ihren Einfluß auf das eigene selbst ständig geltend zu machen versuchen. Und deshalb liegt die „eigne Allmacht" „brach", „solange man sie nicht indifferent (individual) subjektiviert und polar objektiviert" (SI 472). Aber der Bezug zum Anderen, zum Fremden, von dem der fremdbestimm-

---

1 Vgl. Kittler 1985
2 Friedlaender: „*Sokrates*" (GS 3, 560)

te Impuls zurückkommt. kann nicht in den empirischen Verhältnissen gänzlich aufgehoben werden. Und in diesem Sinne wird die Fremdbestimmung zum Konstituens der Selbstbestimmung. Das ist der Aspekt der Nichthintergehbarkeit von Differenz im intimsten Selbstverhältnis. Puristische Konzepte, die rein auf Identität setzen, geraten ins Zwielicht unvermeidbarer Aporien, was den für Friedlaender so wichtigen Goethe gegen Sokrates aufbrachte, indem er diesen allzu puristisch verstand. Denn „die so bedeutend klingende Aufgabe: Erkenne dich selbst" kam Goethe „immer verdächtig vor. Sie erschien ihm „als eine List geheim verbündeter Priester, die den Menschen durch unerreichbare Forderungen verwirren und von der Tätigkeit gegen die Außenwelt zu einer inneren falschen Beschaulichkeit verleiten wollen."[1] Goethes Einwand trifft insofern zu, wie Sokrates an der Idealität seines Imperativs festhielt. Polaristisch verstanden, bekommt das „Erkenne dich selbst" allerdings eine ganz andere Dimension, nämlich die einer ständigen Rückbezüglichkeit auf die eigene Individualität und Subjektivität. Insofern meint dieser Imperativ auch keine substantialistische Projektion, die einmal erreicht nie wieder verloren gehen kann, sondern er meint eine ständige, immer wieder von neuem gestellte Aufgabe, er meint einen Prozeß ständiger Selbstanstrengung, worin sich praktische Vernunft ständig von neuem zu beweisen hat.

Gegen Moszkowski gerichtet fragt Friedlaender rhetorisch nach dem Wirkungsgrad dieser Vernunft: „„Die Triebkräfte der Seele orientieren sich nicht nach Denkgesetzen'", wie Moszkowski meint. „Sie orientieren sich gewiß nicht leicht, aber im Falle ihrer Orientierung doch wohl nur nach Denkgesetzen – nach was denn sonst? Und gerade hier liebte die Vernunft die Vernunft."[2] Intelligible Welten, Vernunftgesetze, so Friedlaenders Behauptung, ordnen die Welt, wenn sie uns denn überhaupt in irgendeiner Form als irgendwie geordnet erscheint. Das „Erkenne dich selbst" ist dabei allemal auch ein Erkennen dieser Zusammenhänge.

---

1 Goethe: *Bedeutende Fördernis* (1823)
2 Friedlaender: *„Sokrates"* (GS 3, 558)

2.2. Gesättigter Optimismus

Mit Descartes, Locke und Hume, jenen drei Verfechtern eines unterschiedlich akzentuierten, dabei aber doch aufeinander beziehbaren subjektivistischen Prinzips[1] zwischen Sokrates und Kant, hat sich Friedlaender weniger ausführlich beschäftigt. Locke und Hume waren ihm wohl insgesamt eher unbekannt und Descartes' substantialistisch orientierten Leib-Seele-Dualismus lehnte er ebenso ab, wie „Monismus ... oder Pluralismus", die er als „Polarismus der Simpel und Gimpel" (SI 421) kurzerhand erledigte. Nur vereinzelt, verstreut kommt Friedlaender auf diese drei Philosophen der Neuzeit, zumeist im Zusammenhang mit Kant, zu sprechen.

Intensiver beschäftigt sich Friedlaender mit Leibniz, dem letzten Universalgelehrten des Abendlandes. Dabei geht es ihm wieder, ähnlich wie in der Auseinandersetzung mit Sokrates, um eine Kontrastbildung: der eigene polaritätsphilosophische Entwurf stellt sich einerseits gegen eine mögliche Aktualisierung Leibnizscher Philosophie, andererseits wird auf die polaritätsgeschichtlich relevanten Aspekte polaristischer Elemente bei Leibniz aufmerksam gemacht. Dessen theodizeebedingter Optimismus, der Gott über die Übel der Welt rechtfertigt und die bestehende Welt als beste aller Welten begreift, kontrastiert Friedlaender mit dem sokratischen Sittlichkeitsideal und dem Postulat der Selbsterkenntnis. Wo Sokrates das Dasein auf die Vernunftfähigkeit des Verstandes konzentrierte, installiert Leibniz eine grandiose kosmologische Maschinenmetaphorik, deren oberste Instanz Gott heißt. Gegen die innenperspektivisch gelagerte Projektion der Selbstbestimmung durch Selbsterkenntnis zitiert Leibniz Gott als Letztinstanz allen Daseins. Von ihm hängt alles ab, worin sich deutlich die menschliche Existenz einer Marionettenmetaphorik unterwirft. Mikro- und Makroprozesse werden außenperspektivisch der Allmacht Gottes zugeschrieben. Maschinenmetaphorik und Marionettenhaftigkeit bestimmen bei Leibniz das

---

1 Vgl. Whitehead 1982

Verhältnis von Gott und Individuum. Im Bühnenstück der Weltgeschichte hat Gott alle Fäden der Individualität in der Hand. Leibniz' kosmologische Supermaschine, die sich zwischen der unendlichen Größe und Ausdehnung des Raumes, sowie zwischen infinitesimal kleinsten Einheiten sogenannter Monaden, aufbaut, vereint letztlich beide Bereiche im für beide gleich gültigen Prinzip der prästabilierten Harmonie. Ihr zufolge nimmt Leibniz eine Vermittlungsinstanz an, die zwischen der mechanischen *res extensa* (von Descartes auch zweite Substanz genannt) und der kausalen *res cogitans* (von Descartes auch erste Substanz genannt), die als konstante Kraft eine bruchlose Verbindung zwischen beiden herstellt: Leibniz nennt sie Gott.

Diese Abkehr vom kosmologischen Dualismus des Descartes, in der ein universalistischer Einheitsgedanke mit dem Prinzip prästabilierter Harmonie zum Tragen kommt, vereinbart sich mit Friedlaenders Interesse, jene Kraft zu beschreiben, die einheitsstiftend alle anderen Kräfte aus sich selbst heraus zu begründen vermag, was in der *Schöpferischen Indifferenz* mit individualer Subjektivität gemeint ist. Für Friedlaender stellt sich der Zusammenhang von Harmonie und Gott allerdings nicht im Leibnizschen Sinn, denn sein Gottesbegriff ergibt sich als „harmonische Welt-Gegenseitigkeit in ihrem individualen Prinzip" (SI 512).

In seinem zuerst 1916, dann im Sammelband 1924 erschienenen Hinweis auf Leibniz geht es Friedlaender nicht um dessen anachronistische Aktualisierung: fensterlose, gleichsam hermetisch verschlossene Monaden, die nichts in sich herein und ebenso wenig aus sich heraus lassen, also eindeutig unter dem Diktat der Substanzmetaphysik stehen, wären ohnehin kein sinnvoller Diskussionspunkt im Zeitalter des Relationalismus (Russell, Whitehead, neukantischer Funktionalismus) und Relativismus (Einstein) gewesen. Friedlaender geht es in diesem Hinweis letztlich wiederum vielmehr um seine eigene polaristische Umcodierung von Philosophien. So treten denn auch der Leibnizschen Naivität und ihrem Optimismus, gleichsam in polaristischer Manier, Kant und Schopenhauer entgegen. Es sollte dabei der Leibnizsche Trugschluß, dessen „optische Täuschung", offensichtlich werden, dem zufolge „eigentlich die Welt auf das allerbeste bestellt sei."¹ Mit dieser „unerhörten Naivität", so Friedlaender, „erledigte" Leibniz „die gesamte Widerspenstigkeit des Lebens, so daß er mit Recht und Grund annimmt, für Gott selber sei das alles in Ordnung."² Erst Kant korrigierte dann „die fehlerhafte Einschätzung der wahren Distanz zwischen der göttlichen Vernunft und einer ihr tatsächlich entsprechenden Welt." (ebd.) Daß aber diese transzendentalphilosophische Korrektur noch nicht der psychophysischen Weisheit letzter Schluß sein konnte, hatte Friedlaender in der ersten Auflage der *Schöpferischen Indifferenz* geahnt.

Zur Begründung seiner optimistischen Weltperspektive, die Voltaire bekanntlich zum *Candide ou L'optimisme* anregte, der zuallererst gegen die Leibnizsche Metaphysik geschrieben wurde, entwickelte Leibniz eine schier unbegrenzte Erfindungsgabe: Harmonische Weltmodelle wurden gegen ihre empirische Instabilität behauptet; kosmologisch verflüchtigte sich jede Kritik an Wirklichkeitsverhältnissen: Täuschung und Selbsttäuschung lagen daher dicht beieinander. Leibniz' „optische Täuschung" geriet so zur philosophischen Selbsttäuschung, deren Optimismus Friedlaender mit Schopenhauer begegnete: Optimistischen Projektionen wurden pessimistische Grundstimmungen entgegengehalten, wobei Friedlaender eine philosophische Reibung erzeugte, in der sich sowohl Leibnizscher Optimismus wie auch Schopenhauers Pessimismus abnutzen sollten, um beide daraufhin polaritätsphilosophisch noch effektiver destruieren zu können.

In der Leibnizschen Formulierung gilt Friedlaender der Harmoniegedanke als „eine draußen fertig vorhandene, von oben herab taktierte Harmonie", die letztlich „erschrecklich verlogen anmutet" (ebd. 503). So ist der Schöpfer dabei nicht inwendig, sondern außenseitig installiert, während Friedlaenders ganze Philosophie die Innen-Außen-Relation vom Endogenen, vom Innen her ins Außen gerichtet beschreibt. Insofern ist die Welt auch nicht aus der Sicht Gottes zu betrachten, wie Leibniz annahm und davon ausgehend zu einer global optimistischen Gesamtschau gelangte.

---

1 Vgl. Schmidt-Biggemann 1980, 793
2 Friedlaender: *Gottfried Wilhelm Leibniz* (GS 2, 501 f.)

Verzog Schopenhauer, als Leibnizscher Kontrapunkt, den eigenen Willen in pessimistischer Antihaltung zur Welt, so geriet Leibniz in einen Verblendungszusammenhang eines scheinbar unerschütterlichen Optimismus, denn: „Wie Leibniz zu flach und sanft, so erlebt und erleidet Schopenhauer die Gebrechen der Welt, vor allem diejenigen des eigenen Willens zu schroff und grausam." (ebd. 503) Am „gesättigten Optimismus" bei Leibniz kann sich der polaristische Geist „wie der gereifte Mann im Anblick eines Kindes" „erlaben" (ebd. 504), während Schopenhauers uneingeschränktes „göttliches Selbstvertrauen" in den „eigenen Willen" gegen einen ungestillten Pessimismus anzukämpfen hat (ebd.).

Weder Leibniz noch Schopenhauer konnten eine äquilibrische Verknüpfung von Optimismus und Pessimismus formulieren. Allein Kant, und nach ihm vor allem Ernst Marcus, verspricht als der „kritisch besonnene Leibniz" einen „Ausblick auf die Ordnung aller Lebensverhältnisse", für den Leibnizsche Philosophie einen „unvergeßlich vorspielerischen Wink zu ihrer endgültigen Ausheilung"(ebd.) bedeutete.

1924 auf eine fundamentaloptimistische Philosophie, also auf Leibniz hinzuweisen und somit den Gedanken auf seinen „gesättigten Optimismus" zu lenken – „Der Rückblick gerade aus unseren Tagen auf Leibniz ist rührend und lehrreich: denn dieses Kind war der Vater des Mannes" (ebd.), der Kant heißt –, läßt sich philosophiegeschichtlich mit Kants 1924 gefeiertem zweihundertsten Geburtstag erklären. Im Kontext realpolitischer Ereignisse kommt Friedlaenders Hinweis auf Leibniz allerdings noch eine weitere Bedeutung zu. Und zwar läßt sich diese aus sozialgeschichtlichen Daten herleiten. Friedlaenders 1924 wieder erschienene Arbeit zu Leibniz fällt nämlich genau in die Konsolidierungsphase der Weimarer Republik, die nach beträchtlichen Anfangsschwierigkeiten nun einen ökonomischen Höhepunkt erlebt, der zu einer optimistischen Grundstimmung breiterer Bevölkerungsschichten, insbesondere der aufstrebenden Angestellten, führte. Im Sommer 1924 nämlich kam es zu jener Periode der „relativen Stabilisierung des Kapitals",[1] die

---

1 Hermand 1978, 23 f.

für einen kurzen Zeitraum optimistischere Wirtschaftsperspektiven zu eröffnen schien. Hautnah erlebte Friedlaender in Berlin die „goldenen zwanziger Jahre", die ja nichts weiter als eine Metropolenmetapher bedeuteten, die die trügerische Trance von Lebensoptimismus und Vitalismus erzeugte. Döblins *Berlin Alexanderplatz* gibt davon einen sozialbiographisch intensiven Eindruck. Der Traum vom besseren Leben hatte Hochkonjunktur. Vom trügerischen Erscheinungsbild ausgehend, entwarf man ebenso trügerische Lebenspläne, deren Enttäuschung, für viele noch unsichtbar, gleich mit eingeschrieben wurde. Blochs *Spuren* – 1930 als Buch erschienen –, Kracauers *Das Ornament der Masse* sowie seine Studien über *Die Angestellten* von 1929/1930, und Benjamins Buch *Einbahnstraße*, 1928, von dem Kracauer schrieb, daß es in der „Summe der Aphorismen bewußt das Ende der individualistischen, naiv-bürgerlichen Epoche"[1] anzeigt, dokumentieren eindringlich die Illusionen, falschen Hoffnungen und Sehnsüchte der Zeit um 1924.

Literarisch vollzog sich die neue Lebenslust in der Abkehr vom Expressionismus. Nicht nur die dadaistische Kulturrevolution richtete sich gegen den Expressionismus, sondern vor allem auch der dominierende bürgerliche Kunstgenuß. Der verlangte Lustspiele und so wird denn auch die Abkehr vom Expressionismus um 1924 mancherorts mit Carl Zuckmayers Schauspiel *Der fröhliche Weinberg* begründet. 1925 erhielt Zuckmayer dafür den Kleist-Preis durch Paul Fechter, weil sein Stück „den Leerlauf des Expressionismus durchbrochen habe."[2]

In diesem weitreichenden Zusammenhang kommt Friedlaenders Hinweis auf Leibniz' Optimismus ein warnender Hintersinn zu, der dem traumtänzerischen Vitalismus der zwanziger Jahre mit aufklärerischem Polarismus begegnet.

---

1 Kracauer 1929, 253
2 Vgl. Lennarz 1957, 664

2.3. Finsternis und Licht

Die wohl wichtigste Formel des Friedlaenderschen Materialismus lautet: „Ohne Differenz kann nichts erscheinen." (SI 101) Für die weniger erkenntniskritische als vielmehr phänomenhafte Bedeutung dieser Formel bezieht sich Friedlaender immer wieder auf Goethes Farbenlehre, der er überhaupt einen wesentlichen Impuls seines Polarismus zuschreibt.[1] Goethe hat bekanntlich die Polarität von Finsternis und Licht als Urphänomen analysiert:

> „Finsternis und Licht stehen einander uranfänglich entgegen, eins dem andern ewig fremd, nur Materie, die in und zwischen beide sich stellt, hat, wenn sie körperhaft undurchsichtig ist, eine beleuchtete und eine finstere Seite; bei schwachem Gegenlicht aber erzeugt sich erst Schatten. Ist die Materie durchscheinend, so entwickelt sich in ihr, im Helldunklen, Trüben, in bezug aufs Auge das, was wir Farbe nennen.
> Diese, so wie Hell und Dunkel, manifestiert sich überhaupt in polaren Gegensätzen. Sie können aufgehoben, neutralisiert, indifferenziert werden, so daß beide zu verschwinden scheinen; aber sie lassen sich auch umkehren, und diese Umwendung ist allgemein bei jeder Polarität die zarteste Sache von der Welt."[2]

Aber auch andere Geister um 1800 brachten Erscheinung und Polarität auf einen Nenner, etwa Schelling. Dessen Polaritätsprinzip ist als den Erscheinungen inhärent zu verstehen, denn: „Wo Erscheinungen sind, sind schon entgegengesetzte Kräfte",[3] schreibt er. Die

---

1 Vgl. Autobiographie, 94
2 Goethe: *Farbenlehre*, Entoptische Farben, VIII. Polarität
3 Vgl. Schaeder 1947, 297: „Auch Schelling nimmt eine vorwärtstreibende und eine in sich selbst zurückkehrende Bewegung im Weltall an: ‚Diese beiden streitenden Kräfte zugleich in der Einheit und im Konflikt vorgestellt, führen auf die Idee eines organisierenden, die Welt zum System bildenden Prinzip.' [Schelling; RS] Dieses Prinzip hat Schelling Weltseele genannt."

Einheit der Erscheinung wird differentiell, polaristisch gedacht. Was erscheint, bestimmt sich aus dem Prozeß des Erscheinens heraus, also aus den Kräften, die die Erscheinung ermöglichen. Und genau in diesem Punkt, der die Frage nach den Bedingungen der Erscheinung erzwingt, setzt Friedlaenders Erkenntnisinteresse an Goethes Farbenlehre ein. Dabei nahm er uneingeschränkt Partei für Goethes Farbenlehre, die er vor allem gegen Newton verteidigte.[1] Gleichwohl war er dabei nicht blind gegenüber den offensichtlichen Schwächen Goethescher Argumentation:

> „Z. B. sieht man mit Newton, in der Farbenlehre, viel leichter das kontinuierliche Spektrum; als mit Goethe, dessen Illusion durchschauend, das polare der entgegengesetzten farbigen Ränder. Die polare Gestaltung ist eigentlich das, was einmal Kunst und Wissenschaft (wie vorspielerisch im Fall Goethe) prinzipiell parallelisieren wird."[2]

In einer Vielzahl kleinerer Arbeiten,[3] in Hinweisen und Verweisen versuchte Friedlaender die Relevanz der Goetheschen Farbenlehre hervorzuheben, „welche Goethe selbst als das Hauptwerk seines Lebens erklärt hat."[4] Vor allem wollte Friedlaender die Lehre von den „Lichtdifferenzen" durchsetzen, in der er, „wie Goethe es lehrt: einen ungeheuren, uranfänglichen Gegensatz zwischen Licht und Finsternis" (ebd.) erblickte. In polaristischer Differenzierung versuchte Friedlaender diesen „uranfänglichen Gegensatz" zu bestimmen. Dabei ergab sich aus der Analyse extremer Gegensätze der Erscheinungen eine Art Leitdifferenz des Erscheinens, die Goethe Licht und

---

1 Z. B. Friedlaender: *Goethe contra Newton* (1911; GS 2, 304-307)
2 Briefe Kubin, 88
3 Friedlaenders erste Veröffentlichung zu Goethe erschien 1907: *Goethe (Zum 75. Todestag am 22. März 1907)*, Berliner Tageblatt (18. März 1907, Beiblatt Der Zeitgeist, Nr. 11; GS 2, 239-244). Als letzte Arbeit zu Goethe erschien: *Warum verwarf der Farbenlehrer Goethe die Farbenlehre des Goetheaners Schopenhauer?*, 19. Jahrbuch der Schopenhauer-Gesellschaft, 1932; GS 3, 852-856). Insgesamt erschienen elf Arbeiten Friedlaenders zum Thema Farbenlehre und Goethe.
4 Friedlaender: *Das Prisma und Goethes Farbenlehre* (1917; GS 2, 524)

Finsternis nannte. Mit der Sinn- und Seinsmächtigkeit des Lichtes korrespondiert das Nichts der Finsternis, die beide das Wesen der Erscheinung ausmachen, die beide zur Einheit der Polarität des Erscheinens gehören, wobei das Nichts gleichsam als rein intelligible polaristische Orientierungsmetapher fungiert. Auch wenn es so scheint, daß, „wenn man das vielfach Unterschiedene hinwegnähme und vernichtete", allein das „bare Nichts" übrig bliebe, so ist aber gerade „dieses Nichts" „der Schöpfer, der Äußerer aller Unterschiede und Gegensätze" (SI 129).

So, wie ohne Differenz nichts erscheinen kann, kann auch ohne Nichts nichts erscheinen. Ein paradoxer Sachverhalt, den Friedlaender mit einer Analogie zu den Musikverhältnissen von Ton und Pause erläutert: „[...] wäre jemals ein Ton ertönt", schreibt er, „ohne am widerstehenden Nichttönenden zu resonieren? und spielt die Pause nicht in der Musik eine so wichtige Rolle wie der Ton?" (GS 2, 524) Pause, als wirkliches Ereignis zwischen Tönen, versteht Friedlaender als notwendiges Differenzmerkmal des Hörens. Auf den musikpraktischen und -theoretischen Wert der Pause machen im ausgehenden zwanzigsten Jahrhundert vor allem die Arbeiten von John Cage und Mauricio Kagel aufmerksam. Was sich in der Erfahrung der Pause erfahren läßt, kann ohne den Rekurs aufs Gegenteil, nämlich das Geräusch, den Ton, die Musik kaum verständlich werden. Somit ergibt sich auch für die Musik die Relevanz einer polaristischen Betrachtungsweise ihrer materialen und medialen Erscheinungsform. Aus sich selbst heraus ist ja die Pause nicht verständlich. Ebenso wenig die Finsternis oder das Nichts. Pause, Nichts, Finsternis, als Metaphern des an sich Unerfahrbaren und doch für jede Erfahrung konstitutiv Notwendigen, bezeichnen einen medienspezifischen Sachverhalt, der jeder Medienverwendung eingeschrieben ist. Für sich lassen sie sich nicht verstehen. Wie ließe sich denn auch eine Pause anders verständlich machen als durch ihre konkrete Erfahrung? In der sogenannten schöpferischen Pause kommt sprichwörtlich schon das zum Vorschein, was Friedlaender vom Nichts behauptet, nämlich daß es das „schöpferische Medium aller Welt" (SI 177) ist. Entsprechend versteht er auch das Nichts des Lichtes, die Finsternis, mit Goethe als schöpferischen Impuls.

Bei seiner Aktualisierung des Streits zwischen Newton und Goethe geht es Friedlaender in erster Linie um die dabei zutage tretende Plausibilisierung des paradigmatischen Polarismus bei Goethe, der die eigene Idee der Polarität unterstützen sollte. Rezeptionsgeschichtlich betrachtet hatte man fast durchweg Newton gegen Goethe in Fragen der naturwissenschaftlich-physikalischen Begründung des Lichts Recht gegeben. Allenfalls hob man die farbpsychologischen Aspekte Goethescher Farbenlehre hervor, oder bewunderte seine physiologischen Farben. Gegen diese Vereinseitigung der Farbenlehre-Rezeption wendet sich Friedlaender, indem er Goethe auf ganzer Linie gegen Newton ins Recht zu setzen versucht. Ähnlich wie Friedlaender kommentiert auch Hans Wohlbold 1928 die Farbenlehre Goethes so, daß „die Fragen, die sich ihm", Goethe, „ergaben",

> „ein Physiker überhaupt nicht aufwerfen [wird]. Die Farben wirken in bestimmter Weise auf den Menschen, er empfindet sie als warm und kalt, sie stimmen ihn freudig oder ernst, ihre Zusammenstellung wirkt in dem einen Fall als harmonisch, im anderen als disharmonisch. Der Physiker wird vor allem anderen derartig ‚subjektive' Momente vollständig ausschalten. Er fragt, was die Farbe unabhängig vom Menschen ist, nicht nur unabhängig von seiner Wahrnehmung und Vorstellung, sondern vor allem auch unabhängig von irgendwelchen Gefühlserlebnissen, Stimmungen oder wie man es nennen will. Und gerade diese Frage ist für Goethe die wichtigste. Die Farbenlehre ist so aufgebaut, daß sie zuletzt in die ‚sinnlich sittliche Wirkung' einmündet, auf diese spitzt sich alles zu." (Wohlbold 1953, 11)

Ähnlich argumentiert Friedlaender, wenn er das in der Farbenlehre angelegte „Prinzip der Polarität" auf „die ganze Natur bis in die zartesten seelischen Differenzen hinein" (SI 481) ausdehnt und somit den Aspekt sittlichen Handelns nicht von der Physikalität der Farben, sondern von deren emotionaler Qualität und Polarität herleitet, die viel eher einer subjektivistischen Theorie des Empfindens angehört, als durch Newtonschen Physikalismus beschreibbar ist.

Während Newton eine physikalisch unitarische Lichttheorie vertrat, der zufolge die Farben aus korpuskularen Lichtverhältnissen heraus erklärt wurden, behauptete Goethe eine augenphysiologisch polaristische Lehre, in der die „Finsternis" konstitutiven Anteil an der Entstehung und Erscheinung von Farben hat. Friedlaender paraphrasiert diesen Zusammenhang, der „ebenso die Finsternis wie das Licht ins Auge faßt" (SI 410), in seiner eigenen Diktion. Im Kapitel 14, „Farbe", der *Schöpferischen Indifferenz* heißt es:

> „Wenn man eine Kammer verfinstert, so bereitet man dem etwa in sie eindringenden Lichte einen schroffen Kontrast vor. Sorgt man nun obendrein für Bedingungen, unter denen dieser Kontrast sich deutlich aussprechen muß, in förmlich abgemessenen Silben, so darf man als dann diese Silben, die Farben, keineswegs für den Monolog des Lichts halten, sondern erkenne sie als das Zwiegespräch des Lichts mit der Finsternis." (SI 410)

Diese „Finsternis" ist nun aber nicht identisch mit dem schon kurz zuvor erwähnten Nichts, aus dem aller Unterschied hervorgeht, sondern ist Teil der Polarität von Licht und Finsternis, der das Nichts noch einmal vorgelagert zu sein scheint. Das Nichts als „der Sachwalter des unverletzlich Allgemeinen" (SI 410) ist die Voraussetzung der Polarität von Licht und Finsternis.

> „Deswegen ist es wohl richtig, daß wir, vor der Bekanntschaft mit irgend etwas (zum Beispiel mit der Farbe), absolut ‚gar nichts' von ihm wissen können; es ist aber falsch, dieses ‚Gar nichts, diese Unwissenheit, simpel, witzlos und steril zu verstehen; vielmehr ist sie die konzentrierte Allwissenheit, welche nur um das Besondere unwissend ist. Schöpfung aus dem ‚Nichts' entbehrt also nicht der Voraussetzung, sondern ist Schöpfung aus der weltgewaltigen Indifferenz in die Welt der Differenzen; und das Nichts, die Indifferenz, ist gerade das notwendig voraussetzende Allgemeine aller Möglichkeit von Vereinzelungen." (SI 409)

Indifferenz, als Element der Einheit der Polarität, „ist das zulangende Welt- und Welterklärungsprinzip". In diesem Sinne kritisiert

Friedlaender auch Goethes Auffassung, daß „außer Polarität noch Steigerung als das mächtige Triebrad des Geschehens", gleichsam als zweites Grundprinzip, Geltung haben soll. Für Friedlaender jedenfalls graduiert „alle Steigerung [...] gegenseitig nach polaren Extremen hin", womit Polarität als einziges Grundprinzip definiert ist. „Steigerung" ist allenfalls ein Folgeprozeß von Polarität. Sie „rührt aus der schöpferischen Indifferenz her" (SI 464).

Auch wenn sich in der kategorialen Ordnung von Polarität und Steigerung zwischen den Polaritätskonzepten von Goethe und Friedlaender Unterschiede ergeben, so stehen die Gemeinsamkeiten eindeutig im Vordergrund. Goethes Farbenlehre und überhaupt seine gesamte polaristische Weltauffassung gaben für Friedlaender das überzeugendste Beispiel für den universalen Stellenwert der Polarität ab.

Im didaktischen Teil der Farbenlehre erläutert Goethe den physiologischen Aspekt der Farben und kommt dabei noch einmal konzentriert auf die Licht-Finsternis-Polarität zu sprechen. Hell und Dunkel, als die beiden „Urphänomene" im Auge des Betrachters werden darin in ihren physischen Grundlagen beschrieben:

> „Die Netzhaut befindet sich bei dem, was wir sehen heißen, zu gleicher Zeit in verschiedenen, ja entgegengesetzten Zuständen." Weiter: „Das höchste nicht blendende Helle wirkt neben dem völlig Dunkeln. Zugleich werden wir alle Mittelstufen des Helldunkeln und alle Farbabstimmungen gewahr."[1]

Aus dieser Synchronität von Hell und Dunkel, von Licht und Finsternis im Prozeß des Sehens, ergeben sich nach Goethe alle weiteren Hell-Dunkel-Effekte und alle weiteren Farben. So ergeben sich aus der Grundrelation des Hell-über-Dunkel die Farben Blau bis Violett. Aus Dunkel-über-Hell entstehen die Farben Rot, Orange bis Gelb. „Grün gehört nicht zum Urphänomen, es entsteht erst, wenn der gelbe und der blaue Saum sich überdecken."[2]

1822 zitiert Goethe einen anonymen Traktat (von 1724), der seine Auffassungen unterstreichen soll: „Die Farben scheiden sich nach

---

1 Goethe 1963, 21
2 Andreas Speiser, in: Goethe 1963, 208

Licht und Finsternis", heißt es dort, "und nach verschiedenen gradibus derselben; und gehen dennoch aus einem Centro, welches den Grund aller Farben in sich hat."[1]

Blau und Gelb bezeichnen im Farbspektrum so etwas wie Grenzsignifikanten, aus deren Berührung und Überlagerung Grün entsteht. Sie drücken die Polarität der Farbenwelt aus. Zugleich bestimmen sie auch, wie Goethe meint, den Grenzbereich unserer sinnlichen Farberfahrung.[2] Wo Friedlaender nun allenfalls von polaristischer Gradation spricht, um die Universalität der Polarität nicht durch ein anderes Prinzip aufheben zu müssen, führt Goethe als zweite Universalie das Prinzip der "Steigerung" ein, das hier bei der Herleitung der Farbe Rot zum Tragen kommt. "Goethe hat es [das Rot; RS] bekanntlich aus Gelb und Blau so hergeleitet, daß diese Polarität, das Getrennte, sich zuerst steigert und dadurch die Verbindung der gesteigerten Seiten ein Drittes, Neues, Unerwartetes hervorbringt".[3] Friedlaender würde diesen Prozeß nicht als Steigerung, sondern als gradatime Polarisation bezeichnen, worin der Steigerung keine eigene Prinzipienhaftigkeit zukäme.

Friedlaenders Bemühungen um Goethes Farbenlehre gelten aber nicht nur ihrer augenphysiologischen und farbpsychologischen, sondern auch ihrer physikalischen Durchsetzung. Es geht um deren vollständige Akzeptanz. Bisherige Apologeten der Goetheschen Farbenlehre betonten fast ausschließlich nur die augenphysiologische Relevanz und spielten diese gegen Newtons "physikalische Farben" aus, um dann letztlich doch in der entscheidenden Angelegenheit, nämlich im physikalischen Bereich die Richtigkeit der Newtonschen Licht-Hypothese zu konstatieren. Friedlaender erklärt dies mit einer Schwierigkeit, die bei Goethe selbst zu finden ist, denn die physiologischen Farben sind "viel leichter, hat man sie erst einmal entdeckt, in der Theorie Goethes unterzubringen als die physikalischen."[4] Und weil Friedlaender von der polaristischen Relevanz der physikalischen Farben Goethes überzeugt ist, behauptet er dies auch gegen

1 Vgl. Schöne 1987, 16
2 Vgl. Speiser, in: Goethe 1963, 209
3 Werthmüller 1950, 101
4 Friedlaender: *Das Prisma und Goethes Farbenlehre* (GS 2, 525)

Newtons unitarische Lichtdefinition, die, wie Friedlaender meint, in keiner Weise den polaren Verhältnissen von Elektrizität und Magnetismus genügt. Damit hatte „Goethes Polemik", die sich „so erbittert gegen den ‚Unitarier' des Lichts, Newton" (ebd.) richtet, plötzlich die Theorie des Elektromagnetismus hinter sich, die beide, Goethe und Newton, noch nicht kannten. Erst in den siebziger Jahren des neunzehnten Jahrhunderts wurde die „Theorie des Lichts von der des Elektromagnetismus geschluckt".[1] Goethes „Plus- und Minuslicht"[2] erscheint Friedlaender als mit der Theorie des Elektromagnetismus vereinbar.

Auch wenn er Goethes farbtheoretischen Polarismus in einzelnen Aspekten kritisiert, ist er doch von dessen Richtigkeit überzeugt, so daß ihm in seiner Emphase die theoretischen Defizite und Mängel seiner eigenen Argumentation kaum bewußt werden. So setzt Friedlaender zum Beispiel das Konzept der Huygensschen Schwingungswellen-Hypothese, deren Erläuterung hier zu weit führen würde, gegen Newtons Korpuskular-Hypothese des Lichts, ohne dabei die wissenschaftlichen Mängel der Wellen-Hypothese hinreichend zu diskutieren. Ihr gelang es zum Beispiel nicht, bestimmte, das Licht betreffende Alltagserfahrungen, befriedigend zu klären, wie etwa das Phänomen, „daß nämlich Schatten, die von undurchsichtigen Objekten geworfen werden, durch geradlinige Strahlen begrenzt sind."[3] Indem Friedlaender nun aber Newtons Überlegungen zur Beschaffenheit des Lichts gänzlich verwirft, er damit kurzerhand Goethe ins Recht setzt, entgehen ihm Lichtphänomene, die dem physikalischen Erkenntnisstand um 1925 zufolge nur durch die von Newton favorisierte Korpuskular-Hypothese erklärbar waren. „Heute", schreibt der Mathematiker und Philosoph Alfred North Whitehead 1925,

> „gibt es eine große Gruppe von Phänomenen, die man nur mit der Wellentheorie erklären kann, und eine andere, die sich nur mit der Korpuskulartheorie erklären läßt. Damit müssen sich die Wissenschaften abfinden und auf die Zukunft hoffen, wo es

---

1 Whitehead 1984, 120
2 Friedlaender: *Das Prisma ...*, ebd.
3 Whitehead 1984, 62

vielleicht möglich sein wird, die beiden Theorien in einer breiteren Sicht zu versöhnen." (ebd. 213 f.)

Daß Friedlaender die Problemweite des lichttheoretisch relevanten Elektromagnetismus nicht übersah, wohl auch kaum übersehen konnte – er war ja Philosoph, kein Physiker –, schmälert in keiner Weise sein aufklärerisches Engagement für Goethes Farbenlehre.

Als eine der wichtigsten Untersuchungen zu Beginn des zwanzigsten Jahrhunderts, die im Sinne Goethes weiterforschten, müßte man Kandinskys *Über das Geistige in der Kunst* (1911) nennen. Daneben erlangte vor allem der mystizistische Goetheanismus Rudolf Steiners große Popularität,[1] der die Farbenlehre Goethes in den Kontext eines „empirischen Idealismus" stellte.

Friedlaenders Goetherezeption erscheint beiden Verstehensweisen gegenüber als polaristischer Materialismus, der in sämtlichen Erfahrungs-, Empfindungs- und Wahrnehmungsbereichen des Sinnlichen Polaritäten aufzuspüren versucht. Unter dieser Perspektive sollte Goethe dann auch in physikalischer Hinsicht gegen Newton ins Recht gesetzt werden, was Friedlaenders Zeitgenosse und Goetheforscher Eduard Raehlmann anzweifelt. Denn seine positive Bewertung der Farbenlehre Goethes grenzt die physikalischen Probleme aus. Für Friedlaender aber war es gerade wichtig, Goethe auch in dieser letzten Instanz objektivistischer Beschreibungsrationalität von Wirklichkeit als Polaristen herauszustellen und ihn somit in einem übergeordneten, quasi kosmologischen Sinne gegen den physikalischen Reduktionismus Newtons zu verteidigen. Und so moniert er auch Raehlmanns These, daß „hier außerhalb des Auges im engeren, physiologischen Sinn Newton im Recht" sei,[2] denn wie Goethe, der die Bekanntgabe der Wellentheorie selbst noch erlebte und in ihr nichts gesehen hatte, „was mit seiner Überzeugung von dem Wesen der Farbe nicht in Einklang zu bringen wäre",[3] steht auch für Friedlaender der Wellencharakter des Lichts außer Frage, was dann allerdings zu den oben angesprochenen Defiziten führt. Trotzdem hat

---

1 Vgl. Steiner 1979, 18 f.
2 Friedlaender: *Das Prisma ...* (GS 2, 525)
3 Steiner 1979, 39

Friedlaenders Position einige Überzeugungskraft, die erst im Kontext einer polaristischen Globalstrategie voll zur Geltung kommen kann. Zur Verteidigung der Wellenhypothese des Lichts schreibt er:

> „Wir werden jedoch ein Licht, welches wellt, also irgendwie pendelt, hin und her schwingt, vibriert, auf und ab ebbt und flutet, in der Tat merkwürdig Goethisch finden müssen. Es ist ein Licht, welches sich selber Opposition macht, ein Licht, welches den uranfänglichen Gegensatz zwischen Plus- und Minuslicht unter der Maske seiner anscheinenden Einzigartigkeit verbirgt. Und wer mit diesem Lichte, mit den Wellen dieses Lichtes rechnet, müßte mit entgegensetzten, nicht mit gleichartigen Größen rechnen lernen: ein Erfordernis, gegen welches die modernen Farbenlehren verstoßen."[1]

Prosaisch wird die „Maske anscheinender Einartigkeit" des Lichts weggerissen. Ob dies auch physikalisch überzeugt, bleibt zunächst zweifelhaft. Begreift man aber für einen Moment Friedlaenders Polarismus, sein Rechnen mit entgegengesetzten Größen atomistisch, so daß sich Teilchen als in Schwingung befindlich beschreiben lassen, die Impulse für weitere Schwingungen bedeuten, so könnte man hier schon, von Friedlaenders Polarismus ausgehend, jene Zusammenführung von Korpuskular- und Wellenhypothese vernehmen, wie sie später in der Quantenmechanik vollzogen wurde.[2] Denn in der mathematischen Koordination von atomistischer Korpuskularnatur und polaristischer Wellennatur des Lichts, beziehungsweise der Materie, die 1924 de Broglie und Schrödinger vollzogen, ist ja jenes Rechnen mit entgegengesetzten Größen, genauer, mit scheinbar entgegengesetzten Theorien praktiziert, was Friedlaenders Polarismus einklagt. Auch scheint sich in dieser Koordination jenes

---

1 Friedlaender: *Das Prisma ...* (GS 2, 525)
2 Friedlaenders Aufsatz erschien 1917. Der Begriff Quantenmechanik wurde 1926 von Max Born wohl erstmals verwendet. 1924 begründete Louis de Broglie die Wellenmechanik. Beide Rechenverfahren beruhen auf der um 1900 von Max Planck entwickelten Quantentheorie.

"synthetische Prinzip der Wissenschaft"[1] durchzusetzen, das für Goethe einen so hohen Stellenwert hatte.

Insgesamt ist zu bemerken, daß Friedlaenders erkenntnistheoretische Weiterentwicklung von Goethes Farbenlehre (im Sinne ihrer polaristischen Implikate), ähnlich wie beim intuitiven Goethe (vgl. SI 189), nicht auf einem physikalischen Denken im Sinne der Schulphysik basiert, sondern ganz bewußt die Methode der Intuition favorisiert, deren polaritätsphilosophisch metaphysische Spekulation gegen den mechanistischen Geist der Physik antritt. Darin ist Friedlaenders Methode vielmehr organisch denn mechanisch zu nennen. Noch ziemlich unbewußt deutet sich in seinen spekulativen Befunden zu Goethes Farbenlehre jene Auffassung von der Natur des Lichts an, wie sie später im Terminus vom Lichtquanten ihren Ausdruck fand und womit sich jene Theoriescher zu schließen begann, die Newton und Goethe noch so unerbittlich trennte.

Ein weiterer, wichtiger Aspekt im Naturbegriff Goethes war neben der Polarität auch die All-Gültigkeit des Prinzips von der „Erhaltung der Ganzheit", oder, wie man heute sagen würde, des Prinzips von der Einheit der Natur und von der Einheit der Wissenschaften.[2] Dieses Prinzip hatte auch für die Begründung seiner Farbenlehre eine nichthintergehbare Gültigkeit, so daß diese in ihrer theoretischen Konzeption keinen Sonderfall Goethescher Naturlehre darstellte. Bindeglied seiner Naturlehre war allemal das Polaritätsprinzip.

Als vielleicht bekannteste Metapher dieses sich vor allem in Wechselverhältnissen zeigenden Prinzips der Einheit polarer Gegensätze gilt Goethes Herzschlagmetapher. Systole und Diastole, „diese ewige Formel des Lebens" „äußerte" sich auch in der Farbenlehre. Denn

> „wie dem Auge das Dunkel geboten wird, so fordert es das Helle; es fordert Dunkel, wenn man ihm Hell entgegenbringt, und zeigt eben dadurch seine Lebendigkeit, sein Recht, das Objekt

---

1 Kindermann 1966, 258. Daß Friedlaenders Arbeiten zu Goethe hier mit keinem Wort erwähnt werden, ist kein Einzelfall in der Goetheforschung, für die Friedlaenders Polarismus erst noch zu entdecken bleibt.
2 Kindermann 1966, 258

zu fassen, indem es etwas, das dem Objekt entgegengesetzt ist, aus sich selbst hervorbringt".[1]

Die einzigartige Faszination, die Goethes Farbenlehre auf Friedlaender ausübte, hatte anfangs eine viel entscheidendere Bedeutung für die Entwicklung der Polaritätsphilosophie als etwa Kants Vernunftkritik oder als Nietzsches Konzeption von der Macht des Willens. Friedlaender war fest davon überzeugt, in der Farbenlehre Goethes ein Paradigma seiner polaristischen Überlegungen gefunden zu haben. Wie intensiv sich Friedlaender in seinen Goethestudien auch mit der zeitgenössischen Forschung zur Farbenlehre beschäftigte, belegt der Brief vom 8. April 1924, in dem er Kubin auf Ernst Barthels Schrift *Goethes Relativitätstheorie der Farbe* aufmerksam macht:

„Das ist der erste produktive Schritt in der wissenschaftlichen Präzision noch über Goethe & Schop[enhauer] hinaus. Die sog. Entstehung des Weißen aus Farben; die Nachweisung des Newtonschen Spektrums als des nur erst halben und seine Ergänzung durch Projektion auf Schirm – fabelhaft witzig und wahr zu Goethes Gunsten und seiner völligen physikalischen Rechtfertigung."[2]

Goethes Farbenlehre auch physikalisch zu legitimieren,[3] erschien, wie erwähnt, Friedlaender als dringlichste Aufgabe, um dabei den Universalcharakter der Polarität beweisen zu können. Denn, so ließe sich folgern, wenn Goethe tatsächlich in der geschlossenen Argumentation seiner Farbenlehre physikalisch Unrecht hätte, was hier allerdings eher einen metaphysisch-kosmologischen Physikalismus meint, der ja notwendigerweise mit dem Newtonschen Physikver-

---

1 Goethe 1963, 26 (Entwurf einer Farbenlehre, 1. Abt, III. Graue Flächen und Bilder)
2 Briefe Kubin, 145. Hier sei auf Hans Werthmüllers „Weiß-Schwarz"-Kapitel in seinem erwähnten Buch hingewiesen, das den Prozeß der Physik so beschreibt, daß „unsere Physik immer ausschließlicher Optik" wird (1950, 20).
3 Albrecht Schöne (1987) hat aus seiner kundigen Sicht die Unmöglichkeit dieses Unterfangens plausibel dargestellt.

ständnis kollidiert, so wäre die paradigmatische Funktion seiner Farbenlehre für Friedlaender hinfällig geworden. Letztlich aber ging es ja gar nicht um Recht oder Unrecht, sondern um die Plausibilität, um die Überzeugungskraft bestimmter Aussagen über Beschaffenheit, Wirkung und Entstehung von Licht und Farben.

Daß nicht nur Goethes naturwissenschaftliche Auffassungen polaristisch orientiert waren, sondern daß seine gesamte Weltsicht im Sinne von Polarität und Steigerung als symbolisch organisiert zu verstehen ist, darauf hat Friedlaender in unterschiedlichen Zusammenhängen aufmerksam gemacht. Dabei übernahm er von Goethe die analogisierende und synthetisierende Kraft des Symbols (vgl. SI 378 f.). Was bei Goethe die Natursymbolik bedeutet, nämlich Medium zu sein, das „Wissenschaft und Leben, Philosophie und Kunst" verbindet „und zu einem Ganzen zusammenfassen sollte",[1] kehrt bei Friedlaender im Symbol der Mitte wieder, das ja auch zugleich Mittler disparater Erkenntniswege ist, wie sie theoretische und empirische Erkenntnis bezeichnen.

Fausts zwei Seelen in einer Brust, die seine Mitte so extrem zerrissen erscheinen ließen und in der Goethe gleichsam die defekte Äquilibration von Polarität, die defekte Polarität von Individualität zum Ausdruck bringt, fixieren den Blick auf den symbolischen Prozeß der Vernichtung dieser Seele, auf die symbolische Inszenierung ihrer Selbstvernichtung. Aber, so Friedlaenders Antwort auf Fausts Klage: „Es wohnen nicht ‚zwei Seelen' in unserer Brust, sondern eine einzige, in ihrer ungebrochenen schöpferischen Mächtigkeit so ungeheure, daß die meisten Leute nötig zu haben glauben, sie in elendes Stückwerk zu zerbrechen." (SI 377) Die zwei Seelen, die Faust in sich vermutete, sind die eine Seele, deren Spaltung aus mangelnder Koordination ihrer polaristischen Verfassung herrührt. „Polarität erzeugt Unzufriedenheit." Aber: „Die unaufhörliche Spannung, das ständige Hin und Her zwischen gegnerischen Prinzipien macht stark, wenn man es aushält."[2] Die gespaltene Seele, die sich als Seele schlechthin entpuppt, läßt sich allein durch ihre Polarisation wieder

---

1 Schaeder 1947, 293
2 Werthmüller 1950, 37

einrenken, so daß ihr „zentraler Blick", der polar blickt (SI 427), schöpferisch, kreativ, aktiv wird. Erst die Polarisation der Seele macht „das Andere der Vernunft" (Böhme 1983) deutlich. Erst die Verdoppelung des Verstandes (SI 464) im polaren Denken erfaßt das Andere, dessen Wirkkräfte Faust offensichtlich unterschätzte.

Goethes allumfassender Polaritätsbegriff interessierte Friedlaender vor allem in seiner erkenntnispraktischen Dimension. Zugleich eröffnet Friedlaender selbst, aufgrund seiner polaritätsphilosophischen Transformation, einen neuen Zugang zu Goethes Polaritätsbegriff, was in der gesamten Goetheforschung überhaupt noch nicht wahrgenommen wurde.

Neben dem eher naturwissenschaftlich verwendeten Polaritätsbegriff spricht man bei Goethe auch von „sozialer Polarität". So Ernst Jockers' Untersuchung über *Soziale Polarität in Goethes Klassik* (1942), die zwar erkenntnistheoretisch von Goethes Auffassung ausgeht, daß sich „keine Materie ohne Polarität, d. h. ohne ‚Anziehungs- und Rückstoßungskraft'" denken läßt,[1] die letztlich aber doch einen Polaritätsbegriff verwendet, der weniger theoretisch ausgefeilt erscheint als es für Friedlaender in Frage kam. Jockers kontextualisiert Polarität als Chiffre sozialer Konfliktpotentiale um 1800, deren „sozial-ethischer Gehalt" gleichsam zum Signum Goethescher Klassik wird.[2]

Von sozialer Polarität zu reden macht nur dann Sinn, wenn damit nicht die unvereinbaren Interessenkonflikte zwischen aufkommendem Bürgertum und Adelsmacht um 1800 verschleiert werden. Was in systemtheoretischer Diktion als allmählich sich vollziehender Wechsel von stratifikatorischer, gleichsam schichtenspezifischer Ausdifferenzierung von Gesellschaft hin zu funktionaler Ausdifferenzierung von Gesellschaft passiert, läßt sich kaum noch mit dem Begriff soziale Polarität beschreiben, wenn er nicht zugleich einer allgemeineren Begriffstransformation unterzogen wird. Im anthropomorphen Sinne hatte der Begriff „soziale Polarität" für Friedlaender

---

1 Kindermann 1966, 597
2 Ebd. 598, mit Bezug auf Ernst Jockers: *Soziale Polarität in Goethes Klassik* (1942); Ndr. in Jockers: *Mit Goethe. Gesammelte Aufsätze,* Heidelberg: Winter 1957

kaum Bedeutung. Arbeitet er doch mit jener Gundolfschen Identifizierung von ‚Leben und Dichtwerk', die schon Walter Benjamin am „‚Goethe' Gundolfs" aufregte[1] und die Friedlaender schon von der inneren Logik der Identifikation her nicht gelten ließ. Gleichwohl beschäftigte sich Friedlaender ja auch mit Polaritäten in sozialen Gefügen und Systemen, ohne allerdings dabei jene Begrifflichkeit von „sozialer Polarität" zu verwenden, wie sie in der Goetheforschung diskutiert wurde. So könnte man soziale Polaritäten vor allem auch in Mynonas Texten beschreiben, wo Vernunft und Sittlichkeit, wo soziale Beziehungsgeflechte ja erst recht das Groteske hervorbringen. Letztlich greift der epistemologische Aspekt von Polarität, um den es Friedlaender zunächst ging, sowieso unweigerlich in den sozialen ein.

Die Verflechtung von theoretischer Erkenntnis, Polarität betreffend, und praktischer Nutzanwendung vollzog Goethe am intensivsten in der Farbenlehre. Zugleich übernahm er aber auch deren polaristische Leitdifferenz von Licht und Finsternis in die Beschreibung sozialer Polaritäten. Licht und Finsternis als Metaphern sozialer Lebenspole wie Glück und Unglück, Reichtum und Armut, Wissen und Unwissenheit kommen in ihrer motivischen Variation bei Goethe immer wieder vor. Und so überrascht es auch nicht, wenn parallel zum polaristischen Werk Goethes, der *Farbenlehre*, ein literarisch höchst artifizieller Text entsteht, *Die Wahlverwandschaften*, in dem sich die naturwissenschaftliche Erkenntnis zur Polarität bis in die Beziehungen literarischer Figuren fortsetzen. Benjamin hat in seinem Wahlverwandtschaften-Aufsatz auf diese Parallele ausdrücklich hingewiesen:

> „Die Entstehung der Farbenlehre ist auch zeitlich der des Romans *[Die Wahlverwandtschaften]* benachbart. Goethes Forschungen im Magnetismus vollends greifen deutlich in das Werk selbst ein. Diese Einsicht in Natur, an der der Dichter die Bewährung seiner Werke stets zu vollziehen zu können glaubte, vollendet seine Gleichgültigkeit gegen Kritik." (ebd. 96)

---

1 Benjamin 1977, 96 *(Goethes Wahlverwandtschaften)*

Um seiner Beschreibung noch mehr Überzeugungskraft zu verleihen, verbindet Benjamin die Lichtmetaphorik der Farbenlehre mit Goethes Poesie. So herrscht in den *Wahlverwandtschaften,* trotz der sich einstellenden Katastrophe, die Benjamin „als das lebendige Prinzip der Erzählung in die Mitte versetzt" und enigmatische Finsternis heraufbeschwört, doch „das helle Licht" (ebd. 105). Charlotte versucht dies Eduard nahe zu bringen, indem sie einen erkenntnismäßigen Befund beschreibt, den Eduard nicht wahrhaben will und gerade darin zur Bedingung seiner eigenen Katastrophe wird. Er verkennt ganz einfach Charlottes „Diktum: ‚Wie jedes gegen sich selbst einen Bezug hat, so muß es auch gegen andere ein Verhältnis haben'."[1] Die Relationalität des Seins, die selbst in der differentiellen Äußerung des Identischen, des Selbst vorherrscht, hatte Charlotte erkannt und versuchte es als vitale Erkenntnis auch Eduard zu vermitteln. Auf unmißverständliche Weise inauguriert sie damit die Einheit der Differenz von Identität und Differenz als Lebensprinzip, das in seiner literarischen Verfassung in den *Wahlverwandtschaften* zugleich auch als ästhetisches Prinzip fungiert.

Goethes symbolische Vermittlung sozialer Lebensformen in den *Wahlverwandtschaften* ließe sich daher auch von einer polaristischen Ästhetik aus verstehen und beschreiben, wobei diese sowohl den Eigensinn des Literarischen, den Rückbezug literarischer Realien (Figuren, Beziehungsgeflechte, Stil etc.) und Materialien (Schrift, Grammatik) auf sich selbst, sowie den Zusammenhang von Kunst, Literatur und Lebenswelt polaristisch erfaßt. Friedlaender, der ja selber auch von einer noch zu schreibenden polaristischen Ästhetik sprach, sie aber selbst nie systematisch formulierte, hatte vielleicht schon eine vage Vorstellung davon, daß eine polaristische Ästhetik letztlich, in aller Konsequenz realisiert, zugleich auch permanent ihre eigene Aufhebung betreiben müßte. Denn ihm ging es ja auch nicht um eine Ästhetisierung des Wirklichen, sondern um dessen transparent-werden qua ästhetischer Formalisation.

---

1 Goethe: *Die Wahlverwandtschaften,* zitiert nach Hörisch 1979, 17

2.4. Anziehen und Abstoßen

In seinem Brief an Prof. Schweigger vom 25. April 1814 schreibt Goethe Kant jene polaritätsphilosophische Autorität zu, die auch für Friedlaenders Transformation der Polaritätsphilosophie größte Bedeutung hat:

> „Seit unser vortrefflicher Kant mit dürren Worten sagt: es lasse sich keine Materie ohne Anziehen und Abstoßen denken (d. h. doch wohl, nicht ohne Polarität), bin ich sehr beruhigt, unter dieser Autorität meine Weltanschauung fortsetzen zu können, nach meiner frühesten Überzeugung, an der ich niemals irre geworden bin."[1]

Auch wenn Friedlaender, in Hinsicht auf empirische Polaritäten, Goethe zunächst noch über Kant stellte – unter anderm weist der kantkritische Impuls der ersten Ausgabe der *Schöpferischen Indifferenz* darauf hin –, so bedeutet ihm Kant eigentlich doch jederzeit diejenige Instanz, an der sich Argumentationsschärfe und Beschreibungsrationalität zu orientieren und zu messen haben. Daß es aber trotzdem gerade jene kantkritischen Einwürfe der *Schöpferischen Indifferenz* von 1918 waren, die Friedlaender dann in der zweiten Auflage von 1926 revidiert, auf die sich der Materialismus seines Polarismus stützt, bleibt hier festzuhalten.

Für die theoretische Ausformulierung seines „kritischen Polarismus", der sich schon 1918 ankündigte, dessen „magische Formel" Friedlaender aber erst in seinem 55. Lebensjahr fand,[2] war ihm Kant allemal die wichtigste Bezugnahme. Autobiographisch bemerkt Friedlaender dazu:

> „Kants Warnung vor der *Freigeisterei des Vernunftunglaubens* findet so bis zum heutigen Tage die modernen Ohren ebenso taub wie dazumalen das Nietzschesche. Immerhin bedeutete

---

1 Zitiert nach Böhme 1983, 111
2 Autobiographie, 94

mir schon damals *Kant* die einzige eventuale Gegeninstanz gegen alle Dogmatik und Skepsis. Kant machte mich schon gegen Nietzsche selber skeptisch, obgleich es noch Jahrzehnte dauerte, bevor ich zu mir selbst, d. h. zu Kants Kritik kam. Aber am Maßstab dieser prüfte bereits meine Dissertation Schopenhauers Kritik der Kritik." (ebd. 52)

1902 unter dem Titel: *Versuch einer Kritik Schopenhauers zu den erkenntnistheoretischen Grundlagen der „Kritik der reinen Vernunft"* erschienen, revidierte Friedlaender in dieser Dissertationsschrift sein bisheriges Kantverständnis, das er „durch Schopenhauers zwar scharfe, aber doch nicht weitsichtige Brille" erlangt hatte, so daß ihm Kants Kritik „wie eine indische, durch den Schleier der Maja idealistisch verhüllte Landschaft" (ebd.) erschien. Friedlaenders Studie läuft letztlich auf eine Apologie Kantischer Kritik hinaus. So hätte Schopenhauer, meint Friedlaender, sich noch einmal auf Kant besinnen sollen, ehe er sein Konzept des Willens formulierte (GS 2, 151). Kant nämlich liefert in der *Kritik der reinen Vernunft* den „geistigen Orientierungspunkt überhaupt, – den Scheideweg des Herakles", den Friedlaender in Schopenhauer erkennt (ebd.).

> „Kant war ein Ende, in dem Maße, daß man sich nicht den geringsten Begriff machen durfte, woher noch etwas Neues zu schöpfen sei, während man doch nicht über sich vermochte, auf ein Neues zu verzichten. Gab es dieses Neue überhaupt, so war von vornherein anzunehmen, daß es gänzlich heterogener Natur, als eine Überraschung seltenster Art, wenn auch vielleicht durch öfteres Funkenschlagen vorher angezeigt, auftreten würde: so erschien der *Wille* Schopenhauer's.
> Dies wäre nun das erdenkbare schöpferische Prinzip, wenn es wagte, sich zu sich selbst zu bekennen. Wahrscheinlich war es dazu noch nicht reif genug, noch zu neugeboren." (ebd.)

Nietzsche aber, auf den Friedlaender hier anzuspielen scheint, war auch für Friedlaender selbst noch zu „neugeboren". Erst im Schluß seiner Arbeit weist Friedlaender auf jenen kommenden Nietzsche, der aus seinem Philosophieren eben nicht „den Stachel des Sinnes, des Lebens" (ebd. 189) herauszog, sondern der ihn im Gegenteil eher noch tiefer in die Vernunft hineinbohrte, als Friedlaender zuweilen recht war.

Jedenfalls deuten sich in der defizitären Polarisation von Vernunft und Wille bei Kant und Schopenhauer, wie Friedlaender sie analysiert, die Zeichen des kommenden Gottes an, der Nietzsche heißt. Die Sinn-Krise, die mit diesem neuen Gott einherging und die Friedlaender ja so intensiv im ausgehenden 19. Jahrhundert selbst erlebte, verarbeitet er, nicht dem Zeitgeist folgend, etwa Nietzsche illuminierend, in seinem Nietzsche-Buch und dann vor allem in *Schöpferische Indifferenz*. Friedlaenders Antwort auf diese Krise verdichtet sich in einer Synthese aus Kant und Nietzsche zu jenem kritischen Polarismus, der sich schon in seiner Dissertation ankündigte. Zunächst aber geht es darin um die Klärung der Kritik im Verhältnis von Vernunft und Wille, von Kant und Schopenhauer, wobei sich schon bis in die eigene Terminologie hinein polaritätsphilosophisches Argumentieren zeigt. Letztlich aber bleibt Friedlaenders Kritik in dieser Arbeit, an Kant und Schopenhauer, proklamatorisch, rhetorisch und weniger argumentativ logisch ausformuliert. Gleichwohl erscheint sie in ihrem Überschuß an Rhetorik und in ihrer nietzscheanischen Intention überzeugend. So wird Kant angegangen, weil bei ihm der Sinn gegenüber der Vernunft „verkümmert", und Schopenhauer wird kritisiert, weil seine Vorstellung dem Willen gegenüber ebenfalls zu kurz kommt.

> „Aber diese beiden mächtigen Vermögen werden dadurch, daß man ihnen den Stachel des Sinnes, des Lebens auszieht, wunderlich impotent: Vernunft wird borniert, der Wille verneint. Aus dem Sinne weiß Kant nichts Besseres zu machen als eine heilsame Züchtigung der übermütigen Vernunft; und Schopenhauer aus der Welt der Vorstellung nichts als eine heilsame radikale Enttäuschung des innersten Lebenswillens. – Im Grunde ist es das selbe Problem, die selbe Problemlösung: die Resignation eines Denkers behält noch das Leben, die Resignation des ganzen Menschen nichts, wenn nicht ein wunderbares Gegenüber des Lebens übrig.

Wie gefährlich ist das Philosophieren mit Gegensätzen! Der uralte Argwohn des Lebens gegen das Erkennen wird von Kant sanktioniert. Aber was schlug die Erkenntnis von den Pforten zurück, hinter denen ihr erheblichstes Interesse verborgen liegt? Kant ließ es im Ungewissen, hielt es jedoch für eine lebensfreundliche moralische Macht. In der Dämonie des Willens hatte Schopenhauer die Vision dieser Macht: seine Lehre ist ein Zurückschrecken vor dieser Dämonie des Lebens." (ebd. 189 f.)

Aber gerade in der „Dämonie des Lebens", die, einer klassischen Definition des Grotesken zufolge, vom Grotesken gebannt und beschwört werden soll,[1] erkennt Friedlaender den Aufbruch zu neuen Ufern, den Anbruch eines neuen Tages, den er den „Tag des Lebens" nennt (GS 2, 190).

In der *Schöpferischen Indifferenz* von 1918 findet der kantkritische Reflex Friedlaenders seinen Höhepunkt. Sämtliche spätere Arbeiten – wie erwähnt, revidierte Friedlaender in der Ausgabe von 1926 diese Kritik – orientieren sich wieder viel stärker an Kant als an irgendeinem anderen Philosophen.[2] Einzige Ausnahme bleibt Ernst Marcus, dem Friedlaender seine kritische Kantrezeption verdankte.

Im Pariser Exil dann, in das er 1933 noch im letzten Moment vor dem Zugriff der Nazis fliehen konnte – Hartmut Geerken hat die Umstände dieser Flucht beschrieben[3] –, avanciert Kant, in der an Marcus kritisch orientierten Lektüre, wie die zahlreich nachgelassenen, unveröffentlichten Schriften zeigen, für Friedlaender zum wichtigsten Kronzeugen seines Polarismus. Für die Analyse der literarischen Texte Mynonas, um deren Diskussion es ja letztlich gehen soll, hat diese Spätphase von Friedlaenders Schaffen allerdings keine Bedeutung, da ab 1935 von Mynona keine Texte mehr erschienen sind. Daher beschränkt sich die vorliegende Untersuchung der Friedlaenderschen Philosophie auch auf den Zeitraum von 1896-1933/35.

---

1 Vgl. Kayser 1960, 139
2 Vgl. u. a. Katechismus, Kant für Kinder, Kant gegen Einstein.
3 Vgl. Geerken: *Anmerkungen,* in: Prosa, Bd. 2, 215; ausführlicher: Detlef Thiel, Einleitung, GS 13, 36-47.

Noch eindringlicher als im Kontext Kant-Schopenhauer konnte Friedlaender seine nie grundsätzlich, sondern immer nur strategisch motivierte Kantkritik durch den Kontrast Kant-Nietzsche formulieren: „Kant zerrt und foltert die Natur zur Logik hin; und Nietzsche reißt umgekehrt die Logik zur Natur zurück. Wieviel Natur geht bei Kant verloren! Wieviel Logik bei Nietzsche!"[1]

Die Frage zielt auf jene Antwort, die Friedlaenders Polarismus zu geben versucht. Dabei war ihm der Zweifel Nietzsches, wenn man ihn denn als entscheidendes Moment und Charakteristikum seiner Philosophie betrachtet, eher suspekt. Trotzdem bildet diese Philosophie so etwas wie den kreativen Kontrapunkt zum übermächtigen Vernunftkonzept Kants. Von daher hält Friedlaender auch der Kantischen Logik den „verderbenschwangeren" Einfluß „einer sehr verknöcherten, ja verkalkten scholastischen Logik" vor,

„welche das frische Blut des Lebens und seines einzigen Sinnes, des *magischen* (magnetischen!) Sinnes für das Unendliche nicht mehr in sich pulsieren lassen kann. Bereits die Jas und Neins, die Entweders und Oders, das ganze zerbrochene und verrenkte Gelenk dieser Logik ist mehr pathologisch als logisch. *Tertium NON datur*, kreischt diese blinde Logik, sobald sie sich vor eine verhängnisvolle Alternative gestellt sieht und bringt sich so um ihren eigenen Sinn, den Sinn für das Unendliche. denn dieses ist allemal das mysteriöse Tertium, um das jene Jas und Neins, Entweders und Oders entbrennen." (ebd. 150 f.)

Also nicht nur das Sinnliche der Vernunft empfindet Friedlaender bei Kant sanktioniert, sondern auch die logische Ausformulierung der Einheit von Intelligiblem und Physischem erscheint ihm als begrifflich verzogen. „Überhaupt", so Friedlaenders rhetorisch gefärbte Kant-A-Version – die B-Version von 1926 wäre dann als Revision dieser A-Version zu verstehen –, die ja in keinster Weise das gesamte Unternehmen von Kants Kritiken in Frage stellte,

„fügt Kant zu den vielen Übeln des Menschen noch dieses Schlimmste hinzu, daß er seine Humanität fatalisiert: indem er

---

1 Nietzsche (GS 9, 136)

seine Sinne, welche sich doch fortentwickeln wollen wie Pflanzen, mit der Mauer seiner praktischen Vernunft borniert. Was Wunder, wenn sogleich darauf diese Pflanzen liederlich wurden und in geilstem Wachstum über jene Mauer wucherten, um in einem finsteren Trans schmählich auszudorren?" (ebd. 150)

Goethe dagegen erschien Friedlaender hier wie ein „weiser Gärtner", der selbst noch in den „Abenteuerlichkeiten" Schellings

„manche wertvollen Handgriffe zur Verteidigung des Wachstums unserer Sinne nach dem Unendlichen, nach dem sie sich wie Blumen nach der Sonne ziehen, wohl entdecken! Wir meinen die Idee der Polarität, des Magnetismus, welche so geheimnisvoll und offenbarend auch der Grundgedanke Goethes blieb." (ebd.)

Tertium non datur, jenes theoretische Prinzip vom ausgeschlossenen Dritten, übersetzt die Polaritätsphilosophie, auf die hin Kant und Nietzsche von Friedlaender rezipiert werden, in der *Schöpferischen Indifferenz* als *tertium datur*. Der Axiomatik einer scheinbar unwiderlegbaren Logik, der zufolge A entweder gleich B oder nicht gleich B ist, die also ein Drittes, eine dritte Möglichkeit kategorisch ausschließt, widerspricht Friedlaenders „Satz der Mitte". Darin ist er sich mit Nietzsches „Satz der Mitte des Lebens" einig (ebd. 165). Die bloß logische Verordnung dieser scholastischen Axiomatik des *tertium non datur*[1] taugt im Sinne Friedlaenders nicht mehr dazu, empirische Wirklichkeiten ausreichend zu erfassen und zu beschreiben. Polaritätsphilosophisch gibt es für Friedlaender eben jenes Dritte, gegen das sich „diese blinde Illogik" Kants richtet. Wollte man einen Ort dafür angeben, so wäre es jene Mitte der Differenz, jene schöpferische Indifferenz, für das es allerdings keinen dritten Term geben kann, da es keine Positivität des *tertium datur* im Sinne einer real gegebenen Größe gibt. Das Dritte ergibt sich gleichsam

---

1 Friedlaenders Befund und Kritik bezüglich des *tertium non datur* hat in jüngster Zeit durch die Logik-Vorlesungen von Klaus Heinrich Bestätigung gefunden. Vgl. insbesondere die neunte Vorlesung, in: Heinrich 1981, 194 f.

als Notwendigkeit, aus dem polaristischen Kontrast oppositiver Terme heraus. Die Positivität des *tertium datur* ist eine fiktive, die die Beobachtung und Beschreibung von Realität organisiert. Luhmann skizzierte einmal das Problem des Dritten als Element einer noch nicht vorhandenen, paradox anmutenden „Weltlogik", die „nur eine Logik des eingeschlossenen ausgeschlossenen Dritten" sein kann.[1]

Der in der klassischen Logik formulierte Differenzgedanke, in dem sich Differenz und an Differenzen orientierendes Ausschlußverhalten über das ausgeschlossene Dritte definieren, produziert einen Widerspruch, den die *Schöpferische Indifferenz* kreativ nutzen möchte, indem sie ihn als in der Realität relevanten gelten läßt. So bildet der zunächst so aberwitzig erscheinende Widerspruch des *tertium datur* in der *Schöpferischen Indifferenz* eine Art Integral aller Differenzen, denn „Trimurti und Trinität sind Embleme der Polarität." (SI 518)

Gegen die scheinbar so puristischen Verhältnisse des *tertium non datur* setzt Friedlaender seine Reallogik, seine relationale Logik der Schöpferischen Indifferenz. Diese behauptet nämlich, daß alles, was sich irgendwie auf Vergegenständlichung, auf Objektivation hin bewegt, was sich irgendwie im Prozeß der Objektivation und Vergegenständlichung befindet, darin zugleich auch apuristischen Verhältnissen unterliegt. Was also in der Reinheit der Differenz erscheint, was als reine, klar unterscheidbare Opposition zum Vorschein kommt, unterliegt selbst wieder relationalen Kontext-, genauer: Medienverhältnissen. Polarität in diesem Sinne führt zur Kollision von Friedlaenders Mediensatz, dem „Satz der Mitte", mit der traditionellen Begrifflichkeit vom Satz der Identität. Denn der fordert von der Sprache das, nämlich mit gleichen Namen nicht verschiedene Begriffe zu bezeichnen, was die Sprache gar nicht halten kann. Identität im polaristischen Verständnis bleibt immer auf Polarität bezogen. Ebenso bleibt Polarität auch nur im Rekurs auf Identität beschreibbar. Und daher sollte allein derjenige „Akt" Polarität heißen, „den das Individuum vollzieht, um sich, trotzdem Äußerung sofort mit Differenz und Relation gleichbedeutend ist, im

---

1 Luhmann 1984a, 285

also widerstrebenden Material dieser Differenz, dennoch gleichsam identisch durchsetzen." (SI 100)

Aus dem Atem der „absoluten Identität" soll es „polar ziehen" (SI 236). Identität hat sich in den sie umgebenden Differenzverhältnissen als solche zu erweisen und auch zu behaupten. Das identische Individuum muß sich „in lauter Dividualität" (SI 495) „bewähren". Es konstituiert sich als Bewährendes aus seiner polarisierenden Verfassung heraus, die es als sich äußerndes Individuum ausweist. Identität als Funktion der Einmaligkeit, der Besonderheit von Elementen und Prozessen, wird von Friedlaender insofern nicht in Frage gestellt, wie sich anhand von Identitäten Differenzen kombinieren, ordnen und in relationalen Mustern verbinden lassen. Friedlaenders „Satz von der schöpferischen Selbstentzweiung des Identischen", der „viel tiefer [ist] als der von der Berührung der Extreme" (SI 449), definiert Identität wieder im Sinne der Leitdifferenz. Es verbirgt sich darin keine mystische Chiffrierung von Identität, sondern jene Selbstbezüglichkeit, jene selbstreferentielle Geschlossenheit des Identischen, die im herkömmlichen Verständnis Reflexion heißt und mit der sich Identität als funktionale Größe in die relationale Einheit der Differenz von Identität und Differenz einschreibt. Differenz als Kontextreferenz und Identität als Selbstreferenz fallen in der Reflexion zusammen und in diesem Sinne orientiert ein System „die eigenen Operationen an der eigenen Einheit" (ebd. 617). Ein polaristisches System orientiert sich in seinen Argumentationen an der Einheit seiner eigenen Systematik.

Für Friedlaender steht die Subjektivität der Identität dabei außer Frage, wobei sie subjektiv „bloß zum Behuf ihrer polaren Objektivation [ist]. In der Vernachlässigung dieser beiden Erfordernisse [Subjektivität der Identität und Objektivation subjektiver Identität; RS] besteht der Fehler der philosophischen Versuche." (SI 436)

Um polare Objektivation betreiben zu können, muß erst einmal ein Verständnis der „polaren Empirie" (SI 159) vorhanden sein. Und dies war eben nicht mehr mit der klassischen Opposition von Empirie und Transzendenz zu begründen. Polare Empirie ist für Friedlaender ein Gleichnis der ursprünglichen Erfahrungsverhältnisse, die weder positiv noch negativ beurteilbar sind, sondern die einfach als Einheit der Gegensätze vorhanden ist. Deren dialektische Vermittlung muß allemal fehlschlagen, weil Gegensätze nicht in Synthesen aufhebbar sind, sondern allenfalls in neue Gegensätze transformiert werden können. Dialektik spielt vielleicht auch deshalb in Friedlaenders Polaritätsphilosophie keine entscheidende Rolle. Während dialektisches Denken nämlich auf die Identität von Differenz und Identität setzt, orientiert sich polaristisches Denken an der Differenz von Identität und Differenz (SI 607). Subjektive Identität, die allein zum Zwecke ihrer Vergegenständlichung subjektiv ist, scheint in sich schon den Keim der Differenz zu tragen. In diesem Sinne betreibt auch sich äußernde Identität, die sich darin zugleich objektiviert, Differenzenbildung. Identität erschafft sich gleichsam die Differenzen, in denen sie sich als Identität bewahren und bewähren kann. So, wie demnach „ohne Äußerung das innere Prinzip [die Identität, die schöpferische Indifferenz; RS] funktionslos ist" (SI 175), so ist zugleich auch jede Äußerung ohne eine ihr inhärente Identität wohl kaum möglich.

Gründend auf Differenz, auf der sich objektivierenden Identität, die so etwas wie apuristische Verhältnisse in die Philosophie, in die Logik von Aussagen und Äußerungen bringt, formuliert Friedlaender seinen Hauptvorwurf gegen Kants Lehre von der transzendentalen Apperzeption. Dieser zufolge gelingt es der transzendentalen Synthesis nicht, die Dinge an sich, diesseits ihrer jenseitigen Wesenhaftigkeit, ihrer transzendentalen Essentialität empirisch zugänglich zu machen. Die Erkenntnis der Wirklichkeit wird also zwangsläufig auf die Unerkennbarkeit des Wesentlichen verwiesen und erleidet damit eine Reduktion, die sich material nicht weiter begründen läßt. Die Differenz von Transzendenz und Empirie erscheint als selbstevident und darin dann auch als unhintergehbare Notwendigkeit von Erkenntnis. Aber genau in dieser unzugänglichen Sphäre essentieller Formen erkennt Friedlaender die Unfreiheit des Subjekts. Und „überhaupt ist der Standpunkt des Kantischen Subjekts a priori, der Idee, zwischen Immanenz und Transzendenz, sofort unfrei, unpersönlich, unschöpferisch gewählt." (SI 347) Kant veräußert, Friedlaender zufolge, die Möglichkeit, sich selbst als Bedingung aller Äußerungen zu inaugurieren. Deutlich wird dies, wie

John Sallis (1983, 71) ausführt, im Grundsatz der transzendentalen Apperzeption Kants. Die besagt: „Meine Vorstellungen müssen die Bedingungen erfüllen, die es ihnen ermöglichen, meine Vorstellungen zu sein (und somit im Selbstbewußtsein auf das Ich des Ichdenke bezogen zu werden)."

Friedlaender sieht aber die Subjektivität nicht als Erfüllungsorgan der kategorialen Erfordernisse transzendentaler Apperzeption, sondern er fordert die unbedingte Inauguration des individualen Subjekts als Schöpfer, als kreatives Organ der Selbsterkenntnis und Selbstbestimmung:

> „hier oder nirgends ist man durch eigensten Entschluß unabhängig, selbstherrlich, allein, absolut. Auf Grund einer Kritik erst entweder Schöpfer oder nur Quasi-Schöpfer, nur Schöpfer der ‚Form' sein zu wollen, beweist sofort Mangel an Intimität. Gewiß ist Kritik das unentbehrliche Instrument der Herrschaft des Schöpfers über seine Geschöpfe: das Objekt wird kritisiert. Aber der Kritisierende ist entweder mit dem Schöpfer identisch oder selbst nur Gegenstand einer Kritik. Die Selbstkritik ist ebenfalls dieser Alternative unterworfen; entweder ihr eigenes Geschöpf zu kritisieren oder als kritisierend unmöglich zu sein; die Beurteilung von Grenzen und Umfang des Erkenntnisvermögens kann nur von dessen Schöpfer ausgehn; und weigert sich der Kritiker, grade aus Mangel an Selbstkritik (aus furchtsamer Demut vor der eignen Schöpferkraft), unmittelbar Schöpfer zu sein; so rächt sich diese vorsichtige Vorbehaltlichkeit an der letzten Vollendetheit seines Geschöpfs." (SI 347)

Dieses Mißgeschick, so Friedlaenders implizite Pointe, unterlief auch Kant, gegen dessen Subjektivitäts-Sterilität sich Friedlaenders Vorwurf richtet. Kant ist daher auch

> „kein echter, vollwesentlicher Beginner [...], weil er zwar das phänomenal empirische Subjekt, den Menschen, durch das apriorische überwindet; dieses aber nur ‚formal' sein läßt, keinen ersten Beginner, kein ‚aus sich rollendes Rad': so kann er

auch kein eigentliches, sondern nur ein ‚Als-ob-Objekt' erschaffen." (SI 347)

Kritik als Vernunftpraxis, das bedeutet für Friedlaender zunächst auch Selbstkritik. So ist ihm die Vertrautheit mit sich selbst immer dann verdächtig, wenn sie auf kontemplativer Rückversicherung beruht und nicht auf dem risikohaften Tätigsein einer allseits verletzbaren Individualität.

Gegen Kants Transzendentalismus, der das „Trans nur ‚intelligibel'", aber nicht mehr „sensibel" erfaßt, reklamiert Friedlaender den „rückhaltlosen Schöpfer". Kant, der „selbst in seiner innersten Intimität verhüllt" ist, „verfinstert, formalisiert sich selbst." Als der Urkopernikus hätte „er sich mit seinem Subjekt als die Sonne selber wissen müssen, wandte sich aber, von sich selbst geblendet, von sich selber ab." (SI 348) „Kant als Hypochonder",[1] so eine Beobachtung, mit der Kant vielleicht intim das Andere der Vernunft zu bannen versuchte. Friedlaender begreift Vernunft nicht jenseits ihres leiblichen, ihres körperlichen Gebunden-Seins, sondern sieht in der sensiblen, organischen Physis die Grundlage aller intelligiblen Prozesse, deren Ausdifferenzierung vor allem ein Geschäft des Intelligiblen bleibt. Eine Vernunft jedenfalls, die nur formal funktioniert, die gleichsam alle Lebendigkeit, alle empirische Empfindung abgestreift hat, hatte keinen Sinn. Auf diesen Sachverhalt versucht Friedlaenders Kritik aufmerksam zu machen.

Eine Vernunft, die jenseits ihrer Äußerung Realität beansprucht, hat für Friedlaender keine Bedeutung. Demnach gehört zur Vernunft entscheidend ihre Objektivation, ihre Äußerung hinzu, um sich Wirkung und Geltung in der Realität zu verschaffen. Was für die Idee im Allgemeinen gilt, gilt auch für die Idee der Vernunft, nämlich, daß sie „nur zum Äußern da" ist (SI 275). Kants Behauptung von der epistemologischen Notwendigkeit eines Dings an sich, das jenseits aller Äußerung den Prozeß der Erkenntnis steuert, erfährt hier, wenn nicht gerade eine klare Ablehnung, so doch eine deutliche Kritik. Denn auch da, wo Kant

---

1 Böhme 1983, 389

„die Idee auf Erfahrung anweist, tut" er „dieses doch nur *faute de mieux* und würde die unbedingte Äußerung, das ‚An sich', vorziehen. Aber die Idee ist nur zum Äußern da, und jede Äußerung ist wesentlich bedingt, weil sie differenziert ist. Ein Purismus, eine Idee der Reinheit, Keuschheit, Unberührbarkeit, Gewissenhaftigkeit, für welche Äußerung bereits Befleckung bedeutet, ist der sterilste Erzirrtum." (SI 275)

Ohne Äußerung ist die Idee des identischen Subjekts, der indifferenten Individualität „so gut wie gar nichts" (ebd.). Unter der Voraussetzung dieser Erkenntnis, die jede Idee der Äußerung und Aussage auf Relation und Differenz rückbezieht, ist Friedlaenders gesamte Kant-Rezeption zu verstehen.

In diesem Zusammenhang müßte man genauer noch Friedlaenders Verhältnis zum Neukantianismus untersuchen, das sowohl deklamatorisch wie auch inhaltlich begründet erscheint. Auch die Grenzziehung zwischen den zeitgeschichtlichen Strömungen der Philosophie, etwa zwischen Pragmatismus, Fiktionalismus (Vaihinger) und eurokontinentalem Positivismus (Dilthey) sowie zwischen den verschiedenen Spielarten des Neukantianismus in Bezug auf Friedlaenders Polarismus müßten genauer untersucht werden, als es hier geleistet werden kann.

Im Grunde richtet sich Friedlaenders Ablehnung neukantischer Erkenntnistheorie, wie sie etwa bei Vaihinger vorkommt, gegen einen erkenntnistheoretischen Reduktionismus, der bloß einseitig vorgeht, nicht jederzeit die Einheit psychophysischer Realität reflektiert und daher nicht jederzeit die Einheit der Differenz von Physischem und Intelligiblem zur Basis seines Philosophierens macht.

Friedlaenders eigenes Philosophieren bewahrt diesen Befund in dem Sinne, wie es die philosophischen Grundlagen dieses Philosophierens jederzeit als deskriptives Philosophieren versteht und darin nicht über die spezifische Materialität und Medialität dieses Philosophierens hinwegzutäuschen scheint. Im Rekurs auf die Materialität der Deskription und Deskriptionsverhältnisse, im Rekurs auf die Medien Schrift und Sprache, die die Idee der schöpferischen Indifferenz äußern, kommt gleichsam auch der Materialismus dieses

Philosophierens auf ganz profane Weise zum Vorschein. Verfolgen ließe sich dies bis in die Wahl der Metaphern, bis in strategische Argumentationsfiguren, also bis in die Rhetorik bestimmter Beschreibungs-, Analyse- und Darstellungsweisen anderer Philosophien oder philosophischer Aspekte in Friedlaenders Texten. Bei Kant und Nietzsche fällt diese Beobachtung des Stils vielleicht am intensivsten auf.

Anziehen und Abstoßen etwa, jene polaritätsphilosophische Metapher der sogenannten vorkritischen Philosophie Kants, wie sie in der *Theorie des Himmels* [1] vorkommt, bezeichnet nicht bloß ein bestimmtes polaristisches Verhältnis in der Beschreibung der Materie, sondern scheint auch bildhafter Ausdruck für Friedlaenders eigene Kant-Rezeption zu sein. Denn trotz der kritischen Abstoßung von Kant hat dessen Philosophie in Friedlaenders gesamtem Philosophieren nie an Attraktion verloren. Attraktion und Repulsion aber lassen sich nicht, wie Böhme/Böhme anmerken, aus „den von Kant genannten Bezugsfeldern" rechtfertigen, so daß die „Gleichursprünglichkeit und Universalität von Attraktion und Repulsion" [2] keinen philosophie- und naturgeschichtlichen Hintergrund zu haben scheinen, von dem aus dieser Gedanke abzuleiten wäre. Trotzdem hat diese Metapher polarer Kräfte für Kants vorkritische Philosophie insofern eine große Bedeutung, wie in ihr die Notwendigkeit einer Repulsionskraft zum Ausdruck kommt, mit deren spekulativer Annahme Kant über Newton hinausgeht. Denn hiermit „stößt Kant auf ein Problem, das sich Newton, der nur die Gravitationskraft mathematisch darstellen wollte, im Rahmen seiner Physik jedenfalls gar nicht stellte." (ebd. 98) Jedenfalls, so bilanzieren Böhme/Böhme, geht Kant „mit der Einführung der Repulsion [...] über die Newtonsche Physik spekulativ hinaus." [3]

Hier drängt sich als Parallele der Streit zwischen Goethe und Newton auf, in dem ja auch ein polaritätsphilosophischer Gedanke,

---

[1] Kant: *Allgemeine Naturgeschichte und Theorie des Himmels* (1755)
[2] Böhme 1983, 90
[3] Ebd. 98. Für Böhme/Böhme ist Kants „Theorie des Himmels" ein Schlüssel zur Psychodynamik der Kantischen Philosophie, sowohl der vorkritischen wie der kritischen.

wie er der Kantischen Repulsion zugrunde liegt, spekulativ über die Newtonsche Erklärung des Lichts hinausgeht.

Im Unterschied zu Goethe ist bei Kant polaristisches Denken aber überhaupt nicht so offensichtlich, wie es hier erscheinen mag. Auch läßt sich wohl kaum, wie Böhme/Böhme zu Recht meinen, Goethes Polarismus von Kants Materiebegriff ableiten, obwohl dieser für Goethe eine willkommene „Bestätigung" war (ebd. 111). So „glaubte Goethe in Kants Theorie der Attraktion und Repulsion" die dynamische Polarität von sinnlichem Erfassen und begrifflichem Erklären der Materie entdecken zu können (ebd. 112). Kant, der die „dynamische Konstruktion der Materie streng auf die Mechanik fester Körper eingeschränkt" hatte (ebd. 112 f.), leitete aus dem Bestreben, den „Begriff der negativen Größe in die Weltweisheit einzuführen", nicht jene polare Dynamik ab, von der aus Goethe einen „Strukturzusammenhang der Natur selbst" (ebd. 110) zu erschließen versuchte.

Für Friedlaender war Kants Polarismus eigentlich noch dualistisch verstellt. Das *tertium non datur* war dafür ein trefflicher Beweis. Gegen diese logische Beschneidung behauptet Friedlaender, wie erwähnt, die Notwendigkeit des *tertium datur*.

> „Vor allem ist ja das ‚Dritte' objektiv so durchsichtig, so sehr nur *medium*, reinste Angrenzung, *ein* Treffer unter Millionen Nieten, das Schweigen der Sprachen, Ruhen der Bewegungen, das Nichts des (polaren) Alls, daß man eben, es mit Recht für Nichts, aber mit Unrecht dieses Nichts für das Gegenteil des Alls haltend (während es doch dessen indifferenter, polarisch triebkräftiger Keim ist), unversehens daran vorübergeht." *Tertium datur* also: „so unaussprechlich unscheinbar [...], dermaßen eng, so sehr ‚Nadelöhr', daß man notgedrungen glaubt, Kamel bleiben zu müssen." (SI 151)

Das Dritte, „das *neutrum et commune*", das sich der „identifizierenden Konfusion der Extreme so lebendig wie ihrer tödlichen Zerstreuung widersetzt", wird bei Kant eliminiert, ja es soll als „logische Aufhebung", wie Friedlaender das Dritte versteht, „nach Kant überhaupt nichts sein" (SI 393).

Der Begriff des Nichts, der bei Kant negativ bestimmt ist, bezeichnet in der *Schöpferischen Indifferenz* das „die Differenz fungierende persönliche Zentrum" (SI 151). Kant dagegen, so Friedlaender, der zwischen dem absoluten Nichts *(„nihil negativum irrepraesentabile")* und dem relativen Nichts *(„nihil privativum repraesentabile")* unterscheidet, verneint beim absoluten Nichts „eine positive Bestimmung schlechthin". Die Verneinung beim relativen Nichts wäre bei Kant allerdings, so Friedlaender, „etwas Positives" (SI 334).

In der *Schöpferischen Indifferenz* nun ist die Verneinung aber „allemal was echt Positives". Sie läßt nämlich „das Positive niemals bloß wegfallen" (ebd.). Demnach kommt auch dem „absoluten Nichts" eine Positivität zu, wobei sich unter dieser Perspektive die Schwierigkeit, nein zu sagen, als allergrößte Leichtigkeit erweist. Das Wegfallen des Positiven in der Verneinung ist dann nichts weiter als ein „Resultat ihres Widerstreits gegen das Positive" (ebd.). Und, so die Kombination aus Kant-Kritik und *Schöpferischer Indifferenz*,

> „dieser Widerstreit kann sehr unauffällig sein, wie zum Beispiel beim logischen Widerspruch, wo ihn Kant einfach übersieht und non A mit null A verwechselt ... Das sieht dann in der Tat wie absolut Nichts aus; es wirkt, wie wenn man etwas Positives radikal vertilgt hätte. In Wahrheit ist solche Vertilgung immer was Zentrales; und ein Nichts, das schlechthin Mangel ausdrückte, ist nicht etwa ein rundes volles absolutes, sondern eben grade nur ein halbes Nichts, nur minus Null, nur negative nicht, mediale, indifferente: – – runde und volle! Ein Nichts, das nicht ... antipodisch wäre, ein Nichts ohne Januskopf ... ist nur für den flachen Blick schlechthin vorhanden. Dieser Aberglauben an das simple witzlose Nichts ist das Lähmendste von allem, aus dem man das Geflügeltste machen könnte und sollte. Im Gefühl davon läßt Kant das reale *zéro* in ‚Gott' sogar schöpferisch werden. Also grade vom Nichts ist die einseitige Betrachtung am fernsten zu halten. Auch das Nichts kann nicht simpel zu Boden fallen, es muß schweben, ob man menschlich darum wisse oder nicht. Nihilisten können sich dreist einbilden, sie lie-

ßen Positives ‚verschwinden'; wenn nur das Verschwinden nicht etwas verzweifelt Antipodisches an sich hätte!" (ebd.)

Friedlaenders Bestimmung der Positivität des janusköpfig begriffenen Nichts, die hier, 1918, in der *Schöpferischen Indifferenz* ausformuliert ist, wurde ein viertel Jahrhundert später, in anderen Zusammenhängen, ohne Bezug auf Friedlaender, von Jean-Paul Sartres *Das Sein und das Nichts* (1943) existentialistisch bestätigt. Mit Sartre übrigens hatte sich Friedlaender 1946, kurz vor seinem Tode, noch publizistisch beschäftigt. In einer Rezension zu Sartres *L'existentialisme est un humanisme* (Paris 1946)[1] kritisierte er dessen existentialistischen Humanismus, ohne allerdings noch eine grundsätzliche Diskussion anstrengen zu können.

Sartre jedenfalls kam in Bezug auf die Bestimmung des Nichts zu einem, wie mir scheint, ganz ähnlichen Befund wie Friedlaender, denn auch Sartre ging von einer Positivität des Nichts aus. Im Kapitel „Der Ursprung des Nichts" in *Das Sein und das Nichts* heißt es unmißverständlich: „Das Sein, durch das das Nichts in die Welt gelangt, muß sein eigenes Nichts sein."[2] Ließen sich für einen Moment die ontologischen Implikate dieser Aussage vom Existentialismus zum Polarismus übertragen, und konzentrierte man sich dabei mehr auf deren logische Aspekte, so erklärt sich die Positivität des Nichts aus seiner konstitutiven Funktion, Ursprung seiner selbst zu sein, aus dem polaristischen Verständnis dieses Nichts.

Wenn das Nichts, wie Sartre annimmt, durch ein Sein in die Welt kommt, das sein eigenes Nichts ist, dann ist diesem Nichts, so scheint es, die Positivität eines Seins immer inhärent, also immer schon eingeschrieben, ohne allerdings in irgendeiner Weise als dieses Nichts vergegenständlicht werden zu können.

Für Kant scheint der Diskurs ums Nichts kaum Bedeutung zu haben. In der „transzendentalen Analytik" betrachtet er das Problem der „Unterscheidung eines Gegenstandes, ob er Etwas, oder Nichts sei" als „von nicht sonderlicher Erheblichkeit" und führt es nur knapp, „zur Vollständigkeit des Systems" (KrV, B 346) aus. In

---

1 Friedlaender: *Jean-Paul Sartre's Existentialismus* (1946; GS 3, 885-889)
2 Sartre 1943, 63

Kants theoretischem Umgang mit dem Nichts zeigt sich für Friedlaender die Notwendigkeit Kants, am *tertium non datur* festzuhalten. In Kants System, so scheint es jedenfalls, ist kein Platz für ein Drittes, für das *tertium datur*, für das scheinbar oder offensichtlich Widersinnige, Unmögliche und Paradoxe. Kants von Friedlaender so vehement kritisiertes *nihil negativum* drückt das *tertium non datur* deutlich aus: „Der Gegenstand eines Begriffs, der sich selbst widerspricht, ist Nichts, weil der Begriff Nichts ist, das Unmögliche, wie etwa die geradlinige Figur von zwei Seiten (nihil negativum)." (ebd. B 348)

Für Friedlaender dagegen ist es ja gerade dieses polaristisch sich selbst widersprechende, jenes für Kant so unvorstellbare Dritte, das die Dinge in Fluß hält und zugleich Kants Auffassung vom Nichts sprengt. Was dieser ins Widersinnige verbannte, was durch ihn gleichsam ins philosophische Exil geschickt wurde, versucht Friedlaender nicht bloß zu rehabilitieren, sondern macht es zur Voraussetzung seines Philosophierens überhaupt:

> „Die neutrale Größe ist ja überall gerade die echt reale, ohne welche der Streit der negativen und positiven gegenstandslos werden muß. Die unmittelbare Aufeinanderbeziehung von Ja und Nein ist nicht nur logisch, sondern allenthalben unvollziehbar. Selbst bei der Realopposition gelingt es nicht ohne das Mittel der neutralen Größe. Ohne zentrale Indifferenz verlören Aus- und Einatmung einander und sich selbst. Und sogar das aus der logischen Opposition resultierende Nichts ist, als neutral, sehr wohl zu unterscheiden vom negativen und positiven Nichts, von – 0 und + 0: auch hier muß es ein *tertium*, ein *neutrum* geben, die neutrale Null, welche von der bloß positiven oder bloß negativen sich so scharf unterscheidet, wie ein Vermögensloser, der weder Schulden, noch Einnahmen hat, von einem solchen, der nur Schulden oder nur Einnahmen ohne Schulden hat." (SI 190)

Bedeutet für Kant das Nichts den Inbegriff von Leere, so bezeichnet es für Friedlaender „eben nicht etwa die Abwesenheit, sondern die vollwesentliche Indifferenziertheit des Alls" (SI 177). Was also

„nur auf den ersten Blick so schauderhaft leer" (ebd.) erscheint, bekommt in der *Schöpferischen Indifferenz* den Status des schöpferischen Prinzips schlechthin. „Inauguriert" doch gerade „diese Leere" die „Lehre vom Sternenich, vom Flug des Individuums, von seiner Weltfremdheit, seiner Unabhängigkeit auch noch vom differenzierten ‚Subjekt': es ist schöpferisches Medium aller Welt." (ebd.) Es ist jenes *„missing link"* (SI 234), auf das hin sich alle Differenzen polaristisch konzentrieren. Das Nichts, das sich bei Schopenhauer in kontemplativer, in sich selbst gekehrter, Subjektivität zeigt, versteht die *Schöpferische Indifferenz* immer schon als „wesenhaft medial realisiert." (SI 177)

Kants „Idee der Realität" (SI 343), die sich mit dem Schleier des Apriorischen umgab, kann mit der Figur eines realitätserzeugenden Nichts nichts anfangen. Friedlaender nun interessiert dieser Apriorismus in dem Sinne, wie „im Kantischen Apriori ein Schöpfer verborgen [ist], der, vor sich selber verhüllt", den Zugang zu den Dingen allerdings nur in ihrer Erscheinung, nicht aber in ihrem „Ansich" ermöglicht (ebd.).

Kants „Verzweiflung", wie Friedlaender es ausdrückt, liegt demzufolge in dessen gleichsam manifester Behauptung eines „Dings an sich". Diese „Illusion der differenzierten Bedeutung des ‚Wesens an sich'", von dem sich Kant „nicht losmachen" kann (SI 243), bezeichnet für Friedlaender das ganze Dilemma der Als-ob-Konstruktion des transzendentalen Idealismus. Die Dinge bloß so nehmen zu können, als ob sie wirklich wären, hieße, den Fiktionen eine nonfiktionale Realität zukommen zu lassen. Denn wenn alles Fiktion ist, wenn sämtliche Handlungs-, Erkenntnis-, Wahrnehmungs- und Erfahrungsprozesse, wenn also empirische Wirklichkeit schlechthin in Fiktionen aufgeht, dann erübrigt sich letztlich der Begriff der Fiktion. „Die *Fabrikation der Fiktionen*", wie Carl Einstein seine Kritik der „idealistischen Intellektuellenkultur"[1] nannte, hat in dieser Als-ob-Figur Kantischer Philosophie eine entscheidende Wurzel.

Kant hätte sich, so Friedlaender, um die Entdeckung der „eigenen Schöpferkraft" bemühen sollen, statt ihr die Enklave des Als-ob zu-

---

1 Einstein 1973, Klappentext

zuweisen (SI 243), was dann Hans Vaihinger konsequent zur „Philosophie des Als-ob" ausarbeitete. 1918, in 3., vielbeachteter Auflage erschienen, spielte diese Lehre schon im Titel auf Kants Dilemma an, ohne es aber als dilemmatisch zu verwerfen. Daß Vaihinger sich erst nach einem Nietzschestudium zur Herausgabe dieser kantapologetischen Schrift entschloß, markiert um so deutlicher das Bedürfnis um 1918, Kant und Nietzsche in einer Synthese zu erfassen. Bei Vaihinger fiel diese allerdings anders aus als bei Friedlaender. Denn im Gegensatz zu diesem betonte Vaihinger das Fiktionale, den Scheincharakter der Vernunft. So glaubte er Nietzsche darin nahe zu sein, daß er die Fiktionalität des Realen behauptete und an der Scheinhaftigkeit alles menschlichen Erkennens festhielt. An Nietzsches Metapherntheorie angelehnt, unterstrich er den Schein von Erkenntnis. Vernunft bewegte sich dabei selbst in eine Sphäre des Als-ob hinein. Sie war gleichsam Angelegenheit der am Als-ob orientierten sittlichen Normen, Gesetze, Gebote und Verhaltensweisen. Kants Auffassung, daß man so handeln müsse, als ob die Gegenstände, um die es geht, wirklich wären, griff Vaihinger als erkenntnisleitende Formel auf. Als intelligiblem Regulativ von Realität kam der Vernunft im Kontext von Vaihingers Fiktionalismus die Funktion zu, die Welt noch einmal selbst als grandiose Fiktion zu erfassen und zu gestalten.

> „Zwar geht Vaihinger von der Zweckmäßigkeit organischer und logischer Funktionen aus und erklärt die Welt der Vorstellung als notwendiges Instrument zur Orientierung an der Wirklichkeit, doch eben weil alle Wahrnehmungen, alle ethischen Sätze letzten Endes Wirklichkeit nicht abbilden, sondern durch denkerische Kunstgriffe fiktiven Charakter bekommen und mithin nur so tun, als ob es absolut wahre Erkenntnisse, absolut wahre Richtlinien gäbe, die das Handeln jedes Menschen verbindlich bestimmen könnten, bleibt eine nicht zu übersehende Kluft zwischen dem, was Vaihinger ‚ideal' nennt – man könne, so heißt es, ohne bestimmte Fiktionen gar nicht auskommen – und dem, was in Wirklichkeit ist."[1]

---

1 Philipp 1980, 99

Die Funktion der Fiktion ist konstruktivistisch, denn im erkenntniskritischen Rekurs auf die Fiktionen erschließt sich die Realität als Konstrukt sprachlicher, denkerischer Leistungen. Aber die Welt, die Realität in Fiktionen aufgehen zu lassen hieße, den welt- und realitätskonstituierenden Bewußtseinsprozeß, hieße, die Faktizität des Physischen auf eine Faktizität des Psychischen zu reduzieren. Die Einheit psychophysischer Realität wäre intelligibel verzerrt. So redete ja Vaihinger dem Ding an sich das Wort. Eindeutig verwies er die Welt an die Fiktionen. Als „Vorstellungsgebilde" erschien diese ihm wie „ein ungeheures Gewebe von Fiktionen, voll logischer Widersprüche",[1] das es logisch zu analysieren galt.

Mit welcher Emphase Vaihinger um sein Publikum warb, die Fiktionen anzuerkennen und sich auf den erlösenden Blick des Als-ob einzulassen, belegt ein Auszug der „Vorbemerkungen zur Einführung" der 2. Auflage der *Philosophie des Als Ob* von 1913. Zugleich wird eindringlich der Unterschied zu Friedlaenders Polarismus deutlich, der sich ganz und gar nicht als „idealistischer Positivismus" verstand, sondern der wenn schon, dann positiv verstanden werden sollte, dann auch im materialistischen Sinne. Gleichwohl berufen sich beide, Vaihinger und Friedlaender auf Kant. So schreibt Vaihinger:

„Indem die ‚Philosophie des Als Ob' diesen radikalen Kant zur Geltung bringt, stellt sie sich auf Grund dieses Radikalismus auf die äußerste Linke, dahin, wo die so verpönten Aufklärer sitzen; aber von der ‚Aufklärung' im historischen Sinn scheidet sich die ‚Philosophie des Als Ob' eben als *idealistischer* Positivismus andererseits doch sehr scharf: denn sie erkennt ja eben (neben aller Mahnung zur kritischen Auslese) den hohen ästhetischen und ethischen Wert der religiösen Fiktionen an und tritt für deren Aufrechterhaltung mit Entschiedenheit ein; sie hält die religiösen als schöne Mythen fest, nach deren ‚Wahrheit' im gewöhnlichen Sinne zu fragen ebenso plebejisch ist, als deren ‚Wahrheit' in jenem gemeinen Sinn zu behaupten. So kann sie, die ‚Philosophie des Als Ob', allein jenen Unzähligen eine Lösung

---

1 Vaihinger 1913, 90

und Erlösung bringen, welche, einerseits durch die auflösende Kritik der Aufklärung irregemacht, andererseits scheu gemacht durch die starren Formeln der Orthodoxie, sich äußerlich und innerlich bedrängt zu fühlen. Die ‚Als-Ob-Betrachtung' kann ihnen inneren und äußeren Frieden bringen." (ebd. XIV f.)

An Vaihingers Heilsversprechen glaubte Friedlaender keinen Augenblick. Für ihn ging es um die empirische Erfassung von Polaritäten, von Extremen, und nicht um deren Beschreibung als fiktionale Größen. Der Eigenwert theoretischer Beschreibung war für Friedlaender kein Abbild realer Wirklichkeit. Theorie war ihm immer auch Hilfskonstruktion zur Bemeisterung des Alltags, dessen Widersprüche, Paradoxien und Extremsituationen für ihn keine Fiktionen waren:

„Die Extreme als Fiktionen wohl noch gar zu belächeln, ist eine verhängnisvolle Schwachköpfigkeit und Instinktmangel; mittelmäßig. Diese Extreme haben mehr als Existenz, sind nicht nur leblos, sondern überlebensgroß und werden nur klein vor dem Wesen der Wesen, der wunderbaren Identität" (SI 144),

deren Indifferenz, deren „Nichts" an Differenz. Auch in der aktualisierenden Auseinandersetzung mit wieder auftauchenden Strömungen der Ideen- und Geistesgeschichte, wie sie Vaihinger unternimmt, zeigt sich eine Diskrepanz zu Friedlaenders kritischem Polarismus. Vaihingers „neuidealistische", „neuromantische" Hegelianisierung der Kantischen Philosophie hatte als grandioser Fiktionalismus um 1918 großen Zuspruch. Vielleicht auch deshalb, weil die Fluchtmetapher der Fiktion einem psychosozialen Bedürfnis der Zeit Ausdruck zu geben versprach:

„Diese neuidealistische, neuromantische Strömung der Gegenwart, die Erneuerung *Fichte's, Schelling's, Hegel's* entspricht vor allem darum den Bedürfnissen der jetzigen Menschen, weil eben auch durch sie die religiösen Dogmen als vorstellungsmäßige, bildliche, anthropomorphistische Umhüllungen ethischer Gedanken wieder zur Geltung kommen, also nach unserer Sprache eben als nützliche, darum berechtigte, notwendige Fiktionen des Menschen." (ebd. XV)

Hier sind, schön addiert, all jene Daten aufgeführt, gegen die sich Friedlaenders *Schöpferische Indifferenz* wendet. Die will nämlich keineswegs jenem romantizistischen Fiktionalismus nachgeben, gegen den sich aus Friedlaenders Umfeld vor allem auch Ernst Marcus und Carl Einstein aussprachen. Und trotzdem erlangte gerade die *Philosophie des Als Ob* große Aufmerksamkeit bei Expressionisten und Dadaisten. Eckhard Philipp begründet das so:

„Wenn nach Vaihinger, wie wir ausführten, alles nur ‚scheinbar' ist und durch Prinzipien der Kausalität Ursachen nicht erfaßt werden können, ist es konsequent, die Sprache, welche Wirklichkeitszusammenhänge darzustellen vermag, dergestalt zu segmentieren und zu kombinieren, daß irgendwann einmal – gleichsam ‚zufällig' – der Blick auf das Verborgene freigegeben wird, daß der ‚innere Klang', von dem Kandinsky in Anlehnung an die Romantik spricht, einmal gehört wird, mithin das Wesen der Dinge." (Philipp 1980, 198)

Daß dieser Essentialismus, der die Einsicht in „das Wesen der Dinge" verspricht, daß also gleichsam in phänomenologischer Reduktion das ‚Innere' erfahren werden kann, wäre mit Friedlaenders Idee der Schöpferischen Indifferenz dann vereinbar, wenn letztlich nicht doch wieder alles von Fiktionen herrührte und den Fiktionen anheimfiele.

Bei Friedlaender ist der „innere Klang" als Metapher der romantischen Seele solange dissonant, wie er nicht von der schöpferischen Indifferenz aus gehört wird. Das Innen, dem Friedlaenders ganze Aufmerksamkeit galt, bedeutet in der *Schöpferischen Indifferenz* den Ort jenes Mediums, von dem aus der polarisierende Impuls das Aposteriori als polar erfaßt (vgl. SI 354). Aposteriorität, also empirisch begründete Erfahrung, und Apriorität gehören zusammen.

Das ominöse „Ding an sich", dem in der Soziologie, wohl als einer der ersten, Norbert Elias den Rücken kehrte,[1] empfindet auch Friedlaender als Kantisches Dogma apriorischer Erkenntnis, das für das „Innen", um das es Friedlaender geht, allerdings keine Geltung

---

1 Vgl. Elias: *Idee und Individuum*, Diss. Univ. Breslau 1924

haben kann, was anzuerkennen, wie Friedlaender bemerkt, Kant „besonnen genug" (SI 343) war.

Trotzdem versucht Friedlaender dem „Ding an sich" insofern noch entgegenzusteuern, wie es bis in die eigene Schöpfernatur, bis in die Selbsterkenntnis hinein eine Macht entfaltete, die es aufzuheben galt. Und

> „ähnlich, wie man Dinge an sich wahrzunehmen glaubt, wo man nur Erscheinungen, nur Geschöpfe wahrnimmt; ähnlich vermeint man, schon das eigne Selbst innezuhaben, wo man sich noch in lauter psychophysischen Differenzen, also unter Objekten befindet." (SI 346)

Während Kant nun die prinzipielle Unerkennbarkeit des Dings an sich behauptet, es also auch in den psychophysischen Verhältnissen für unerkennbar hielt, geht Friedlaender gerade von der prinzipiellen Notwendigkeit der Selbsterkenntnis aus, also von der prinzipiellen Erkennbarkeit des intimsten Innern. Zugleich ist dieses aber nur relational überhaupt erkenn- und beschreibbar. Die Möglichkeit zur Selbstermächtigung des Subjekts liegt ja gerade im Erfassen dieses ansonsten unfaßbaren Dings an sich.

> „Solange der Philosoph nicht gewillt ist, seine ungeheure Macht mit beiden Händen zu ergreifen, so lange er nicht selber das ‚Ding an sich' werden will, sondern wohl gar noch davor niederkniet; solange das Gesetz, das er als einen Zwang von außen her von ihm sklavisch empfunden wird; muß er sich seine Mitmenschen gefallen lassen und mit ihnen sich verwechseln lassen."[1]

---

1 Friedlaender: *Nietzsche und Strauß – immer wieder* (1919; GS 3, 598)

2.5. Äquilibration des Willens

In seinem von Georg Simmel sehr geschätzten Nietzsche-Buch greift Friedlaender vor allem Nietzsches inkonsequenten Polarismus auf:

> „Es ist merkwürdig, daß Nietzsche den gegensätzlichen polaren Charakter des Willens zur Macht immer wieder hervorhebt, ohne daraus den triftigsten Schluß zu ziehen, den Schluß auf die Notwendigkeit der Balancierung seiner Gegensätze." (GS 9, 198)

Aber gerade die Indifferenzierung dieses Willens wäre, nicht allein philosophierend, sondern auch praktisch, die notwendige Ergänzung seiner Formulierung gewesen. Denn:

> „Vergißt der Machtwille die Regulierung, die Äquivalenz von Hemmung und Beschleunigung, die Bändigung seines Kontrastes – es ist echte Selbstopposition! – in einer reinen mittleren Grenze: so wird er krank." (ebd.)

In dieser Krankheit äußert sich für Friedlaender nichts anderes als das allgemeine Mißverständnis dieses Machtwillens, oder: in diesem Mißverständnis äußert sich die Krankheit dieses Machtwillens.

> „Der Machtwille raunte dem Dichter des Zarathustra das Wort *Mitte!* zu, aber er verstand es zu äußerlich, ob auch noch so dynamisch, als den Höhepunkt aller Lebensmacht in einer kreisenden Notwendigkeit." (ebd. 198 f.)

Nietzsches „Pathos der Distanz",[1] das Friedlaender ins Pathos der Indifferenz transformiert, war einseitig auf Distanz und Distanzierung ausgerichtet. Da, wo es Welt und Individuum bis in die extremsten Polaritäten hinein verfolgte, hätte sich dieses Pathos eines polaristischen Ethos' versichern sollen.

Friedlaender begreift den „Willen zur Macht" als Movens des Lebens, als einen Beweger, der allein aus seiner polaristischen Intenti-

---
1 Nietzsche: *Der Antichrist*, 43 u. ö.

on heraus sich selbst und anderes bewegt. Und so hat auch der Wille zur Macht, der sich „ersichtlich *zwischen* Attraktion und Repulsion *medial* bewegt, [...] alles Interesse an der Beobachtung dieser Medialität; sonst werden seine Taten so sehr als seine Leiden den Gang seines Lebens hemmen." (GS 9, 199)

Der Wille, „das Stehaufmännchen der Welt" (SI 424), ist im Grunde gar kein Wille, ist gar nicht jener Gegensatz zum Trieb, ist also gar nicht jene geistige Anstrengung, wenn er nicht in seiner Selbstbeobachtung die eigene Medialität erfaßt, wenn er sich nicht als Mitte begreift, die er ist. Nietzsche aber, so Friedlaender, entging dieser äquilibrische Gedanke insofern, wie er keine logische und literarische Formalisation eines polaristischen Indifferentismus betrieb, sondern dionysisch das „Erkenne dich selbst" „vernachlässigte" (ebd. 94). Gleichwohl war Nietzsche, wie schon erwähnt, Friedlaenders wichtigster Zeuge für die empirische Relevanz seines schöpferischen Indifferentismus. Jedenfalls gilt dies bis in die zwanziger Jahre hinein. Später nämlich, vor allem ab 1933, also etwa zum Zeitpunkt von Friedlaenders Flucht ins Pariser Exil, orientiert sich sein kritischer Polarismus fast ausschließlich an Kant und Marcus. Im Brief vom 10. April 1933, noch aus Berlin, schreibt Friedlaender an Kubin, daß „Herr Nietzsche" „leider" „irrsinnig eitel" war, denn anderenfalls würde „er gemerkt haben", „daß er Kant gegenüber herzlich dumm geblieben ist." (Briefe Kubin, 179) Auch wenn diese private Äußerung nicht überzubewerten ist, so gibt sie doch Einblick in Friedlaenders Stimmung, wie sie in den dreißiger Jahren gegen Nietzsche gerichtet war. Zugleich ist sie trotz ihrer Ernsthaftigkeit auch ironisch zu verstehen, denn es ist ja vielleicht gerade Friedlaenders oxymoronisches Philosophieren (griech. oxys = scharf, moros = dumm), aus dem heraus er den Kontrast Kant-Nietzsche für den kritischen Polarismus nutzbar zu machen versucht.

Das Willenskonzept der *Schöpferischen Indifferenz*, sowohl des Buches, wie auch der Idee, versteht den Willen, genauer, den „eigenen Willen als Magier", von dem alle Tat, alles Schöpferische ausgeht. In diesem Sinne ist der „eigene schöpferische Wille in sich selber keine Differenz" (SI 289), und doch läßt er sich allein in seiner Äußerung überhaupt erkennen, verstehen und beschreiben. Sein Verständnis gründet notwendigerweise auf Differenz, weil eben auch seine Äußerung Differenz ist und

> „er *ist* nichts als das sich selber Äußernde: und nur das Dringen des schöpferischen Aktes auf die Abgerundetheit aller Äußerung macht zwar nicht der Differenz, wohl aber deren pathologischer Mißstimmigkeit ein restlos harmonisches Ende." (ebd.)

Unschwer läßt sich in diesem schöpferisch indifferenten Willen die epistemologische Leitdifferenz von Identität und Differenz ausmachen. Die Einheit der Differenz von Identität (Selbstbezüglichkeit des Willens) und Differenz (Äußerung des Willens, die er zugleich selber auch ist) ist in Friedlaenders Willenskonzept zugleich paradox (von der Beobachtung her) und nicht paradox (von der inneren Konstruktion der Idee her) konstruiert.

Auf seine Objektivation, Vergegenständlichung, Materialisation, also auf seine Äußerung hin betrachtet, ist der Wille Differenz. Indifferenz ist er insofern, wie er als „Magier" sämtliche Differenzen der eigenen äquilibrischen Verfassung anzugliedern versucht. Letztlich ist dieser Wille als Medium der schöpferischen Indifferenz „ohne alle Differenz, das heißt Äußerung" (SI 291) nicht wirklich. Aber jede Äußerung ist verfänglich, ist „fatal", und sie wird zum „Verhängnis" (SI 290), wenn in ihr nicht die schöpferisch indifferente Anstrengung durchgesetzt werden kann. Die Äußerung als Prozessualisierung des Willens impliziert zugleich den äquilibrischen Stillstand aller Aktivität. Da, wo der Wille in seiner Äußerung den Bedingungen der Differenz unterliegt, wo er sich gleichsam seiner eigenen Differentialität gewahr wird, wo er zugleich auch seine eigene Integrität aufs Spiel setzt und wo er gleichsam in der „unausweichlichen Wendung ... gegen sich selbst"[1] in Erscheinung tritt, versucht Friedlaender eine Medialität des Willens derart zu installieren, daß dieser Wille aus sich selbst heraus wieder zu sich selbst zurück findet.

Wo Nietzsche den Willen nicht mehr als das „Zentrum autonomer Operationen" begriff, sondern wo er „mit sich selber zerfallen, dem tropischen Wuchern seiner monströs oder unscheinbar gewordenen Momente ausgesetzt" (ebd.) ist, da erkennt Friedlaender mit

---

1 Hamacher 1986, 322

Nietzsche die Kapitulation des Schöpfers vor seiner eigenen Äußerung als Charakteristikum der Moderne. „Es gibt nichts Abschreckenderes gerade für den göttlichen Schöpfer, als seine eigne Äußerung, aus der der ihn selber leugnende Gegenstand, der Widerstand ihm entgegentrotzt." (SI 292) Und gegen diesen Widerstand der Welt muß sich der Schöpfer, muß sich der Äußernde behaupten, um sich nicht als Differenz in Differenzen selbst aufzugeben.

Friedlaenders Kritik an Nietzsches Willenskonzept, das, wie Werner Hamacher (1986, 322 f.) deutlich macht, vor allem durch die „Disgregation des Willens" bestimmt ist, also durch die kontingente Dissoziation, durch die Auflösung seiner selbst als geschlossene Form individualer Selbstanstrengung, richtet sich nicht gegen Nietzsches dionysische Sicht von Welt und Individuum, sondern allein gegen die disproportionale Verzeichnung dieser Sicht. Denn ohne den dionysischen Blick polaristisch zu verstehen, ohne die Idee der Indifferenz, so Friedlaenders Argument, bleibt alle sittliche Anstrengung, bleibt alle Ethik, die sich vom Dionysismus inspirieren läßt, tragisch verzerrt. Etwa so, wie „der Jünger des Dionysos", Nietzsche,

> „der in der modernen Welt seine Verwandten sucht, glaubt, in der deutschen Musik und Philosophie Anzeichen des Wiedererwachens der tragischen Lebensauffassung zu entdecken. Er weissagt die Wiedergeburt der Tragödie und richtet dabei seinen Blick auf Wagner" (GS 9, 109 f.),

so sollte er zugleich auch den „überall bereits glatt vorhandenen Indifferentismus" (ebd. 189) konstatieren und praktizieren.

Auf dieses Ziel hin versucht Friedlaender seine Nietzscherezeption einzustimmen. Und deshalb geht es in seinem Nietzsche-Buch auch nicht um die biographische Erörterung des Intellektuellen Nietzsche, sondern „nur um das Werden seines philosophischen Geistes" (ebd. 91), der sich für Friedlaender auf eigentümliche Weise als medial verzerrt darstellt.

Seine 1911 erschienene Studie empfahl Friedlaender in seinem ersten Brief an Kubin diesem als „eine Mißgeburt aus Nietzsche und ... ‚Mir'!"[1] Selbstironie als Stilprinzip findet sich gerade da, wo

---
1 Briefe Kubin, 16

Friedlaender sein eigenes Philosophieren auf die Schippe nimmt. Sein Interesse an Nietzsche galt zunächst jenem philosophischen Versäumnis einer intensiv auf Differenz abgestellten Weise des Philosophierens, das sich als defekte Äquilibration des Willens herausstellte. Denn wie sehr Friedlaender Nietzsche auch schätzte, erschien ihm die Aufgabe, dessen gesamtes Werk auf Indifferentismus hin zu untersuchen, als unumgängliches Erfordernis. Chronologisch, von *Die Geburt der Tragödie aus dem Geiste der Musik* (1872) bis zur „Umwertung aller Werte", bemüht sich Friedlaender um eine polaristisch-indifferentistische Lesart von Nietzsches Werk. Wie ein roter Faden durchzieht die Kritik an Nietzsches defizitärer Indifferenz die Lektüre. Als „Paradigma" des „Indifferentismus polarer Observanz"[1] ergeht es Friedlaender mit Nietzsche ähnlich wie mit den „Mystikern der Indifferenz",[2] Lao Tse und besonders Meister Eckhart. Wie bei diesen interessiert ihn auch bei Nietzsche die logische Aufhellung des religiös, mystisch oder dionysisch verstellten Indifferentismus. Dabei soll nicht der Wille ins „Bewußte" gerissen werden, wie Friedlaender an Kubin schreibt, sondern: „Ich will ja gerade die neutrale Größe der ‚Un'-Bewußtheit als vollwesentliche, vollwillentliche & -wissentliche Indifferenz urgieren." (ebd. 72)

In diesem Sinne erkennt Friedlaender bei Nietzsche eine intensiv polaristische Dionysos-Konzeption, die den Willen als Indifferenz begreift und trotz ihrer mangelnden Beschreibungsrationalität Friedlaenders Indifferentismus nahe steht: „Beachten Sie nun bitte recht sehr," schreibt Friedlaender 1917, also zur Zeit der Abfassung der *Schöpferischen Indifferenz,* an Kubin,

> „daß das Nietzsche'sche dionysische Prinzip keineswegs das andere Extrem, der andre Pol zum ‚evangelischen' ist, zum christlichen. Sondern Dionysos (Indifferenz + − 0), der christlichen Alternative zwischen ‚Gut' (Gott) und ‚Böse' (Teufel) ausgesetzt, polarisiert diese Extreme so, daß aus ‚Gut' schlecht und aus ‚Böse' gut wird. Zwischen Christentum und Dionysos entscheidet sich der eigne Wille also nicht etwa wie zwischen Extre-

---

1 Autobiographie, 71
2 Briefe Kubin, 86

men, sondern Dionysos entscheidet sich im Christentum pervers, exzentrisch, indem er mit sich selber Superstition treibt; im Dionysos dreht er sich wieder in der eignen Angel. *Quant à* Nietzsche, so hat es ihn ja Kämpfe um Kämpfe genug gekostet, bis er sich dionysisch entschloß. Das Christentum ist noch das vorkopernikanische, das ptolemäische Sonnensystem des eigenen Willens: die Sonne, die echte Mitte, ist hier noch ‚droben' am Himmel oben. Jetzt endlich ist der eigne Wille die Sonne selber und erst von der Sonne aus auf Erden; auch ist die Erde nicht mehr ‚drunten', oberhalb der Hölle. Und der Himmel mit seinen Sternen ist zum Drunten der Sonne aller Sonnen, des Magiers Selbst (Wille!) degradiert. – Hoffentlich habe ich mich Ihnen besser verständlich gemacht?" (ebd. 72 f.)

Also nicht erst im Rekurs auf kognitive Verhältnisse läßt sich der psychophysische Zusammenhang des Willens als erstes erfassen, sondern vor allem im Kontext präkognitiver Prozesse, im Medium eines quasi vorreflexiven Dionysismus offenbart sich jener Wille, dessen Ursprung es im Nachhinein begrifflich zu reflektieren gilt. Bewußtsein als „Prozeß der Synthese physischer und geistiger Vorgänge"[1] ist in seiner Eigendifferenzierung zwar vor allem geistig orientiert, hängt aber in dieser Orientierung immer auch mit der Sphäre des Sinnlichen zusammen. Und genau in dieser Abhängigkeit setzt Friedlaender seinen Hebel an, indem er im Willen jene Macht erblickt, mit der sich die psychophysische Einheit von der Seite des psychischen immer differenzierter beherrschen läßt.

Aus der Prädominanz des Physischen vor dem Psychischen zieht Friedlaender die Möglichkeit einer Umkehrung in Betracht, der zufolge diese Prädominanz in geistigen Verhältnissen sich notwendigerweise umkehren muß, soll dem Geistigen überhaupt eine Einflußmöglichkeit aufs Physische eröffnet werden. So wie die materiellen Verhältnisse sich gleichsam vergeistigen sollen, sollen sich Bewußtsein und Willen materialisieren. Was also einmal ins Bewußtsein gelangte und vom Willen der Indifferenz erfaßt wurde, strebt geradezu nach Materialisation. In der Materialisation, Objek-

---

[1] Whitehead 1982, 443

tivation und Vergegenständlichung des Willens und seiner imaginativen Kräfte läßt sich Realität erfinden und gestalten. Wie Nietzsche ordnet auch Friedlaender dabei die Imagination der Logik vor, wobei er die Notwendigkeit zur Logik bei Nietzsche, in Hinsicht auf polare Verhältnisse, wenn nicht vermißte, so doch als wenig konsequent ausgebildet erkennt, was aber der ständigen Reibfläche, die Nietzsches Philosophie für Friedlaenders Polarismus bildet, keinen Abbruch tut. Skepsis und allgemeines Nicht-Vertrauen in die eigene Disziplin, die Nietzsche wie kein Zweiter zu vermitteln vermochte, nimmt auch Friedlaender als Reflexionshaltung in sein eigenes Philosophieren auf. Nietzsches neues Unvertrauen in die Dinge, das alte Weltsichten umzuwerten versuchte, eröffnet auch für Friedlaender die Möglichkeit eines gegen alle Tradition gewendeten Philosophierens. Gleichwohl birgt das Bett für den Fluß der Signifikanten, das Nietzsche installiert, die Gefahr in sich, selbst von diesem Fluß hinweggerissen zu werden. So moniert Friedlaender an Nietzsche, daß es gerade seine mangelnde Logik sei, die, von Emphasen umgeben, ihn selbst in Bann hielt. Fehlende Distanz zur Einsicht in die grandiose Analyse des Willens zur Macht und nicht genügend fundierte Skepsis dem eigenen Tun gegenüber, lassen Friedlaender dann Nietzsche selbst gegenüber skeptisch werden. Dies jedenfalls, was den eher philosophisch argumentierenden Nietzsche anbetrifft, der allerdings vom literarischen Autor Nietzsche gar nicht zu trennen ist. Und trotzdem überzeugt Friedlaender der literarische Nietzsche mehr. Ihm erscheint er als besserer Vertreter seiner Ideen, denn der philosophisch argumentierende Nietzsche.[1] Letztlich will Friedlaender das unübertroffene Experiment, das Nietzsche forderte, auch auf Nietzsche selbst angewendet wissen. Aber, so fragt er: „Ist Nietzsche sich selber bis auf den letzten Rest klar geworden, was es eigentlich war, das ihn so konvulsivisch bewegte? Wir müssen sagen: *niemals*." (GS 9, 156) Mit Sokrates, Nietzsches intimem Gegner, mit dem er sich trotzdem so eng verbunden fühlt, begründet Friedlaender sein „niemals". Nietzsche nämlich „hat das ‚Erkenne dich selbst!' ver-

---

1 Nietzsche (GS 9, 108 f. u. 123)

nachlässigt: aber diese Methode ist die einzige, die zum Ziele führt: zu sich *als* zum Unendlichen." (ebd. 169)

Selbsterkenntnis, das war für Friedlaender der „Witz und Silberblick" (ebd. 170), mit dem die „Tragikomödie des Unendlichen" als persönliche Indifferenz ersichtlich wird. Und dieses Unendliche ist nicht „iterativisch, sondern äquilibrisch, harmonisch, symmetrisch, magnetisch, polar, Kraft der reinsten, persönlichsten Indifferenz seiner Differenz, seiner Polarität." (ebd. 189) Nietzsches Skepsis gegenüber dem sokratischen Bildungsprogramm war grundsätzlicher Art, denn er hegte ein „unbezwingliches Mißtrauen gegen die *Möglichkeit* der Selbst-Erkenntnis".[1] Erst in der Selbsterkenntnis, so Friedlaenders Einwand gegen Nietzsche, erschließt sich jene polaristische Perspektive der Indifferenz, die äquilibrisch alle Extreme, alle Differenzen auf sich konzentriert: Und

> „wenn Nietzsche die ganze moralische Differenz aufreißt und ihre Enden, ihre radikalsten Gegensätze zwar in der Tat unendlich voneinander entfernt findet, aber nun katzenhaft auf den Leitersprossen der Historie von hüben und drüben gelangt, so vergißt er ja wie den Tod, daß er, er selbst etwas Extremiertes, Indifferenzierendes an *sich* haben muß, um derart in seiner Sittenunendlichkeit mobil sein zu können. Es ist schauerlich zu sehen, wie er fliegt, ohne es zu wissen, wie es ausgehe, daß er fliegt. Er *gebraucht* Flügel (die ihm gewachsen sind), um damit über die Abgründe aller moralischen Kontraste zu gelangen: aber er gebraucht sie ohne die innerste Rückbesinnung darauf, daß er selbst in der Gestalt seiner zwei Flügel die *unitas biformis* jener Kontraste ist! Es ist, wie gesagt, ein Witz von furchtbarer Schelmerei, daß ja niemals und nimmer etwas anderes entwickelt, historisch verfolgt, abgewandelt, metaphorisiert, komponiert werden *kann* als die *Berührung* der Extreme! Das ist ein Kardinalsatz der Logik des Unendlichen, des Lebens, den die Schule zu erleben vergißt. So ist es richtig, was Nietzsche hier in seinem ‚Jenseits' zu bedenken gibt, daß nicht Güte, nicht Wahrheit, kein Ideal seinen Gegensatz kultiviere, reguliere, erlöse; daß der

---

[1] Nietzsche: *Jenseits von Gut und Böse*, 281

Gegensatz vom kurzsichtigen Blick eines kleinen Erdentiers in das an sich Gleichgültige durch ... Egoismus hineingeblickt sei; daß schließlich der *Wert*, der Wert für die Erhaltungsbedingungen den Ausschlag sogar bei der Logik, der so kalt scheinenden, noch gebe – alles dies ist richtig!" (GS 9, 170 f.)

Das Kognitive, die Logik geht nicht dem Wert voraus, sondern dessen emotionales Erfassen, dessen imaginatives Empfinden ist dem Bewußtsein, dem kognitiven, logischen Zugriff auf die Wirklichkeit vorgelagert, und doch spielt auf der Ebene des begrifflichen Erfassens allein der Begriff die entscheidende Rolle: Anschauung ohne Begriff bleibt blind.[1] Und trotzdem hätte Nietzsche noch viel direkter von sich selber ausgehen sollen, um sich seiner Rolle als Beschreiber und Beobachter der „moralischen Differenz" selbst zu versichern. Selbstbeobachtung und Fremdbeobachtung, die von der Einheit der Differenz von Identität und Differenz ausgehen, würden dann nämlich, wie Friedlaender meint, quasi automatisch auf den Gedanken der Indifferenz kommen. Selbstbeobachtung,

„Selbsterkennung, Selbstwiderlegung, Selbstaufhebung, Selbstvernichtung der Wahrheiten aller Gesetze" führen nicht zu „Anarchismus oder Nihilismus oder Alogismus ..., wie man ordinär meint und wie es auch den bestehendsten Anschein hat: sondern – aber hat Dionysos es wahrgenommen oder bloß mit offenen Augen geträumt? –" deren „echte Konsequenz" ist allemal „Indifferentismus." (GS 9, 186)

Indifferentismus, Balancierung, Äquilibration des Willens, jenes mächtigsten Bewegers des individuellen Selbst, ermöglicht erst die Einsicht in die Einheit der Gegensätze, die jede Handlung, jede Äußerung und jede Tat gleichsam hervorbringt. Sich äußernder Individualität, der die Äquivalenz des Willens eingeschrieben ist, „stiftet objektive Äquivalenz aller Entscheidungen" (SI 473). Ethik und Moral, die sich in jeder Entscheidungsstruktur finden lassen, die sich an jede Entscheidung anbinden lassen, hängen also konstitutiv mit der Äquilibration des Willens zusammen. Insofern sich, im

---

1 Vgl. Katechismus (GS 15, 198) u. ö.

Grunde auf kontingente Weise, unterschiedliche Systeme wie Ethik und Moral, wie Religion und Lebensphilosophie auf die Äquilibration des Willens zurückprojizieren lassen, und notwendigerweise sich diese erst darin zeigen kann, ist Friedlaenders Konzept des Willens nicht substantialistisch, nicht substanzmetaphysisch, sondern polaristisch und prozessual zu verstehen. Daß dieser „freie Wille" (SI 523 f.) der Schöpferischen Indifferenz nicht mit Kants „gutem Willen" zu identifizieren ist, der ja bekanntlich als metaphysische Koordinate zur Regulation des Realen fungiert, der quasi als *conditio sine qua non* alle Handlungen begleiten soll, ergibt sich schon daraus, daß Friedlaender diesen „freien Willen" allein zum Zwecke der Äußerung für frei hält. Und Äußerung hat etwas mit Macht, mit Rhetorik, Strategie und taktischem Verhalten zu tun, die es sämtlich in eine äquilibrische Verfassung zu bringen gilt.[1] Nietzsches Skepsis gegenüber dieser Unbedingtheit des „guten Willens", die im Terminus „Wille zur Macht" die Zweckbestimmung des Willens als guten Willen unterminiert, führt ja gerade dazu, die „Irrthümer des ‚guten Willens'"[2] auf diesen selbst anzuwenden und ihn jenseits einer Idee der Indifferenz als Irrtum zu bezeichnen.

Der gute Wille, der generell der Zweckbestimmung der Vernunft zu unterliegen scheint, hat im „freien Willen" der Schöpferischen Indifferenz sein polaristisches Gegenstück. In ihm stellt sich nämlich das Problem des Willens nicht als Entscheidung zum Guten hin, sondern als Problem der Indifferenz, als die sich der „freie Wille" als bewegter Beweger, als „göttlicher Wille" (SI 527) inauguriert.

In Nietzsches „Apollonisierung des Dionysischen", durch welche „apollinische Schönheit [die] dionysische Wahrheit verhüllt", gibt es einen Vorschein jener Macht des Willens als Indifferenz, auf die hin Friedlaender Nietzsche zu lesen beginnt. Nietzsches „Metaphysik von psychologischer Evidenz" (GS 9, 105) überzeugt Friedlaender vor allem in ihrem Realismus und dionysischen Materialismus:

---

1 Vgl. Derrida und Gadamers Replik, in: Forget 1984, 56 ff. sowie Kant: *Kritik der praktischen Vernunft,* darin die Verknüpfung der Begriffe des Guten und des Willens (Akademie-Ausgabe, Bd. 5, 57).
2 Nietzsche: NF, Frühjahr 1888, 15[91] (KGA VIII/3, 255)

> „der *Realismus* Nietzsches lacht über die viele, flache, verlogene Substantialitäts- und handfeste, klobige Dinglichkeitstrottelei, die auch noch in der ‚Materie' steckt als wie im nur geistreichen Materialismus der un- und widerphysiologischen Psychologie ... Er ist, wenn man ihn Materialist nennen will, kein substanzialer, sein Materialismus ist *dionysisch* ..." (ebd. 209)

1915, im ersten Brief an Kubin, greift Friedlaender dieses Problem wieder auf. Er schreibt: „So mißtrauisch man nun auch gegen alles sein sollte, was Nietzsche objektiv gestaltet, so unerhört wunderbar frei & schöpferisch lebendig finde ich sein ‚dionysisches' Subjekt",[1] das sich ja eigentlich erst in der Auffassung eines dionysischen Materialismus bei Nietzsche erfassen läßt. Aber die Lösung des Mittenproblems kam darin nicht vor, und so ist denn auch die

> „Umwertung der Werte ... keine Dechiffrierung des sonderbaren *Mitten-Problems,* der Geheimschrift ‚Also sprach Zarathustra'; sie läßt die Frage bloß vernehmbarer tönen; aber Fragen sind alternativische Antworten!" Und Antworten „fürchtet" Nietzsche „wie den Tod" (GS 9, 209),

weil sie ein Ende des Fragens suggerieren. So erfand und fand Nietzsche dann auch nicht in seinen Fragen die Antwort auf das „Mitten-Problem", dem Friedlaender seine ganze Arbeit widmet.

Nietzsche, der, wie Friedlaender schreibt, „die Wahrheit einzig und allein zur Wahrheit der Sinne macht" (ebd. 196), was auf sprachmaterialer Ebene, die Wahrheit betreffend, vor allem in *Über Wahrheit und Lüge im aussermoralischen Sinne* zum Ausdruck kommt, wo nämlich Wahrheit in ihrer medialen, funktionalen und materialen Relationalität bezeichnet wird. „Was ist also die Wahrheit?", fragt Nietzsche und gibt die Antwort:

> „Ein bewegliches Heer von Metaphern, Metonymien, Anthropomorphismen, kurz eine Summe von menschlichen Relationen, die poetisch und rhetorisch gesteigert, übertragen, geschmückt wurden und die nach langem Gebrauch einem Volke fest, canonisch und verbindlich dünken: die Wahrheiten sind

---

[1] Briefe Kubin, 14

Illusionen, von denen man vergessen hat, daß sie welche sind, Metaphern, die abgenutzt und sinnlich kraftlos geworden sind ..." (KGA III/2, 374 f.)

Und darin zeigt sich ihre sinnliche Dimension. Das „Gefühl der Wahrheit", von dem Nietzsche spricht, und das Wahrheit zur quasi sinnlichen Erfahrung werden läßt, unterliegt aber gerade der Kritik Nietzsches, so daß die Abkehr von der absoluten Wahrheit, nicht bloß eine sinnlich motivierte Wahrheit inauguriert, sondern eben eine Wahrheit, die ihre physischen Grundlagen reflektiert, so daß ihre funktionalen Zusammenhänge transparent werden. Friedlaenders Polemik, die zuweilen Nietzsche polaristisch verzerrt, trifft aber insofern den Punkt Nietzschescher Erkenntnistheorie, wie diese auf einen relationalen, psychisch bestimmten Erkenntnisbegriff aus ist, der sich über die Materialität und Medialität in eigener Sache verständigt.

Nietzsches Mißtrauen gegen Sprache und Grammatik versucht Friedlaender durch „ein tiefes Machtwort zur Unzweideutigkeit" zu vertreiben, denn

„wenn nun gar die Logik und Grammatik, also die Sprache den korrumpierten Sinn, dem sie entstammen, weiter zuschanden machen hilft: so muß zuletzt eine Doppelzüngigkeit überall laut werden." (GS 9, 196)

Nietzsche selbst, so Friedlaender weiter, glaubte dieses „Machtwort" in der *Götzen-Dämmerung* auszusprechen, „wenn er die Wahrheit einzig und allein zur Wahrheit der Sinne macht und die Wahrheit der starren Begriffe ablehnt" (ebd.). Der Sprache mit den Mitteln der Sprache ein Machtwort reden zu wollen, um ihrer „Doppelzüngigkeit" Herr zu werden, führt in ein Dilemma der arbiträren Konstitution von sprachlichem Sinn, von dessen Ambivalenz und Kontingenz, so daß das ersehnte Machtwort notwendigerweise in der Sprache selbst steckenbleiben mußte. So ist auch der Wille selbst von keinem Machtwort zu bannen, weil seine Prozessualität, die Konstruktion und Destruktion vereint, nur als Differenzphänomen erscheint und nicht von einer Begrifflichkeit hinreichend erfaßt werden kann. Überhaupt traute Nietzsche ja nicht der Macht der Begriffe, jenem „ungeheure[n] Gebälk und Bretterwerk der Begriffe, an das sich klammernd der bedürftige Mensch sich durch das Leben rettet."[1] Auch ist die Äquilibration des Willens begrifflich kaum zu bestimmen. Sie ist Aufgabe der Praxis. Sprachlich läßt sie sich allenfalls zum Zweck ihrer Vermittlung formalisieren. Für Friedlaender ist der Wille sein eigenes Medium, das selbst noch die Transposition in Sprache dominiert.

„Der Wille zur eigenen Objektivation" (SI 543) läßt sich jenseits seiner Objektivation auch gar nicht erkennen. Praxis und Äußerung sind damit konstitutive Momente für das begriffliche Erfassen der Äquilibration des Willens, das gleichwohl nicht mehr als elliptisch und metaphorisch Ausdruck seiner Prozessualität geben kann. Die Individualisierung, die mit der Erkenntnis eines vornehmlich an Metaphern orientierten deskriptiven Philosophierens einhergeht, setzte Nietzsche radikal in seiner Erkenntnistheorie gegen ein Philosophieren in Begriffen, das sich keine Klarheit über die eigenen Projektionsverhältnisse verschafft:

„Während jede Anschauungsmetapher individuell und ohne ihres Gleichen ist und deshalb allem Rubriciren immer zu entfliehen weiss, zeigt der grosse Bau der Begriffe die starre Regelmässigkeit eines römischen Columbariums und athmet in der Logik Strenge und Kühle aus, die der Mathematik zu eigen ist. Wer von dieser Kühle angehaucht wird, wird kaum glauben, dass auch der Begriff, knöchern und 8eckig wie ein Würfel und versetzbar wie jener, doch nur als *Residuum einer Metapher* übrigbleibt, und dass die Illusion der künstlerischen Übertragung eines Nervenreizes in Bilder, wenn nicht die Mutter, so doch die Grossmutter eines jeden Begriffs ist." (KGA III/2, 376)

Die sprachliche Objektivation des Willens erscheint als Metapher seiner eigenen Übertragung, denn der Wille als Medium aller Medien ist auch Medium seiner eigenen Transposition. So ist denn auch der Wille

---

1 Nietzsche: *Über Wahrheit und Lüge ...*, 2 (KGA III/2, 382)

„so wenig Ursache wie Wirkung; die Verantwortlichkeits- wie die Milieu-Theoretiker sind gleicherweise im Irrtum: Der Wille ist weder Produzent noch Produkt der Notwendigkeit, sondern ihr Medium, die Zunge an ihrer Wage, der *indifferente arbiter* ihrer Differenz ..." (GS 9, 204)

Auf diese Indifferenz hin versucht Friedlaender Nietzsches Konzept des Willens zu transformieren. Die Äquilibration des Willens, der ja für sich schon als indifferent bei Friedlaender gedacht wird, ist dem Willenskonzept Nietzsches gegenüber noch als Aufgabe formuliert, die, von Nietzsche ausgehend, allmählich in der Transformation der Polaritätsphilosophie einer Klärung zustrebt, denn:

„Der Instinkt aller Instinkte, der Wille zur Macht, einige ‚weltgeschichtliche' Momente lang irgend einen panischen Schrekken vor sich selber, um das Bewußtsein seines Gleichgewichts gebracht, beginnt, sich selber zu erholen ..." (ebd. 193)

Nietzsche, so Friedlaender, hatte zwar schon den Schlüssel zur Äquilibration des Willens bzw. zum äquilibrischen Willen zur Hand, nur wußte er noch nicht damit umzugehen:

„Der Machtwille raunte dem Dichter des Zarathustra das Wort ‚Mitte!' zu, aber er verstand es zu äußerlich, ob auch noch so dynamisch, als den Höhepunkt aller Lebensmacht in einer kreisenden Notwendigkeit. Seine Reinheit hätte sich vor dem Kompromiß der Ausgrenzung seines *Pro* und *Contra* nicht zu scheuen brauchen! Der Wille zur Macht, ersichtlich *zwischen* Attraktion und Repulsion *medial* bewegt, hat alles Interesse an der Beobachtung dieser Medialität." (ebd. 199)

Als Medialität, als Mitte, als Mitte der Differenz verstanden, greift der Wille zur Macht, und zwar zu einer Macht, die gänzlich und allein von der Verfassung eines schöpferisch indifferenten Subjekts bestimmt ist. Erst im Rekurs auf den eigenen Indifferentismus, oder erst im Bewußtsein seiner eigenen Medialität, gelingt diesem Willen der Zugriff auf alle anderen, noch von Differenzen beherrschten Medien. Medientransposition ist also vornehmlich die Ein- und

Anbindung von Medien, von Mitten, an das Medium aller Medien, an die Mitte aller Mitten, an den schöpferisch indifferenten Willen.

Der Wille zur Macht, den Friedlaender selbst als Medium entziffert, tritt gegen eine Geistmetapher an, die noch jenseits dieser Medialität, etwa transzendental, Realität behauptet.

Friedlaenders Medientheorie, die die Indifferenz des Mediums gegenüber seinen Verwendungsweisen behauptet, konstruiert eine medientechnische Rationalität, die sämtliche Formen des Realen, die sämtliche Erfahrungsbereiche und Kontextbedingungen individualer Äußerung auf der epistemologischen Grundlage des kritischen Polarismus zu beschreiben vermag. So jedenfalls läßt sich der Anspruch dieser Medientheorie verstehen. Die Formel von der Äquilibration des Willens fungiert in diesem Vorhaben als Forderung an eine polaristische Lesart Nietzsches, und nicht so sehr als Beschreibung des polaristischen Willensbegriffs bei Friedlaender. Der nämlich geht von der Synonymität von schöpferischer Indifferenz und Wille, von Medium und Wille aus. So hat denn dieses Medium zuallererst die Aufgabe, immer „besser und besser zu lernen, so zu sein wie es ist." (ebd. 204)

2.6. Kritik der Moderne

„Frondeur der literarischen Moderne",[1] nannte sich Friedlaender/ Mynona. Oppositionell, auflehnend und kritisch gegenüber einer noch viel zu sehr romantischen Moderne in Kunst und Literatur, ließ er kaum eine Gelegenheit aus, das, was sich modern wähnte, seiner polaritätsphilosophisch orientierten Kritik zu unterziehen. „Modern ist es, die Vernunft ,kalt' zu finden und das ,warme Herz' vorzuziehen", schreibt er in einem „Mahnruf" zur Erinnerung an den für ihn und seine Kritik der Moderne so wichtigen Philosophen Ernst Marcus.[2] Ähnlich wie Carl Einsteins Kritik wendet sich Friedlaender vor allem gegen den in der Moderne vorherrschenden Romantizismus sowie gegen deren Fiktionalismus und Relativismus.

Übel genommen haben ihm dies, fast könnte man meinen, logischerweise, vor allem jene Repräsentanten der literarischen Moderne, die Friedlaender/Mynona auch als solche zum Gegenstand seiner Kritik machte, wie Thomas Mann,[3] Erich Maria Remarque und Kurt Tucholsky,[4] der vielleicht noch am ehesten von den hier genannten die Kritik zu verstehen versuchte.

Signifikantes Merkmal dieser literarischen Moderne ist für Friedlaender die Inszenierung der Ohnmacht individualer Subjektivität und deren gänzliche Verzeichnung als gesellschaftlich determinierte. „Ein Moderner singt: wollt ihr, so dürft ihr! Dürfen" aber, so Friedlaenders Einwand gegen diese allzumenschliche Bescheidenheit, „ist eine falsche Fragestellung." Denn der Moderne sollte „das Wollen nicht menschlich relativ, sondern göttlich schöpferisch, entmenscht

---

1 Briefe Exil, 141
2 Mahnruf (GS 15, 263)
3 Vgl. Mynona: *Zauberbergpredigt eines ungläubigen Thomas an Mannbare. Rezept zum Kitsch allerersten Ranges* (Verriß von Th. Mann: *Der Zauberberg;* 1926/27; GS 8, 156 f.). Vgl. auch Geerken 1980, 294.
4 Vgl. Briefe Exil, 60-65 und: Ignaz Wrobel (Kurt Tucholsky), *Hat Mynona wirklich gelebt?* (1929; GS 11, 398-404) sowie Mynona: *Der Holzweg zurück* (1931; GS 11).

individual verstehen und erleben" (SI 486). Und eben jene Perspektive literarisch, ästhetisch und poetisch umzusetzen, wird für Friedlaender zum Indikator einer tatsächlichen und nicht mehr romantisch verklärten Moderne, die sich relativistisch gab und die eigene Desorientierung[1] zu pflegen schien.

Entsprechend seiner janusköpfigen, vor allem in Prosa (Mynona) und philosophische Texte unterteilbaren Werkgenese, verfährt Friedlaender/Mynona auch in seiner Kritik der Moderne. Sie fungiert nicht bloß als Kritik der philosophischen Grundlagen der Moderne, sondern wendet sich auch gegen deren ästhetische, poetische und ethische Vorstellungen, insofern sie nicht polaristisch orientiert sind. So wie es ein gegenseitiges Befruchtungsverhältnis von Friedlaender und Mynona gab, ließe sich auch die Differenz von Philosophie und Literatur als relationales Bezugsverhältnis beschreiben, in der das Eine ohne das Andere seltsame Mangelerscheinungen zeigen würde. Da etwa, wo Friedlaenders deskriptives Philosophieren passiert, sind literarische Aspekte, man denke an Metaphernverwendungen und Ironiegebrauch, an Zeichenproblematik, Schriftgebrauch und Grammatik, den Texten immer gleich mit eingeschrieben. Und da, wo Mynonas Grotesken, Parodien, Utopien und Phantasien gegen die Konventionen der literarischen Moderne angehen, tun sie dies auch im Rekurs auf die philosophischen Grundlagen dieser Moderne, die Friedlaenders erkenntniskritischer Polarismus angeht. Obwohl Friedlaender/Mynona durch die Doppelung seines Namens philosophische und literarische Produktion voneinander getrennt halten wollte, ist gerade sein Werk überzeugendstes Beispiel für die Brüchigkeit dieser Unterscheidung. In der Einheit dieser flüchtigen Differenz von Literatur und Philosophie kommt den literarischen Texten Mynonas eine konstitutive Funktion für das Verstehen Friedlaenderscher Polaritätsphilosophie zu. Denn da, wo Friedlaender sein am Polarismus/Indifferentismus orientiertes Konzept von Ethik erarbeitet, das sich ja ebenfalls vehement gegen Moralismen und ethische Vorstellungen der Moderne wendet, gehört Mynona unbedingt dazu: „MYNONA gehört zu meiner Moralität", schreibt Friedlaender

---

1 Vgl. Mahnruf (GS 15, 269)

an Kubin, wobei er unter Moralität „die individuelle Anwendung der Moral" versteht.[1] Insofern ließe sich Geerkens gültiges Diktum, nämlich daß Mynonas Grotesken „ohne die philosophische Theorie Friedlaenders nur halb zu verstehen" sind,[2] auch umkehren. Denn ohne ein Verständnis des Grotesken, des literarisch formalisierten Paradoxen, des Widersinnigen, wie es in Mynonas Texten zum Ausdruck kommt, läßt sich das Paradoxe, Widersinnige, schöpferisch Indifferente viel weniger anschaulich verstehen.

Während Friedlaender, mehr fragmentarisch als systematisch und rekonstruktiv, seine Kritik der Moderne anhand seines an Kant und Nietzsche orientierten Polarismus/Indifferentismus vortrug, schrieb Mynona, der gleichsam selbst „Frühe Texte der Moderne"[3] verfaßte, gegen die ästhetische Formalisation der literarischen Moderne an. Philosophisch wie literarisch gehört Friedlaender zwar selbst in den Diskurs der Moderne, nur versucht er nicht, sich in seinem Selbstverständnis als Moderner zu genügen. Um 1900 nämlich wähnte sich ja alles modern, was gegen die Konventionen des 19. Jahrhunderts protestierte, polemisierte und revoltierte, wobei man zu vergessen schien, daß der Ziehvater dieser Moderne, nämlich Nietzsche, diese nicht nur kritisch hinterfragt wissen wollte, sondern sie auch gänzlich zur Disposition stellte.

Als 1889 Hermann Bahr – 1888 diskutierte Eugen Wolff eine „Jüngste deutsche Literaturströmung und das Prinzip der Moderne"[4] – Begriff und Phänomen der Moderne in seiner Aufsatzsammlung *Zur Kritik der Moderne* popularisierte,[5] hatte Nietzsche schon längst die epistemologischen Grundlagen dieser Kritik geschaffen, wonach jede affirmative Haltung gegenüber der Moderne ohne skeptische Selbsteinschätzung, ohne parodistische Lust und ohne ironisches Bewußtsein[6] selbst schon wieder Ausdruck einer latenten Krise ist.

---

1 Briefe Kubin, 147
2 Geerken 1980, 286
3 Nicht von ungefähr erschien ja auch Geerkens gut kommentierte Mynona-Ausgabe in einer Reihe, die „Frühe Texte der Moderne" heißt.
4 Vgl. auch Wolff 1887, 10
5 Vgl. Anton 1965, 12
6 Vgl. Nietzsche: *Vom Nutzen und Nachtheil der Historie für das Leben*, 8

Nietzsche, dessen Philosophieren vielleicht das entschiedenste Ereignis der Moderne bedeutet, formuliert gleichsam auch die Bedingungen der Möglichkeit einer selbstreflexiv kritischen Moderne, deren wichtigste wohl die Skepsis gegenüber jeder Form von Dogmatik, damit verbunden, die Abkehr vom puristischen Denken, sowie eine an Sprache orientierte Revision des Transzendentalen sind.[1]

In Nietzsches Umgang mit der Moderne seiner Zeit, die ja nicht mit jener identisch ist, die sich seit den Erfahrungen des Ersten Weltkriegs Moderne nannte, war, für Friedlaender entscheidend, im Grunde schon jenes polaristische Verständnis von Moderne angelegt, auf das sich auch Friedlaenders Kritik der Moderne stützt. Als zweite Quelle seiner Kritik ist die Auseinandersetzung mit „Kant-Marcus", wobei Ernst Marcus Friedlaender selbst noch gegen Nietzsche skeptisch machte.[2]

Friedlaenders Kritik schöpft aber nicht nur aus einem polaren Gegensatz der philosophischen Grundlagen des Konzeptes der Moderne, wie er sich etwa zwischen Kant, Nietzsche und Marcus ergibt, sondern sie greift auch auf die soziale Verfassung der Moderne selbst zurück, wie sie sich in Gesellschaft, Kultur, Politik, Wissenschaft und Philosophie, um einige Bereiche zu nennen, zeigt. Und auch

> „wenn das Gegensatzpaar nicht mehr antik-modern heißt und sich viele Formen einer *modernité aggressive* geschichtsfeindlich gebärden, es bleibt das Strukturmoment einer Polarität erhalten, die mit dem polemischen Sinn des früh geübten Gebrauchs immer auf die ursprüngliche Wortbedeutung zurückweist; und so wie der Sprachgebrauch für modern – sei es als Gegner oder Partner – einen Gegenbegriff voraussetzt, lebt auch das Phänomen heute von seinem möglichen Gegenteil."[3]

Die Differenzierungen der Moderne allerdings wiederum dialektisch zu verstehen – „Modernität ist ein dialektischer Begriff, dessen Bezugspunkte eine, in der Auseinandersetzung mit der eigenen Gegenwart erfahrene Vergangenheit darstellt." (ebd. 18) –, hieße

---

1 Vgl. Habermas 1968, 248
2 Vgl. Mahnruf (GS 15, 241)
3 Anton 1965, 18

das dialektische Selbstverständnis der Moderne mit ihrer überhaupt nicht dialektisch agierenden polaristischen Kritik zu identifizieren.

Dialektisch waren Moderne oder auch Modernität von Hegel und Marx her beschrieben worden, nicht aber von Kierkegaard und Nietzsche etwa. Und Nietzsches Position nun selbst wieder zum Moment einer übergeordneten dialektischen Bewegung machen zu wollen, hieße die Kritik nivellierend dem Kritisierten anzupassen, was sich unschwer als hermeneutische Strategie verstehen ließe, die Moderne zu verstehen. Überhaupt schien ja gerade Hermeneutik geeignet, die sich in Gegensätzen aufreibende Moderne wieder als Einheit der Gegensätze zu begreifen. Fremdheit und Vertrautheit, das sich so mächtig in der Moderne entfaltende Gegensatzpaar des Wirklichen (vgl. Hegels Entfremdungsbegriff sowie die marxistische Entfremdungstheorie und psychoanalytische Triebtheorie), wurde ja paradigmatisches Thema von Hermeneutik. Denn „es besteht wirklich eine Polarität von Vertrautheit und Fremdheit, auf die sich die Aufgabe der Hermeneutik gründet ..."[1] Daß aber weder dialektisches Philosophieren noch hermeneutisches Verstehen Friedlaenders zentrales Anliegen sind, und daß beides auch kaum in seiner Transformation der Polaritätsphilosophie eine Rolle spielt, daß also Friedlaenders Kritik der Moderne eben nicht mit den charakteristischen Instrumentarien der Moderne (Dialektik, Hermeneutik) arbeitet, sondern von der Grundlage einer Leitdifferenz aus argumentiert, weist darüber hinaus noch auf andere Aspekte. Zum einen, daß Hegel kein Bündnispartner Friedlaenders sein kann (wie es Gadamer 1959 in einem vernichtenden Gutachten zu Friedlaenders Buch *Das magische Ich* diagnostizierte)[2] und zum andern, daß Friedlaenders Kritik der Moderne letztlich auf einem nach-hegelschen Um- und Widerlesen Kants beruht, das in einzelnen Fragestellungen selbst noch den radikalsten Kritiker der Moderne, nämlich Nietzsche, zu radikalisieren scheint.

---

1 Gadamer 1960, 279
2 Deutsches Literaturarchiv Marbach, GS 19, 22 ff.

Ansatzpunkt der Friedlaenderschen Kritik ist die Differenz des Interesses. Wofür sich die Moderne interessiert, dagegen opponieren seine Interessen:

> „Die Moderne interessiert sich allerdings wohl mehr für Indien, Okkultismus, Fatalismus, Astrologie, Alchemie, Mystik und ‚alles ist relativ', als dafür, wie sich der Mensch durch seine eigene Vernunft von aller Natur, durch Autonomie von aller Heteronomie erlösen kann."[1]

Was sich als Moderne ausweist, von Thomas Mann bis Werner Sombart, vom Naturalismus bis zum Expressionismus und von der Psychoanalyse, die Friedlaender in ihrer reduktionistischen Vorgehensweise ablehnt – obwohl er zugab, sich letztlich zu wenig mit ihr beschäftigt zu haben –,[2] bis zur Relativitätstheorie,[3] die Friedlaender als „physikalische Dialektik"[4] abtut, erweist sich für Friedlaender im Interesse für alles Pathologische insofern selbst als Pathologie der Moderne, wie diese es nicht vermochte, sich klar und eindeutig vom Romantischen abzugrenzen. Goethes Verdikt gegen die Romantik, die er „summarisch ‚krank' nannte" (ebd. 243), scheint Friedlaender in der Differenz von Klassik und Romantik zu übernehmen. Romantik herrscht für Friedlaender selbst noch in der Mathematik vor (ebd. 235). Die Moderne, die ihre romantischen Relikte eher nachzuempfinden als zu überwinden versucht, scheint sich den Irritationen der Zeit lieber anzupassen, scheint sich in ihnen lieber einzurichten, als sie von einer polaristischen Perspektive aus auf den (Indifferenz-)Punkt bringen zu wollen. Daß Friedlaenders Polarismus selbst Kind der Moderne ist und daß er damit, indem er die Moderne zur Disposition stellt, zugleich auch sein eigenes Unternehmen, wo es dieser Moderne eingeschrieben ist, infrage stellt,

---

1 Mahnruf (GS 15, 262)
2 Vgl. Friedlaender an Kubin, 27. Okt. 1921 (Briefe Kubin, 141): „Die ‚Magie'", wie Friedlaender die Übertragungskraft des Individuums versteht, „wird ethisch fundierte Autosuggestion & Psychoanalyse, die, nur sexual fundiert, Unfug stiftet."
3 Vgl. Kant gegen Einstein
4 Mahnruf (GS 15, 252)

ist keine Widersinnigkeit, sondern konsequente Anwendung des kritischen Polarismus auf sich selbst. Dieser ist nämlich an nichts anderem so sehr interessiert wie an der Überflüssigkeit seiner eigenen Lehre. Und deshalb ist denn auch „Friedlaenders Philosophie weniger eine Lehre, als ein Nachweis, daß und warum keine Lehre nötig sei."[1]

Ähnlich, wie der von ihm geschätzte Samuel Lublinski, versucht Friedlaender seine Kritik der Moderne von deren inneren Verhältnissen und Bewegungen her, Ethik, Moral, Philosophie, Kunst und Literatur betreffend, anzugehen. Lublinski, der für sich „das Verdienst in Anspruch" nahm, „zum ersten Mal die moderne deutsche Literaturentwicklung aus ihren inneren Notwendigkeiten begründet zu haben",[2] wird von Friedlaender allerdings in seinen neoklassizistischen Literaturversuchen überschätzt.[3] Gleichwohl geben ihm Lublinskis Arbeiten, die in einzelnen Aspekten „im Namen Nietzsches, gegen Nietzsche und gegen die Neuromantik"[4] gewendet waren, weitere Anstöße, die eigene Kritik zu formulieren.

Zwiespältig sind Lublinskis und Friedlaenders Auffassungen Nietzsche gegenüber insofern nicht, wie sie den Neuromantiker und Wagnerianer vom dionysisch materialistischen Philosophen des Diesseits unterscheiden und ihn in dieser Unterscheidung für ihre eigene Kritik der Moderne reklamieren. Gerade, indem Nietzsche „gegen das Christentum den Ansturm wagte",[5] das entscheidenden Anteil an der Ausprägung moderner Moral hatte und hat, zeigt sich für Friedlaender die, wenn auch noch nicht polaristisch ausdifferenzierte Integrität des Moralisten: Denn „der Attentäter Nietzsche wollte ja nicht die Moral, sondern nur die christliche abschaffen, die er unterm Einfluß Schopenhauers fälschlich mit der Kantischen identifizierte."[6]

---

1 Geerken & Hauff: *Vorwort,* Briefe Kubin, 12
2 Lublinski 1909, 235
3 Friedlaender: *Samuel Lublinski. Ein Weckruf* (1924; (GS 3, 738-743)
4 Lublinski 1909, 73
5 Friedlaender zitiert Lublinski (GS 3, 739)
6 Mahnruf (GS 15, 266)

Amoralismus und Dekadenz, jene verqueren Parameter einer der Moderne zugeschriebenen Ethik, bedeuten sowohl für Nietzsche wie für Friedlaender nicht das Ende jeder Moral, sondern viel eher ein empirisches Erfordernis, um Moral dann um so deutlicher ins Recht zu setzen. Zwar gilt für Nietzsche, daß „die Moral durch unsere Betrachtungsart ebenso vernichtet [ist] wie die Religion",[1] zugleich aber gilt dies allein in dem Sinne, wie „man die Moral anschießen [muß], um sie fester auf den Thron zu setzen."[2]

Die Entmoralisierung der Moral, die nichts weiter ist, als ein Versuch ihrer Rationalisierung, übersteigt notwendigerweise die konkrete Alltagspraxis von Moral, und doch richtet sich dieser Versuch auch auf sie. Denn allein in der Realität des Alltags, in der empirischen Wirklichkeit erweist sich das Sittliche als sittlich, dessen oberster Leitsatz für Friedlaender immer noch Kants kategorischer Imperativ ist, den Friedlaender allerdings polaristisch zu differenzieren versucht.

Was den vermeintlichen oder auch tatsächlichen Amoralismus der Moderne anbelangt, dessen literarische Realität von der lebenspraktischen wohl jederzeit übertroffen wurde, so gehörte er, wie Friedlaender es verstand, zum Kontext der Moderne.

„Der provokatorische Amoralismus der künstlerischen Moderne, an dem auch", wie Peter Bürger schreibt, „Nietzsches Philosophie partizipiert, hat seinen Ort nicht etwa jenseits der Moral, mag dies dem Produzenten auch so erscheinen, sondern auf deren Terrain." (Bürger 1985, 1030)

Indem der amoralistische Autor sich oppositionell zur herrschenden Moral verhält, verhält er sich darin aber nicht total, denn auch sein oppositionelles Verhalten ist eingebunden in den Kontrast aller Möglichkeiten von Moral und Amoral jener Gesellschaft, jener sozialen Systeme, auf die hin er handelt oder von denen aus er sein Handeln reflektiert.

So, wie die Ausdifferenzierung bürgerlicher Moral auch über die amoralische Äußerung verläuft, so mußte im 19. Jahrhundert,

---

1 Nietzsche: *Menschliches, Allzumenschliches*, I, 34
2 Mahnruf (GS 15, 265)

das diese Einsicht gewann, „erst recht den sich oppositionell verstehenden Schriftstellern der Moderne", der „Amoralismus „als die Wahrheit der bürgerlichen Gesellschaft erscheinen" (ebd.). Friedlaender durchschaut, wie auch andere Kritiker nach 1900, diese als Wahrheit ausgegebene Fiktion der Moderne, wobei ein Dilemma bürgerlicher Dialektik zum Vorschein kommt, der zufolge allein die radikale Umkehrung herrschender Moral Moral wieder herzustellen vermag. Die „Umwertung aller Werte" operiert selbst da noch im Sinne herrschender Moral, wo sie sich in extremster Opposition gegen sie gerichtet glaubt. Erst da, wo dieser Zwist nicht mehr aus reiner Opposition heraus betrachtet, sondern gleichsam schöpferisch indifferenziert wird, eröffnet sich die Perspektive einer anderen Moral, die bei Nietzsche angelegt war und deren theoretische Differenzierung Friedlaender fordert:

> „Verneinen ist nur ein anderes Bejahen, die Niederlage ein anderer Sieg; der Indifferentist bleibt Sieger auf der ganzen Linie, die Nietzsche zwischen Ja und Nein zieht. Wir haben tief begriffen: um zu schöpfen, zu schaffen, muß man nicht bloß negieren, zerstören, sondern beides in die reinste, neutralste Harmonie setzen! Der Pathetiker der Distanz *muß* ihr Mittler, ihr Egalisierer und Indifferenzierer sein, die Null auf der negativ-positiven Zahlenreihe ihrer Werte." (GS 9, 213 f.)

Nietzsche, den Friedlaender hier kritisiert, negierte mit seiner Kritik der Moral nicht die Moral schlechthin, sondern war ja selbst in seinem Amoralismus zuhöchst moralisch. Zarathustras dionysische Moralität, die eine „Hochzeit des moralischen Lichts mit aller moralischen Finsternis" (ebd. 208) bringt, ist literarischer Ausdruck jener höheren Moral, die für Friedlaender gar keine höhere ist, sondern eine indifferentistische, die jedem zugänglich ist, der das „Gesetz der Mitte" begreift, das die Moralität als „lebendig indifferent[e]" inauguriert (ebd.).

Friedlaenders Vorhaben, Moral auf Indifferenz, genauer, auf schöpferische Indifferenz zu verpflichten, ist nicht mit jener „innigen Indifferenz" des „Herzens"[1] zu verwechseln, von der Rilke

---

1 Rilke 1910, 338

spricht, und mit der sich der Künstler gegen die differente Umwelt, gegen deren Schicksalsmächtigkeit gleichsam abschottet, um als Künstler arbeiten zu können. Vielmehr meint Friedlaender eine Indifferenz des Geistes, der Logik, der Vernunft, der Individualität, die Gefühle nicht beschneidet, sondern sie jederzeit zuläßt, ohne allerdings sich von ihnen beherrschen zu lassen. Rilkes Indifferentismus ist dagegen allenfalls ein neoromantischer Existentialismus, der auf eine „ästhetische Existenz"[1] abhebt, die sich gar nicht oppositionell und kritisch gegenüber der Moderne verhält, sondern die sich auf und in sich selbst, kontemplativisch, zurückzieht, um sich in ihrem Mißverstanden-werden selbst lyrisch zu beweihräuchern.

Was Rilke mit Indifferenz verbindet, ist eben nicht mehr als eine daseinsmächtige Naturerfahrung, die augenblicklich passiert, um „mehr zu sein als ein leichter Moment, in dem der Morgen zum Bewußtsein kommt."[2] Indifferenz als Sehnsuchtsmetapher, die konsequenterweise negative Erfahrungen hervorruft, weil das Ersehnte sich durch Sehnen nicht einstellt, findet sich bei Rilke da, wo er, wie im *Malte,* die Dispersion der literarischen Figur und ihrer Erfahrungen mit der Utopie vom besseren Leben, die durchscheint, konfrontiert.

Ersehnt wird aber nicht die Indifferenz, sondern die schönen Bilder, die mit ihr fälschlicherweise verbunden werden. Rilkes Verständnis von Indifferenz ist kontemplativ, neoromantisch und deshalb nicht mit jenem *terminus technicus* der *Schöpferischen Indifferenz* identisch, den Friedlaender verwendet. Vielmehr verdeutlicht Rilkes geschildertes Erleben aus der Plötzlichkeit und Kontingenz der Indifferenz heraus gerade jene Form neuromantischer Naturempfindung, gegen die sich Friedlaenders Kritik der Moderne ganz vehement wendet. Imaginationen, Rilke spricht von „soviel Einbildungen" (ebd. 339), die sich einstellen, Phantasien, eben jene schönen Bilder, die die „innige Indifferenz" des „Herzens" ermöglichen, entspringen den Tagträumen eines sich bloß der Phantasie überlassenden Bewußtseins. Der schöpferische Indifferentismus dagegen ist

---

1 Gruenter 1985, 1032
2 Rilke 1910, 339

nicht darauf aus, schöne Tagträume indifferentistisch zu polstern, sondern er versteht sich als ein schöpferisches Prinzip, das analytisch Realität strukturiert und beschreibt, sowie synthetisch zu gestalten versucht.

Lublinski orakelte noch 1904 in seiner *Bilanz der Moderne*, ob man Rilke „zu den Neu-Romantikern oder Neu-Klassikern rechnen soll."[1] Da Rilke die „ganze Nervosität der modernen Seele"[2] dichterisch zu bannen versuchte und doch das Scheitern aller Romantik eher beklagt als überwindet, trifft ihn, quasi paradigmatisch, jene Kritik der Moderne, wie sie Lublinski, Marcus und Friedlaender formulieren, wobei Marcus für Lublinski „in gewissem Sinne der vollkommenste Antipode der Moderne ist."[3] Ihn empfiehlt er gerade den „feinsten, sensibelsten, phantastischsten Modernen, die im Traum und Rausch leben", als „Gegensätze, als eine Kur auf Tod und Leben ..." (ebd. 300)

Wie Lublinski begründet auch Friedlaender seine Kritik, in erkenntnistheoretischer Hinsicht von Marcus aus betrachtet, mit Kant bzw. mit der Marcusschen Interpretation Kants. Kant-Marcus jedenfalls ist für Friedlaender der Garant gegen alle dialektische Sophisterei, der sich die Moderne seiner Ansicht nach verschrieben hatte und in der sich die Moderne verschrieben hatte.

Friedlaender konzediert beiden, Marcus und Lublinski, analytischen Scharfsinn und phantasievollen Umgang mit Tradition und Moderne. Beide sind sie Stichwortgeber seiner Kritik der Moderne, wobei sich Friedlaender in der ästhetischen Bewertung der Lublinskischen Dramatik, wie schon erwähnt, seltsam verschätzt (Lublinski der „merkwürdige Mystiker und exemplarische Dramatiker").[4] Lublinski selbst, der ganz einfach seiner theoretischen Kritik durch ästhetische Kunstproduktion Nachdruck verleihen wollte, verstand sich „seit etwa 1900 von Jahr zu Jahr in zunehmendem Maße als Schriftsteller und Dichter."[5]

---

1 Lublinski 1904, 350
2 Mahrholz 1930, 128
3 Lublinski 1909, 299
4 Friedlaender: *Lublinski. Ein Weckruf* (GS 3, 739)
5 Wunberg 1974, 371

Friedlaenders tatsächlich etwas seltsam anmutende positive Aufnahme Lublinskischer Dichtungen läßt sich wohl eher mit den Inhaltsformen als mit den Ausdrucksformen seiner Dramen begründen, deren „Thema"

> „das ‚ewige Duell' zwischen Notwendigkeit und Freiheit ist ... Freiheit ist aber (bei Lublinski so wenig wie bei Kant und dessen Thronerben Ernst Marcus, zu denen er sich philosophisch bekennt) nicht die Abwesenheit, der Gegensatz zu Notwendigkeit, sondern nur der zur äußerlichen Willkür. ‚Wie kann einer ein wahrhaftiger Held sein, während er dennoch den Gesetzen der Gesellschaft unterliegt?' Das ist das Thema der Lublinskischen Tragödie. Und es ist auch das seines Lebens: ‚Die Persönlichkeit unterliegt immer.' Denn die Gesellschaft, auch die moderne, die vor Eile zu rasen scheint, ist, mit dem Tempo der schöpferischen Person verglichen, langsam."[1]

Während Friedlaender Lublinskis neoklassizistische Tragödien als paradigmatisch den modernen Dichtungen entgegenhält, stellt Lublinski seinerseits Friedlaender als „feinsten und geistvollsten Vertreter der modernen Naturempfindung und Polaritätslehre"[2] neben den philosophierenden Naturalisten Johannes Schlaf, was wohl eher ein Mißverständnis zu Ungunsten Friedlaenders war, denn einer genauen Lektüre Friedlaenderscher Texte zugeschrieben werden kann.

Friedlaenders Kritik der Moderne aus dem Geiste des Polarismus/ Indifferentismus, die nicht nur Literatur und Kunst betraf, sondern sich in alle Bereiche des kulturellen Lebens einmischte (Religion, Wissenschaft, Politik), erhoffte sich letztlich einen Sieg Kants „über die Moderne", die, wie Friedlaender 1930 schrieb „neue Weltkriege" „präpariert". „Vernunftkultur" sollte die „Modekultur" der Moderne verdrängen, damit „jede Handlungsweise dereinst so von Vernunft zeugt, wie die heutige von raffiniertestem Opportunismus".[3]

---

1 Friedlaender: *Lublinski* (GS 3, 740)
2 Lublinski 1909, 291
3 Vgl. Mahnruf (GS 15, 273)

3. Schöpferische Indifferenz als Medium von Phantastik und Groteskem

Aufgabe der beiden vorangegangenen Kapitel war es, Friedlaenders Polaritätsphilosophie zum einen ausführlich, insbesondere im Hinblick auf die *Schöpferische Indifferenz* (1918/1926), zu erörtern und zum andern in ihren transformativen Zugriffen auf philosophische Traditionen (Sokrates, Leibniz, Kant, Schopenhauer, Nietzsche), sowie polaritätstheoretisch bedeutsame Entwürfe (u. a. Goethe, Einstein) zur Geltung zu bringen. Als polaritätsphilosophische Leitdifferenz entpuppte sich in diesem Unternehmen jene Einheit der Differenz von Identität (bzw. Indifferenz) und Differenz, wie sie erst in jüngster Zeit zum epistemologischen Paradigma von Systemtheorie, konstruktivistischen Theorieentwürfen und postmodernen Philosophien avancierte.[1] Friedlaenders Polarismus ist sowohl orientiert an dieser Leitdifferenz, wie auch in seiner Selbstbeschreibung konstitutiv auf diese angewiesen.

Angelehnt an die vor allem von Kant paradigmatisch erarbeitete Differenzierung von Vernunft, die bekanntlich drei Formen von Rationalität hervorbrachte, nämlich eine kognitive, eine ethisch-moralische sowie eine ästhetische, „wobei wichtig ist, daß diese drei Formen bei Kant einerseits als Verstand, Vernunft und Urteilskraft bestimmt sind, andererseits allesamt als Formen von Vernunft angesprochen werden können",[2] läßt sich auch bei Friedlaender/Mynona von einer ähnlichen Gliederung der Rationalitätsformen sprechen. Die Einheit der polaristisch verstandenen Vernunft erschien Friedlaender als nichthintergehbar. In theoretisch-kognitiver und ethisch-moralisch-pragmatischer Hinsicht kam Friedlaenders Vernunftkonzept in den beiden ersten Teilen dieser Arbeit zur Sprache.

Was den ästhetischen Bereich anbelangt, so hat sich Friedlaender weniger um eine ausgefeilte ästhetische Theorie bemüht, wie sie

---

1 Vgl. Luhmann 1984a; Schmidt 1987; Welsch 1987
2 Welsch 1987, 266

ihm im Sinne einer „polaristischen Ästhetik" vorgeschwebt haben mag,[1] als vielmehr in literarischer Produktion versucht, die Idee seiner polaristischen Vernunft ästhetisch wirksam werden zu lassen. Als entscheidendes Merkmal einer letztlich doch unsystematisch gebliebenen polaristischen Ästhetik erscheint wiederum die zuvor schon ausführlich beschriebene Leitdifferenz. Diese wird von Mynona nicht nur motivisch und metaphorisch aktiviert, sondern sie fungiert darüber hinaus zugleich auch als epistemologisches Konstrukt, von dem aus ein tieferes Verständnis des Phantastischen und Grotesken möglich scheint.

In der literarischen, gleichsam ästhetischen Formalisation kognitiver und sittlicher Aspekte des Vernünftigen kommt eine Vernunftkonzeption zum Ausdruck, die vor allem aus ihrem relationalen Verwobensein der verschiedenen Vernunfttypen heraus wirkt. Daß darin keine Vermischung dieser zunächst auf drei begrenzten Formen der Vernunft stattfindet, ist auch Friedlaenders Anliegen bei der Binnendifferenzierung einer polaristisch verfaßten Vernunft. Im Bereich des Ästhetischen kommt ihr gerade in Mynonas Texten eine vermittelnde Aufgabe zu. So versteht Friedlaender ja Mynona auch ganz direkt als Transmission seiner philosophischen Ideen. Dabei legen Mynonas Texte jene ästhetischen Aspekte polaristischer Vernunft frei, die in den philosophisch-theoretischen und eher pädagogisch-moralisch-sittlich angelegten Texten Friedlaenders eher im Hintergrund stehen. In diesem Sinne läßt sich Mynona auch nicht bloß als literarischer Nachvollzug von Friedlaenders Polarismus verstehen. Vielmehr motiviert Mynona die Vernunft zu jener vermittelnden Kraft und Funktion, wie sie Kants Kritik der Urteilskraft anvisierte. Mynona erwirkt gleichsam in der literarischen, ästhetischen Formalisation eine Verknüpfung der ansonsten so verschiedenen Vernunfttypen. Deutlich wird dieses Ineinandergreifen, mehr noch als bei Friedlaender, in Mynonas Texten, in denen diverse Szenarien Vernünftiges bis in die Extreme treiben. Dabei werden dann keine neuen Vernunfttypen installiert, sondern immer wieder neue Kombinationsmöglichkeiten dieses Grundschemas von Vernunft

---

1 Vgl. Briefe Kubin, 89

ausprobiert. Verknüpfungen, Anschließbarkeiten und Übergänge zwischen theoretischer, pragmatischer und ästhetischer Ausprägungen von Vernunft sollen zur Sprache kommen. Überhaupt scheint das Dazwischen Friedlaender/Mynonas eigenste Sphäre des Schöpferischen zu sein.

Die jeweilige Besonderheit dieser Verknüpfungen, Anschließbarkeiten und Übergänge bezeichnet keineswegs eine beliebige Vervielfältigung des Vernünftigen, sondern ist Indiz für die Variabilität jener von Friedlaender begründeten polaristischen Vernunft.

Diese bildet nicht etwa bloß einen Rahmen oder gar nur einen Kontext, in dem sich Realität erfassen und gestalten läßt, sondern sie fungiert und prozessiert gleichsam als Medium jedweder Realitätskonstitution und -aneignung. So hat denn auch die polaristisch verfaßte Vernunft in Friedlaenders schöpferischem Indifferentismus, wie sie in Phantasien, Utopien, Parodien und Grotesken herausgebildet wird, nicht bloß einen vorfabrizierten Spielraum, in dem allein nach den Regeln kognitiver oder ethischer Vernunftaspekte gleichsam gespielt wird. In der Einheit der Vernunft ist die relational eingebundene Eigenständigkeit des ästhetisch Formalisierten nicht aufgegeben. Und genau unter dieser Perspektive entfaltet das Literarische bei Mynona eine situative Vernünftigkeit, die zugleich eine theoretische und ethische aufeinander zuzuführen versucht. Die ästhetisch formalisierte Ausdifferenzierung von Vernunft bleibt jederzeit auf die Einheit der Vernunft zurückführbar. Es gibt hier also keine gänzlich neue Vernunft zu bewundern, sondern allenfalls bleibt der Gewinn einer veränderten und veränderbaren Sichtweise dessen, was erstarrt unter den bisherigen Sichtweisen von Rationalität und Rationalitätsformen kaum noch in Differenzierung begriffen war.

Auch im Bereich ästhetischer Formalisationen bleibt aufgrund der Einheit der Vernunft auch deren epistemologische Grundformel, nämlich die der Leitdifferenz, bestehen. Selbstreferentielle Geschlossenheit und relationale Offenheit gelten ebenso fürs Ästhetische. Unter diesen Bedingungen läßt sich im Kontext des schöpferischen Indifferentismus auch von einer polaristischen Vernunft reden, die in ihrer personalen Verfassung, gleichsam als Medium aller Medien, als „Mitte aller Mitten" (SI 331) in den Blick kommt. Und gerade in dieser Medialität, die in Mynonas Texten literarisch personale Figuration erfährt, bleibt Vernunft Ausgangs- und Endpunkt jeder Äußerung. Vernunft, in Form der schöpferischen Indifferenz, bezeichnet im Folgenden auch jenes Medium, in dem sich die literarische, die ästhetische Formalisation des Phantastischen und Grotesken bei Mynona ausdifferenziert, wobei andere Medien, wie Schriftlichkeit und Schreibweise zur Medialität dieses übergreifenden Mediums polaristische Vernunft gehören. Daß nun eine derart verstandene Vernunft, die selbst nur prozeßhaft zu begreifen ist, ein verändertes Verständnis des Phantastischen und Grotesken erfordert, soll im Folgenden gezeigt werden.

Im Anschluß an Wolfgang Kaysers grundlegende Untersuchung zum Grotesken in *Malerei und Dichtung*[1] gab es zahlreiche Weiterentwicklungen in der Beschreibung des Grotesken[2] und Phantastischen[3] in Literatur und Kunst. Gemeinsam dabei war den meisten Entwürfen ein methodisch-reflexionskritisches Dilemma. Denn obwohl neuere Untersuchungsergebnisse die Prozessualität von Phantastischem und Groteskem gegenüber einem allzu statisch wirkenden Strukturbezug favorisieren, hielten sie letztlich doch mehr, als sie zu behaupten vorgaben, insbesondere was das Groteske anbelangt, am Strukturbegriff fest.[4] Die bloße Behauptung nämlich, daß Phantastik und Groteskes aus Text- und Rezeptionsprozessen heraus zu verstehen sei, bleibt ohne Explikation des Prozeßbegriffs oder des Prozeßverständnisses ziemlich belanglos. Zumeist werden die erkenntnistheoretischen Hintergründe, die mit der Verwendung des Prozeßbegriffs einhergehen, entweder einfach ausgeblendet oder nur mit unzureichenden Verweisen angedeutet. Kaum wird die eigene Verwendungsrationalität des Prozeßbegriffs geklärt oder zumindest problematisiert.

Da die Prozessualität von Friedlaenders Polaritätsphilosophie schon ausführlich zur Sprache kam und dabei die Nähe zu avancierten Prozeßphilosophien und Prozeßtheorien des zwanzigsten Jahr-

---

1 Kayser 1960
2 Vgl. Best 1980
3 Vgl. Thomsen 1980
4 Vgl. u. a. Steig 1970; Pietzcker 1971

hunderts (Whitehead, Russell, Systemtheorie, Konstruktivismus) aufgezeigt wurde, braucht hier nicht noch einmal der epistemologische Hintergrund einer polaristisch orientierten, prozessualen Vernunft, wie sie als Medium von Phantastik und Groteskem bei Mynona vorkommt, expliziert zu werden. Polaristische Vernunft, wie sie in der ästhetischen Formalisation mynonascher Texte erscheint, soll in ästhetischer Erkenntnis, gleichsam als Mittler und Vermittler zwischen den verschiedenen Formen der Vernunft fungieren.

Auf Sprache bezogen, die „ein Medium unter Medien"[1] ist, verdeutlicht sich ein Aspekt polaristischer Vernunft in der „schöpferischen Sprach-Indifferenz" (SI 190), ohne die Sprache und sprachlich inszenierte Vernunft gar keine Bedeutung hat, weil beides sich gerade erst im Bezug auf das Schweigen überhaupt Geltung verschaffen kann. Erst in der Polarität von Schweigen und Reden, von Schweigen, Drauflosreden und Räsonieren ergibt sich für Friedlaender die Möglichkeit von Kommunikation.

Unschwer ließe sich Friedlaenders Textverstehen, wo es im Sinne seines Polarismus pragmatische Absichten verfolgt, auch als kommunikatives Handeln beschreiben, ohne dabei gleich jenen theoretischen Implikaten einer projektmodernen Rationalität (Habermas) oder der anspruchsvollen Diffizilität einer systemtheoretisch differenzierten Begrifflichkeit von Kommunikation (Luhmann) nachgeben zu müssen. Gleichwohl haben beide Theorieentwürfe zum Begriff von Kommunikation und kommunikativem Handeln ein Niveau an Beschreibungsrationalität erreicht, das, wenn von Kommunikation und Handeln gesprochen wird, kaum zu unterschlagen ist. Ohne nun im Einzelnen diese Entwürfe hier vorstellen zu können, sei darauf verwiesen, daß, wenn im Folgenden von Kommunikation und Handeln überhaupt die Rede sein wird, theoretische Anleihen expliziert werden.

Das kommunikative Pausenzeichen, die „schöpferische Sprach-Indifferenz", ist Element sämtlicher Medien. Schrift beispielsweise, deren polaristische Zeichenverhältnisse schon erörtert wurden, hat demzufolge ihre materielle Indifferenz im Dazwischen, das Mallar-

---

1 Kittler 1985, 190

mé entdeckte und wirksam werden ließ, indem er die weiße Fläche des Blattes funktional mit Schrift verband.

Auf der Ebene der Zeichenmaterialität hat Kittler die polaristische Figuration von Schrift deutlich im Sinne einer Medientheorie herausgearbeitet. So etwa, indem er die äußerste Reduktion von Schrift, nämlich jene, die Schrift als Punkt und Strich (vgl. Morsealphabet) oder auch als Strich und Halbbogen (vgl. Christian Morgensterns Fisches Nachtgesang) in Erscheinung treten läßt, als binäroppositive Minimalsignifikanten mit quasi universaler Codierbarkeit beschreibt. Punkt und Strich können alles schreiben, was sich auch in der komplexeren Bildlichkeit und Gestalt von Buchstaben, Worten und Wörtern ausdrücken läßt (ebd. 264 f.). Als schöpferische Indifferenz erscheint in diesem Zusammenhang eben jenes Dazwischen, jene weiße Fläche, jenes Nichts an Schriftlichkeit, ohne die keine Zeichen und Zeichenverknüpfungen möglich wären.

Diese, hier nur kurz in polaristischer Sprachbetrachtung skizzierten, zeichentheoretischen Binnenverhältnisse sind für die Erörterung des Phantastischen und Grotesken bei Mynona insofern relevant, als die Literarität seiner Texte Bezug auf polaristische Sprachlichkeit nimmt. Wo etwa die Polarität von Reden und Schweigen oder, semantisch gesprochen, von oszillierender Sinnhaftigkeit im Entstehen und Entschwinden von Sinn, Bedeutung für die ästhetische Formalisation seines Phantastischen und Grotesken hat, bleibt die Vergegenwärtigung sprachlicher Binnenverhältnisse fast schon ein Erfordernis des Verstehens dieser Texte.

Daß eine theoretische Begründung von Phantastik und Groteskem, wie schon erwähnt, in einem methodischen und erkenntnistheoretischen Dilemma steckt, hängt zunächst und vor allem auch mit dem defizitären und wohl auch nur allmählich abbaubaren Reflexions- und Selbstreflexionsstand der Literaturwissenschaft zusammen, deren Beschreibungsrationalität von der Fülle ihres Beschreibungsgegenstandes zuweilen erdrückt wird, wie es scheint. So wird, was die literaturwissenschaftliche Bestimmung von Phantastik und Groteskem angeht, häufig so verfahren, daß zwar die Phänomene des Phantastischen und Grotesken ausführlich, etwa im Zusammenhang motivischer Untersuchungen, analysiert werden, daß aber deren Beschreibungsrationalität kaum ausreicht, um die relationalen und interrelationalen Bezüge dieser Phänomene, etwa was die philosophischen Implikate anbelangt, hinreichend zu erörtern.

So gilt das Groteske immer noch als quasi überzeitliche Grundstruktur, in der allenfalls „seine einzelnen Momente variieren."[1] Anstatt von einer grundsätzlichen, nicht bloß in einzelnen Elementen und Momenten, variablen Prozessualität des Grotesken auszugehen, wird entweder das Groteske als Struktur weiterhin behauptet (ebd. 98 f.), oder in psychoanalytisch-phänomenologischer Orientierung und Begrifflichkeit beschrieben.[2]

Im Kontext polaristischer Sprachbetrachtung wird nun eine Beschreibung des Grotesken angestrebt, die das Phänomen im Rahmen ästhetischer Erfahrung als Einheit der Differenz von Prozeß und Struktur begreift. Dabei ist dann weder die Struktur als Prozeß noch der Prozeß als Struktur zu verstehen. Denn gerade in der Unterscheidung dieser Relation wird ihre produktive Inanspruchnahme möglich.

In epistemologischer Hinsicht sei daran erinnert, daß Strukturen Zeit reversibel festhalten, daß also Ereignisse, wie es das Groteske als ästhetische Erfahrung darstellt, auf der Ebene von Strukturen wiederholbar sind. Prozesse dagegen sind wegen ihrer irreversiblen Zeitlichkeit identisch nicht wiederholbar, sondern ein für allemal im Vergehen begriffen.[3] Was also die Strukturalität des Grotesken anbetrifft, so ist diese aufgrund ihrer bestimmten Zeitlichkeit (Zeitreversibilität) Indiz für das Überdauern des Grotesken in der Einheit ästhetischer Erfahrung. Es wird plötzlich als solches klar und bleibt durchgängig in der Erfahrung erhalten, bzw. in anderen Erfahrungen mit ähnlichen Voraussetzungen wiederholbar. Zugleich setzt sich in der Erfahrung des Grotesken auch dessen Prozessualität

---

1 Pietzcker 1971, 99. Fairerweise muß an dieser Stelle gesagt werden, daß Pietzcker in Bezug auf das Groteske von der „Struktur eines Bewußtseinsaktes" spricht und insofern Prozessualität wohl mitgedacht werden sollte. Allerdings kommt in seiner Begriffsbestimmung die konstitutive Differenz zwischen Struktur und Prozeß nicht oder kaum zum Tragen.
2 Vgl. Steig 1970, 82 f.
3 Vgl. Luhmann 1984a, 73 f.

durch, indem es nämlich als jeweils besonderes, gleichsam irreversibles realisiert wird. Entscheidend also für eine polaristische Beschreibung des Grotesken ist die Polarität des Zeitverständnisses, die dem Grotesken zugrunde liegt. Beide Zeitformen nämlich, die sich in der Realisation der Phänomene erkennen lassen, sind zugleich auch konstitutiv für den hier verwendeten Begriff des Grotesken.

Für eine Begrifflichkeit literarischer Phantastik gelten, was die Struktur-Prozeß-Relation angeht, gleiche Bedingungen. Nur scheint dies in der Phantastik, in literaturwissenschaftlicher Hinsicht, schon eher erkannt worden zu sein. Überhaupt ist wohl die Forschungssituation, was die Phantastik als interdisziplinäres Phänomen angeht, aber auch im spezielleren Bereich literarischer Phantastik, durchaus günstiger zu bewerten als beim Grotesken. Augenfällig ist allein schon die weitaus umfangreichere Anzahl von Publikationen zur Phantastik im Verhältnis zum Grotesken.[1] Möglicherweise hat dieser Sachverhalt auch damit zu tun, daß die „Bedeutungserweiterung"[2] des Phantastischen, die automatisch auch den literaturwissenschaftlichen Gegenstandsbereich erweitert, in der viel geschlosseneren Form des Grotesken gar nicht möglich wäre. Phantastik zeichnet sich ja gerade durch ihre fließenden Grenzen zu sämtlichen Formen des Imaginativen, zu sämtlichen Möglichkeiten der Einbildungskraft aus.

Die ästhetisch geschlossene Form des Grotesken scheint die Phantasietätigkeit, anders als in der Phantastik, viel reduktiver und selektionsentschiedener zu kanalisieren. Das literarisch Groteske erscheint daher auch als ästhetisch formalisierte Reduktion literarischer Phantastik.

Beide Formen, Phantastik und Groteskes, unterliegen einem Beschreibungsdilemma, das in erster Linie auf einer defizitären Beschreibungsrationalität gründet. So bleibt häufig die Beschreibung der Phänomene des Phantastischen und Grotesken in der Meta-

---

1 Vgl. Thomsen 1980, Bibliographie. Diese ist etwa doppelt so umfangreich wie die Bibliographie des von O. F. Best in gleicher Ausstattung und zu gleicher Zeit herausgegebenen Bandes zum Grotesken, der sich allerdings auf „Das Groteske in der Dichtung" beschränkt.

2 Jehmlich 1980, 12

phorik des eigenen Gegenstandsbereichs hängen. Kaum wird hinreichend geklärt, wie denn eigentlich die einzelnen Beschreibungselemente, wie denn etwa Bildhaftigkeit, Plötzlichkeit, Kontingenz, Wirklichkeit, Ordnung, Unordnung, Phantasie, Schrecken, Witz, Humor, Vernunft, Rationalität, Irrationalität, Angst und Traumerlebnisse, um nur einige Motive des Phantastischen und Grotesken zu nennen, mit den verschiedenen Auflösungs-, Zersetzungs- und anderen Erzählprinzipien zusammenhängen. Zumeist werden einzelne Motive nur benannt und als entscheidende Elemente in bestimmten Erzähl- und Schreibweisen analysiert und konstatiert, ohne dabei die kombinatorische und konstruktivische Funktion dieser Elemente von einer erkenntnistheoretischen Position aus ergiebig zu reflektieren, obgleich in jede Beschreibung, sei dies nun explizit gemacht oder nicht, immer auch eine bestimmte Form erkenntnistheoretischer Reflexion mit eingeht. Diese epistemologischen Implikate von Beschreibung nutzbar zu machen, erscheint als literaturwissenschaftliches Erfordernis. Inwiefern sich auch dabei die Macht des hermeneutischen Zirkels durchsetzt, soll hier nicht entschieden werden. Für die Phantastikforschung um 1980 jedenfalls stand dieses Problem außer Frage. So schrieb damals Dieter Penning (1980, 35) in seiner informativen „Bilanz zur Theorie der Phantastik":

> „Bei der Annäherung an den Gattungsbegriff befinden wir uns in einem wissenschaftstheoretischen Dilemma: einmal brauchen wir ein bestimmtes Corpus von Texten, um gattungsspezifische Merkmale [das Phantastische betreffend; RS] aufzuspüren, andererseits kommen wir nur zu einer begründeten Textauswahl durch vorher festgelegte Merkmale. Wir bekennen uns deshalb zu dem hermeneutischen Zirkel und versuchen lediglich, unser Vorverständnis zu erweitern bzw. zu korrigieren."

Unschwer läßt sich diese Situation auch gegenüber der Groteske und dem Grotesken ausmachen.

Da aber beides, Phantastik und Groteskes, als gattungsübergreifende und gattungsauflösende Phänomene vorkommen, bleibt es zumindest fraglich, ob die Unausweichlichkeit des hermeneutischen Zirkels – Texte erzeugen Merkmale und Merkmale erzeugen Texte

– tatsächlich gegeben ist. Gleichwohl aber bleibt die Text-Merkmal-Relation für die Bestimmung des Phantastischen und Grotesken, sowie für die Bestimmung von Texten als phantastische und groteske, konstitutiv.

Was nun die Untersuchung des Phantastischen und Grotesken im literarischen Werk von Friedlaender/Mynona betrifft, so ist beides nicht vom philosophischen Hintergrund zu trennen. So hatte Friedlaender, schon längst bevor Mynona anfing Grotesken zu schreiben (etwa um 1906), mit seiner philosophischen Grundlagenforschung zur Polaritätsphilosophie den theoretischen Komplex jener Motive und Erzählweisen geschaffen, wie er dann in Mynonas Texten nicht nur thematisch, sondern vor allem auch selbstreflexiv, Motive und Schreibweise brechend, literarisch umgesetzt wurde. Geerken wies ausdrücklich auf den nichthintergehbaren Zusammenhang von Philosophie und Literatur bei Friedlaender/Mynona hin: „Die Grotesken Mynonas sind ohne die philosophische Theorie Friedlaenders nur halb zu verstehen. Es ist ein Trugschluß, wenn man annimmt, die Grotesken seien für das Publikum leicht zugänglich", was „zuzugeben" Herbert Wiesner (1981) in einer kurzen Besprechung zu Geerkens Mynona-Ausgabe sich „kategorisch", wie es bei ihm heißt, „weigere". Daß Wiesners Bornierung kein Indiz für die Richtigkeit seiner rezeptionstheoretischen Position darstellt, wird spätestens dann offensichtlich, wenn sich die konstitutive Funktion Friedlaenderscher Polaritätsphilosophie in den Texten Mynonas erwiesen hat. Wer also, um Geerkens Plädoyer für die Einheit von Philosophie und Literatur, von Philosophie und Groteske bei Mynona fortzuführen, „Mynonas Grotesken nur der Skurrilitäten wegen liest, ohne den theoretischen Hintergrund zu erkennen, erliegt diesem Trugschluß und versteht diese Texte anders, als Mynona sie gemeint hat",[1] was natürlich immer der Fall ist, wenn es Texte zu verstehen gilt. Worauf Geerken hier aber hinaus will, ist eben auch die rezeptionsästhetisch relevante Erkenntnis, daß man den Kontext, der aus dem Text hervorgeht, so umfassend wie möglich in das Textverständnis einbeziehen sollte. Einem anderen

---

1 Geerken 1980, 286

„Trugschluß unterliegt auch die Tatsache, daß immer wieder nur die grotesken Werke Mynonas nachgedruckt werden, manche Einzeltexte nicht selten bis zu fünf oder sechs Mal, während die philosophischen Werke Friedlaenders dem Publikum weiterhin unbewußt bleiben. Um die Prosatexte korrekt zu präsentieren, wäre es notwendig, die philosophischen Werke Friedlaenders wieder zugänglich zu machen." (ebd.)

Ein Erfordernis, daß sich schon anhand kürzester Prosatexte oder Gedichte Mynonas zeigen läßt. Denn zuweilen mit überdeutlichem Ansinnen werden ästhetische Formalisation und polaritätsphilosophische Reflexion miteinander kombiniert, worin sich dann um so deutlicher Phantastik und Groteskes entfalten. Eben in dieser Kombination aus philosophischer Reflexion, die auf sittliches Handeln ausgerichtet ist, und ästhetischer Formalisation phantastischer und grotesker Ereignishaftigkeit wird eine ästhetische Erkenntnis möglich, die wiederum auf die Einheit polaristischer Vernunft zuläuft. Insofern eröffnen Mynonas Phantasien und Grotesken einen Bereich polaristischer Vernunft, der gerade erst im Rekurs aufs Ästhetische in Sicht kommt.

Die folgende Untersuchung mynonascher Texte hebt aber nicht nur auf eine Beschreibung einer von ihnen ausgehenden ästhetischen Erfahrung ab, sondern versucht auch jenen textinternen, literarischen Aspekten nachzugehen, die die Vorreflexivität ästhetischer Erfahrung im Sinne von Friedlaenders Polaritätsphilosophie kanalisieren. Erst im Bewußtseins der philosophischen und poetischen Hintergründe nämlich erschließt sich die ästhetische Erfahrung jene reflexive Ebene, von der aus Mynonas Texte, von der Phantasien, Grotesken, Utopien und Parodien ihre provokative, subversive, sinnenfreudige oder einfach literarische Wirkung entfalten können.[1]

---

1 Zum Verhältnis von Reflexivität und Vorreflexivität ästhetischer Erfahrung siehe Jauß 1984, 31 f.

3.1. Zur Differenzierung literarischer Phantastik

Anonym, gleichsam namenlos, oder gar unbekannt ist der literarische Autor Mynona, wie Friedlaenders Pseudonym lautet, nie gewesen. Waren es doch gerade Mynonas Texte, die Friedlaender Einladungen zu Vorträgen und ganzen Vortragsreisen einbrachten.[1] Obwohl Mynona sicherlich der bekanntere Teil jenes so janusköpfig agierenden Paares Friedlaender/Mynona war, galt auch Friedlaender, wie schon angedeutet, für Heinrich Mann etwa als einer „der besten Denker".[2]

Mynonas literarisches Schaffen umfaßt einen Zeitraum von fünfzig Jahren (1896-1946). Nach seiner Flucht aus Deutschland, die ihm 1933 im letzten Augenblick gelang, fehlten ihm im Pariser Exil sowohl die notwendigen Kontakte zu Verlagen, wie auch, was nicht weniger entscheidend war, der gesamte kulturpolitische und sozialklimatische Hintergrund, vor dem er seine Texte verfaßte. Vielleicht erschien es ihm auch zunehmend als müßig, angesichts des Grauens, das er im heraufziehenden Zweiten Weltkrieg wahrnahm, der grotesken Realität noch eine blassere literarische Variante hinzuzufügen. Zunehmend konzentrierte er sich auf die Ausarbeitung seines „kritischen Polarismus". Nach 1935 konnte Mynona, dessen literarische Phantastik zur ästhetischen, poetischen und epistemologischen Differenzierung seiner lektüreorientierten Konzeption des Phantastischen anreizt, fast nichts mehr publizieren.

Lektüreorientiert ist diese Phantastik insofern, wie sie sich nicht nacherzählen läßt, sondern ihre Wirkung erst im Vollzug der Lektüre entfaltet, die auch keine philologische Betrachtungs- und Beschreibungsweise zu ersetzen vermag. Texte wie: *Der Schöpfer* oder wie die Groteske *Gar nichts*, die sehr genau Mynonas poetische Konzeption und ästhetische Formalisation verdeutlichen, lassen sich erst im Prozeß der Lektüre in jene ästhetische Erfahrung überführen, deren

---
1 Vgl. Geerken 1980, 286 u. 292
2 Heinrich Mann, Brief an Hubertus Prinz zu Loewenstein, 14. Mai 1938, zitiert bei Kuxdorf 1990, 8

philosophische Grundlage Friedlaenders Polarismus bildet. Lektüre läßt sich dabei als Mitte jener Differenz erkennen, die zwischen Text und Leser vorherrscht.

Friedlaenders Forderung nach einer „polaristischen Ästhetik",[1] wie er sie in einem Brief an Kubin von 1917 aufstellt, ist jener ästhetischen Erfahrung verpflichtet, wie sie im Bewußtsein der schöpferischen Indifferenz durch die Phantastik in Gang kommt. Denn was Künstler und Dichter, nicht nur im Bereich der Phantastik, erschaffen, bildet nicht nur Auge und Ohr, sondern beeinflußt auch die „Welt der leiblichen Sinne" (ebd.). Und in diesem polaren Verständnis einer zugleich auf Geist und Sinn einwirkenden ästhetischen Produktion ergibt sich die Möglichkeit, in ästhetischer Erfahrung auch zu Erkenntnissen zu gelangen, die im wissenschaftsrationalen Diskurs gar nicht oder kaum produziert werden können. Dabei „ist der Schöpfer zwar das unteilbare Prinzip der Schönheit; die Schönheit selber in eigner Person. Aber in seiner Äußerung", also in der Erschaffung der Kunstwerke, der Texte etc., „ist er gezwungen, sich zu teilen (zu polarisieren)" (ebd.). Daß Friedlaenders Prinzip der schöpferischen Indifferenz ein theorieästhetisch interessantes Prinzip ist, und nicht bloß als Steuerung ästhetischer Prozesse in einer polaristischen Ästhetik in Erscheinung tritt, wird dann deutlich, wenn Erfahrungsprozesse auf die Relation von Geschlossenheit und Offenheit dieses Prinzips bezogen werden.

Die Offenheit ästhetischer Erfahrung – „Im weitesten Sinne ist Alles und Jedes ‚schön'" – ist ohne gleichzeitige Geschlossenheit – „insofern sein ‚Schöpfer' kein zufällig beliebiger Mensch, sondern mit Wissen und Willen selber ungeteiltes Lustgefühl, ungeteilte Wollust, unverzerrte Liebe ist" (ebd.), im Medium der schöpferischen Indifferenz gar nicht beschreibbar. Eine Variante der Einheit der Differenz von Identität und Differenz kommt in Sicht, die jeder ästhetischen Äußerung im polaristischen Sinne zugrunde zu liegen scheint.

Ästhetische Erfahrung, wie Friedlaender sie wahrscheinlich im angekündigten, dann aber doch nicht erschienenen „Katechismus

---

1   Briefe Kubin, 89

der Ästhetik nach Kant"[1] theoretisch zu fundieren versuchte, geht zwar auch von einer Vorreflexivität des Ästhetischen aus, begreift aber zugleich den Sinne aller ästhetischen Erfahrung in der reflexiven Einlösung polaritätsphilosophischer Rationalität. Daraus ergeben sich dann jene so paradox erscheinenden Formulierungen polaristischer Ästhetik, die das vermeintlich Unvereinbare geradezu als polaristischen Normalfall harmonischer Vereinigung erkennen: „Wofern also", wie jeder Idealismus behauptet, „das eigne Selbst in sich unverzerrt schön ist, kann objektive Verzerrung", die jeder puristische Idealismus als Störung empfindet, „gerade seinen höchsten Luxus, seine echteste Kraftprobe bedeuten. Hier also habe man genaue Obacht zu geben", schreibt Friedlaender,

> „aus welchem Grunde man verzerre und im Häßlichen schwelge. Eigentlich ist nur das Subjekt schön; die Häßlichkeit ist sein Objekt, sein Thema und Problem. Bekommt man es nun fertig, die objektive Häßlichkeit, ohne sie scheinbar äußerlich zu ändern, dennoch in die Schönheit des Subjekts einzubeziehen und auch noch das Scheußlichste dafür zu gewinnen ..., so kann man sich gratulieren, wenn man bei dieser intimen Selbstprüfung besteht."[2]

Jenes ästhetische Subjekt, das Friedlaender hier, im Rekurs auf die polaritätsphilosophische Reflexion inauguriert, erscheint gleichsam als Medium aller ästhetischen Erfahrung. Es fungiert als jene Mitte, die sämtliche Erfahrungen auf sich zu konzentrieren vermag, ohne von diesen aufgesogen zu werden. Gleichwohl aber kann sich diese ästhetische Subjektivität allein im Hinblick auf Differenz und Relation, auf Äußerung und Vermittelndes im Prozeß dieser Erfahrung durchsetzen. Dabei bleibt es jederzeit der Einheit der polaristischen Vernunft verhaftet, die die Vorreflexivität ästhetischer Erfahrung erfaßt, um sie in der Kombination theoretischer und ethischer Vernunfttypen zu differenzieren, um gleichsam reflexive Ordnung herzustellen.

---

1 Vgl. Soergel 1925, 860
2 Briefe Kubin, 90

In der Rede von ästhetischer Subjektivität, die bei Friedlaender polaritätsphilosophisch fundiert ist, drängt sich aus jüngster Zeit, zumindest als theoretischer Kontrast, Karl Heinz Bohrers in sich stimmige Beschreibung der „Entstehung ästhetischer Subjektivität"[1] aus dem Geiste des romantischen Briefs auf. Obwohl diese der Romantik verpflichtete Entstehungssituation ästhetischer Subjektivität dem antiromantischen Denken Friedlaenders diametral zuwiderläuft, kommt ihr doch, was die Selbstreferentialität ästhetischer Subjektivität angeht, eine Klarheit an Differenzierung zu, wie sie davor wohl kaum zu bemerken war. Ästhetische Erfahrung und Subjektivität, die schon in Homers *Odyssee,* diesem Paradigma abendländischer Freiheitsmythen, eine entscheidende Rolle spielen,[2] erscheinen in dieser Situation als notwendige Einheit, die sich in ihrer Integrität permanent selbst gefährdet.

Bohrers Analyse des romantischen Briefs, oder eher noch des Diskurses „romantischer Brief" geht nun von jener Geschlossenheit textueller Briefschreibekunst aus, deren ästhetische Formalisation romantischer Befindlichkeit allein die Konstitution ästhetischer Subjektivität vor Augen hat und soziale, sowie philosophisch-theoretische Implikate zu transzendieren versucht, so als ob diese wie eine zweite und dritte Haut von der Reinheit ästhetischer Erfahrung abgezogen werden könnten. Die „Ablösung des ästhetischen Subjekts vom sozialen und philosophischen", die Bohrer (1987, 8) anhand der „Selbstreflektion des romantischen Briefes" herausarbeitet, mag zwar auf der Ebene theoretischer Differenzierung für einen Moment gelingen, aber schon allein im Kontext von Deskriptionsverhältnissen, in denen sich diese Differenzierung letztlich vollzieht, kommen stets jene sozialen und philosophischen Implikate ins Spiel, die die theoretische Fiktion eines reinen ästhetischen Subjekts unterminieren.

Artifizielle Selbststilisierung ästhetischer Subjektivität in Briefen und Schreibstil lassen sich ja nur in einer deskriptiven, theoretisch begründeten Reduktion aus der Sphäre sozialer und philosophischer

---

1 Vgl. Bohrer 1987
2 Vgl. Jauß 1984, 69 f.

Reflexion herausnehmen. In einer wirkungsästhetischen Perspektive ideologiekritischer Absicht ergeben sich immer auch Schnittstellen zwischen ästhetischer Subjektivität, sozialer Lebenswirklichkeit und historiographischer Weltbeschreibung. Dieser Kontextualisierung wirkungsästhetischer Absichten vermag weder die produktionsästhetische (Adorno, Barthes, Derrida), noch die rezeptionsästhetische Reflexion (Konstanzer Schule: Iser, Jauß) zu entkommen. Es sei denn, daß die entsprechenden Reduktionsschritte angegeben werden, die dann ja auch jederzeit wieder auf die komplexen Kontextverhältnisse umgelegt werden können.

Jedes phantasievolle Erfassen, das sich als ästhetische Erfahrung niederschlägt, geht quer durch die Einheit von Text und Leben. Allein die erkenntnistheoretische Reduktion, die für eine genauere Beschreibung von Texten und Textverhältnissen notwendig ist, macht da eine Trennung, wo letztlich die Differenz von Text und Leben als Einheit begriffen werden müßte. Dieser Einsicht scheinen auch Mynonas Texte verpflichtet. Denn was in ihnen als Phantastik, Groteskes und Utopisches erscheint, soll ja nicht im Ästhetischen verhaftet bleiben, sondern darüber hinausgehend, praktischen Einfluß auf Lebensverhältnisse gewinnen: Ein Vermittlungsproblem taucht auf, dem sich später vor allem Adornos kunstsoziologische Arbeiten zuwandten. Aber auch das mehr oder minder verdeckt erscheinende „Vermittlungsproblem in der Kunstsoziologie Adornos", als dessen Mittelpunkt Peter Bürger (1980, 174) den Begriff des Materials erblickt, das „dem in Kunstwerken vergegenständlichten Stand künstlerischer Formen und Verfahrensweisen" entspricht, bekommt ebenso wenig in seiner gesellschaftsnegierenden Behauptung der Autonomie von Kunst jene kommunikative Polarität ästhetischer Erfahrung in den Griff, wie sie mir für die Beschreibung Mynonascher Phantastik erforderlich erscheint. Zu sehr nämlich verkennt Adorno die Fiktion autonomer Kunstproduktion. Zu sehr gerät seine produktionsästhetisch orientierte *Ästhetische Theorie* in den Bann reiner Negationsbewegungen, die die negative Sinnproduktion von Kunst gegen den Affirmationsdruck gesellschaftlicher Realität durchzusetzen versucht, ohne den fiktionalen Charakter dieser Sinnhaftigkeit genügend aufzuschließen.

Was in der *Ästhetischen Theorie* als „ästhetische Identität"[1] erscheint, worin sich Individualität neu qualifiziert, hebt einseitig aufs Offene ab, ohne die Schließbewegung dieses Offenen, ohne die Fabrikation der Fiktionen, die mit diesem Offenen einhergehen, am Maßstab der eigenen Kritik zu messen. Ein epistemologisches Defizit beschreibungsrationaler Ausdifferenzierung ästhetischer Verhältnisse kommt in Sicht, das vielleicht durch Pathos und Emphase, autonomer Kunstproduktion gegenüber, verstellt war. Adornos kommunikationsaversives Verdikt jedenfalls, dem zufolge „Kommunikation die Anpassung des Geistes an das Nützliche [ist], durch welche er sich unter die Waren einreiht ..." (ebd. 115), hebt auf eine Autonomie ästhetischer Erfahrung ab, die es bloß in der Fiktion sozialabstinenter Reflexion gibt. Gleichwohl kommt der Negativität, die Adorno in der Kunstproduktion als Möglichkeit tendenzieller Auflösung scheinharmonischen Kunstgenusses entdeckt, eine gesellschaftliche Funktion zu, die zumindest als Gegenimpuls zur kommunikationstheoretischen und -technologischen Vereinnahmung individualer Subjektivität nicht zu verkennen ist.

Zu den zentralen Motiven Adornoscher Ästhetik, die auch für die literarische Phantastik Mynonas und noch mehr für dessen Groteskes relevant sind, zählen jene stilistischen Zerteilungsprinzipien, die Disparatheit, Heterogenität und Diskontinuität ästhetischer Erfahrung erzeugen, wie sie sich in Kunst und Literatur seit 1900 durchsetzten. Diese nun allerdings einseitig als Indizien für Offenheit zu reklamieren, hieße die Einheit der Differenz von Offenheit und Geschlossenheit defizitär zu polarisieren. Diskontinuität von Literatur und Kunst etwa gegenüber Kontinuität zu favorisieren, wie es in der *Ästhetischen Theorie* der Fall ist, wäre ein Beispiel epistemologischer Defizite Adornoscher Ästhetik. Diskontinuität hat nämlich allein im Kontext der Einheit der Differenz von Kontinuität und Diskontinuität funktionale Relevanz. Die Verwendung von Kontinuität im pejorativen Sinne belegt dann die mangelnde Einsicht in die Ordnung-Unordnung-Relation von Welt, Welterfahrung und Weltbeschreibung. „Ästhetische Identität", wie Adorno sie beschreibt,

---

1 Adorno 1970, 14

soll dem „Nichtidentischen beistehen" (ebd. 14), soll gleichsam das individuale Empfinden auf den Stachel der Differenz aufmerksam machen, um nicht dem „Identitätszwang der Realität" (ebd.) nachzugeben. Die Frage, die sich hier stellt, richtet sich darauf, ob die ideologiekritische Funktion von Negativität, die ja längst schon als ideologisches Instrument entziffert ist, eine „ästhetische Identität" allein auf der Rhetorik des Disharmonischen, Diskontinuierlichen und Disparaten gründen kann. Von Friedlaender aus betrachtet, genauer noch, vom Standpunkt einer projektierten polaristischen Ästhetik aus betrachtet, ist das Harmonieprinzip, das Adorno so pejorativ im Zusammenhang mit der Geschlossenheit von Gesellschaft verwendet, gar nicht der Feind des Disharmonischen, wie es Adorno suggeriert (ebd. 235 f.). In einer polaristischen Ästhetik geht es aber auch nicht darum, ästhetische Erfahrung als „Triumph" der Harmonie „übers Heterogene" (ebd.) zu inaugurieren, wie es Adorno von der „traditionellen Ästhetik" behauptet. Vielmehr soll auch für sie jene Leitdifferenz gelten, die Friedlaenders gesamtes Transformationsprojekt der Polaritätsphilosophie durchzieht.

Ästhetische Erfahrung allein auf das Protestpotential subversiver, kritischer, negativer Kunstproduktion abonnieren zu wollen, hieße eine „Wahrheit über Harmonie" (ebd. 168) sagen, die allenfalls eine Wahrheit der Disharmonie bedeutet, die sich über Harmonie äußert. Was als „ästhetischer Schein", der sich mit dem „affirmativen Druck der Gesellschaft" „verbündet" (ebd.), bloßgelegt werden sollte, kommt nun selbst als ideologische Scheinhaftigkeit als „Wahrheit über Harmonie" in den kritischen Blick polaristischer Reflexion. Adornos Absicht, mimetische Effekte von Kunst da zu behaupten, wo die ästhetische Erfahrung des Negativen kathartische Funktion entfaltet, bleibt dann einem konservativen Ästhetikverständnis verhaftet, wenn sich aus dieser Erfahrung gleichsam ein Identifikationsmuster negativer Erfahrung ergeben soll, an dem Individuen simulativ Einblick in eine andere Realität gewinnen können, also in eine Wirklichkeit, die über die des Kunstwerks hinausreicht (vgl. ebd. 206.). Auch Projektionen negativer Orientierung bleiben Projektionen, gegen die ja schon die Dadaisten polemisierten, indem sie alle ästhetische Erfahrung zunächst einmal auf der Ebene der Produktion ansiedelten und dem Betrachter rieten, sich doch auch sein eigenes Kunstwerk zu schaffen. Betrachter als Schöpfer sollten also nicht den Projektionsverhältnissen fremder Kunstwerke erliegen.

Was in der aristotelischen Ästhetik als Poiesis bezeichnet wird, nämlich jenes „poietische Können", das den „Genuß am selbst hervorgebrachten Werk"[1] meint, steht allemal im Vordergrund jener dadaistischen Ästhetik, der sich auch Mynonas phantastische und groteske Texte, in gewisser Hinsicht jedenfalls, zuordnen lassen. Was dann noch als erkennendes Sehen (Aisthesis) und reinigende Reflexion (Katharsis) aus ästhetischer Erfahrung hervorgeht, orientiert sich an jener polaristischen Vernunft, die als Voraussetzung, nicht der ästhetischen Erfahrung, die ist vorreflexiv, wohl aber der reflektierenden Transformation ästhetischer Erfahrung zu verstehen ist.

Gegen alle Erkenntnis der Abstraktheit moderner Kunst, deren Konkretheit auf der Ebene der Materialität und Medialität des Kunstprozesses liegt, und nicht in der vermittelbaren Dimension identifikatorischer Sinnpotentiale, die Orientierung in sozialen Realitäten zu geben beabsichtigen – wobei gleichwohl abstrakte Kunst eine zu höchst soziale Dimension hat –, plädiert Adorno, paradoxerweise, indem er Negativität als Erkenntnisziel ästhetischer Erfahrung favorisiert, für einen identifikatorischen Kunstgenuß, also: für die Positivität der Negativität.

Daß sich auch gegen dieses ästhetische Theorem, das um 1918 keineswegs unbekannt war, die ästhetische Formalisation von Mynonas literarischer Phantastik wendet, wird da deutlich, wo seine Texte den Leser nicht als passiven Rezipienten akzeptieren, sondern ihn textuell zum Machen eigener Texte auffordern, wo seine Texte dann verstanden sind, wenn sie zur Seite gelegt werden und der Leser Schreiber ist. „Übt euch! Übt euch!", heißt es in Mynonas Groteske *Der verliebte Leichnam* (1918), denn

> „das Rezept habet ihr. Oh schöne Zeit, wo man die fremden Autoren abschaffen und nur noch selbstgebackenen Geist essen wird!!! Wo eigne Autorität an Stelle der fremden tritt! Jedermann sein eigenes Publikum – dies ist das Ende nicht nur der

---

1 Jauß 1984, 87

Litteratur-, sondern vielleicht aller Geschichte – jedenfalls dieser hier ..." (GS 7, 351)

Die selbstbezügliche Geschlossenheit ästhetischer Erfahrung ist nicht mehr Angelegenheit von Projektionsverhältnissen, in denen sich Rezipienten an den Vorgaben anderer ausschließlich orientieren, sondern die eigenen Produktionen werden maßgeblich, die Poiesis wird zum Allgemeingut.

Dabei ist das Phantasieerzeugte weder autonomes Kunstwerk, noch allein als individualisiertes Sozialprodukt des Schöpfers zu begreifen. Die sozialkritische Kompositorik von Materialien jedenfalls, auf die Adornos Ästhetik abhebt, gerät insofern zurecht unter den Druck von Bohrers Konzeption „ästhetischer Subjektivität", wie da der Rekurs auf die Selbstreferentialität des „ästhetischen Bewußtseins", deutlicher noch als bei Adorno, von sozialer Subjektivität unterschieden wird.[1] Bohrer identifiziert also nicht das in ästhetischer Formalisation erscheinende Subjekt mit dem, was soziale Subjektivität meint.

Gleichwohl hat Bohrer, wie ich meine, die eigenen Bedingungen der Beschreibung und Analyse der Selbstreferentialität des „ästhetischen Bewußtseins", dessen Entstehung mit Kleists Selbstreflektion begründet wird, also auf etwa 1800 datiert ist (ebd.), nicht ausführlich genug erörtert. So wäre etwa eine genauere Bestimmung des Zusammenhangs von Selbstbezüglichkeit und Paradoxie, wie er für die Konstitution „ästhetischer Subjektivität" relevant ist, hilfreich für das Verstehen pathologischer Züge romantischer Identitätsfindung.

Luhmann, auf den sich Bohrer in erkenntnistheoretischer Hinsicht stellenweise beruft, hat in *Die Autopoiesis des Bewußtseins*, zu dem auch „ästhetisches Bewußtsein" zählt, sehr genau die Beschreibung bzw. die Beobachtung von Bewußtsein problematisiert, indem er zum einen das Beobachtungsverhältnis von Bewußtsein als Selbstbeobachtung analysiert und zum andern diesen Vorgang als Unlösbarkeit der Paradoxie von Selbstreferentialität erkennt.[2]

---

1 Bohrer 1987, 48 f.
2 Luhmann 1987a, 75

Damit konfrontiert, befindet sich auch die auf Selbstreferentialität gründende Beschreibung „ästhetischer Subjektivität" in einer Paradoxie der Selbstbezüglichkeit, die Bohrer als Krisenphänomen der „Entstehung ästhetischer Subjektivität" beschreibt. Schlüsselstelle zur Entparadoxierung dieser Paradoxie könnte allemal Ironie sein, in die die Romantik vor ihrem Identitätsdilemma gerne flüchtete.

Imagination, schöpferische Einbildungskraft, tätige Phantasie, wie sie zur Konstitution „ästhetischer Subjektivität" beiträgt, wie sie dann aber vor allem auch im Prozeß literarischer Phantastik zur Geltung kommt, thematisiert nicht nur Paradoxien, sondern ist selbst als poetische Imagination „ein paradoxer Akt der Selbstbewahrung."[1] Denn da, wo Imagination literarisch wird, etwa in der literarischen Phantastik, erfüllt sie auch jene kompensatorische Leistung, die erforderlich ist, um das Ich, das sich anders nicht mehr zu äußern vermag, vor dem gänzlichen Identitätsverlust zu bewahren, der zugleich mit jeder Äußerung mehr oder minder einherzugehen scheint.

Bohrer trifft damit nicht nur die „imaginative Schilderung" (ebd.) um 1800, sondern auch einen allgemeineren Sachverhalt poietischer Phantasietätigkeit. Und gerade in dieser Differenzierung „ästhetischer Subjektivität", die die lebensweltliche Destruktion individualer Identität und die Konstruktion poetisch-imaginativer Identität zum einen unterscheidet und zum andern aufeinander zuführt, kommt jenes „Vernunftsubjekt" (ebd. 268) zum Vorschein, das alle ästhetische Erfahrung zu koordinieren versucht.

Die Kombination ästhetischer Erfahrung, poetischer Phantasietätigkeit und vernunftsubjektiver Reflexion, wie sie hier anhand von Bohrers Konzept der „Entstehung ästhetischer Subjektivität" in aller Kürze beschrieben wurde, spielt, mit etwas veränderten, nämlich polaristisch markierten Vorzeichen, auch in der literarischen Formalisation des Phantastischen bei Mynona eine entscheidende Rolle. Daß die literarische Einbindung der eigenen Imagination, daß also die Beschreibung und Selbstthematisierung des Phantastischen und überhaupt der Phantasietätigkeit bei Mynona eine andere Form des Selbstbezugs annimmt, als es um 1800, wie etwa in Kleists Text *Über*

---

1   Bohrer 1987, 227

die allmähliche Verfertigung der Gedanken beim Reden vorkommt, hängt mit dem allgemeinen, um 1900 sich herausbildenden, veränderten Bewußtsein gegenüber dem Umgang mit Materialien zusammen. Phantasie wurde zunehmend selbst Material. Was um 1800 vielleicht noch als die Immaterialität geistiger Befindlichkeiten Literatur genannt wurde, kam um 1900 in seiner eigenen Materialität zum Vorschein. Hofmannsthals *Chandos-Brief* wird an dieser Stelle fast schon kanonisch zitiert. Darin ist dann auch, wie Nietzsche sagt, der Geist „das Leben, das selber ins Leben schneidet."[1] Die Materialität geistiger Erfahrung bindet ästhetische Erfahrungen poetischer Phantastik wieder an Realität an. Die Bedingungen von Literatur, wozu Sprache, Schrift und deren institutionelle Einbindungen gehören, wozu aber auch die textkonstitutiven Binnenverhältnisse wie Rhetorik, Stil und Schreibweisen zählen, werden in der Rückbezüglichkeit poetischer Reflexion, im literarischen Text selbst, um 1900, vor allem aber dann durch futuristische, dadaistische und surrealistische Schreibproduktion Gegenstand von Literatur.

Die poetische Reflexion in der literarischen Phantastik Mynonas, wie sie in den Texten *Der verliebte Leichnam, Gar nichts* oder *Der Schöpfer* zu beobachten ist, läßt sich insofern als paradox bezeichnen, als sie darauf angelegt ist, den Leser ganz bewußt aus dem Text, aus dem Lesen durch das Lesen herauszutreiben, um ihn zu sich selbst kommen zu lassen. Zugleich ist dies aber wiederum an die Produktion von Texten gebunden, allerdings an solche, die keinen „fremden Autor" brauchen und bei denen Autor und Rezipient zusammenfallen. Die eigne Fremdheit, so Mynonas Utopie, muß also so groß sein, daß sie nie an Faszination fürs eigene Selbst verliert. Man selbst verkörpere quasi die Einheit der Differenz von Identität (das eigene Selbst) und Differenz (das Andere, das Fremde). Sinn der Lektüre ist es, der Lektüre nicht mehr zu bedürfen. Aber allein in der Lektüre läßt sich dieser Sinn überhaupt erfahren. Darin ist sie wie ein Sog, der den Leser zu sich führt, indem er ihn von sich wegzieht. Darin kommt dann jenes schöpferische Ich zum Vorschein,

---

1 Nietzsche: *Also sprach Zarathustra,* IV, Der Blutegel

das sich allerdings erst in der Lektüre ergibt und zugleich gegen diese wiederum opponiert.

Die ästhetische Erfahrung, an der die poetische Reflexion Teil hat, ist unter diesen Voraussetzungen grundsätzlich aus Differenz hervorgegangen, und zwar aus der Differenz von Identitäten (Leser, Text, Selbst, Ich) und Differenzen (Lektüre, Reflexion). Ästhetische Erfahrung ist darin gleichsam als relationaler Prozeß eines komplexen Ereignisses zu verstehen. Er ist eine ästhetische Empfindung, die aus „der Realisierung eines Kontrasts unter Identität hervorgeht".[1]

Ästhetische Differenzierung, die den Bezug von Phantastik und Groteskem untereinander zu klären versucht, verfährt letztlich intensiv lektüreorientiert. Das heißt, daß hier nicht allein die theoretische Erörterung Aufschluß über Phantastik und Groteskes geben kann, sondern daß vor allem auch deren und dessen Entstehung im Prozeß der Lektüre eine ästhetische Differenzierung betreibt, die literaturwissenschaftlich nur unvollständig zu erfassen ist. Insofern greifen rezeptions- und produktionsästhetische Konstituenten in der ästhetischen Erfahrung ineinander.

Als These zur groben Orientierung ästhetischer Differenzierung von Phantastik und Groteskem läßt sich sagen, daß das Groteske einen Teilbereich des komplexeren Systems Phantastik darstellt, gleichsam ein Teilsystem mit eigenen Differenzierungsmöglichkeiten. Das literarisch Groteske ist zwar schon aufgrund seiner Eigenheit vom Phantastischen zu unterscheiden, zugleich bleibt es aber auch Element des komplexer zu verstehenden Phantastischen. Was also im Grotesken als grotesk erscheint, agiert nicht jenseits des Phantastischen. Um einen Text als grotesk oder als Groteske zu verstehen, sei eine entsprechende Differenzierung des Phantastischen aus dem das Groteske entstammt, vorausgesetzt.

Mynonas ästhetische Formalisation des Grotesken, die gleichsam als Radikalisierung des Phantastischen zu verstehen ist, verfolgt ein doppeltes Spiel. Zum einen nämlich fungiert das Groteske als literarisches Stilmittel zur Destruktion herkömmlicher Weltbeschreibungen, seien sie nun psychologischer, philosophischer, sozial-ethischer

---

1 Whitehead 1982, 508

oder humanistischer Art, wie sie etwa in den Ismen der zwanziger Jahre stattfand. Zum andern parodiert sich das Groteske in Mynonas Grotesken selbst, indem es tradierte Motive, Ereigniskonstellationen, Effekte und Erzählkonstruktionen, die das Groteske ausmachen, aufgreift und ironisch gegen sich selbst wendet. So etwa in der Groteske *Gar nichts*, in der die groteske Erzählhandlung letztlich selbst Ergebnis einer grotesken Ausgangssituation ist, denn: „Ich schwöre heilig und teuer, daß ich hier ohne die leiseste Ahnung dessen sitze, was ich eigentlich erzählen will." (GS 4, 110) Und so soll dann aus „dem blanken Nichts heraus" jene „Welt erschaffen" (ebd.) werden, die Groteskes zeigt und zugleich auch eine Auflösung dieses Grotesken betreibt. Denn ständig wird die Absurdität des Erzählens, des Produzierens von Literatur benannt: „Ich beginne, ordentlich zu erzählen." (ebd. 113) So wird das Groteske zum Element seiner eigenen Neugestaltung, die keinen Zweifel über ihre poetische Fiktionalität aufkommen läßt. Die beabsichtigte Offenheit des Literarischen – jedermann sein eigner Autor – schöpft geradezu aus der Geschlossenheit literarischer Rede (Grammatik, Schrift, Stil). In Mynonas Texten geht es aber nicht allein um die Selbstbezüglichkeit des Phantastischen oder des Grotesken, sondern vor allem auch um eine literarische Möglichkeit der Vermittlung Friedlaenderscher Philosophie. Insofern greifen literarische Konstruktion und philosophische Absicht ineinander. Literatur und Philosophie sind hier unzertrennlich miteinander verbunden. Poetische, ästhetische, literarische Formalisationen, die ästhetische Wirkungen erzielen, gehen in philosophische Reflexionen ein. Darin erweitern sie, phantastisch, grotesk, utopisch oder parodistisch die theoretische Reflexion der von Friedlaender angestrebten polaristischen Vernunft. Zugleich sind diese literarischen Elemente, eben weil sich hier literarische Formalisation und philosophischer Text nur graduell, nicht aber prinzipiell, unterscheiden lassen, in bezug auf die ästhetische Formalisation, so wie für jede philosophische Reflexion polaristischer Vernunft von Bedeutung. Literarische Selbstbezüglichkeit findet sich also grundsätzlich auch in philosophischen Deskriptionen. Was zum Beispiel in Mynonas Groteske *Gar nichts* so intensiv auf die eigene Materialität des Textes verweist, nämlich daß von ihm allenfalls noch im Sinne einer „gehaltvollen Inhaltlosigkeit"[1] gesprochen werden kann, thematisiert die gänzliche Belanglosigkeit dessen, was im Text passiert. So erzeugen Texte ihre eigene Bedeutungslosigkeit, deren Bedeutung darin liegt, von sich gänzlich absehen zu wollen. Und so bleibt dem Autor nichts anderes übrig, als das Eingeständnis seiner eigenen Überflüssigkeit. Aber, wähnt Mynona: „Noch ist sie rein, die Schwelle" (GS 4, 110), die den selbsternannten Autor vom Text zu trennen scheint, obwohl diese hier schon längst überschritten ist. „Aller Anfang ist schwer" und folgerichtig befällt den Autor in *Gar nichts* jene Übelkeit – „Mir ist nicht wohl zumute" –, die aus dem Gegensatz von Fremdanspruch – „Der Empfänger will es immer recht bequem haben, der Leser oder Zuhörer will den Autor sich schinden lassen" (ebd.) – und Selbsteinschätzung entsteht. Mynona dreht daher die ganze Angelegenheit um, denn:

> „So haben wir nicht gewettet. Tun Sie gefälligst mit! Strengen Sie Ihre eigene Phantasie an! Eigentlich ist jeder fremde Autor Aberglaube. Jeder sein eigener Autor, denn es gibt nur eigene Autorität. Ich habe keinen Titel gegeben, weil ich frei sein will. Der Titel übt einen unangenehmen Druck aus. Er wirkt oft so, daß man seinetwegen alle Begebenheiten erfindet. Der Text ist dann nichts als eine Erläuterung des Titels, also langweilig." (ebd. 110 f.)

Sprachspielerisch wird hier die eigne Position, nämlich die des Autors, der dem Leser als auktoriale Instanz gegenübertritt, destruiert. Autor und Autorität fallen zusammen. Im Kontext ästhetischer Erfahrung, die Rezeption und Produktion vereinigt – „Strengen Sie Ihre eigene Phantasie an!" – wird dieser Sachverhalt gleichsam sittliches Gebot. Im Text wird der Leser auf seinen eigenen Text verwiesen. Er soll vom Fremdautor Abstand nehmen und sich auf das konzentrieren, was er als Text im Prozeß der Lektüre konstituiert. Seine eigene inhaltliche Leere „zwingt" den Leser zur eigenen Phantasietätigkeit. In *Gar nichts* etwa initiiert das Nichts an Inhaltlichkeit und literarischer Bedeutungsschwere jene Autorschaft, jene Autori-

---

[1] Mynona: *Das interessante Gespräch. Eine gehaltvolle Inhaltlosigkeit* (1910; GS 7, 109 ff.)

tät und jenes Bewußtsein von Lektüre, die im dadaistischen Sinne herkömmliche Rezeptionsweisen von Literatur destruiert und zugleich damit phantasievolle Konstruktionen aus dem „Gar nichts" ermöglicht. Einziger Inhalt des Textes ist dann jener funktionale Verweis des Lesers auf sich selbst, der diesen zugleich auch zum Autor des Gelesenen macht.

Literarische Phantastik behandelt hier gleichsam ihre eigene Überflüssigkeit. Allenfalls hat sie noch katalytische Funktion, die den Prozeß der Phantasie in Gang bringt, ohne darin weitergehende Bedeutungsansprüche zu haben. Dies, nämlich den Rückbezug des Lesers als Autor auf sich selbst zu motivieren, erscheint mir ganz allgemein als Zug Mynonascher Literatur, sei sie nun phantastisch, grotesk, parodistisch oder utopisch formuliert. Die Unbegrenztheit seiner Phantasie jedenfalls setzt sich immer da Schranken, wo die Absicht, den Leser in der Lektüre auch für sich selbst zu interessieren, aus den Augen verloren zu gehen droht.

Ellen Otten, die 1965, erstmalig seit dreißig Jahren wieder eine Groteskensammlung von Mynona, nämlich *Rosa die schöne Schutzmannsfrau,* zugänglich machte, schrieb von der „schrankenlosen Phantasie" Mynonas, die er „besonders auf dem Gebiet, das man science-fiction nennt, wo er sich mit seinem Freund Paul Scheerbart trifft", entfaltet und die „vielleicht das hervorragendste Charakteristikum seiner Grotesken" ist.[1] Aber gerade in der Reduktion des literarisch Phantastischen und Grotesken, das philosophisch an der polaristischen Erkenntnis der Schöpferischen Indifferenz orientiert ist, geht mit der Offenheit seiner Phantasie eine poetische und ästhetische Geschlossenheit einher, von der aus Phantastik und Groteskes bei Mynona ihre Besonderheit, ihre Spezifizität erlangen. Von der „schrankenlosen Phantasie" als Charakteristikum Mynonascher Literatur zu reden, mündet in eine Aporie, die das Schrankenlose zu beschreiben, zu charakterisieren und damit in Schranken zu bringen versucht.

Die nach 1965 spärlich einsetzende Rezeption Mynonascher Texte versuchte nur in Ansätzen den Zusammenhang von literarischer

---

1 Ellen Otten: *Nachwort* (Rosa, 239)

Phantastik, Groteskem und Friedlaenderscher Polaritätsphilosophie zu erörtern. Kaum wurde bisher hinreichend geklärt, wie denn dieser komplexe Zusammenhang differenziert werden könnte. Auch die literaturwissenschaftlichen Erstbesteigungen von Friedlaender/Mynonas umfangreichem Schaffensberg, wie es etwa die Arbeit von Colette Dimič darstellt, hatten für die Mynona-Forschung zwar keine Initialfunktion, unternahmen aber doch zum ersten Mal auch gleich eine genauere Differenzierung von Phantastik und Groteskem. Dimič' Arbeit gibt letztlich aber nur Aufschluß darüber, wie sich Phantastik und Groteskes bei Mynona im Sinne von Kaysers Begriffsbestimmungen beschreiben lassen, ohne die Besonderheit philosophischer Reflexion, die Mynonas Texten zugrunde liegt, aufzuarbeiten. Aus einer detaillierten Analyse von Motivkonstellationen heraus unterscheidet sie folgerichtig zwischen dem Satirisch-Grotesken und dem Phantastisch-Grotesken. Auch demonstriert diese Arbeit, wie materiale Sprachverwendung mit sozialgeschichtlichen Daten verknüpft ist (Erster Weltkrieg und literarische Dekomposition). Ausgeklammert bleibt wiederum das Zusammenspiel von Friedlaenders Polaritätsphilosophie und Mynonascher Literatur, das für diese entscheidend ist.

Spannungsfelder ergeben sich aber nicht nur zwischen Literatur und Philosophie, sondern auch zwischen Phantastik und Groteskem. Darin scheint sich das Groteske bei Mynona zuweilen gegen alle Phantastik zu erheben, indem es extrem, radikal, unnachsichtig gegen die Gesetze bestimmter phantastischer Erzählmuster bizarre und verzerrte literarische Realitäten erzeugt. Um die Entstehung des Grotesken bei Mynona aus der literarischen Phantastik heraus besser verstehen zu können, sei hier zunächst Mynonas Phantastik erörtert.

Als „Phantasie" betitelte Mynona seine 1920 im Kurt Wolff Verlag erschienene Geschichte *Der Schöpfer,* die, wie es auf dem Umschlag hieß, „die Verwirklichung eines dichterisch-philosophischen Wunders" ist und zugleich als „eine Station weiter auf der Phantasiebahn der Hoffmann, Villiers, Poe usw." gelten kann. „Keine mynonische Ätzlauge", also keine Groteske wird geboten, sondern eine „Phantasie" (GS 13, 457). In vielerlei Hinsicht gibt dieser Text Aufschluß über jene Selbstbezüglichkeit literarischer Phantastik, über jene selbstreferentielle Geschlossenheit ästhetischer Formalisation, von der aus sich Phantastisches und Groteskes unterscheiden lassen. Zugleich verdeutlicht er Mynonas literarisches Vorgehen, poetische und philosophische Reflexion miteinander zu kombinieren, wobei dann weder die Poesie noch die Philosophie auf der Strecke bleiben soll: „So war ich, in jedem Momente allmächtig, dennoch gewarnt, etwas Unharmonisches, Einseitiges zu beschließen: ich mußte äquilibrieren oder mich aufgeben." (ebd. 143) So spricht das Ich im *Schöpfer*, das sich zur Entscheidung drängt und gedrängt sieht, und darin dann jene „Harmonie" erlangt, in der selbst die personale Symbiose von Mann und Frau, von Gumprecht und Elvire, wie zwei der drei Protagonisten heißen, äquilibrisch gelingt. „Ja, was gingen mich noch zwei kleine Leiber an, Elvire und Gumprecht!", aus dem dieses Ich entstanden ist und jetzt als Symbiose aus Mann und Frau die innigste Harmonie erlebt. „Wir waren alles ... *Ich* war es, ich allein. / Um mich welche Harmonie!" (ebd. 142) Die derart gewonnene eigene

> „Göttlichkeit war [...] eigentlich nur eine Medialität, weder passiv noch aktiv, sondern beides in einem traumhaften Einheitsgefühl. Ich war weltenschwanger. Die Gegenstände ringsumher immer nur die Ausgeburten meiner Phantasie. Aber meine Willkür wirkte streng gesetzlich. Meine ungebundene Freiheit mußte sich *nolens volens* nur der Bedingung bedienen. Ihr erstes Geschöpf war das Gesetz, das Gesetz einer gleichgewichtigen Harmonie, welches jedes Chaos, jede anarchische Beliebigkeit ausschloß. Ich mochte mit den Dingen, d. h. mit meiner Phantasie – denn ich erlebte nur meine ureigenste Phantasie – tun, was ich wollte; so drehte ich doch nur an einem Kaleidoskop; und versuchte ich, was ich wohl hätte können, dessen Gesetz zu zerbrechen, so warnte mich schon das Vorgefühl, daß ich damit zusammen diesen meinen allmächtigen Phantasiewillen, meine Göttlichkeit preisgeben würde. Vergebens unternehme ich's, dieses Schöpfergefühl zu schildern. Ich bin es, aber ich bin in einem bunten Dunkel über mich selber. Ich weiß, daß ich die

Welt nach meinem Willen träume – halluziniere meinetwegen. Ich schwelge in diesen schöpferischen Traumwonnen.
Aber Wer bin ich? – Schauervoll! Ich bin Niemand, nichts, nirgends, niemals. Die Jemande, das Etwas, Raum, Zeit, Materie sind meine Geschöpfe, nicht Ich. Das ist die Bedingung meiner Allmacht, daß ich auf alle Äußerlichkeit, auf allen Unterschied verzichte. Nur so bin ich der Unterscheidende, Erschaffende. Unterscheiden heißt Erschaffen. Der Schöpfer schafft nichts als den Unterschied; er unterscheidet sich nur, und diese Selbstpolarisation ist seine Welt, seine materielle Phantasie. Die Ohnmacht der Phantasie hatte aufgehört; es widerstand ihr keine Welt mehr; sie war selber die Welt. Aber sie hatte dafür auch ihre vormalige leicht bewegliche Windigkeit verloren; sie gehorchte, aber sie gehorchte nur noch dem Gesetz einer gleichwägenden Harmonie. Sie gehorchte nicht mehr wild, sondern ästhetisch, künstlerisch und dennoch wirklich, nicht imaginär. Mein Werk war kein Artefakt, sondern die Welt selber als Kunstwerk." (ebd. 143 f.)

Medialität und materielle Phantasie, auf die Mynona hier zu sprechen kommt, kanalisieren die Erschaffung der Welt aus dem Nichts, das für sich genommen eine Form Friedlaenderscher Schöpfungsmetapher bedeutet. Das Nichts ist der Grund aller Phantasie, die nicht nur als Vorstellungs- und Einbildungskraft Fiktionen hervorbringt, die nicht nur imaginäre Welten schafft, sondern in ihrer Materialität ist sie Motor jener Bewegung, aus der die klare Unterscheidung zwischen Schöpfer und Geschöpf hervorgeht. Letztlich liegt darin die eigentliche Aufgabe des Schöpfers, denn der „erschafft nichts als den Unterschied".

Mynonas Kombination von polaritätsphilosophischer Reflexion und literarisch-phantastischer Formalisation macht auch deutlich, wie das eine vom andern zu profitieren vermag, wie die ästhetische Formalisation den Blick für polaritätsphilosophisch diffizile Probleme – wie hier etwa dem der Ich-Konstitution – zu schärfen vermag.

Das Empirisch-werden der Phantasie, die Preisgabe aller Luftschlösser zugunsten wirklicher Schlösser, scheint der materiellen

Phantasie Mynonas eingeschrieben. Als Realitäten schaffende und ordnende Kraft überspringt hier die Phantasie das ‚bloß' Eingebildete, das für jene ‚Ohnmacht der Phantasie' steht und gegen die das Medium Ich angeht. Zugleich ist die Phantasie aber auch selbst Medium von Kreativität, sie ist gleichsam selbst Mitte einer Differenz, die sich zwischen Bewußtsein und Sinnlichkeit aufspannt. Phantasie ist allemal eine synthetisierende Kraft. Friedlaender hat diese vermittelnde Funktion der Phantasie im Kontrast von aktiver Verstandestätigkeit und passiver Sinnlichkeit im kantischen Sinne behandelt. So „kreist" um das Ich „der aktive Verstand (Begriff), um diesen die passive Sinnlichkeit. Zwischen beiden vermittelt die Phantasie."[1]

Das Ich, von dem hier die Rede ist, ist „die Form aller Formen". Es ist die „Einheit, die alles zusammenhält" (ebd. 287). In Bezug auf Verstandestätigkeit und Erkenntnisvermögen fungiert das Ich als Form. Als äquilibrierte Form, die weder aktiv noch passiv operiert, sondern einfach aus eigener „Allmacht"[2] heraus passivisch-aktivisch auf die Welt blickt, die sie erschafft, fungiert das Ich als Medium.

Die Differenz von Medium und Form, die hier zum Ausdruck kommt und der zufolge die „Medialität" des Schöpfers die Formen erst erschafft, läßt sich auch umkehren. Danach nämlich erschafft sich das Ich als Form das Medium, in dem dieses Ich zum Vorschein kommt. So ist in *Der Schöpfer* die Phantasie das Medium, das sich die Form, nämlich das Ich, erschafft. Die Form „ist dann ein ‚höheres Medium', ein Medium zweiter Ordnung, indem sie es ermöglicht, die Differenz von Medium und Form ihrerseits medial zu verwenden, nämlich als Medium der Kommunikation."[3]

Die Differenz von Ich und Phantasie, wie sie in *Der Schöpfer* vorkommt, wird selbst Medium jener Kommunikation, die sich in der Lektüre zwischen Leser und Text ergibt. So, wie sich dann wieder auch im Text-Leser-Verhältnis die „rigidere Form" (ebd. 7) durchsetzt – „Ich bin dieser Sieg. Ich bin dieser Sieg." (GS 13, 151) –, so

---

1 Mahnruf (GS 15, 287)
2 „Allmacht ist nicht schlaraffisch, sondern die strengste Disziplin. Willkürlich zu träumen, gleichsam mit Absicht, mit Willen unwillkürlich zu handeln, ist die Kunst aller Künste, Magie." *Der Schöpfer* (GS 13, 146)
3 Luhmann 1986b, 8

soll sich dann auch der Leser, wenn man den Absichten Mynonas Glauben schenkt, gegen den Text durchsetzen, der im Falle des *Schöpfers,* mit mynonascher Finesse, wie eine Parodie auf Kafkas Erzählung *Die Verwandlung* beginnt. Beide nämlich, sowohl Gregor Samsa, wie Gumprecht Weiß, Mynonas maskuliner Pol in *Der Schöpfer,* erwachen, um sich danach erst richtig in den Fängen von Alptraum und metamorphotischer Realität zu bewegen. Es ist ein Erwachen in die schier unbegrenzten Möglichkeiten der Phantasie. Auch was den Schluß beider Geschichten angeht, ließe sich die Perspektive eines bestimmt-unbestimmt Zukünftigen ausmachen. Bei Kafka ist es die Tochter der Familie Samsa, deren Jugendlichkeit Hoffnungen weckt, was in der Metapher des jungen, sich dehnenden Körpers zum Vorschein kommt. Bei Mynona ist es die Überwindung des *bellum omnium contra omnes,* die eine Perspektive gesteigerter Selbsterfahrung und gesteigerten Selbstbewußtseins eröffnet.

Was um 1800, etwa im „radikalen romantischen Imaginationsprozeß vielleicht als der Versuch zu erklären [ist], das an Welt defizitäre Ich durch künstliche Welten zu befriedigen",[1] was Bohrer als Frage aufwirft, unterscheidet sich von der Literatur um 1900 und danach dadurch, daß jetzt Literatur ihre eigene Realität entdeckt und nicht mehr als Kompensation eines an Welt armen Ichs verstanden werden will. Im Gegenteil: Literatur um 1900 und spätere Literatur, ist selbst Welterfahrung, die nicht dem Ich als Befriedigung defizitärer Welterfahrung zur Verfügung steht, sondern selbst ihre Eigenheit im Rezeptionsprozeß zu beanspruchen scheint, worin jeder bloß imaginativen Künstlichkeit widersprochen wird.

Friedlaender/Mynona zufolge leidet das moderne Ich ja auch nicht an defizitärer Welterfahrung, sondern am unkoordinierten Übermaß an Welt, an Realität, die es polaristisch zu ordnen gilt. Es gilt die Komplexität des Wirklichen polaristisch zu ordnen und zu reduzieren. Ordnungsinstrument ist dazu die schöpferische Phantasie, die Mynona, vielleicht auch im Sinne des von ihm sehr geschätzten Jean Paul, als „Bildungskraft" versteht. In der *Vorschule der Ästhetik*

---

1 Bohrer 1987, 243

bevorzugt Jean Paul die Rede von der Phantasie als „Bildungskraft", gegenüber der von der „Einbildungskraft".[1]

Konstruktion, Kombination und Konstitution sind Qualitäten des Phantastischen, sind Aspekte jener Bildungskraft, die ihre nur kontemplative, realitätsflüchtende Inanspruchnahme aufgibt, um tätig Welt zu ordnen und zu gestalten.

In diesem Anspruch verlassen Mynonas Texte ihre poetische Ebene selbstreferentieller Geschlossenheit und gehen qua Lektüre in eine ästhetische Erfahrung über, von der aus Phantasie als Bildungskraft neue Zusammenhänge zu stiften vermag, wie etwa jene, die polaristische Vernunft und ästhetische Erfahrung miteinander verknüpfen. Textwelten greifen darin gleichsam in Lebenswelten ein, die in der Sprache wiederum als Textwelten erscheinen und eine Lesbarkeit der Welt ermöglichen.

So erschließt sich die sinnliche Erfahrung des Lesens, die zwar jederzeit im Kontrast zur intelligiblen Decodierung dessen steht, was und wie gelesen wird, die sich zugleich aber nur aus diesem Kontrast heraus begreifen und beschreiben läßt.

Die Konstitution des Phantastischen in der lektüregesteuerten ästhetischen Erfahrung, die gleichsam über die poetische Formalisation des Textes hinausgeht, indem sie einen eigenen Text bildet, verdeutlicht auch jene Differenz zwischen Phantastik und Groteskem, die beide grundsätzlich voneinander unterscheidet.

Wie diese Differenz nun charakterisiert werden kann, läßt sich zunächst literarisch durch eine in sich schlüssige Passage der Beschreibung von Phantasie aus *Der Schöpfer* zeigen. „Die Phantasie vermag", heißt es dort,

> „von der Erinnerung unterstützt, das Flüchtigste wieder gegenwärtig zu machen. Sie zittert immer noch von jener gespenstischen Gegenwart, welche vorbei war. In der Phantasie fuhr ich fort, in die grauen Augen der Gestalt zu blicken; und so intensiv blieb der Eindruck, daß es mich, auch jetzt noch, kalt überrieselte. An diese so vergegenwärtigte Gestalt [die Gumprecht plötzlich in seinem Zimmer stehen sah; RS] richtete ich im

---

[1] Vgl. Jean Paul: *Vorschule der Ästhetik*, 2. Programm, §§ 6 u. 7

Geist viele Fragen; und so entstand ein Verkehr, der imaginärer schien, als er war." (GS 13, 81)

So kam es mittels der Phantasie zu jener Kommunikation, in der Medium (Sprache) und Form (Ich) zur magischen Einheit verschmolzen. „Schon der Verkehr mit Bildern, mit Porträts ist gewissermaßen magisch. Unter einem lebendigen Blick belebt sich alles, wie dem Gläubigen das Heiligenbild. Nun gar die Phantasie", diesem „einzigen", dem Erzähler „zulänglich scheinenden Mittel", um jenes vertrackte Rätsel der real erschienenen Bilder nun auch tatsächlich zu lösen. Deutlich wird hier die selbstreferentielle Geschlossenheit der Phantasie, die in sich die Lösung der selbst gestellten Rätsel ermöglichen soll. „Zwar ist sie noch nicht Wirklichkeit", die Phantasie, „aber sie ist auch nicht mehr bloßer Wunsch; sie ist bereits eine Stufe zur Verwirklichung." Was damit gemeint ist, macht Myrionas polaristischer Held, Gumprecht Weiß, an einem Andersenschen Märchen klar: in dem

> „steigt ein Kind in einen gemalten Kahn und fährt den gemalten Fluß entlang. So ähnlich versenkte ich mich in meine Phantasie, in ihre Gestalten, bis Traum Wirklichkeit schien. Wer eine rege Phantasie hat, hat ein doppeltes Gesicht, doppelte Sinne. Die Figuren der Wirklichkeit, und seien es einige Punkte, ein paar Klexe, gewinnen eine traumhafte, andersartige Bedeutung. Besonders um die Dämmerung oder nachts sieht man in einem daliegenden Gewand, einer Portiere, einem angerauchten Plafond, einem Handtuch frappante Physiognomien. Wer ist stark genug dazu, zugleich wach zu sein und zu träumen? Dieses Experiment ist für schwache Organisationen gefährlich. Sie mögen es lieber unterlassen. Denn die probierten Illusionen gewinnen durch Übung an Kraft, sie werden visionär, halluzinatorisch und verdrängen schließlich die wache Wirklichkeit durch die tollsten Eingriffe. Die Traumkraft nimmt überhand, und dem Wahnsinn ist ausgeliefert, wer sie nicht bändigen und nüchtern in seine Willkür zwingen kann. Alsdann aber vermag er, wie ich zeigen werde, das Unmögliche. Er wird zum Zauberer, zum Magier, und nichts kann ihm widerstehen." (ebd. 81 f.)

Nichts in dieser Beschreibung verweist auf Groteskes, auf jene „mynonische Ätzlauge", die die Wirklichkeit mit zuweilen absurden, bizarren, aberwitzigen, dämonisch ängstigenden Erscheinungen, Kontrasten und Ereigniskonstellationen aus den Angeln hebt. Viel eher kommt hier im *Schöpfer* die Subtilität des Phantastischen zum Ausdruck, die weniger radikal als das Groteske Übergänge zwischen verschiedenen Bewußtseinsformen (Traum und Wachen) ausprobiert.

Phantasie als „Bildungskraft", die das scheinbar Unmögliche ermöglicht, agiert in Mynonas Texten wie ein Zauber, der ganz natürlich erscheint. Er agiert wie eine Magie, die alles Magische aufgegeben hat, um als materielle Kraft Realität zu erschaffen und zu gestalten. Phantasie ist somit eine „Stufe zur Verwirklichung" (ebd. 81) des noch in Differenzen verwickelten Subjekts. Sie verhilft dem schöpferischen Subjekt zu jener äquilibrischen Objektivation, von der aus es keine Differenzen, kein Objekt zu fürchten hat. „Das Subjekt objektiviert sich im Handumdrehen – nicht nur in flüchtigen Phänomenen, sondern durchaus in allem." Und deshalb auch „den gewaltigsten Respekt vor dem Subjekt, welches auch da noch schöpferisch ist, wo es nur zu konstatieren glaubt." (ebd. 83)

Die „Säule", an der Mynonas *Schöpfer* „rüttelt" ist eben jene antiquierte Subjekt-Objekt-Dialektik, die eine Objektivität des Realen behauptet, wo die Subjektivität des „Schöpfers" immer noch involviert ist. Eben in dieser Subjektivität entfaltet sich eine Phantasie, eine materiale Phantasie, die „eine ganze Welt [ist], welche mir gehört" (ebd.). Und deshalb, „meine Herren Objektiven, meine Wirklichkeitsfanatiker! Glauben Sie denn, weil etwas ‚subjektiv' sei, sei es weniger wirklich?" (ebd.) Die Subjektivität der Phantasie oder auch die Idee des Subjekts, die hier entwickelt wird, ist nicht weniger wirklich, als jedes andere Ereignis oder Element der Wirklichkeit. Ist es doch gerade die Phantasie, vermittels der das Subjekt der Wirklichkeit, der „wirklichen Welt" „inne" wird. „Welt erblüht aus der Imagination wie der Baum aus dem Samen." In dieser konzentrierten Macht, die die verkapselte Phantasie entladen will, ist sie zugleich auch „inwendige Keimstätte" (ebd.) von Freiheit. In der polaristischen Koordination von Phantasie und Willen, die alle Welt einzurenken vermag, läßt sich alle Natur ordnen, so wie sich der vom „Teint" der Phantasie „zart angeflogene" Leib nach den „Vorschriften" dieser Phantasie, also nach dem Willenskonzept dieser Phantasie, beeinflussen läßt (ebd. 84).

Wie Mynonas „Phantasie" Welt und Realität ordnet, wird am klassischen Motiv literarischer Phantastik, nämlich an der Polarität von Wachen und Traum deutlich, die in ihrem Hin und Her der Erzählebenen (Traum-Wachen-Perspektive) die Lektüre in Bewegung hält. Als unterschiedene Bewußtseinsformen ermöglichen Traum und Wachen eine Spannung oder auch Anspannung des Bewußtseins, das selbst nur mittels der „magischen Laterne" (ebd.) Phantasie Sein bewußt werden läßt. Dieses Sein soll, wie es dem *Schöpfer* vorschwebt, eine „immer bessere Kommunikation" zwischen Traum und Wachen ermöglichen. Die „sonderbare Grenzscheide zwischen Tag- und Nachtbewußtsein" (ebd.) unterminiert also nicht die Einheit des Bewußtseins, sondern sie ermöglicht gerade aufgrund dieser Differenz Kommunikation zwischen zwei Ebenen des Bewußtseins, die unablässig im *Schöpfer* ineinander übergehen. Eigentlich wird diese Differenz selbst kommuniziert, und zwar im Medium der Phantasie. Denn, so heißt es im *Schöpfer*, „ich sah die Wirklichkeit umspült und durchdrungen vom Äther der Phantasie", die sich „immer wirksamer" in die „wache Welt" hineinspielte und dazu führte, daß „auch extreme Unterschiede sonderbar" verschmolzen (ebd.).

> „Ich unterschied z. B. Tag und Nacht, aber mein Tag nahm etwas Nächtiges, meine Nacht etwas Tageshelle in sich auf. Ich lebte in einem magischen Bewußtsein. So kam es, daß ich die gewöhnliche Lebenssicherheit verlor." (ebd. 84 f.)

Was zuvor noch eindeutig im Reich der Phantasie lokalisierbar war, drängte nun immer intensiver in die Wirklichkeit des wachen Bewußtseins, und was darin als Realität erschien und sich in aller Faktizität auch als solche erwiesen hatte, etwa der „eigene Leib" oder „die anderen Menschen", war nun reines Phantasma oder waren Gespenster (ebd. 85).

So kam es, daß sich „jenes Mädchen", das Gumprecht Weiß „eines Nachts gegen 3" erschienen war, als er aus „tiefem, traumlosen

Schlaf" (ebd. 79) erwachte, in Gumprechts „Phantasie dermaßen belebt" hatte, daß er sich „nicht sonderlich gewundert hätte, sie leibhaftig in wachster Wirklichkeit mein Zimmer betreten zu sehen" (ebd. 85).

Wo einem plötzlich selbst der eigene Leib zum „Phantasma" wird und die anderen dämonischen Gestalten „wie Gespenster" erscheinen, scheint jener Wahnsinn vorzuherrschen, vor dem Mynona im *Schöpfer* warnt und der dann auftritt, wenn die gereizte Phantasie nicht mehr dem eigenen Willen folgt. Man selbst und Vertrautes wird zum Fremden, zum Anderen. Der Rückbezug aufs eigene Selbst will nicht mehr gelingen. Der Kontrast von Selbst- und Fremdbeobachtung wird chaotisch. Erst die Rückbesinnung auf die polaristischen Verhältnisse des Bewußtseins stellt wieder jene Ordnung her, mit der sich das Ich identisch bzw. polaristisch gegen Differenzen, gegen das Andere und Fremde durchsetzt. Das Ich als Metapher der Einheit der Differenz von Identität und Differenz, wie es im *Schöpfer* erscheint, bedeutet den „Sieg des innersten Selbstes über die gesamte Äußerlichkeit, über Welt und Menschen, die Entmenschung des eigenen Selbstes, durch die der Mensch zum Engel, der Engel der Herr der Erde wird." (ebd. 151)

In der Phantasie entdeckt der „Schöpfer" sich selbst als Anderes, das er ist. Die eigene Fremdheit, die in dieser Erkenntnis abgeschüttelt wird, ist gleichsam Konstituens der Selbsterkenntnis.

Phantasie ist daher auch für Mynona keine Fluchtmetapher, aus der heraus Utopien und Zukunftspläne entworfen werden, um sich darin dem Druck der Realität zu entziehen. Mynonas literarische Phantastik unterminiert ja gerade auch die Differenz zwischen Imagination und Realität, zwischen Traum und Wachsein, zwischen Binäroppositionen, die zwischen Fiktion und Realität, zwischen Schein und Wirklichkeit klare Trennungsstriche ziehen zu können vermeinen. In der Auflösung dieser Differenzen ist seine Literatur geradezu antiästhetizistisch. Ganz im Gegensatz zum Jugendstil etwa, der um 1900 jene ästhetizistische Strömung ausbildete, nach der mimetisch über den Ausdruck ‚schöner Formen' auch die Welt und das Leben in ihr ‚schöner' gestaltet werden sollte, ging es Friedlaender/Mynona ja gerade nicht um die Verdrängung des Häßlichen, dem notwendigen Gegenspieler des Schönen.

Das Ornamental-Groteske des Jugendstils ästhetisierte das Häßliche, das Negative, womit die ganze Kraft der schöpferischen Zersetzung, die vom Grotesken ausgeht, dem Zwang zum Schönen unterworfen wird. Die Erfahrung des Schönen sollte ganz einfach auch zukünftig zu schönen Erfahrungen führen. Der mimetische Nachvollzug des Schönen sollte kathartische Wirkungen erzielen und seien diese auch nur im geschlossenen Kreis des *l'art pour l'art*-Bewußtseins wirksam.

Mimetische Effekte mit kathartischer Absicht, die ja auch Bestandteil von Mynonas Literatur sind, sind darin aber nicht so konzipiert, daß die Poiesis des jeweiligen Textes, daß seine literarischen, ästhetischen und rhetorischen Implikate die Lektüre auf ein abbildfunktionales Text-Wirklichkeits-Modell verweisen, von dem aus dann identifikatorisch Leser ihr eigenes Ich, gleichsam in lektüremäßiger Simulation gestalten könnten. Was die poetische Formalisation phantastischer, grotesker, und utopischer Lektüreereignisse bei Mynona zu erreichen versucht, ist keine Abbildung des Wirklichen, ist keine Widerspiegelung dessen, was uns im Alltagsleben als phantastisch, grotesk oder utopisch vorkommt, sondern scheint viel eher einem aufklärerischen Habitus verpflichtet, der die Fiktionalität des eigenen Mediums, der die Fiktionalität von Literatur und Sprache, sowie deren Magie als Realitätskonstituens sichtbar machen will. Dabei greift der poetische, literarische Eigensinn der Texte zugleich immer auch im Prozeß der Lektüre in die soziale Wirklichkeit des Lesers ein, ohne daß dabei die poetische Selbstreferentialität des Textes aufgehoben wird. Die Lektüre ermöglicht Übergänge – etwa indem sie ästhetische Formalisation und philosophische Reflexion aufeinander zuführt. In der Lektüre verliert der Text jene Unschuld, die man ihm vielleicht davor noch zubilligen mochte. Phantasie ist dabei allemal im Spiel. Sie ist in der Lektüre jene synthetisierende Kraft, die transversale Formen schafft, die Brücken baut, einstürzen läßt und Übergänge da ermöglicht, wo alle Rationalität zu versagen scheint.

Poetischer Eigensinn, wie er im *Schöpfer* zutage tritt, etwa wenn textuelle Motive der Phantastik in der Lektüre ihre Textualität nicht aufheben, sondern gegen alle empirische Realität ihren Eigenwert behaupten, greift dann aber auch in andere Bewußtseinsformen ein, wenn über die Metaphorik des Textes Anschließbarkeit an psychologische, soziale und philosophische Bereiche ermöglicht wird. Die Metapher der „soliden Phantasmen" (ebd. 89), die Gumprecht Weiß für möglich hält, verweist auf jenes Programm Friedlaenderscher Polaritätsphilosophie, von dem aus alle psychologische, philosophische und soziale Realität gesteuert, geordnet und gestaltet werden soll.

Solide Phantasmen, das sind die materialisierten, die diesseits aller Fiktionalität Wirkung zeigen. In seiner „autobiographischen Skizze" berichtet Mynona aus eigener Erfahrung von derartigen soliden Phantasmen, die ihm nach „wochenlanger" Askese (Autobiographie, 46) zu jener Idee verhalfen, die zu seinem „kritischen Polarismus" führte. *Der Schöpfer* Mynonas erscheint daher wie aus dem Leben Friedlaenders gegriffen. Denn auch dessen Protagonist übt sich in asketischer Lebensweise, weil sich eine „geistige Macht, ein höchstes Interesse", seines „Innern" ankündigte, das es zu äußern gilt. „Seit einigen Jahren" schon, so berichtet Gumprecht Weiß,

> „hatte ich jenes reizvolle Element grundsätzlich aus meinem Leben gemerzt und einem mehr als leichtfertigen ‚amourösen' Lebenswandel bei mir Einhalt getan. Eine leidenschaftliche Geschlechtlichkeit, an deren Bändigung ich während meiner Jugendjahre nicht einmal dachte, hatte mich fast unaufhörlich in Atem gehalten. Eine lange Reihe flüchtiger und eigentlich nur leiblicher Abenteuer, in denen ich Wollüste jeder Art gierig ausgekostet hatte, war von mir sorgfältig abgeschlossen worden, weil eine geistige Macht, ein höchstes Interesse meines Innern, sich mit einer solchen Gewalt bei mir anmeldete, daß ich mein Leben bedroht fühlte, wenn ich noch länger zweien Herren [nämlich sinnlicher Lust und geistiger Kraft] diente. Ich entschied mich aus diesem Grunde für die sogenannte Keuschheit, vermied weibliche Bekanntschaften und unterdrückte mit Willen jede aufsteigende Begierde, bis es mir endlich gelang, in

diese ruhige Bahn eines nur geistig interessierten Lebens einzulenken.
Ich las Philosophen, Mystiker, Dichter, und ich las in meinem eigenen Innern. Meine Haare begannen zu ergrauen, ich fühlte mich alt; meine Jugend lag hinter mir. Aber vor mir lag dennoch das Leben als ein Problem, eine Sphinx, deren Geheimnis zu ergründen, mit einer alle Geschlechtsbegierde übertreffenden und eben deshalb leicht überwindenden Gewalt ich mich anstrengte. Aber konnte das jemals anders geschehen als durch die *Magie des Willens?* Durch die Erweckung der Schöpferkraft im eigenen Busen?" (GS 13, 91)

Die eigene Schöpferkraft, die Entdeckung der „schöpferischen Indifferenz", um die es Mynona hier geht, sollte von aller Bevormundung freigelegt werden, auch wenn in ihr „Tod und Wahnsinn" drohten „und Philosophen wie Irrenärzte sich ernsthaft Mühe [gaben], durch Kritiken und Irrenhäuser die Gefahren zu besiegen." (ebd.)

Aber selbst in der Kunst, wo Kritiker und Ärzte sich in der Beurteilung von Werken und Produkten als pathologische, merklich zurückzuhalten schienen, wo „diese liebenswürdigen Schutzleute der Lebenssicherheit sehr gern ihre Wachsamkeit schlummern ließen", wird noch jenes Schutzschild vor die Wirklichkeit gezogen, das Ästhetik heißt (ebd.) und Schönheit meint. Auch die Kunst nämlich, ihre „schöpferisch künstlerische Kraft sollte nicht an der Wirklichkeit rütteln, sondern ästhetisch eingeschränkt bleiben und hatte sich den strengen Gesetzen ihrer Eigentümlichkeit zu unterwerfen." (ebd.) Gegen jede eindimensionale, gleichsam unipolare Ästhetik, die etwa jeden ideologischen und politischen Aspekt von Kunst zu leugnen versucht, behauptet Mynonas Gumprecht Weiß die Kunst als realitätenschaffende und in Realitäten eingreifende Form der Äußerung. Darin erst ist Kunst „Schöpfung, also Magie, während im Intellektuellen und im Sittlichen der freie Wille so gut wie gar keinen Spielraum hatte, sondern sich gesetzlich ohne beliebige Willkür bezwingen mußte." (ebd. 91 f.)

Mynonas Destruktion von Ästhetik, die zugleich eine polaristische Ästhetik anvisiert, spielt eindeutig auf Kants Gebäude der drei

Kritiken an, wobei gegen das erstarrte Konzept von theoretischer, praktischer und ästhetischer Vernunftausprägung, Mynona dem ästhetischen Vernunfttypus, der Urteilskraft, jene Qualitäten einer Idee der Freiheit und Zwanglosigkeit zuschreibt, die vielleicht auch für die beiden anderen Typen wirksam werden könnte.

Gegen das bloße ästhetisch-Sein von Kunst setzt Mynona seine schöpferische Idee, von der aus Kunst selbst Wirklichkeit ist und nicht nur an dieser „rüttelt". Darin werden dann die Phantasmen solide, die zuvor noch im Reich der Imagination konfliktfrei verschoben werden konnten. So ist denn auch Gumprechts weiblicher Gegenpol Elvire, die genau solche „Asketen" wie Gumprecht mag (ebd. 103), keine Phantasiegestalt mehr, wie sie dem Asketen zuweilen in den Kopf geschossen sein mögen, sondern ein leibhaftiges Gebilde, das allerdings immer noch das Zwischenreich von Traum und Wirklichkeit personifiziert, dem bekanntlich nur schwer beizukommen ist. Aber eben darum bemüht sich Gumprecht Weiß, Mynonas Ich-Erzähler, dessen Ich immer einen Moment später, als es dem Leser möglich erscheint, bemerkt, was die komplexe Situation, in der es sich befindet, ausmacht:

> „Ich gab mir einen Ruck und richtete mich auf. Jetzt erst bemerkte ich, daß hinter dem Plumeau, zwischen der Tür und der spanischen Gardine meiner Bettstelle eine Gestalt stand. Es war ein junges Mädchen mit auffallend großen, hellgrauen Augen." (ebd. 79)

Gumprecht scheint hin- und hergerissen von Elvire, genauer, von ihrem zwitterhaften Wesen, das in seiner Wirklichkeit „völlig" Gumprechts „Traumerscheinung" gleicht (ebd. 96). Hier scheint das Phantasma Realität geworden zu sein. In ihm sind Tag- und Traumerleben als Pole eines Bewußtseins verschmolzen. Tag und Traum als Metaphern getrennter Bewußtseinssphären symbolisieren hier zugleich eine polaristische Einheit, die selbst wiederum als Metapher erscheint.

Als *spiritus rector* dieser für Gumprecht so ungewöhnlichen Erscheinung Elvire, entpuppt sich ein „Baron von Böckel",[1] der der

---

1 Der Name Böckel, wie auch die motivischen, vielleicht auch atmo-

„Vormund" Elvires ist und die sich von diesem Vorsprecher zu befreien versucht. Der Baron verkörpert jenen experimentierenden Magier, den Mynona Friedlaenders Polaritätsphilosophie kommentieren läßt. Was der Baron an Philosophemen von sich gibt, hatte Friedlaender nämlich schon zwei Jahre zuvor in der *Schöpferischen Indifferenz* auf den (Indifferenz-)Punkt gebracht: „,Der Wille'", so der Baron, „ist freilich keine leichte Sache.'" (GS 13, 120) Und ganz in der Überzeugung, daß „das Zeitalter der Technik durch das Millennium der Magie des Willens abgelöst werden würde" (ebd.), behauptet der Baron den Willen als „Freiheit, Allmacht, Gott selber."

> „Was man gewöhnlich für den Willen hält, ist gar nicht der ursprüngliche, unmittelbare Wille, der Wille als Wesen; sondern nur dessen Erscheinung, Äußerung, selbst etwas bereits Gewolltes, also Unfreies, Notwendiges. Der echte Wille ist schöpferisch frei, und selbstverständlich ist er ohne diese Funktion, notwendig Geschöpf, Notwendigkeit, Schicksal, die Welt mit ihrer Ordnung zu erschaffen, Nonsens – das vergessen die anarchistischen Freiheitsschwärmer." (ebd.)

Zunächst ist es der Baron, der als Schöpfer erscheint, zu dem sich dann allmählich Gumprecht hinentwickelt, indem er sich intensiv auf die Experimente des Barons einläßt. Wichtigstes Ziel dieser Experimente ist die Herstellung eines stabilen Selbstverhältnisses, von dem aus der schöpferische Wille Welt erschafft. Dieser Wille ist jener Philosophie des schöpferischen Ichs eingeschrieben, deren „kosmischer Materialismus" den realitätsfernen „deutschen Idealismus" „zu

---

sphärischen Schilderungen des Ambientes in *Der Schöpfer* spielen auf das Gut Böckel bei Bieren in Westfalen an, wo Friedlaender auf Einladung der Schriftstellerin und Rilke-Verehrerin Hertha Koenig fünf Monate (Dez. 1916 - April 1917) mit Frau und Sohn wohnte. So ist unschwer in dem „weitläufigen villenartigen turmgekrönten Palast" (*Der Schöpfer*, GS 13, 114) des Barons von Böckel die Sicht auf den „Rilke-Turm" von Gut Böckel zu erkennen. Inwieweit Mynona hier parodistisch verfährt, müßte eine mikrologische Textanalyse zeigen können.

überwinden" versucht.[1] So wird die Frage nach der Freiheit nicht mehr idealistisch, sondern medial, relational und materialistisch gestellt. Wie also, fragt Gumprecht, „gelangt man [...] zur Freiheit des Willens?" (GS 13, 121) Es ist die Frage, die die Lektüre stellt, und die auf eine Antwort drängt, die im mitgefragten Kontext nur tautologisch ausfallen kann. Und genau im Sinne einer Tautologie antwortet der Baron, denn zur Freiheit des Willens gelangt man dadurch, „daß man zu sich selber gelangt" (ebd.). Und zu sich selber gelangt man ausschließlich durch die Realisation des freien Willens. Und als der Baron

> „mir anmerkte, daß ich ihn nicht völlig verstand, schüttelte er den Kopf, schwieg eine Weile und sprach dann langsam, höchste Besonnenheit in seinen geistreichen Augen: ‚Das eigene Selbst, das Innere, das Ich ist die Äquivoke aller Äquivoken'" (ebd. 122),

ist die Ausgleichsform aller Ausgleichsformen, die polarisierte Form, die Indifferenz, die Schöpfung ermöglicht. Zugleich ist sie aber nur in dieser Differenz ihrer eigenen Äußerung wirklich. Darin liegt denn auch für Mynona die Magie des Willens, die alle „Technik" überwindet, aber nicht verdrängt oder gar aufhebt: „sie wird nur unmittelbar vom echten nackten Willen in Dienst genommen." Und so hofft der Baron, „so weit zu gelangen, daß der einzige technische Apparat, welchen ich zur Wirkung des Willens benötige, der eigene Leib werde." (ebd. 126)

In der psychophysischen Polarität von Wille und Leib, die ja auch als Metapher der Einheit der Polarität von Vernunft und Natur fungiert, erscheint die Magie des schöpferischen Willens, der ohne die Sinnlichkeit des Leibes, der ohne Leiblichkeit ebenso wenig funktionieren kann, wie ohne intelligible Selbstbalancierung. Damit ist die Grundfigur des „schöpferischen Indifferentismus" benannt, die ganz allgemein auch den Relationalismus dieser Idee ausmacht.

Mynona aber geht es hier nicht um eine exakte Explikation Friedlaenderscher Philosophie, sondern zunächst einmal um eine spannende Inszenierung literarisch-phantastischer Ereignisse im

---

[1] Vgl. Soergel 1925, 55, zu Mynonas *Schöpfer*

Medium der schöpferischen Indifferenz. Spannung wird im *Schöpfer* nicht nur durch das Arrangement verschiedenster Motive literarischer Phantastik erzeugt, die Unheimlichkeit, Verwirrtsein und Desorientierung hervorrufen, indem „die Relation von Traum und Phantastik"[1] offengehalten wird. Vielmehr noch scheint die Lektüre einem rationalen Kontrast ihr Fortschreiten zu verdanken. Es ist der Kontrast, der sich aus der zuweilen recht kühn anmutenden Experimentierfreude des Barons im psychophysischen Bereich zwischen naturwissenschaftlicher Rationalität und poetischer Umsetzung dieser Experimente ergibt. Es ist der Kontrast, der sich zwischen den scheinbar so logisch schlüssigen Erklärungen des Barons, seine Experimente betreffend, und deren literarisch phantastischer Lösung aufspannt.

Ständig fragt die Lektüre, wie denn des Barons philosophisch-technische Reflexionen im Text in imaginative Realitäten, in poetische Wirklichkeiten überführt werden und darin eine Plausibilität erlangen können, die für sich genommen recht logisch erscheint. Das Zusammenspiel von philosophisch-technischer Reflexion und poetischer Sprachverwendung in Mynonas *Schöpfer* nimmt hier jene literarisch-phantastisch präzise Literatur vorweg, wie sie später Stanislaw Lem schreiben wird. Mit ähnlicher Sorgfalt im Aufbau phantastischer Sphären und Ereigniskonstellationen nämlich, wie wir sie von der poetischen Beschreibungsrationalität Lemscher Texte her kennen, ist auch Mynona um die Schlüssigkeit seiner Beschreibungen bemüht.

Auch wenn die psychologischen Aspekte, etwa die der Selbstkonstitution, im *Schöpfer* intensiv in die psychische Sphäre des Lesers eingreifen, so läßt der Text *Der Schöpfer* doch keinen Zweifel über die Literarizität, über die Poetizität des Erzählten und somit über die literarische Phantastik des Inszenierten aufkommen. Was an imaginativen Zuständen in der Lektüre aufgebaut wird, was etwa darin an ‚anderen Zuständen' möglich wird, womit sich Einblicke in jenes schöpferische Ich ergeben, das Wirklichkeit selbstbewußt erlebt, unterliegt jederzeit der Relation von Textmaterialität und Textverste-

---

1 Brandstetter 1980, 257

hen. So werden auch die ‚Wunder', die in der Lektüre erscheinen, mit dem Medium „der Sprache, besser gesagt, mit der Logik" (GS 13, 126), die die Sprache ist, bewirkt, wobei ohne Sprechenden, Schreibenden, Lesenden oder Hörenden natürlich nichts bewirkt wird. Daher ist es auch nicht die Absicht des Barons, des Magiers, „die Buchstaben, die Worte, die Sprachen an sich selbst magischer Wirkungen für fähig zu halten; sondern ich meine den Sprechenden. Es kommt darauf an, *Wer* spricht." (ebd.) Für sich genommen ist Sprache, sind Buchstaben und Worte gar nichts. Ohne ihre sinnliche Einbindung hat Sprache keine Funktion und keine Bedeutung.

Daß dieses „*Wer* spricht" auch das *Wie* des Sprechens impliziert, geht schon aus der Individuation des *Wer* hervor, das immer auch eine spezifische Art des Sprechens bedeutet. Mit dem „*Wer* spricht" unterscheidet der Baron den „Gewöhnlichen" vom „Schöpfer". Ein Versuch soll dies demonstrieren. Dazu stellte der Baron

> „eine kleine fernrohrartige Mechanik auf den Tisch, von welcher Drähte, fein wie Spinnfäden, ausgingen; er befestigte diese Drähte an einer Maske, die er vor sein Gesicht band. Er sprach hinein, was wir nicht deutlich verstehen konnten. Die Ochsenaugen schlossen sich automatisch; zugleich entzündete sich das elektrische Licht in einigen an den runden Wänden befestigten Birnen. Plötzlich bildete sich, wie aus der Luft selber, ein überaus klarer Spiegel vor unseren Augen, dicht in der Nähe des Tisches." (ebd. 126 f.)

Das Medium – „wie aus der Luft selber" – hatte sich ein Ding erschaffen. Aber

> „alle diese Mediumvorgänge, die unsere Sinnesorgane treffen und uns Kunde von den Dingen geben, sind falsche Einheiten. Und diese falschen Einheiten haben die Eigenschaft auf Andere hinzuweisen, sie sind in sich unverständlich, wenn man sie nicht auf die einheitliche Ursache rückbezieht",

schreibt Fritz Heider (1926, 120) in seinem Aufsatz *Ding und Medium*.

Einheitliche Ursache nun, dieses „nur geträumten" Spiegels, der „nur Äther, imponderabel, völlig durchtastbar, immaterieller Reflex ist" (GS 13, 128), ist eben die ‚Magie' der Sprache, die jene so unwirklichen anderen Zustände, durch technische Apparaturen vermittelt, zu erzeugen vermag. So ist dieser Spiegel ein Antispiegel, ein von der anderen Seite völlig durchsichtiger, durchschreitbarer Spiegel, was der Baron denn auch gleich demonstrierte, indem er „durch den Spiegel hindurch" ging und sich damit den Blicken der hinter ihm Stehenden, Elvire und Gumprecht, entzog. „‚Von der anderen Seite', hörten wir ihn sagen, ‚ist es kein Spiegel, sondern völlig durchsichtig, so daß ich euch beobachten kann.'" (ebd.) Übrigens nimmt Mynona hier auf literarisch-surrealistische Weise das Orpheus-Motiv auf, das später Jean Cocteau in seinem surrealistischen Film *Orphée* realisieren wird. Auch in der Relation von Sprache und Wunsch, in der durch Sprache (bei Orpheus durch Gesang) Gewünschtes hervorgeholt wird, gibt es im *Schöpfer* einen hintergründigen Zusammenhang zwischen Mynonas *Schöpfer* und den Motiven des Orpheus-Mythos.

Wie nun dieser so gänzlich immaterielle Spiegel, der ja eigentlich nur in seiner Erscheinung und nicht in seiner Dinghaftigkeit vorkommt, real wird, erklärt der Baron aus seinem subjektivistischen Prinzip heraus. Er legte dazu „die Maske ab", worauf der Spiegel „verschwand".

> „‚Eigentlich', begann der Baron, als wir uns am Tische niedergelassen hatten, ‚habe ich Ihnen alle Erklärungen, welche zu geben sind, wenn Sie sich besinnen, bereits gegeben. Wer sich selber restlos, differenzlos innehat, ist *eo ipso* mit dem schöpferischen Prinzip identifiziert. Das naive Selbst, sein eigenes Mysterium ignorierend, ganz und gar nach außen gewandt, suchte objektiv den berühmten Stein er Weisen. Die echte Selbstbesinnung findet im eigenen Subjekte den echten Stein der Weisen" (ebd. 129),

wobei dieses Subjekt für sich genommen nichts, gar nichts ist, sondern nur in der Objektivation, nur in der relationalen Prozessualität seiner Verwirklichung, seiner Materialisation überhaupt in Erscheinung treten kann.

„Begreifen Sie", fährt der Baron fort, „daß man stets eine Art Midas ist, sei es, das man alles, was man berührt, in Gold, sei es in Kot verwandelt: man verwandelt alles nach Maßgebung der subjektiven Eigenart. Der Mißtrauische, der Vertrauensselige, der Verzweifelte, der Optimist wie der Pessimist, jeder findet sich in der Welt bestätigt. Die Welt ist nichts als der Spiegel des eigensten Subjektes."[1]

Damit ist die Welt natürlich nicht als Abbild eigener Befindlichkeit interpretiert, sondern die Welt ist selber jener Spiegel, in dem sich das Subjekt erkennt, weil es relational mit ihm verbunden ist. Die Welt ist gleichsam Voraussetzung subjektiver Selbsterkenntnis. In seinem epistemologischen Monolog fortfahrend erläutert der Baron noch einmal ausführlich den komplizierten Sachverhalt der Spiegelmetapher und ihrer Reflexionsproblematik, die ja zugleich auch eine Erkenntnismetapher ist.

„Denken Sie nach! Der Spiegel ist eine sonderbare Scheidewand zwischen Gegenrichtungen, Gegenwelten. Das eigentliche optische Original ist nicht, wie man leicht vermuten könnte, *(error veritate simplicior)* das Ding, z. B. der Leib, der, vor dem Spiegel stehend, sich hinter ihm, in ihm widerspiegelt. Es steht hiermit nicht so, daß zuerst z. B. ohne allen Spiegel ein optisches Original da wäre, worauf dann ein Spiegel sich einfände, worin schließlich ein optisches Abbild sich zeigte. Sondern der künstliche Spiegel, vergleichbar dem Schauspiel im Schauspiel, versinnbildlicht nur diesen eigentlichen Vorgang, daß der Spiegel, die Reflexion überhaupt, die *conditio sine qua non* alles Ge-

---

1 Ebd. Die Anspielung auf Midas, der von Dionysos, jener für Friedlaenders schöpferischen Indifferentismus paradigmatischen, mythologischen Gestalt, den Wunsch gewährt bekam, daß fatalerweise alles, was er berührte, sich in Gold verwandelte, zielt auf den mythologischen Aspekt des Phantastischen, so wie auf die phantastischen Implikate im Mythologischen.

genübers von Bild und Abbild, von Pseudooriginal und Reflex ist." (ebd. 129)

Der Spiegel als Medium der Reflexion, in dem zunächst „alle Strahlen wirr durcheinander" laufen, die erst im Zusammentreffen mit einem „dinglichen Einheitlichen"[1] einen Gegenstand sichtbar werden lassen, „versinnbildlicht" einen Vorgang, einen Prozeß der Reflexion. Für sich ist er gar nicht(s). Erst im Kontrast mit etwas Dinglichem funktioniert der Spiegel als Spiegel, wobei der Beobachter dieses Vorgangs auch die Identität dessen festlegt, was er sieht.

Hierin destruiert Mynona die Widerspiegelungsmetapher einer Subjekt-Objekt-Dialektik, einer Abbildtheorie, der zufolge das Erkannte nichts weiter ist als eine Spiegelung dessen, was erkannt werden soll. Im Spiegelbild erscheint also nicht das Ich, denn „das echte Ich ist überhaupt nichts Objektives, sondern das schöpferische Prinzip alles Objektiven, Äußerlichen, Differenzierten." (GS 13, 130) Kern dieses Prinzips, dieser „magischen Kraft", die ja bei Friedlaender überhaupt nichts Geheimnisvolles an sich hat, ist das

> „eigentliche Ich", „das kosmische Insgesamt und Allzumal, die schöpferische Indifferenz alles Differenten, das immense *Syn* der Welt, und es kann sich des Vorteils aller Vorteile, der Schöpfer der Welt zu sein, erst bedienen, wenn es sich als nichts anderes weiß und will; [...] Nun aber der Akt, wodurch das in sich selber ununterscheidbare Ich sich unterscheidet, als Welt veräußert, sich objektiviert, ist spiegelartig reflexiv." Denn „der Spiegel ist das Urphänomen überhaupt, indem er die Differenz des sonst Identischen ermöglicht." (ebd.)

Er fungiert gleichsam auch als Metapher der Differenz von Identität und Differenz.

> „Insofern ist er selber das nackteste Symbol des Schöpfers. An sich selber freilich ohnmächtig, wird er, von der schöpferischen Hand gebraucht, zum Verwirklicher aller Phantasie, des Wissens und Willens. Ja er ist die Form der Phantasie" (ebd.), so der Baron.

---

[1] Heider 1926, 146

Der Spiegel ist Indiz für die Trennung, für das wahrgenommene und realisierte Unterscheidungsvermögen:

> „Ohne Spiegel kein Unterscheidungsvermögen: ohne Unterscheidungsvermögen keine Welt; ohne Welt, ohne Geschöpf kein Schöpfer." Überhaupt erfordert „die allermindeste Differenz [...] schon den Spiegel, die Ermöglichung einer Trennung des in sich identischen Subjektes von sich selber, die Objektivation." (ebd.)

War zuvor der Spiegel als „Form der Phantasie" beschrieben worden, so fungiert er hier als Medium, das die Differenz begründet. Für sich genommen ist der Spiegel gleichsam ein „objektives Nichts, und für den schöpferischen Willen ein magisch wirksames Neutrum: kraft dessen der ordinäre Widerstreit aller Erscheinungen sich schlichtet." (ebd. 55) Jederzeit, so scheint es, tritt die literarisch formalisierte Selbstreflexion aus dem geschlossenen Arrangement poetischer Textualität heraus, überwindet sozusagen darin den bloß motivischen Aspekt der Spiegelmetapher und mündet dabei, von der Lektüre ausgehend, in einen Erkenntnisprozeß, der die epistemologischen Qualitäten metaphorischer Sprachverwendung aufschließt.

Als „Form der Phantasie" und als „Form aller Differenz", wobei die Phantasie prinzipiell als Differenz zu verstehen ist, entdeckt die Beobachtung des Spiegelprozesses zugleich auch die Differenz von subjektivem Nichts (Schöpfer) und „objektivem Nichts" (Spiegel), die wiederum kraft dieses Spiegels polarisiert wird.

Der *Schöpfer,* der die seltsame Einheit von Realitätsprinzip und Wunscherfüllung zu verkörpern scheint, zeichnet sich dadurch aus, daß er sämtliche Reize, die er empfindet und selektiv auf sich einwirken lassen kann, zu Reaktionen, seiner Motivation entsprechend, umzusetzen vermag. Freuds Ausdifferenzierung und Konstruktion des psychischen Apparates als Reiz-Reaktions-Schema erfährt bei Mynona gleichsam eine schöpferisch indifferente Überbietung, durch die die Phantasie schon längst an die Macht, nicht im gesellschaftlich-politischen, sondern im psychisch-individuellen Sinne, gekommen ist. Die Umsetzung der Phantasie in revolutionäre Aktion war für Friedlaender zunächst eine Angelegenheit individualer

Selbst(er)findung durch die Orientierung am schöpferischen Indifferentismus polarer Observanz. Darin war die Phantasie natürlich nicht weniger gesellschaftlich. Nur mußte sich die Erkenntnis der Macht der Phantasie zunächst am Individuum selbst beweisen. Die Möglichkeit einer „Kulturrevolution" qua Umleitung unterdrückter Phantasien in revolutionäre Ungeduld, wie sie fünfzig Jahre nach Friedlaenders *Schöpferischer Indifferenz* Peter Schneider (1969) in seinem programmatischen Aufsatz zur *Phantasie im Spätkapitalismus* beschreibt, worin er für ein Praktisch-Werden der Wünsche plädiert, kam für Friedlaender nur im Sinne einer kreativen, schöpferischen, am Polaritätsprinzip orientierten konsequenten Bezugnahme auf die eigene Individualität in Betracht. Der „Schöpfer" steht bei Friedlaender/Mynona nicht für den „Weg des Wunsches in die Praxis", sondern er ist selbst die Einheit von Wunsch und Wunscherfüllung, oder er ist kein Schöpfer. Insofern belebt er die „progrediente Wunscherfüllung." Denn

> „Reiz, Verknüpfung des Reizes mit einer erinnerten Befriedigung, halluzinatorische Belebung dieser Erinnerung: das ist die regrediente Wunscherfüllung. Reiz, Verknüpfung dieses Reizes mit der erinnerten Befriedigung, Fortschritt des Wunsches in Richtung Bewußtsein, Zensur des Wunsches durch die Realitätsvorstellungen und Übersetzung in eine Handlung: das ist die progrediente Wunscherfüllung, das ist der Weg des Wunsches in die Praxis",

wie Peter Schneider (1969, 9) emphatisch schreibt.

Ohne hier nun Mynonas *Schöpfer* mit Freuds psychoanalytischer Theorie interpretieren zu wollen, erscheint eine parallele Problemstellung, nämlich die der Erforschung und Beschreibung des Prozesses der Wunscherfüllung. Beide nämlich versuchen die intersubjektive Zirkularität der Phantasietätigkeit als umweltrelationale Verflechtung zu erklären und dabei zugleich im Prozeß der Äußerung intensiver Phantasieerfahrungen eine gesteigerte Selbstbefindlichkeit, ein gesteigertes Selbstverhältnis individualer Subjektivität zu begründen.[1] Wie nun Wunsch, Wunscherfüllung und Phantasie,

---

1 Vgl. Freud: *Der Dichter und das Phantasieren* (GW VII, 216). Auf die

deren Unterschied Freud als Ausdruck von infantilen und ausgewachsenen Wünschen charakterisierte, trotz dieser psychosemantischen Differenz aufeinander zugeführt werden können, hatte Blochs Kritik an Freuds ziemlich beschränktem Traumverständnis gezeigt, wobei es diesem vor allem um die Erweiterung des Traumbegriffs ging, der die progressiven Trauminhalte von Tagträumen hervorhob und den Diskurs der „utopischen Phantasie" um die Dimension des Politischen im Begriff der „konkreten Utopie" erweiterte.[1]

Auf Mynonas *Schöpfer* bezogen bleibt die Differenz zwischen Traum und Phantasie, zwischen ihren Wunschformen, zunächst ein Problem der Sprache. Sprachlich, literarisch wird darin das, was im psychischen System noch als Differenz erscheint, nämlich als Unterschied von Traumerleben und Phantasietätigkeit, auf der einen Ebene poetischer Formalisation behandelt. Beides passiert auf der Ebene poetischer Erfindungen. So hat denn auch der Traum im Textgeschehen mit einem tatsächlich geträumten Traum nur insofern etwas gemein, wo dieser sprachlich realisiert wird. In dieser sprachlichen Formalisation herrscht dann wieder die Differenz von Traumerleben und (Nach-)Erzählung, bzw. Nachschrift vor. Für einen einmal literarisch gewordenen Traum gelten allemal die Bedingungen literarischer Phantastik. Überhaupt konstruiert ja die Lektüre eines literarisch phantastisch formalisierten, eines gleichsam poetisch geäußerten Traumgeschehens in keiner Weise die Realität eines tatsächlichen Traumes. Die Textwirklichkeit eines beschriebenen Traumes erlaubt daher auch nur vage Analogien zu dem, was man einmal als Traum zu erinnern meinte. Und die Analogie, die immer auch einen Unterschied bezeichnet, zugleich aber auch im Unterschied Gemeinsames hervorbringt, findet in der Sprache statt. Insofern hat die Sprache eine Vermittlungsfunktion, ist sie Medium ansonsten disparater Erfahrungsformen. Auch für den *Schöpfer*

Kritik von Friedlaender/Mynona an Freuds Psychoanalyse, die sich vor allem gegen die übermächtige Dominanz des Sexuellen wendete, sei hier nur kurz hingewiesen. Explizit begründet hatte Friedlaender seine Kritik deshalb auch nicht, weil ihm die Psychoanalyse, wie er selber zugab, nicht ausführlich genug bekannt war.

1 Vgl. Bloch 1959

ist die Trennung zwischen Traum und Wirklichkeit, zwischen geträumten und phantasierten Wünschen nur eine des sprachlichen Unterscheidungs- und Beschreibungsvermögens, aber keine zwischen gänzlich unterschiedlichen Realitäten. Im Grotesken dann, wie wir sehen werden, schießen beide Bewußtseinsformen, Wachen und Schlafen, zusammen.[1]

Literarisierte Träume, die damit Gegenstand des Phantastischen sind, bleiben jederzeit auf das „Prinzip des Erschaffens" (GS 13, 135) zurückführbar, das im *Schöpfer* mit der Differenz von Nichts und Äußerung begründet wird: „Daß es kein Erschaffen aus dem Nichts gibt, sollte sich von selbst verstehen", sagte der Baron und fuhr in seiner Rede fort:

> „Es gibt ein Erschaffen doch nur aus dem Schöpfer, aus dem Innern, welches kein Nichts, sondern nur ein Nichts des Äußeren, d. h. des Unterschiedes, der Differenz, der Polarität ist. Schöpfer nun und Geschöpf rangieren analog wie Ewigkeit und Zeit; also nicht etwa chronologisch. Mit dem Schöpfer, obgleich dieser prävaliert, ist das Geschöpf, also z. B. die Materie mitgesetzt; er bedeutete sie unwillkürlich. Soll er sie nun absichtlich bedeuten; soll er willkürlich ein materielles Gebilde hinstellen, aus sich entäußern; so muß er vor allem sich selber bedeuten, sich als Schöpfer geflissentlich kultivieren, sich in seinem Innern nicht mehr mit irgend etwas Äußerlichem, Unentschiedenem, Einzelnen, etwa mit irgendeinem Mann oder Weib verwechseln" (ebd.),

oder auch identifizieren, was aufs gleiche hinausläuft, nämlich auf ein pathologisches Selbstverhältnis, dessen Zentrum nicht an der Differenz von Identität und Differenz orientiert ist, sondern, wie Freud es für die Neurose bezeichnete, an einem „Kern der pathologischen Organisation",[2] der allein auf Identität abonniert ist, ohne

---

1 „Bemerkenswert ist die Situation, in der für den Träumenden das Erlebnis grotesker Schreckträume Wirklichkeit wird; es ist der Zustand des Übergangs von Tag und Nacht, Schlafen und Wachen, das Ineinanderstrahlen beider Zeiten und Bewußtseinszustände." Kassel 1980, 283
2 Freud: *Studien über Hysterie* (GW I, 296)

in seiner personalen Verfassung dann mit Differenzen umgehen zu können. Wer also an den Differenzverhältnissen, etwa an den sich aufdrängenden Identifikationsbildern und -mustern laboriert und leidet, so die Diagnose des „Schöpfers" in *Der Schöpfer*, der ist selbst „nur ein Geschöpf, kein Schöpfer", wobei natürlich jeder Schöpfer zugleich auch sein eigenes Geschöpf sein muß, um überhaupt Schöpfer sein zu können. Es geht um die Emanzipation des Schöpfers von seiner Geschichte da, wo diese ihn blockiert oder, einem Sog gleich, in regressive Muster einbindet und damit verhindert.

„Wer es nicht vermag, seinen Menschen völlig loszuwerden, sich seiner zu entäußern, ihn wie eine leblose Sache zu objektivieren, der hat das Zeug zum Schöpfer verdorben und wird selber Zeug des Schöpfers. Freiheit ist der Druck auf den Druckknopf der Weltmaschinerie und aller Wunder." (GS 13, 135 f.)

Vordergründig ließe sich hier ein Konzept bürgerlicher Verhaltenstugenden erkennen, dessen zentrales Anliegen „Selbstbeherrschung" (ebd. 136) ist, die in diesem Kontext aber nichts weiter als eine regressive Selbstkasteiung des Ichs formuliert. Bei genauerer Betrachtung des mynonaschen *Schöpfers* kommt deshalb auch ein ganz anders Selbstkonzept zum Vorschein, nämlich eines, daß nicht den Verzicht predigt, sondern einen polaristischen Hedonismus fordert, der bis in die Extreme hinein die Verausgabung des Ichs auf schöpferisch indifferente Weise verlangt. Darin ist denn auch die Phantasie des *Schöpfers* konstruktiv und nicht mehr bloß kontemplative Imagination, nicht mehr bloß ein sich Versenken in die Komplexität der Bilder. Im Sinne dieses von Friedlaender/Mynona anvisierten phantastischen Konstruktivismus wird eine „Kommunikation" zwischen den Bewußtseinsformen von Schlafen (Traum) und Wachen (Phantasie) angenommen (ebd. 137), deren Gelingen eher auf Unwahrscheinlichkeit, denn auf Wahrscheinlichkeit setzt. Von daher ist eine mediale Vermittlung erforderlich, die die ansonsten getrennt erscheinenden Sphären in Kommunikation bringt.

In herkömmlicher Geschlechtersemantik, diese gleichwohl in ihrer Verwendung ironisierend, wird nun die „Kommunikation" zwischen diesen beiden Sphären und Polen des Bewußtseins hergestellt, wobei „der Mann dem wachenden [gleicht], das Weib dem schlafenden Pol" (ebd.). Elvire und Gumprecht sind nun kurzgeschlossen. Erst jetzt, nachdem im Text *Der Schöpfer* die Voraussetzungen, die theoretischen Erörterungen der „psychophysischen Ingenieurkunst" geklärt sind, vermittels der „die entgegengesetzten Reiche einander endlich zu paradiesischen Zuständen" (ebd.) ergänzt werden sollen, kann das Experiment beginnen. Daß dabei zu den bisher eher der Phantastik zugewiesenen Motiven nun auch die Ereigniskonstellationen und literarisch figürlichen Handlungsszenarien groteske Züge annehmen, verweist nur auf den schmalen Unterscheidungsgrad, der zwischen Phantastik und Groteskem vorherrscht. Der Übergang vom Phantastischen zum Phantastisch-Grotesken läßt sich im *Schöpfer* da beobachten, wo die theoretische Experimentererörterung in die praktische Experimentdurchführung der Idee der schöpferischen Indifferenz mündet:

> „Der Baron sprach mit einem eigentümlich nüchternen Pathos, einer paradoxalen Selbstverständlichkeit, welche desto eindringlicher wirkte. In Elviren aber nahm die Ungeduld überhand: ‚Der Worte sind genug gewechselt! Bilde Oheim, rede nicht!' variierte sie heiter." (ebd. 136)

Die nun einsetzende phantastisch-groteske[1] Inszenierung des gut vorbereiteten Experiments einer „immer spielenderen Kommunikation" (GS 13, 137) zwischen Elvire und Gumprecht verwendet in vielschichtiger Symbolik das Doppelgängermotiv, das in jener Zeit, um 1920, als zentrales Motiv phantastischer Literatur vorkam.[2]

Zunächst aber herrscht zwischen Elvire und Gumprecht noch die Trennung vor, und nicht jener Zustand symbiotischer Vereinigung, auf den es alle Beteiligten des Experiments abgesehen haben. Die Differenz ist noch klar bestimmbar. Erst allmählich erblickt Gumprecht in Elvire einen Teil seiner selbst, ein Element doppel-

---

1 Vgl. Kayser 1960, 133 f.
2 Vgl. Gustav Meyrink: *Der Golem* (1916) und Kafkas Erzählungen. „Kafkas Helden sind gespaltene Figuren, gespalten in ein Selbst und seinen Anderen, seine Anderen" (Kurz 1980, 31), was auf die doppelgängermotivische Struktur einer ganzen Erzählhaltung und Schreibweise verweist.

perspektivischer Welterfahrung. Er empfindet sich als die andere, die er auch ist, was eine Voraussetzung seiner androgynischen Identitätsfindung bedeutet. Indem nun der einzelne Leib

> „kosmologisch flügge" wird, „explodiert der Mensch zum Engel ... Der innerste Sinn der Geschlechtlichkeit, die schöpferische Indifferenz und Identität regt erstmals seine Kraft. Was ist jetzt noch Gumprecht, was Elvire? Mein Experiment beginnt zu glücken. Aufgepaßt! Nicht erschrecken!" (GS 13, 141)

Die Kommunikation zwischen beiden, die von einer golemartigen, grünäugigen Gestalt[1] ermöglicht wird, die die Schlafseite des Bewußtseins verkörpert, während Baron von Böckel das „Reich des ... Wachens" (ebd. 136) repräsentiert, intensivierte nun die „gegenseitigen Anziehungskräfte, die plötzlich inbrünstiger zwischen" (ebd. 138) beiden zu wirken begannen.

Meyrinks *Das grüne Gesicht,* das noch ganz im Stile des Prager phantastischen Symbolismus geschrieben war, wird bei Mynona allenfalls, was die Symbolik anbetrifft, ironisch und parodistisch aufgenommen. Was bei Meyrink in jüdisch-mystischer, esoterisch-mediumistischer und visionär-metaphysischer Wirklichkeitsüberwindung einer höheren Existenz zustrebt, hat wenig mit dem gemein, was Mynona im *Schöpfer* vorzuschweben schien. Auch wenn auf den ersten Blick *Das grüne Gesicht* Meyrinks, dessen Leitmotiv „die Überwindung des Körpers durch den Geist und damit zusammenhängend das Erreichen einer höheren Existenz"[2] ist, motivische und epistemologische Parallelen zu Mynonas *Schöpfer* zu haben scheint, so ist die Differenz doch deutlich. Hatte Meyrinks phantastischer Okkultismus ja überhaupt keinen fundierten philosophischen Hintergrund, von dem aus er seine Literatur schrieb, wohingegen Mynonas literarische Phantastik medial und material von Friedlaenders schöpferischem Indifferentismus polarer Observanz geprägt ist.

---

1 In farbtheoretischer Hinsicht bedeutet Grün die Farbe der Indifferenz, die die Polarität von Gelb und Blau indifferenziert. Vgl. Werthmüller 1950, 43 f.
2 Marzin 1986, 82

Es ist Friedlaenders philosophische Idee, die im *Schöpfer* zum Medium der „Phantasie" wird. Nachdem nun sämtliche Vorbereitungen zum Experiment abgeschlossen sind, geht es um dessen Durchführung.

„Die grünen Augen des Traumgeschöpfs lächelten sehr, und der Baron erklärte: ‚In der Tat nichts Geringeres ist geplant. Ihr beide sollt eure Gegenseitigkeit so strikt praktizieren, so exakt machen, wie sie bei Adam und Eva vor dem Sündenfall bestand.'" (GS 13, 138)

Aus Elvire und Gumprecht wird ein „leider zunächst mit Hilfe meiner Apparate" (ebd.), wie der Baron betont, nur „künstlicher Engel" fabriziert, der hermaphroditisch beide Pole des Bewußtseins, Schlafen und Wachen, beliebig zu realisieren vermag und jederzeit aus der symbiotischen Einheit seiner vormals getrennten Glieder heraus „ganz Phantasie" wird (ebd. 143).

Nicht auf die „Erzeugung eines Kindes" kommt es an, sondern auf die Kompensation von Liebesgefühlen zugunsten einem „allgemeinen Lebens- und Weltgefühl" (ebd. 138). Soweit die strenge Botschaft des Barons. Die so ersehnte Vereinigung – „Elvire ... wollte mit mir ins Freie, den Turm verlassen" (ebd. 139) – ist nichts weiter als ein Experiment im „Lichte der Marcusschen Theorie der exzentrischen Empfindung" (ebd.), der zufolge Empfindungen auch außerhalb des physisch sichtbaren Leibesraumes auftreten können:

> „Mit Hilfe meines Freundes aus dem Traumreich – er zeigte auf das Phantom – ist es mir gelungen, die Strahlen der Sinnesempfindungen, welche ätherisch über die Grenzen des Leibes hinausgehen, materiell zu fixieren. Ich kann die letzte Sehnsucht eurer Liebe wenigstens künstlich in einem Gebild erfüllen, in dem ihr Eins werdet, ein künstlicher Engel. Zu diesem Zwecke will ich erst wahrnehmbar machen, was gewöhnlich verborgen ist: die ätherische Fortsetzung des Leibes über die Grenzen der Haut hinaus." (ebd.)

Aus der „kosmischen" Erweiterung des Leibes wird eine „leibliche Seelenkommunion mit Elviren" (ebd. 140). Die Geschlechter verschmelzen wie beim Zeugungsakt, ähnlich wie beim Schöpfungsakt einer neuen Idee aus Gegensätzlichem. „Der innerste Sinn der Geschlechtlichkeit" war die polaristische Indifferenz, die Identität polaristischer Einheit, die schöpferische Indifferenz.

Erfüllte Liebe war ein Problem von Technik und Ingenieurskunst. Vermählung war nur mit Hilfe von Apparaten möglich, bis zur psychophysischen Identität des vormals Getrennten. Ein Selbst konstituierte sich, das letztlich doch „selbstlos" blieb (ebd. 142). Das Ich war nun „die Freiheit selber" (ebd. 143). Im „schöpferischen Gleichgewicht des Willens" erlebte es die „ureigenste Phantasie" (ebd.), die dieses Ich selber ist: „Vergebens unternehme ich's", so Gumprecht, bzw. so daß, was sich in der symbiotischen Einheit noch als Gumprecht zu äußern vermag, „dieses Schöpfergefühl zu schildern. Ich bin es, aber ich bin in einem bunten Dunkel über mich selber. Ich weiß, daß ich die Welt nach meinem Willen träume – halluziniere meinetwegen." (ebd.) Über sich selbst ist dieses Ich noch im Unklaren, wo es von Differenzen durchdrungen ist. Erst im Verzicht auf alle Äußerlichkeit, auf alle Differenz erweist sich seine Identität. „Die Ohnmacht der Phantasie hatte aufgehört." (ebd. 145) Die Realität hatte eine literarische Realistik erschaffen, die, so Friedlaender/Mynonas Absicht, über den bloß literarisch formalisierten und nur ästhetisch erfahrbaren Horizont der Textwelt in die Welt des Lesers eingreifen soll, was ja auch tatsächlich in der Lektüre geschieht.

Die Phantasie, so der neue „Schöpfer", „gehorchte nicht mehr wild, sondern ästhetisch, künstlerisch und dennoch wirklich, nicht imaginär. Mein Werk war kein Artefakt, sondern die Welt selber als Kunstwerk." (ebd.) Aber diese Welt ist motivisch zu verstehen. Sie ist eine Wirklichkeit als Motiv, als Metapher, als weitläufige Trope, deren figürliche Realistik jederzeit der selbstreferentiellen Geschlossenheit der Lektüre verbunden ist. Was dabei für das eigene Bewußtsein Bedeutung erlangt, etwa Mynonas grandiose Ermutigung im *Schöpfer*, sich konsequent seiner eigenen Fähigkeiten immer bewußter zu werden, um Abhängigkeiten zu lockern oder zumindest durchschauen zu können, läßt sich als gänzlich eigene Welt, als gänzlich eigenes System verstehen, daß nicht mit dem des Textes oder mit dem der Lektüre identisch ist.

Ähnlich wie in der erwähnten Geschichte *Gar nichts* wendet sich auch im *Schöpfer* der Text gegen die konsumtive Trägheit des Lesers. Gleichsam gegen den Sog der Lektüre, sich dem imaginativen Bilderspiel gänzlich zu überlassen, rüttelt Mynona am identifikatorischen Lektüremodell. Eine Phantasie nämlich, die sich dem Geschehen der Lektüre preisgibt, ist im Friedlaenderschen Sinne nicht gerade schöpferisch. Sowenig sich der Leser mit den Geschöpfen seiner Lektüre verwechseln soll, sowenig soll er sich auch überhaupt mit irgendetwas anderem verwechseln, sprich identifizieren.

> „Und nochmals: es ist unmöglich, kein Schöpfer zu sein. Allmacht ist gang und gäbe; sie weiß aber gewöhnlich nichts von sich. Gelangt sie zum Selbstbewußtsein, so ändert sich die Welt nur dadurch, daß eben das eigene Subjekt sich nicht mehr mit einem seiner Geschöpfe, dem Menschen z. B. verwechselt, sondern sich mit Bewußtsein, Gefühl und Willen schöpferisch identifiziert." (ebd. 146)

Materiales Medium dieser Theorie des Schöpferischen ist die Sprache. Von ihr geht der „Geist der Vernunft" aus, „die Intelligenz, die Einsicht, die Weisheit, die Logik und deren Instrument, das Wort." (ebd.) Die alte Differenz von Geist und Buchstabe wird zur Differenz von Geist und Wort. Die nämlich ermöglicht erst eine deskriptiv verankerte Vernunft, welche bei Mynona in ihrer ästhetischen Verankerung zum Vorschein kommt. Ohne ständigen Rekurs auf diese polaristische Vernunft erscheint mir Mynonas Phantastik gar nicht als beschreibbar, gar nicht als so verstehbar, wie man es sich, von Friedlaender/Mynona her, denken kann. Unumwunden läßt Mynona dies den „Schöpfer" sagen:

> „Ich hatte mich beim Erschaffen vor allem in die Gesetze der Vernunft und also der Logik, der Reallogik zu fügen, welche sich der zeiträumlich-materiellen Phänomene analog bediente wie die formale sich der Sprache bedient." (ebd.)

Die Einheit von Medium (Sprache) und Form (logische Sprache) ist konstitutiv für Mynonas Phantastik, die immer wieder neue Medien imaginiert. Als zentrales Medium soll sich dabei, so Friedlaender/Mynonas Absicht, gegen alle anderen Medien, diese gleichsam indifferenzierend, das Medium schöpferische Indifferenz durchsetzen. Dessen gänzlich unpersönliche Verfassung erscheint wie das weiße Rauschen elektronischer Medien, die ebenso wenig für sich beschreibbar und verstehbar sind, wie die schöpferische Indifferenz. Erst im Zusammenspiel mit Informationen, mit immer auch bestimmten Formen von Äußerungen haben Medien Bedeutung.

Wie flüchtig dieses Medium schöpferische Indifferenz ist, beschreibt Mynona am Schluß des *Schöpfers* in phantastisch-grotesker Manier. Mit drastisch sich überschlagender Komik erhebt sich das ursprüngliche Geschöpf, nämlich Gumprecht Weiß über den ursprünglichen „Schöpfer", nämlich Baron von Böckel. Kraft seiner „Selbsterhebung" (ebd. 148) macht das Geschöpf den Schöpfer zum Geschöpf und sich selbst zum Schöpfer. „‚Ha!' ächzte der Baron, ‚mein Golem überwältigt mich'." (ebd. 149) Zuletzt wird die gesamte technische Apparatur, die erst die Experimente ermöglichte und das Geschöpf Gumprecht Weiß zum Schöpfer werden ließ, zerstört, bis „Turm und Schloß" des „reichen Sonderlings Baron v. Böckel bis auf die Grundmauern" „lichterloh" niederbrannten (ebd.). Gleichwohl war es nur eine „recht spaßhafte", nämlich phantastische, imaginierte „Explosion" (ebd.), durch die keiner zu Schaden kam, und die allein der Erforschung der Wirksamkeit der „Allmacht" des neuen Schöpfers Gumprecht Weiß diente. Mit ironischem Seitenblick auf das damals so mächtige Medium Zeitung bleibt jenes seltsame Ereignis diesem Medium doch unerklärlich und enigmatisch. Im „Feuilleton" des „General-Anzeigers" spricht man daher auch am nächsten Tag von einem Rätsel: Medien bleiben Medien geheimnisvoll verschlossen, bis sie von der Notwendigkeit zur Transposition erfaßt werden, was ja ein utopisches Ziel der schöpferischen Indifferenz ist.

Vom Phantastischen über das Phantastisch-Groteske bis hin zum Phantastisch-Utopischen, wie es, mit Mynona vergleichbar, und doch vielleicht auch mit ganz anderen Absichten verbunden, um

1900 vor allem Friedlaenders Freund Paul Scheerbart entwickelte, spielt Mynona in *Der Schöpfer* seine ganze Kunst aus, philosophische Reflexion, im Sinne des schöpferischen Indifferentismus polarer Observanz, und ästhetische Formalisation im Prozeß der Lektüre als komplexe Einheit zu kombinieren.

Technik und Magie, psycho-physische Ingenieurskunst und selbstzentrierte Willensanstrengung projizieren keine Utopie ersehnter Welten, die in jenseitiger Zukunft einmal real werden könnte. Vielmehr wird der utopische Ort im Selbst selbst freigelegt. „Die Harmonisierung der Einzelheiten, das solitäre Prinzip der Sozialisation, *das Individuum,* das echte Ur-Selbst" (ebd. 151), ermöglicht das, was utopisch scheint.

Was nun die hier angestrebte Differenzierung von Phantastik und Groteskem anbetrifft, so bleibt die Grenzziehung immer auch eine Angelegenheit des lektürespezifischen Einzelfalls, ohne hier nun eine gattungstheoretische Beliebigkeit behaupten zu wollen. Trotz aller Vermischungen von Phantastik und Groteskem bei Mynona lassen sich insofern klare Unterscheidungen treffen, wie es eben eine Text-Lektüre-Einheit gibt, in der sich, auf recht kontingente Weise, Phantastik oder Groteskes oder auch beides herausbilden kann. In dieser Perspektive gibt es keine puristische Differenz zwischen Phantastik und Groteskem.

Im *Schöpfer,* der hier ja mehr der Phantastik als dem Grotesken zugewiesen wurde, vermischen sich phantastische, phantastisch-groteske, phantastisch-utopische und groteske Stilelemente. Was dabei als was erscheint, bleibt in großem Maße von der Zufälligkeit der Lektüresituation bestimmt.

Ähnlich verhält es sich auch mit anderen größeren Texten Mynonas, wie etwa mit der „Utopie" *Der antibabylonische Turm* (GS 13) oder dem „Berliner Nachschlüsselroman" *Graue Magie* (GS 14), in denen offensichtlich phantastische Ereigniskonstellationen ebenso offensichtlich groteske Züge entfalten. In *Goethe spricht in den Phonographen,* wo technik-utopische Aspekte die grotesken Ereignisse phantastisch einbinden, bleibt das Hin und Her von Phantastik und Groteskem entscheidend für das Textverstehen. So auch in der Groteske *Die vegetabilische Vaterschaft*,[1] wo die Absurdität der Ereignisse ein Kräftefeld tragikomischer Verstrickungen freisetzt, deren Witz und Humor zugleich immer auch auf die Erkenntnis praktischer Lebenszusammenhänge gerichtet ist.

Daß der Zugang zum Grotesken durch ein Verständnis des Phantastischen erleichtert werden kann, ließe sich damit erklären, daß das Groteske sich erst auf dem Boden des Phantastischen entwikkeln konnte. Literarhistorisch und kunstgeschichtlich betrachtet ist das Groteske ein viel jüngeres Phänomen als die Phantastik, obwohl es, von heute aus besehen, groteske Verhaltensweisen wohl genauso lange gibt, wie andere Formen der Realitätsaneignung und Realitätserfahrung. Paradigmatisch läßt sich dieser allgemeine Befund an der Polarität von Traum und Wirklichkeit zeigen. Von jeher war sie nämlich das Motiv literarischer und künstlerischer Phantastik. Um 1800 findet sie in der deutschen Romantik und insbesondere bei E. A. Poe, den Mynona zu seinen literarischen Ziehvätern zählte, in grotesker Stilisierung ihre poetische Verdichtung. In der zweiten literarischen Hochperiode des Grotesken, um 1900, als deren Vorläufer Albert Soergel, der erste Chronist des deutschen Expressionismus, Kleist und Büchner, Nietzsche und Strindberg, Dostojewski, Tolstoi und Przybyszewski nennt, bedienten sich vor allem die Expressionisten des Grotesken, um mit literarischen Mitteln gegen die verschleiernde Romantisierung des drohenden Weltkriegs zu protestieren. Gegen Hurra-Patriotismus und Lebensüberdruß (Georg Heym) wurde mit Dichtung ins Feld gezogen. Otto Nebels *Zuginsfeld* [2] deckt aber schon beides auf: den expressionistischen Romantizismus selbst und den verstockten, kriegsgeilen Patriotismus wilhelminischer Hörigkeit.

Die ungezählten Gedichte jener Zeit, die zum Teil in Anthologien und Reihen Literaturgeschichte machten, machten vielleicht auch nicht viel mehr als eben nur Literaturgeschichte. Daß „kein wirklicher Kampf gegen die Wirklichkeit" (Ramm 1981) in der Literatur stattfand, trifft sehr genau den expressionistischen Rückzug in die

---

1 *Goethe spricht* (GS 7, 289-302); *Vaterschaft* (GS 7, 432-436)
2 Nebel: *Zuginsfeld*, Berlin 1919, Ndr. in Ders.: *Das dichterische Werk*, Bd. 1, hg. René Radrizzani, München: ed. text + kritik 1979

Innovationsgebärden des Ästhetischen, die hinter dem lauthalsen Aufschrei nach dem neuen Menschen, etwa bei Georg Heym, Gottfried Benn oder Johannes R. Becher offensichtlich werden. Das ungestillte Bedürfnis nach Metaphysik, das diesen Aufschrei bewirkte, macht Klaus Ramm noch in den innovativsten, sprachkritischsten Dichtungen der Futuristen und Dadaisten aus. Sprachlich vorgetragene Metaphysikkritik scheint nicht, wie es sich hier zeigt, aus der Aporie der gleichzeitigen Konstruktion des Metaphysischen im Vollzug seiner Destruktion zu entkommen. So läuft denn auch geradewegs und zwangsläufig die Lektüre auf ihre aporetische Verfassung hinaus, ohne sie überwinden zu können.

Auf die Unterscheidung von Phantastik und Groteskem bezogen, scheint das Phantastische noch eher dem Sog des Metaphysischen nachzugeben, dem ja das Groteske fast mit der Geste stilistischer Verzweiflung entgegentritt. Überhaupt erlaubt das Groteske viel weniger als die Phantastik eine identifikatorische Lektüre. Die Phantastik vermag aus sich heraus auch nicht jene Radikalität zu entwickeln, die das Groteske aus der Reibung disparater Motive und Erfahrungsmuster schöpft.

Verstünde man allerdings die Formen des Grotesken (Absurdität, Komik, Paradoxie, Widersprüchlichkeit etc.) als Subkategorie des Phantastischen, so ergäbe sich ein Verständnis der Phantastik, das, grotesk radikalisiert, gegen die eigenen Konventionen des Phantastischen gewendet wäre, was ja, in gewisser Hinsicht, von der Phantastik Mynonas behauptet werden kann. Trotzdem bleibt eine Differenz zwischen Phantastik und Groteskem offenkundig, wo es um die bizarre Verzeichnung imaginierter Realitäten geht und wo das Symbolische nicht mehr in tradierter Weise funktioniert, sondern aus den Bahnen seines Bedeutungszusammenhangs geworfen wird: Da herrscht dann das Groteske jederzeit über phantastische Imaginationen.

Die Blütezeit grotesker und phantastischer Literatur um 1918, die sich schon um 1900 im grotesken Sprachwitz von Morgenstern anzukündigen schien und dann im Expressionismus und Dadaismus voll zum Ausdruck kam, ermöglichte so unterschiedliche Literatur, daß diese kaum auf einen Nenner zu bringen ist. Paul Scheerbart etwa, Mynonas wichtigste Quelle, was die literarische Phantastik anbelangt, unterscheidet sich in seinen gesellschaftreflektierten Zukunftsprojekten sehr deutlich von Kurd Lasswitz, der „in seiner Zeit wahrhaft visionäre Prosa"[1] schrieb, wobei vor allem sein Roman *Auf zwei Planeten*, in zwei Büchern 1897 erschienen, in phantastischen Bildern polaristische Prosa darstellt.

Bei Autoren wie Kafka, Kubin und Meyrink stellt sich das Problem der Differenz von Groteske und Phantastik auf jeweils recht unterschiedliche Weise in der Art, wie sie zwar sämtliche phantastische und groteske Elemente miteinander kombinieren, wie sie aber diese Kombination entweder mehr symbolisch (Meyrink), phantastisch-utopisch (Kubin) oder eben mehr allegorisch, parabelmäßig (Kafka) vollziehen.

Andere, für den Diskurs literarischer Phantastik ebenso wichtige Autoren, die aus dem Spannungsfeld von Phantastik und Groteskem schöpften, sind Victor Hadwiger[2], Melchior Vischer,[3] Franz Jung[4] und Albert Ehrenstein.[5]

Die jeweils spezifische poetische Sprache, die all diese Autoren voneinander unterscheidet, läßt trotzdem Ähnlichkeitsbeziehungen zu. So etwa die zwischen Kafka und Mynona, auf die in den zwanziger Jahren schon Albert Soergel aufmerksam machte.

Anders nun als in der poetischen Stilisierung romantischer Befindlichkeiten, die zur Hochperiode literarischer Selbstreferentialität führte,[6] operiert die Selbstbezüglichkeit des Literarischen in der phantastischen und grotesken Literatur um 1900 bzw. um 1918 nicht im Sinne jener semantischen Codes, die repräsentationslogi-

---

1 Geerken 1970, 392
2 Hadwiger: *Prosa*, hg. H. Geerken, München: ed. text + kritik 1984 (Frühe Texte der Moderne)
3 Vischer 1976
4 Jung: *Gott verschläft die Zeit. Frühe Texte*, hg. K. Ramm, München: ed. text + kritik 1976 (Frühe Texte der Moderne)
5 Ehrenstein: *Gedichte*, hg. Jörg Drews, München: ed. text + kritik 1978 (Frühe Texte der Moderne); Ders.: *Der Fluch des Magiers Anateiresiotidas*, in: Geerken 1970, 132
6 Vgl. Bohrer 1987

sche Beschreibungen von Wirklichkeit suggerieren, die Liebe etwa da einklagen, wo die Materialität der Sprache das Gefühl, das vom Literarischen ausgeht, längst schon wieder aufgesogen hat. Literarische Selbstreferentialität um 1918, wie sie für die Beschreibung des Phantastischen und Grotesken jener Zeit relevant ist, läßt keinen Zweifel mehr über die Materialität des eigenen Mediums, der Sprache, aufkommen, in dem sich dann Phantastik und Groteskes formalisieren.

3.2. Mynona grotesk

Mynonas literarische Schaffensperiode dauerte dreißig Jahre. Von 1906, als Ludwig Rubiner ihn zur Publikation ermunterte, bis 1935 schrieb Mynona fast ununterbrochen neben seiner philosophisch-essayistischen Tätigkeit avancierte Literatur der Moderne. „Grotesk" –

> „Das Wort und seine Bedeutung sollen von den seltsamen, bizarren, phantastischen Formen hergenommen sein, welche die Kalksintersteine in den sogenannten Tropfsteinhöhlen annehmen. Damit man aber etwas als verzerrt, entstellt, versenkt, als seltsam, anormal, häßlich empfinde und beurteile, muß es sich von einem normalen Muster abheben, das wir als schön, ordentlich, richtig proportioniert ansehen und einschätzen; es muß dagegen kontrastieren."[1]

Als kontrastierendes Phänomen bezeichnet das Groteske jene Opposition ästhetischer Erfahrung, die nicht im Negativen hängenbleibt, sondern intentional immer auch auf eine Positivität gerichtet zu sein scheint. Nicht allein die Destruktion beherrscht hier das ästhetische Arrangement, sondern der gleichzeitige Vollzug einer konstruktiven Idee kennzeichnet das Groteske als ästhetische Formalisation, als literarische Kritik. So entpuppen sich denn auch die Kontraste ästhetischer (schön/häßlich), struktureller (ordentlich/unordentlich) und logischer (wahr/falsch) Vorstellungsweisen im Medium des Grotesken als relationale Einheiten, die nicht von einer entweder/oder-Logik erschlossen werden können. Was häßlich erscheint, kann im Kontext grotesker Formalisation plötzlich durchaus schön wirken. Was voller Unordnung vor einem liegt, entdeckt sich auf einmal als präziseste Ordnung, als ordentliche Unordentlichkeit und was so richtig erscheint, wird als in Paradoxien Verwickeltes transparent, ohne daß dabei zugleich eine andere Richtigkeit dominieren würde.

---

1 *„Grotesk"* (1919; GS 3, 602); zuerst unter dem Titel *Mynona* (Autor: S. Friedlaender; Der Einzige, 1. Nov. 1919)

Diese Einheit der Gegensätze, die im Grotesken, anders als in der Phantastik, in radikalisierter Form vorkommen, erzeugt jene Spannungen, aus denen Mynona Grotesken und Groteskes schöpft.

Aus der Differenz von „gesetzlich Richtige[m], Musterhafte[m], wie es in der Logik und Mathematik präzisiert wird" und den „Gewohnheiten der natürlichen Instinkte" (ebd. 602) bildet Mynona ein Gemenge, ein brisantes Gemisch, das die irrsinnigsten Bilder, groteske Erfahrungskonstellationen und absurde Ereignisschilderungen entwickelt. Indem das Groteske gleichsam in der Lektüre gegen die Trägheit und Erfahrungskonventionen des Bewußtseins prozessiert und protestiert, entfaltet es seine doppelte Zeitlichkeit. Als Struktur verstanden, wie es vor allem W. Kayser (1960) behandelt, hält das Groteske, zum Beispiel in poetischer Formalisation, Zeit reversibel fest. So können auf der Basis der Strukturalität des Grotesken immer wieder neue Möglichkeiten grotesker Erfahrungen, etwa im Prozeß der Lektüre, entfaltet werden.

Zugleich aber ist dieser Prozeß auch ein Prozeß des Grotesken, das in der Lektüre dynamisiert wird und dabei seine Zeitirreversibilität erfährt. Die groteske Erfahrung im Prozeß der Lektüre wird gemacht. Sie passiert einfach und damit Schluß. Auf der Ebene des Prozesses läßt sich daher, im Erfahrungsbereich, nichts identisch wiederholen. Das Groteske also einseitig entweder nur auf Struktur oder nur auf Prozeß festzulegen, hieße die interdependente Notwendigkeit der Struktur-Prozeß-Relation zu unterlaufen, ohne dafür zugleich eine plausible Erklärung geben zu können.

Kaysers klassische Formel des Grotesken war schon in dieser Hinsicht angelegt, obwohl sie für eine theoretische Differenzierung noch viel zu ungenau und noch viel zu wenig beschreibungsrational formuliert war. Seine Formel: „Die Gestaltung des Grotesken ist der Versuch, das Dämonische in der Welt zu bannen und zu beschwören" (ebd. 139), griff in den Worten „Gestaltung" und „bannen", wenn auch theoretisch diesen Sachverhalt nicht klärend, auf die Struktur-Prozeß-Relation zurück. Unter dieser Perspektive gewinnt das Groteske als ästhetische Kategorie, die als poetische, literarische Formalisation im Prozeß der Lektüre ästhetische Erfahrung steuert, eine plausiblere Bedeutung.

Auf die Hegelsche Ästhetik bezogen, die von A. G. Baumgartens *Aesthetica* beeinflußt, den Begriff der Phantasie dazu benutzte, Poesie in ein Gesamtsystem von Ästhetik ohne besondere Differenzierung zu anderen Kunstformen zu integrieren,[1] ließe sich das Groteske als radikaler Vermittler zwischen Naturschönem (erste Natur) und Kunstschönem (zweite Natur) verstehen, das in der übergeordneten ästhetischen Instanz der „schönen Phantasie"[2] vom Druck des Gesamtkonzepts wieder harmonisiert, versöhnt und aufgehoben wird. Die Radikalität des Grotesken verblaßt im Ästhetischen. Ausdruck dafür ist das impressionistische Literatur- und Kunstverständnis, das die zwanglose „Vereinigung der Widersprüche" förderte[3] und in dieser Hinsicht noch von der satirischen Kritik des Naturalismus überboten wurde. Daß weder Naturalismus noch Impressionismus groteske Stilelemente, wie etwa später der Expressionismus, verwendeten, machte beide dann auch um so mehr zum Gegenstand grotesker Verzerrungen, da sie eine Moderne repräsentierten, gegen die sich die moderne Groteske des zwanzigsten Jahrhunderts, bzw. gegen die sich die Groteske der Moderne im zwanzigsten Jahrhundert wendete.

Bei Mynona entzieht sich das Groteske geradezu einer Dialektik der Versöhnung und damit Tilgung von Widersprüchen. Es negiert nicht die Widersprüche und Differenzen, sondern greift sie in ihrer unhintergehbaren Positivität auf. Tendenziell jedenfalls sperrt sich die Lektüre mynonascher Texte gegen dialektische Aufhebungsstrategien. Die Krise ums Nichtidentische, wie sie bei Mynona zum Ausdruck kommt, fungiert gleichsam als konstitutive Bedingung des Grotesken. Was Hegel im Naturschönen ruhen lassen wollte, weil es ihm im Kunstschönen als nicht vermittelbar erschien, nämlich die Dissoziation des identisch Behaupteten, das sich eben nicht mehr dialektischer Bewegungsmetaphorik ergibt, macht bei Mynona geradezu den Impuls des Grotesken aus. Krise überhaupt wird zum Movens des Grotesken. Sie ist der Boden, auf dem das Groteske

---

1 Zu den „Aporien in Hegels Ästhetik" siehe Homann 1986, 7 f.
2 Vgl. Hegel 1970, Bd. 1, 95; Bd. 2, 332 u. 334
3 Vgl. Schutte 1987, 31

mit den Paradoxien des Realen umgeht. Darin beweist es seine Affinität zur Krise der Identität, die das Nichtidentische freilegt.

Was in der Lektüre als Groteske erfahren wird, bricht gleichsam grundsätzlich in die Muster von Erfahrung ein. Jedenfalls muß der groteske Humorist den Lektüreprozeß im Auge haben, wenn er jene Wirkungen erzielen will, die gegen die Ordnung wohlgeformter Weltbilder das „Zerrbild des echten Lebens" (GS 3, 602) vorführen, dessen Tragikomik bei Mynona fast unweigerlich zum Lachen reizt. Der groteske Humorist hat, wie Friedlaender schreibt, „speziell den Willen, die Erinnerung an das göttlich geheimnisvolle Urbild des echten Lebens aufzufrischen, daß er das Zerrbild dieses verschlossenen Paradieses bis ins Unmögliche absichtlich übertreibt." (ebd. 602 f.) Und gerade in der Absichtlichkeit seiner Übertreibung ist auch die Transparenz seiner Absichten gewahrt. Weiter heißt es bei Friedlaender zum grotesken Humoristen:

> „Er kuriert das verweichlichte Gemüt mit Härte, das Sentimentale durch Zynismen, das in Gewohnheiten Abgestandene durch Paradoxie: er ärgert und schockiert den fast unausrottbaren Philister in uns, der sich, aus Vergeßlichkeit, mitten in der Karikatur des echten Lebens ahnungslos wohlfühlt, dadurch, daß er die Karikatur bis ins Groteske eben übertreibt, solange, bis es gelingt, ihn aus dem nur gewähnten Paradies seiner Gewöhnlichkeiten zu vertreiben und ihm das echte wenigstens in der Ahnung nahezulegen: das echte, das so leicht deswegen geleugnet wird, weil es zwar innerlich gewiß und bestimmt, äußerlich aber nicht wahrnehmbar ist, und weil auch die geistreichsten Menschen mehr Vertrauen zu dem haben, was sie sehen, hören, schmecken, riechen und tasten können, als zu sich selber im allerinnerlichsten Sinn, der das urmusterhafte Paradiese bedeutet." (ebd. 603)

Der groteske Humorist leugnet nicht die realitätskonstitutive Funktion des Sinnlichen. Vielmehr soll er den Blick aufs eigene Selbst, auf die individuale Konzentration eigener Subjektivität lenken, die sich nicht mehr von Differenzen, von Äußerlichkeiten in Ahnungslosigkeit halten läßt, sondern ihre Sache selbst zu bestimmen versucht. Und diese Sache ist zunächst durch groteske Übertreibungen freizulegen. „Härte", „Zynismen" und „Paradoxien" sind die polaristischen Hilfsmittel des grotesken Autors. Das Groteske selbst erscheint als Lebenshilfe einer nicht mehr souverän im Leben stehenden Individualität, deren Brüchigkeit um 1918 quer durch alle gesellschaftlichen Schichten transparent war. Der industriegesellschaftlichen Entwicklung, in der sich revolutionsartig Gesellschaften differenzierten, vermochten um 1918 die vorliegenden philosophischen Entwürfe kaum noch zu folgen, was Mynonas Philosophiegroteskes zum Gegenstand hat und thematisch mit seinem eigenen Entwurf zum Teil kontrastiert.

Gesellschaftliche Ausdifferenzierung vom stratifikatorischen zum zunehmend funktional geordneten Gesellschaftssystem ist auch für das Verständnis des Historischen des Grotesken um 1918 ein grundlegendes Faktum. Die Klassendifferenz, die Mynona vor allem in ihrer bürgerlichen Ausprägung mit philosophisch-literarischen Mitteln nicht nur auf die Schippe nimmt, sondern auch radikal in ihrer Doppelmoral desavouiert, wird als historisch überkommene Differenz, mit gleichwohl gegenwartsmächtiger Bedeutung, erkannt. Deutlich wird dabei zugleich die zunehmende Relevanz der Funktion des Technischen, die allein vom Bürgertum nicht mehr beherrscht werden kann. Es sind daher nicht mehr die Standes- oder Klassenzugehörigkeiten, die die gesellschaftliche Entwicklung bestimmen, obwohl dies für den größten Teil individualer Subjekte nach wie vor zu gelten scheint, sondern es sind die technischen Fähigkeiten und die daran geknüpften Funktionen im gesellschaftlichen Gefüge, die über die gesellschaftliche Macht entscheiden. Die Kombination von Technik und Magie hat daher auch in Mynonas Grotesken einen für seine Inszenierungen des Grotesken entscheidende Bedeutung.

Die mit dieser Differenzierungsverschiebung gesellschaftlicher Entwicklungen einhergehenden Krisenerscheinungen in Ehe, Familie, Kirche, Schule und bürgerlicher Kultur sind ja gerade vor dem Hintergrund von Friedlaender/Mynonas Kritik der Moderne zentrale Motive seiner Grotesken. Die ganze Heuchelei, die voreilig für viele zum Synonym des Bürgerlichen insgesamt wurde, wie sie im Sozialen wohl am deutlichsten zutage trat, sollte vom Grotesken bloßgestellt werden. Der „gute Humorist", der „Groteskenmacher", so fordert es Friedlaender, muß Heuchelei inszenieren können. Er wird dabei

> „so ähnlich zum Heuchler, wie der Clown, der eine Kreidedecke über sein Antlitz legt, um seine menschlichen Gefühle nicht mehr zu verraten. Der Gefühlvolle heuchelt Trockenheit, um das echte Gefühl vom philisterhaft schalen zu trennen und dieses mit jenem zu versöhnen, zu verspotten." (ebd.)

So, wie sich der Clown verdeckt hält, um etwas anderes offenzulegen, bedient sich der Autor des Grotesken, um in poetischer Formalisation über das bloß Sprachliche hinaus in die Vielschichtigkeit und Komplexität von Verhaltensweisen einzudringen, sie bloßzustellen und in ihrer Heuchelei, wenn sie denn darin zum Ausdruck kommt, transparent werden zu lassen. Über den Umweg literarischer Stilisierung, gleichsam in der Konstruktion einer zweiten Natur, soll der Zugang zum Natürlichen, das ja in der Friedlaenderschen Fiktion ein Natürliches der schöpferischen Indifferenz bedeutet, möglich werden. Indem also die Maske des Grotesken oder die groteske Maske etwas verbirgt, legt sie zugleich etwas frei. Darin erscheint dann das Groteske selbst als differentiell, als relationale Ausdrucksform des Literarischen. Es entfaltet darin gleichsam eine ästhetische Polarität (verdecken/aufdecken),[1] die die Fundamentaloppositionen abendländischer Kultur – schön/häßlich, wahr/falsch, gut/böse – zumindest in Schwingung versetzt. Das Schöne, Gute und Wahre, das immer das Häßliche, Böse und Falsche herausfordert, läßt sich vom Standpunkt des grotesken Humoristen, den Mynona einnimmt, nicht mehr jenseits seiner Verwendungszusammenhänge verstehen. Der Schein des Schönen, der fast automatisch das Gute und Wahre bedeutet, wird vom Grotesken bis auf den Ursprung, von dem dieser Schein ausgeht, zurückverfolgt. Denn auch das Schöne ist dämonisch, kann Ausdruck unglaublicher Besessenheit sein – man denke nur an den in sein Spiegelbild verliebten Narziß –, gegen die das Groteske gerichtet ist. Überhaupt ist

---

1 Vgl. Bloch 1972, 252 f. (Polaritäten der Ästhetik)

> „das Dämonischste die Verborgenheit der Dämonie vor sich selber, ihre Vermenschlichung, Hülle der Weltenisis, der Individualität, welche nicht erst der Tod zu lüften braucht, wenn philosophische Selbstbesinnung ihm zuvorkäme." (SI 455)

Das Dämonische gilt es also nicht bloß im Grotesken „zu bannen und zu beschwören", wie es Kaysers Verständnis nahelegt, sondern vor allem auch so zu entdecken, daß es als von der eigenen Bewußtseinssphäre ausgehend transparent wird.

Mynonas Grotesken haben Hebammenfunktion, Sie sollen literarisch genau auf jene Möglichkeit philosophischer Selbstbesinnung aufmerksam machen, die im bloß philosophischen Diskurs kaum so intensiv zum Vorschein käme. Es geht nicht darum, das Schöne, Gute und Wahre grotesk zu verabschieden, sondern ums Verständnis einer polaristischen Ordnung, in der die scheinbar so rein erscheinenden Signifikate nur in ihrer Relationalität, das heißt, als Signifikanten, überhaupt erfaßt werden können.

Im Grotesken erscheint die Wahrheit des Häßlichen und die Häßlichkeit der Wahrheit, die, so Friedlaender/Mynonas philosophisches Credo, allein als Medium schöpferischer Indifferenz und damit als polaristische Wahrheit wirklich ist. Dieser Wahrheit unterliegt auch das Häßliche, das im Grotesken als widerstreitendes Prinzip fungiert. Man „hüte" sich daher

> „vor dem Mißverständnis, als ob der Groteskenhumorist im Häßlichen an sich selber schwelge; sondern es ist ihm nur ein scharfes Mittel, um uns auch noch aus dem Häßlichen aufzuschrecken, das wir deshalb schon für schön, wahr, heilig und rein halten, weil wir uns daran gewöhnt haben." (GS 3, 603)

Mynona, diese Friedlaendersche Äußerung und Außenwelt – „Mein Thema ist die Innenwelt, mein Ich, verglichen womit mir alles menschliche Außen, meines inbegriffen, grotesk erscheint"[1] – versteht das Groteske als Medium eines literarisch formalisierten polaristischen Denkens, daß uns auch über andere Medien Aufschluß zu geben vermag.

---

1 Autobiographie, 30

„Unter dem Namen Mynona" schloß Friedlaender „ein Lachkabinett auf", das unter anderm in dem Groteskenbuch *Rosa die schöne Schutzmannsfrau* mit den Grotesken *Aërosophie, Präsentismus* und *Fasching der Logik* „den Indifferentismus polarer Observanz humoristisch formuliert" (SI 503) und zugleich jene Differenz von satirischem Lachen und bloßer Fröhlichkeit deutlich macht, auf die Bachtin in *Literatur und Karneval* [1] hinweist. Ähnlich wie für Bachtin hat für Friedlaender das Groteske einen grundlegend anthropologischen Aspekt, der gerade beim Lachen hervorbricht. So wollte Friedlaender/Mynona „dem Menschen mindestens auf den Zahn fühlen, den er beim Grinsen zeigt." (SI 503) Dementsprechend entlockt der groteske Humorist dem allzumenschlich verstellten Alltag einen „divinen Luxus" (SI 486), der jedem Grinsen, eher noch jedem Lachen, wenn auch auf noch so minimale Weise, entgleitet.

In der Erfahrung des Grotesken, auf die Mynona aus ist, steht „der die Komik fundierende befremdliche, zynische, makabre, naive und jedenfalls exzentrische Humor", den Preisendanz als „das vorherrschende Vermittlungsprinzip"[2] versteht, nicht im Kontrast zur philosophischen Absicht, die hinter Mynonas Texten steckt. Im Gegenteil ergänzt jener groteske Humor geradezu Friedlaenders philosophischen Polarismus insofern, wie er das Lachen, wie er die Paradoxien des Alltags literarisch in die Philosophie hineinträgt.

Die Häßlichkeit des Realen, das Schreckliche, das in ihm steckt und gerade dann von ihm ausgeht, wenn es so gewöhnlich daherkommt, durchschneidet nicht nur den schönen Schein, sondern zerbricht auch tieferliegende Illusionen, wenn es als gänzlich Fremdes und Anderes empfunden wird. In seiner empirischen Faktizität hat das Häßliche, das Schreckliche Teil am Ganzen der Erfahrung des Einzelnen. Wer es zugunsten eines Schönen verdrängt, ausgrenzt oder kompensiert, es also auf bestimmte Weise zu ignorieren versucht, ist letztlich schon in seinen Bann geraten. Die ironische Maske des Grotesken, wie Mynona sie literarisch verwendet, ermöglicht

---

1 Vgl. Bachtin 1969 u. Bachtin 1979, 338 f.
2 Preisendanz 1976, 159

Einblicke in jene Abgründe des Wirklichen, die sich immer auch als Abgründe eines literarisch Wirklichen beschreiben lassen und doch über die Anthropomorphismen des Sprachlichen repräsentationslogisch, gegen alle Sprachvernunft, in der eigenen Bewußtseinssphäre mächtig werden. Was dabei als Wahrheit des Grotesken erscheint, bleibt angebunden an jenes „bewegliche Heer von Metaphern, Metonymien und Anthropomorphismen", also an jene „Summe von menschlichen Relationen, die poetisch und rhetorisch gesteigert, übertragen, geschmückt wurden",[1] wie Nietzsche Wahrheit schlechthin in ihrer Kontingenz und Illusion bezeichnet.

Trotzdem bleibt die Aufgabe, jene Zusammenhänge zu analysieren, von denen aus das Groteske seine Wahrheit gegen die Irrtümer des Realen, und seien es nur die Irrtümer des literarisch Realen, behauptet. Das Grauenhafte, wie es in Mynonas Grotesken vorkommt, ist ja zunächst allein eines, das außerhalb der Lektüre keinerlei Bedeutung hat und doch funktioniert es gerade deshalb, weil es immer wieder an vertraute Erfahrungen außerhalb der Lektüre anschließbar ist.

Warum empfinden wir denn bei Kafka jene Beklommenheit, jene grauenhaften Atmosphären, die so wahnsinnig anmutende Irritationen erzeugen und uns doch, trotz aller Fremdheit, eine so gänzlich unbestimmbare Vertrautheit spüren lassen? Sicherlich greift auch hier das ideologisch so verheerende Projektions- und Repräsentationsmodell der Sprache, in dem sich sprachlich motivierte Empfindungen bilden, die die verschiedenen Erfahrungsbereiche des Sprachlichen kurzschließen und so den Übergang von literarischer zu außerliterarischer Erfahrung herausfordern.

Von Mynonas Grotesken und Phantasien läßt sich ähnliches sagen, so daß die von Albert Soergel getroffene Unterscheidung zwischen Kafka und Mynona – Mynona war ihm mehr „Denker" denn „Dichter", was er Kafka vorbehielt[2] – kaum plausibel erscheint. Was bei Kafka so häufig als Grund für die Uninterpretierbarkeit seines Werkes genannt wird, nämlich das allmähliche Verschwinden von

---

1 Nietzsche: *Über Wahrheit und Lüge* ..., 1 (KGA III/2, 374)
2 Vgl. Soergel 1925, 865

Sinn bei fortschreitender Lektüre, was zugleich einen ungeheuren Sog nach Sinn hervorruft, läßt sich in der Form bei Mynona nicht ausmachen. Daraus nun aber den Schluß ziehen zu wollen, daß Mynona deshalb weniger Dichter wäre, weil sein literarisches Werk eine vielleicht weniger geschlossene Veranstaltung ist, hieße den Begriff von Dichter und Dichtung anders zu verstehen, als er von Mynona ausgeht. Mynona wollte ja gerade in seinen Dichtungen transparent sein. Die zuweilen verdeckte Philosophie, die seinen Texten zugrunde liegt, sollte ja nicht verschlüsselt bleiben, sondern für jeden zugänglich sein. Verständlich wollte Kafka vielleicht auch sein, nur stellte sich bei ihm das Problem von Literatur und Sprache in anderer Weise als bei Mynona. Daß Soergel bei Kafka das zu finden glaubt, was „Friedlaender-Mynona vom Schöpfer fordert" (ebd. 865), nämlich jene indifferente Perspektive des Sinns, die sich keiner äußerlichen Interpretation von Sinn erschließt, sondern entweder die Geschicke des Individuums steuert oder eben nicht, spricht ja auch für Mynonas Dichtungen.

Das Groteske ist dabei allemal jener „Prüfstein", der „einen indirekten Ausblick auf ein göttliches Leben" eröffnet, „das ebenso finster wie gewiß ist." (GS 3, 603) Mynonas grotesker Humor ist dabei nicht von weniger Ernsthaftigkeit durchzogen als der Kafkas. Das Abgründige bei Kafka, in dem Benjamin eine „strahlende Heiterkeit"[1] erblickte, ist bei Mynona nicht weniger abschüssig. Die Finsternis des göttlichen Lebens, die, so paradox die Formulierung auch klingen mag, in Mynonas Grotesken zum Vorschein kommt, symbolisiert mit der Gottmetapher jene schöpferische Macht des Ursignifikats, die Mynona im individuellen Selbst aus dem Schlummer der Differenz zu wecken versucht. Wer dann nämlich mit gleicher Schärfe und Güte wie Gott auf die Häßlichkeit und Schönheit des Realen zu blicken vermag, dem entgeht keinen Augenblick der Sinn des polaristisch verfaßten Realen.

Die Epistemologie des Grotesken, die die Polarität des Realen zu erfassen versucht, erfordert ein erkenntnismäßiges Verständnis des Umgangs mit Paradoxien, wenn es darum geht, ohne verdrängen-

---

1 Benjamin an Gershom Scholem, 22. Juni 1938 (Benjamin 1966, 764)

den Hintersinn „die Häßlichkeit und Schrecklichkeit des Lebens wie die Maske eine Gottes, der der Gemeinheit im Inkognito des Todes und des Teufels erscheinen will", zu genießen (GS 3, 604). Dämonisch erscheint hier die Nähe von Gott und Teufel, in der sich die Welt bewegt. Als „Kammerjäger der Seelen" ist dann auch der „Groteskenmacher" „davon durchdrungen, daß man diese Welt hier [...] ausschwefeln muß" (ebd. 603), um sie zu erkennen. Er „peitscht auf alle menschlichen Heiligtümer ein", weil sie, als Abbilder und Götzen jenes individuale Selbstverhältnis verzerren, das ein von „aller Galle" befreites Lachen (ebd.) überhaupt erst ermöglicht.

Häßlichkeit entstellt nicht immer [1] heißt eine Groteske Mynonas, die schon gleich zu Anfang den Leser in seinem Bedürfnis nach schneller Lustbefriedigung bremst und Lektürehaltungen ironisch bricht:

> „Klotilde war die Schönheit selber (bis auf eine kleine Partie, deren Sitz wir noch nicht verraten ... also nein, warten Sie doch ab! Sie finden es nicht von selbst)." „Die Ruhe und die Grazie ihrer Bewegung übertraf alles, was man bei jungen Mädchen in dieser Weise sieht, unvergleichlich. Nur ....." „offenbarte sich",

wenn sie einen „unversehens anlachte oder auch nur lächelte" ihre ebenso unvergleichliche Häßlichkeit in Form einer „enormen Sattelnase", die „zwischen extrem hunnischen Backenknochen" saß. Zu „beiden Seiten der Nase waren ihre Wangen scheckig wie von einem Vitriolattentate gefleckt und obendrein pockengrübig; sonst hatte sie keinen Fehl, sondern war im Gegenteil geradezu ein Ausbund von Schönheit." Die gelobte Schönheit war also vielmehr eine abstoßende „Häßlichkeit". „Eines Tages erhielt dieses anziehend-abstoßende Monstrum die Einladung zu einem Kostümfest und Maskenball ..." Verständlicherweise rang sie damit, hinzugehen oder eben nicht. Ein „plötzlicher Gedanke", ein „Einfall ermöglichte ihr" dann doch, das Fest zu besuchen. Sie tat nämlich nichts weiter, als ihre Häßlichkeit als Maske einer verdeckten Schönheit auszugeben und so aus Liebreiz den „weltberühmten Stoissi", den „jugendlichen Liebhaber vom Staatstheater" – die komödienhafte Inszenierung

---
[1] 1926; GS 8, 140-143

spielt bei Mynona bis in die Identität seiner literarischen Figuren hinein – für sich zu gewinnen. Mit aller Kunst nämlich hatte sie ihr Gesicht so „bemalt", daß es als Maske erschien. Aber „die Maske war keine Maske, sondern ihr wahres, nur geschwärztes Angesicht!" Ihre „grotesk pikante Schönheit" führte schließlich noch dazu, daß die „ausgeschriebene Schönheitskonkurrenz in einen Häßlichkeitswettbewerb" umgewandelt wurde. Klotildes Häßlichkeit wurde so zur „neckenden Maske ihrer Schönheit". Mynonas polaristisch ästhetische Erkenntnis daraufhin: „Lieben wir doch im Grunde stets nur die Masken der eigentlichen Bedeutung." Es bedarf daher einer „geschickt kosmetischen" Verwertung des Häßlichen, um auf die ansonsten verborgene Schönheit aufmerksam zu machen. „Bekanntlich ist die regelmäßige Schönheit nur ein Brechmittel. Ohne ihre bezaubernd arrangierte Häßlichkeit ist die schönste Schönheit nichts." Maskerade und Heuchelei sind die Werkzeuge des „Groteskenmachers", der sie allerdings in ihrer herkömmlichen Bedeutung umkehrt. „Verstehe man also diese umgekehrte Heuchelei, welche die häßlichste Maske über das Antlitz zieht, welches, umgekehrt wie das der Meduse, so paradiesisch herrlich ist, daß kein menschliches Auge ungeblendet bliebe." (GS 3, 604) Und da, wo nun das Antlitz, wie bei Klotilde, selbst medusenhaft erscheint, wo die Häßlichkeit der Maske als Schönheit zur Geltung kommt und die Häßlichkeit des Antlitzes durch kosmetische Täuschung kompensiert wird, um dann um so anziehender zu wirken, wird die Illusion reiner Schönheit offenbar, wird das Trugbild jener „unverzerrten Urgestalt" zerrissen, das bloß im schönen Schein eine Wahrheit vorgaukelt, was in Mynonas Grotesken transparent werden soll. Dabei soll der schöne Schein nicht durch Häßlichkeit ersetzt werden, sondern die so verquere Opposition schön/häßlich soll entdeckt und in ihrem relationalen Bezogensein verständlich werden.

Das Groteske ist keine bloße Konstruktion von Kontrasten, sondern immer auch eine Kombination von Gegensätzen und deren gegenseitiger Verflechtungen. Spontanes, sicht- und hörbares Zeichen der Einheit des Grotesken in seinen scheinbar so unvereinbaren Widersprüchen ist das Lachen, das, wenn es von „aller Galle" befreit ist, also kein denunziatorisches Lachen mehr ist, jene polaristische

Vernunft durchscheinen läßt, auf die Mynonas Texte gerichtet sind und die ohne Ironie, Humor, Witz und Komik kaum zu begreifen ist, die gleichsam ohne ihr Lachen nicht vernünftig wäre.

Was für die „Geschichte der Philosophie" diagnostiziert werden kann, nämlich daß „die Komik und ihr Lachen zumeist als Konkurrentin der Vernunft und ihres Sagens" auftritt,[1] müßte, auf Friedlaender/Mynona bezogen, derart präzisiert werden, daß diese Konkurrenz nur eine der gegenseitigen Befruchtung sein kann, die die Symbiose von Vernunft und Humor vollzieht. Bei Mynona jedenfalls kommt eine Vernunft zum Zuge, die über sich selbst lachen kann, die sich in ihren grotesken, aporetischen Verstrickungen und paradoxen Erscheinungsweisen nicht gleich selbst aufgibt, sondern diese als willkommene Aspekte ihrer eigenen Ausdifferenzierung versteht. Mit Mynonas Grotesken kommt ein Lachen in Friedlaenders Philosophieren, das bei näherer Betrachtung von dieser Philosophie selber auszugehen scheint. Dabei gründet dieses Lachen auf der Relation von Identität und Ironie, die sich jeder zu eigen machen kann, der seine individuale Subjektivität, der seine eigene Identität gerade mit Ironie zu fassen versucht. Für Friedlaender/Mynona jedenfalls war dies ein konstitutiver Aspekt individualer Subjektivität.

---

1 Seel 1986, 420

3.3. Vernunft und Groteske

„Das Tier", behauptet der weise Löwe, „ist eine Erfindung des Menschen [...], die ganze Natur, nicht nur der eitle Affenmensch, ist mit Vernunft durchtränkt."[1] Insofern also der Beobachter nach Maßgabe seiner Regeln die Natur beobachtet, erfindet er zugleich das, was er beobachtet. Wenn er, wie Mynona es uns weismachen will, in der gesamten Natur Vernunft vorfindet, so deshalb, weil er die Natur auch so beobachtet, als wäre sie durch und durch vernünftig. Natur und alles was zu ihr gehört, wird zur Erfindung des Menschen bzw. seines Geistes. Alles, so ließe sich aus diesem Beispiel folgern, entspringt der Erfindungsgabe des Menschen. Nichts ist schon da, was sein Bewußtseins- oder psychisches System nicht schon vorher konstituierte. Präkognitive Erfahrung ist dabei Teil des psychischen Sinnsystems. Auf der Ebene kognitiver Beobachtung und Beschreibung allerdings spielt der Erfindungsprozeß die entscheidende Rolle dessen, was beobachtet und beschrieben wird. Die Apriorität von Strukturen und Prozessen, das Gegebensein der Welt, wie sie dem Beobachter erscheint, wird radikal in Zweifel gezogen, was sich übrigens problemlos in die Epistemologie neuer Systemtheorie einbringen ließe.[2]

Aber nicht nur Natur ist Erfindung, sondern die Vernunft selbst, die jegliche Erfahrung nach Maßgabe ihrer kategorialen Erfordernisse ordnen soll, ist ebenfalls Erfindung. Natur und Vernunft entspringen einer Erfindungsgabe. Zugleich aber erschafft diese Vernunft oder genauer, dieser Vernunftwille, Welt und Natur. Er „bewirkt Naturkatastrophen" (GS 13, 381) und zugleich die Inauguration einer polaristisch verfaßten Vernunft. Daß diese grotesk anmutende Spannung von Vernunft und Natur geradezu geeignet dafür ist, in literarische Grotesken einzufließen, bzw. diese überhaupt erst richtig in Gang zu bringen, hatte Mynona von Friedlaender her erkannt.

---

1 Mynona: *Das weise Raubgetier* (1918; GS 7, 347)
2 Vgl. Luhmann 1984a

Die Kombination aus Vernunft und Groteske, wie sie die ästhetische Erfahrung in der Lektüre mynonascher Texte offenlegt, zielt ja nicht darauf, so etwas wie eine groteske Vernunft einzuführen, sondern einzig und allein darauf, das Groteske einer scheinbar so vernünftigen Vernunft, einer scheinbar so vernünftig geordneten Wirklichkeit herauszustellen. In der Kritik dieser Vernünftigkeit, die das für vernünftig hält, was sich als zeitgenössisches Denken behauptet, war sich Friedlaender/Mynona sogar mit expressionistischen Tendenzen einig, insofern auch „der expressionistische Dichter" sich des Grotesken bediente. Selbst im Expressionismus stehend, ihn aber gleichzeitig auch als Form der Moderne kritisierend, „schaffte" Mynona einen „literarischen Begriff des Grotesken" nicht dazu, „um seinen Protest gegen die Zeit und das zeitgenössische Denken abzureagieren", wie Karl Otten (1962, 9) es formulierte, sondern um den Protest der Anderen auf den Plan zu rufen, die sich von diesen Grotesken verspottet und angegriffen fühlten. Erst in der durchs Groteske herausgeforderten Radikalisierung des latenten Konflikts zwischen Individuum und Gesellschaft nämlich konnte der Protest, wie Friedlaender/Mynona ihn verstand, überhaupt wirksam werden. Zugleich greifen Sprachgroteskes und Philosophiegroteskes bei Mynona über den bloßen Protestcharakter der Sprache hinaus, indem sie auf die eigenen sprachmaterialen Grundlagen verweisen und damit auch das Medium Sprache selbst transparent werden lassen.

Auch ist das Groteske nicht, wie es Ottens Bemerkung nahezulegen scheint, allein aus einer pessimistischen Lebens- und Weltauffassung heraus gestaltet,[1] sondern gründet, bei Mynona jedenfalls, auf einem polaristischen Optimismus. Wenn es im Grotesken Mynonas Pessimismus gibt, dann ist es eine Art Zweckpessimismus, der allenfalls dazu dient, den Irrweg pessimistischer Grundhaltungen hervorzuheben. Für Friedlaender/Mynona jedenfalls stellt die Opposition Optimismus/Pessimismus immer auch eine falsche dar, weil sie Alternativen suggeriert, die es nicht geben kann. Uns „Heutigen" rät Friedlaender deshalb, sich genauer bei Kant und E. Marcus, bei

---

1 Vgl. Dimič 1960, 35

Goethe und Nietzsche kundig zu machen, „wie man über allen Optimismus und Pessimismus hinauskommen könne."[1]

Friedlaenders polaritätsphilosophische Reflexion destruiert daher diese Opposition, ohne eine neue an ihre Stelle zu setzen. Und insofern die philosophische Reflexion Friedlaenders maßgeblich in Mynonas Grotesken eingeht, läßt sich auch in diesen weder motivisch noch atmosphärisch eine pessimistische Haltung ausmachen.

Überhaupt scheint ja, wie zuvor schon angeklungen, das Groteske starke Affinitäten zur philosophischen Reflexion zu haben, in der sich die theoretische Differenzierung von Vernunft vollzieht. Auf Friedrich Schlegel zurückgreifend, der vielleicht am intensivsten seiner Zeit auf das Zusammenspiel von Philosophie und Groteskem, auf den Zusammenhang von Reflexion und Paradoxie sowie auf die Relation von Ironie und Erkenntnis hingewiesen hatte, läßt sich wohl auch allgemeiner in der Romantik um 1800 eine Hochphase des Grotesken bemerken. Für Schlegel jedenfalls gibt es einen Zusammenhang von Literatur und Philosophie im Grotesken, was aber nicht heißt, daß dieser Zusammenhang grotesk ist, oder daß er notwendig und zwingend in der Relation von Literatur und Philosophie vorkommt. Aber: „Wenn jede rein willkürliche oder rein zufällige Verknüpfung von Form und Materie grotesk ist: so hat auch die Philosophie Grotesken wie die Poesie."[2] Schlegel erkannte das Groteske darüber hinaus in seiner absichtsvollen Kombinatorik.

> „Absicht bis zu Ironie, und mit willkürlichem Schein von Selbstvernichtung ist wohl eben sowohl naiv, als Instinkt bis zur Ironie. Wie das Naive mit den Widersprüchen der Theorie und der Praxis, so spielt das Groteske mit wunderlichen Versetzungen von Form und Materie, liebt den Schein des Zufälligen und Seltsamen, und kokettiert gleichsam mit unbedingter Willkür." (ebd. 267)

Das Groteske treibt mehr noch mit der Differenz von Form und Medium „wunderliche Versetzungen", die so weit reichen können, bis Form Medium wird, wie es bei Mynona zu beobachten ist.

---

1 Friedlaender: *Gottfried Wilhelm Leibniz* (1916; GS 2, 503)
2 Schlegel 1980, 268

Auch findet sich jenes „combinatorische Genie" (ebd. 198), von dem Schlegel spricht, bei Mynona wieder. Entspringt das Groteske ja gerade einer literarischen Kombinatorik vermeintlich disparater Ereigniskonstellationen, die das zusammenführt, was gewöhnliche Realitätsmuster in Konflikte mit sich selbst bringt, weil es deren innere Logik grundsätzlich zu verletzen scheint oder tatsächlich verletzt. Vor allem in Mynonas Technikgrotesken wird der Kontrast von technischer Rede und deren Einbindung in aberwitzige, skurrile und einfach groteske Ereigniskonstellationen deutlich, so daß die verletzte innere Logik einer technischen Realität in ihrer Sprachlichkeit transparent wird. *Goethe spricht in den Phonographen, Fatamorganamaschine,*[1] *Magische Revolution?* (GS 13) und vor allem die „Phantasie" *Der Schöpfer* ziehen ihre groteske Verzeichnung nämlich aus einer Kombinatorik von Technik und Psyche, von Medium (Ich, Wille, literarisch personale Identität und Individualität) und Material (Sprache), die sämtlich in der Lektüre zu einer komplexen Erfahrung zusammenschießen. Darin verdankt sich dann das Groteske einer kombinatorischen Phantasie, die es gerade auf die Extremlagen der Vorstellungskraft abgesehen hat, wie es die paradoxale Atmosphäre des Grotesken kennzeichnet. Überhaupt scheinen Paradoxie und Groteskes miteinander gut verträgliche Formen zu sein, was für Literatur und Wirklichkeit gleichermaßen Geltung hat.

Wie für Friedlaender/Mynona, der für Otto Flake zu den Wegbereitern des Dadaismus zählte und der den flämischen Dichter und Dadaisten Paul van Ostaijen (1896-1928) direkt und entscheidend in dessen grotesker Prosa beeinflußte,[2] spielt das Paradoxe in der dadaistischen Erkenntnistheorie, wobei offen bleibt, ob mit diesem Terminus das dadaistische Erkenntnisstreben sich überhaupt treffend erfassen läßt, wie bei Hugo Ball etwa,[3] eine ebenso entschei-

---

1 GS 7, 289-302 u. GS 8, 331 ff.
2 Vgl. Beekman 1982, 241. In der Tat erscheinen van Ostaijens Grotesken (eine Auswahl in Ders.: *Grotesken,* Frankfurt: Suhrkamp 1967) motivisch und konzeptionell als von Mynona wesentlich beeinflußt: verblüffende Parallelen ergeben sich etwa in der Kombination von Vernunft und Groteske.
3 Vgl. White 1982, 101

dende Rolle. Während Friedlaender/Mynona sich in seinen Texten offensiv um eine Entparadoxierung zugunsten einer pragmatischen Problemlösung bemüht, scheinen die Dadaisten, ganz allgemein gesprochen, das paradoxale Ereignis eher zu feiern, denn entspannen zu wollen.

Im Anschluß an die Studien des russischen Gelehrten P. D. Ouspensky,[1] der eine transzendentale Logik des Paradoxen formulierte, schien sich der Dadaismus des offenkundigen Unsinns immer stärker, immer dringlicher nach einer rationalen Sinnhaftigkeit des eigenen Tuns umzuschauen, was Hugo Ball dann auf eine „höhere Vernunft" zu verpflichten suchte.[2]

Paradoxien haben für die literarische Formalisation des Grotesken eine quasi konstitutive Funktion, was Mynonas Texte überzeugend demonstrieren. Sowenig sich das Paradoxe dialektisch fassen läßt, sowenig läßt sich auch das Groteske befriedigend in dialektischer Beschreibungsrationalität klären, was sowohl für Mynonas wie auch für Friedlaenders Texte gilt. Denn Friedlaenders Philosophieren, das Paradoxien nicht vermeidet, sondern sie geradezu als *movens* des Denkens und der Wirklichkeitserfassung begreift, schien ja auch dialektisches Denken verdächtig, Versöhnung da stiften zu wollen, wo es gerade um die Erkenntnis der Unvereinbarkeit des Unvereinbaren ging. Polarismus und Groteskes lassen sich nicht dialektisch aus der Wirklichkeit treiben, was zu den wesentlichen Erkenntnissen des schöpferischen Indifferentismus gehört. Eine polaristisch verfaßte Vernunft ist daher auch keine dialektisch begründete. Und vielleicht meinte Hugo Ball mit seiner „höheren Vernunft" das, was bei Mynona in grotesker Form als polaristische Vernunft zum Vorschein kommt, nämlich eine an Paradoxien stark gebundene Form der Wirklichkeitserfassung.

Vor allem in seinen letzten Grotesken, die Mynona unter dem Eindruck des Hitlerfaschismus schrieb, gewinnt Friedlaenders polaristisches Vernunftkonzept großen Einfluß auf die Gestaltung des Grotesken.

---

1 Petr Demjanov Ouspensky: *Tertium Organum. Der 3. Kanon des Denkens* (1921), Übers. François Grunwald, Weilheim: Barth 1973
2 Vgl. White 1982, 109

Der lachende Hiob und andere Grotesken, 1935 als letzte Buchveröffentlichung im Pariser Exil erschienen, weist deutlich auf den funktionalen Aspekt des Grotesken, jene Vernunft transparent werden zu lassen, die Friedlaenders Polarismus zugrunde liegt. War in den früheren Grotesken häufig noch das Sprach- und Philosophiegroteske ein entscheidendes Merkmal, so kommt in den letzten ein utopisches Moment jener polaristischen Vernunft zum Vorschein, mit der sich Friedlaender/Mynona vehement gegen den sich etablierenden Faschismus wandte. So ist denn auch der Protest darin weniger grotesk-witzig, als vielmehr auf die real-utopische Überwindung der Gegenwart aus.

In der Groteske *Magische Revolution. Utopie?..* von 1935 scheint allein noch eine polaristisch verfaßte Vernunft in der Lage, einen utopischen Gedanken, angesichts des realen Grauens, fassen zu können. Daß diese Vernunft nur und erst Recht mit den Mitteln einer „technischen Waffe", die sie sich selber erschafft (GS 13, 381), die Diktatur der Fremdbestimmung, die in der *Magischen Revolution* sehr konkret mit dem Hitlerfaschismus identifiziert wird, besiegen kann, verweist auf den Pragmatismus dieser Vernunft, deren Ethik und Moral ebenso polaristisch begriffen werden müssen. Darin ist diese Vernunft eine instrumentalisierte, die nicht von den Instrumenten, sondern vom Medium dieser Instrumente, nämlich vom schöpferischen Selbst, bestimmt ist.

Skizzenhaft, gleichsam als Erinnerungsübung, erläutert Friedlaender in einem Brief an Kubin vom 10. April 1936 jene erkenntniskritischen Grundlagen seines kritischen Polarismus, wie sie schon 1935, literarisch formalisiert, in *Magische Revolution* zum Ausdruck kamen:

> „Diese Magie ist noch ein sehr junges Gewächs"; sie ist „die allerwichtigste, aber zugleich allerjüngste kritische Disziplin in Wissenschaft, Kunst, Technik, Praxis, Religion, Ethik. Sie ist im Samen, im Elementaren seit 1781 entdeckt; ich habe diese Entdeckung noch vervollständigt." (Briefe Kubin, 195)

Weiter heißt es in diesem wichtigen Brief, der auf Friedlaenders Typoskript *Das magische Ich. Elemente des kritischen Polarismus* aufmerksam macht:

> „Ich bin also der erste Moralist, welcher kritisch nachweist, daß das Böse nur die peripherische Infektion des Guten, des Innens ist: – Gut und Böse verhalten sich eben *nicht* wie Pol zu Gegenpol. Der Satan ist *kein* Gegenpol zu Gott. Sondern er verhält sich zu ihm wie Außen zu Innen, d. h. wie Peripherie zum Zentrum."
>
> „Im Zentrum steckt also die peripherisierende, diametralisierende, polarisierende Funktion: im Ich, im Geist. Geist verhält sich also zu ‚Fleisch', zum an sich ich-losen Stoff, keineswegs (wie man immer dachte) als Pol zum Gegenpol. Das ist ein das Leben und die Menschenwelt *verrenkender* Irrtum. Sondern eben wie *Mitte* zum Umkreis. Bei Kant und Marcus noch sind Vernunft und Natur die ‚Pole' der Welt. Aber der sterbende Marcus sagt zwei Stunden vor seinem Tod: ‚Meine Wesenheit ... der *Zentralpol der Welt,* verläßt sich auf sich selbst und lacht.' So kommt endlich die Wahrheit heraus! Das Ich also, das Innen, der Geist, die Vernunft, der Intellekt, die Idee, der Begriff, der Gedanke, die Einsicht, die Intelligenz, kurzum der eigentliche Mensch – ist Zentrum. Hingegen alles Sinnliche, Zeit, Raum, Gefühle, Begierden, Anschauungen, Erscheinungen, Intuitionen, Stoff ist Wirkung der Zentralfunktion, also durch und durch gegenseitig, diametral, antipodisch, polar, paarig. – Hier haben Sie also die kritisch ernüchternde Leere von der Indifferenz. Die Pole liegen also überall im Außen." (ebd. 197 u. 196)

Vernünftig ist demnach keineswegs, wie Hegel lakonisch bemerkte, was wirklich ist, und ebensowenig ist alles Wirkliche vernünftig, sondern Vernunft muß sich erst im Widerstreit polarer Gegensätze herausbilden und als wirkliche durchsetzen. Vernunft ist „Innenfleiß" (ebd.), Prozeß der Selbstsorge um die eigene Befindlichkeit. Sie ordnet gleichsam das Selbstverhältnis, dessen „Hyper-Identität" (ebd. 197) eine Freiheit bezeichnet, die aus Differenz entspringend, sich gegen jede Differenz zu behaupten versucht.

Die Vernunft, die hier zum Vorschein kommt, ist allemal eine selbstkritische, keine selbstevidente. „Kein Zweifel," so Friedlaender in einem anderen Brief an Kubin,

> „das Vernunft-Ich herrscht. Soll aber diese heimliche Herrschaft apparent werden, den apparent herrschenden Tod endlich verdrängen, so muß es kritisch präzis um sich wissen und alle Dogmen und alle noch so elegante Skepsis in die Schranken weisen: in die der selbstkritischen Vernunft. Kein Regiment [also auch nicht das der Vernunft selbst; RS] dauert, das sich dieser Vernunftkritik nicht ehrlich stellt. Wer Kritik unterdrückt, muß unversehens einmal explodieren",[1]

was, motivisch verstanden, so manchen Helden in Mynonas Grotesken zum Platzen bringt, wobei dann als der eigentliche, gleichsam unpersonale Held, die Vernunft bezeichnet werden kann.

Vernunft und Kritik, wie Friedlaender sie in seinem „kritischen Polarismus" aufeinander zuführt, sind zentrale Aspekte in Mynonas Grotesken. Auf die Kombination von Philosophie und Groteske hatte auch Carl Einstein aufmerksam gemacht: „Vielleicht enthält alle Philosophie, ihr ganzer Stil über alle Geisterarchaik hinaus, ein gewaltiges, groteskes Element."[2] Träfen Einsteins Vermutungen zu, so gibt es wohl kaum einen besseren Kontext zur Beschreibung dieser Kombination, als Friedlaenders Polaritätsphilosophie im Lichte Mynonascher Grotesken.

In diesen Zusammenhang gehört nun auch, was Karl Otten, bei anderer Lesart von Friedlaenders und Mynonas Texten hätte bemerken können, nämlich, daß es sich nicht so verhält, wie er 1962 in seiner Einleitung zum Sammelband *Expressionismus – grotesk* notiert, daß Mynonas Grotesken nicht als „Erweiterung" der Philosophie Friedlaenders „mit anderen Mitteln" zu verstehen seien.[3] Heute, nach der Veröffentlichung des Briefwechsels Friedlaender/Mynona – Kubin, läßt sich eine gänzlich andere Entscheidung begründen. Darin finden sich nämlich genügend Belege dafür, daß Friedlaen-

---

1 Friedlaender an Kubin, 8. April 1938 (Briefe Kubin, 237)
2 Einstein 1973, 131
3 Otten 1962, 12

der sehr wohl Mynonas Grotesken, wie er in seiner autobiographischen Skizze von 1936 bemerkte, für seine philosophische Reflexion nutzte. Konnten sich doch gerade im Literarischen jene polaristisch skurrilen und grotesken Ereignisse und Ereigniskonstellationen aufbauen, die im Sinne einer von Friedlaender projektierten, aber nie ausgearbeiteten, polaristischen Ästhetik Einblick in die Komplexität grotesker Realität ermöglicht, und sei sie nur eine literarische oder sprachliche Realität.

Kubins Zeichnungen zu Mynonas Texten sind ein weiterer Beleg dafür, daß es zwischen Philosophie und Groteskem einen inneren Zusammenhang geben kann. Jedenfalls versuchen Kubins so häufig mit dem Grotesken verbundene Zeichnungen mit der Polarität auch jenen philosophischen Gedanken in sich aufzunehmen, der Friedlaenders Philosophie zugrunde liegt. Verstand Kubin Friedlaenders Polaritätsphilosophie ja selbst als Kraftquelle seines Zeichnens. Daß dem Grotesken ein philosophisches Moment inne ist, läßt sich bei Mynona leicht zeigen. Daß der Philosophie aber ein groteskes Element eigen sein soll, läßt sich nur schwerlich im philosophischen Diskurs selbst durchsetzen. Philosophieren entzieht sich häufig geradezu dem Widersinnigen und scheint allemal in ihren verbreitetsten Versionen lieber auf Identität, denn auf Differenz zu setzen, was erst neuerdings wieder, im Anschluß an Dada, Sprachphilosophie und Strukturalismus, also in der Drift eines Paradigmenwechsel von Bewußtsein auf Sprache, eine Umkehrung erfahren hat und erfährt. Vielleicht gründet sich aufgrund des Paradoxen im Grotesken der Zusammenhang von Philosophie und Groteskem, auf den es Carl Einstein ankam. In der dadaistischen Paradoxologie etwa ließe sich die Verknüpfung von philosophischem Reflektieren mit widersinnigen, paradoxen und grotesken Stilelementen beobachten.

Friedlaenders Philosophieverständnis scheint sich einerseits für eine strenge Logik im Denken zu entscheiden und doch anderseits den Widersinn, das Paradoxe als kreatives Moment erhalten zu wollen. Das Hin und Her der Enge und Weite des Philosophierens soll gewahrt bleiben.

Für Friedlaender gehört das Groteske Mynonas unbedingt, wie erwähnt, in sein polaristisches Philosophieren mit hinein. „Mynona gehört zu meiner Moralität",[1] schreibt Friedlaender an Kubin. Und so, wie die *Schöpferische Indifferenz* als Vorstudie einer Fröhlichen Wissenschaft gelten könnte, gehört zum Lachen dieses Philosophierens auch das Lachen aus den grotesken Extremlagen des Lebens heraus, mit denen sich Friedlaenders Philosophie und Mynonas Grotesken beschäftigen. Sexualität ist hier das Motiv, in dem philosophischer Diskurs und groteske Ereignishaftigkeit zusammenschießen.

Insofern kommt den literarischen Texten Mynonas, kommt dem Utopischen, Parodistischen, Satirischen, Ironischen und Grotesken die Möglichkeit zu, ein vielleicht auch besseres Verständnis des Philosophierens zu gewinnen. Im Rückblick auf die literarisch inszenierte Eingebundenheit philosophischer Reflexion lassen sich, so könnte man hier argumentieren, Einsichten in jede Form deskriptiven Philosophierens gewinnen. Für Friedlaender jedenfalls schien dies außer Frage zu stehen. Schrieb Mynona ja seine Texte auch deshalb, um Einblick in komplexe Zusammenhänge polaristischen Philosophierens zu geben.

Einsteins Behauptung, der Philosophie hafte ein groteskes Element an, gründet auf der strukturellen Gemeinsamkeit eines „idealisierenden Moments",[2] das dem Grotesken wie der philosophischen Reflexion eigen sein sollte. Das Groteske als „Form des Idealisierens", wie es Thomas Cramer in *Hoffmanns Poetik der Groteske* findet,[3] verweist zugleich auf „die paradoxe Qualität des Grotesken". Denn indem es die vermeintliche Unmöglichkeit zeigt, sich dem Idealen zu nähern, wie es ja auf den ersten Blick im Grotesken Mynonas der Fall ist, indem also die „verlorene Harmonie" sichtbar wird, die so häufig als Idealität genannt wird, eröffnet das Groteske zugleich aber demjenigen, der es zu lesen versteht, die „Idee des harmonischen Seins" (ebd. 233), wie sie Mynona in seinen Texten anvisiert. Insofern also Friedlaenders Polarismus ein idealisierendes Moment hat, insofern die *Schöpferische Indifferenz* diesen idealen Aspekt bedeutet,

---

1 Friedlaender an Kubin, 4. Juni 1924 (Briefe Kubin, 147)
2 Einstein 1973, 131
3 Cramer 1980, 232

ist er auch mit dem daran orientierten Grotesken vereinbar, daß dieses Moment ausdrückt.

Den grotesken Zug des Philosophierens meinte Carl Einstein in der „Gewohnheit" der Philosophen, „das Sein umzukehren und vom Begriff aus zu konstruieren", erblicken zu können. Ihm erschien dies als „eine der verblüffendsten, karikaturalen Leistungen",[1] die gleichwohl ein philosophisches Erfordernis zu sein scheint, da es keinen direkten Zugriff auf das Sein gibt, der unabhängig von jeglichem begrifflichen Erfassen funktioniert.

Für Friedlaender war der abstrahierende Aspekt, der jeder Sprachverwendung eigen ist, eine Bewegung, die über das bloß phänomenologische Erfassen von Wirklichkeit hinausreicht und die zugleich dem subjektiven Erfassen von Realität eine eigene Ordnung ermöglicht.

Während Einstein intensiv den Blick auf das Groteske des Philosophischen lenkt, scheint Friedlaender/Mynona sich dieses Moment in doppelter Weise nutzbar zu machen. Einerseits nämlich erfindet er die Philosophiegroteske, andererseits aktiviert er den sprachmaterialen, metaphorischen Gebrauch philosophischer Reflexion.

Einstein zufolge schreibt sich das groteske Stilelement in die Schrift- und Zeichenverhältnisse des deskriptiven Philosophierens gleich mit ein. Das „idealisierende Moment" charakterisiert darin dann jenes metaphysische Relikt, das in jeder Zeichenverwendung zum Vorschein kommt. Daß dieses Moment zugleich auch dem Grotesken verhaftet ist, bezeichnet die Selbstbezüglichkeit des grotesken Protestes, der sich da gegen sich selbst richtet, wo der Protest das erzeugt, wogegen protestiert wird.

Als Form der Verzerrung vernichtet das Groteske jegliche Idealisierung. Zugleich aber ist es selbst auf ein idealisches Moment aus, das es im Protest anzustreben gilt, soll er nicht um des Protestes Willen inszeniert werden. Daher auch läßt es sich nicht im Grotesken einrichten. Alle Bequemlichkeit wird gestört und zerstört. Im Prozeß der Lektüre setzt es eine Spannung frei, die Verdrängtes und Kompensiertes entlädt. Es wird als Verdrängtes und Kompensiertes

---

1 Einstein 1973, 131

der Sprache selbst deutlich. Die materialen und medialen Bedingungen des Grotesken als Sprache verweisen einerseits auf den geschlossenen Bereich der Lektüre und andererseits eröffnen sie in der Lektüre, eben weil das Groteske ein über die Sprache hinaus mächtiges Phänomen ist, die Möglichkeit ästhetischer Erfahrung, die bis in die Bereiche sinnlichen Erfassens wirksam ist.

Das Groteske dient Friedlaender/Mynona als Mittel, das Widersinnige des Realen, sei es nun literarisch-real oder sonstwie, literarisch auf die Spitze zu treiben. So etwa empfand er Remarques Welterfolg *Im Westen nichts Neues* in seinen romantisierenden, darin verschleiernden Kriegsschilderungen, als hervorragenden Gegenstand, um gegen den allzu erfolgsbestimmten Protest zu protestieren. Mynona parodiert dabei den Stil als Stil. Bestimmte Formen des Redens und Schreibens, des Denkens und Verstehens werden parodistisch aufgegriffen und ironisch gebrochen. *Hat Erich Maria Remarque wirklich gelebt? Der Mann. Das Werk. Der Genius. 1000 Worte Remarque* (1929) stellt wohl den spektakulärsten Fall dieser stilkarikierenden, persiflierenden, bis ins Groteske hinein wirkenden Destruktion dar.

Aber den Protest des Grotesken wendet Mynona auch gegen sich selbst, wo es darum geht, Kritik vor allem als Selbstkritik transparent werden zu lassen. Selbstparodierend, selbstironisch soll die Inszenierung des kritischen Polarismus bzw. dessen Vernunftkonzept in Mynonas Grotesken differenziert werden. Insofern ist das Groteske ein Differenzierungselement polaristischer Vernunft, wie sie im Friedlaenderschen Konzept beschrieben ist.

Das Zusammenspiel von Vernunft und Groteskem hat Mynona in *Magische Revolution. Utopie?..* (1935) im Sinne des Technik- und Philosophiegrotesken auf spannendste Weise ausprobiert. Das Fragezeichen im Titel dieser Groteske, wohl rhetorisch verwendet, unterstreicht noch einmal subtil den Konflikt zwischen Groteskem und Utopischem. Denn was als grotesk erscheint, könnte sich in der Lektüre auch als utopisch erweisen und was so utopisch wirkt, könnte allzuleicht auch der grotesken Verzeichnung unterliegen.

Mynonas *Magische Revolution. Utopie?..* war wohl die letzte große Kraftanstrengung des Groteskenmachers und des Grotesken vielleicht auch überhaupt vor Beginn des Zweiten Weltkriegs, also zur Zeit der fest im Sattel sitzenden Unvernunft des Hitlerfaschismus. Gegen „eine Menge Verbrecher", die sich „in einem Bräukeller ... ihr Rendezvous" (GS 13, 352) gaben, führt Mynona noch einmal Friedlaenders kritischen Polarismus an, um der destruktiven Unvernunft mit einer letztlich doch siegenden Vernunft die Macht in der Welt zu entreißen. Mit den „Verbrechern" waren jene „Kerls" gemeint, die sich einen „Führer" wählten (ebd.), mit dem man „den Juden" „der Masse" „zum Fraße" (ebd. 355) hinwerfen konnte, also jene, die den Hitlerfaschismus begründeten und ihre Macht durch geschickte Inszenierungen von Emotionen, Ressentiments und Desinformationen zu erhalten versuchten.

In seiner *Utopie?..* verarbeitet Mynona einen Grundgedanken Friedlaenderscher Philosophie, demzufolge ein psychophysischer Zusammenhang zwischen „Geist oder Wille und Stoff, speziell Leib besteht", der in seiner extremen geistigen Polarisation eine Macht zu entfalten vermag, die den „Faktor Geist bis ins geradezu Magische" verstärkt (ebd. 364). Ähnlich wie in Paul Scheerbarts „Mondroman" *Die große Revolution* (1902) spielt sich auch in der *Magischen Revolution* ein Krieg der Geister ab. Bei Mynona zerschlägt nun die Macht der Vernunft als „Macht des Geistes", die ja „kein Knallbonbon" ist, sondern „echtes Dynamit", durch ihren „magischen Blitz" die „mörderische Unvernunft" (ebd. 379), die, zeitgeschichtlich bedingt, Mynona im Faschismus verkörpert sieht. Dessen medientechnisch inszenierte Macht, die Unrecht für Recht ausgab, soll durch eine „magische Revolution", die zur „Herrschaft der praktischen Vernunft" führt (ebd. 383), besiegt werden. Hierbei ist allemal die praktische Vernunft jener unpersonale Held des Geschehens, hinter dem sämtliche figürlichen Helden medientechnisch verblassen.

Praktisch ist diese Vernunft darin, wie sie Regularien in bestimmten Handlungsfeldern formuliert, um vernünftiges Handeln dann auch zu ermöglichen. Nicht mehr philosophische Reflexion ist hier gefragt, sondern Ingenieurskunst, in der sich praktische Vernunft gleichsam materialisiert hat, muß aufgeboten werden, um die Unvernunft zu schlagen. Avancierteste Medientechnik und nicht mehr

Diskursethik führt den effektiven Kampf, um Vernunft in ihr Recht zu setzen, um Realität zu gestalten.

Praktische Vernunft, das ist für Mynona die Kombination von Moral und Technik, von Medienmacht und ethischem Bewußtsein. Sittlichkeit, als Indikator für die Realisation praktischer Vernunft, ist nicht so sehr eine Frage transzendentaler Geistkonzepte, sondern vielmehr eine des kommunikativen Kontextes, in der sie sich realisiert. Nicht Philosophie, sondern Ingenieurskunst treibt den Geist aus seiner Theoretizität heraus und löst ihn in Medientechnik auf. Gleichsam „elektrolytisch" scheidet die Erfindung des „Ingenieurs" „die Bösen von den Guten" (ebd.). Ethik, Moral, Sittlichkeit orientieren sich nicht mehr, so jedenfalls ließe sich die Vision des „Ingenieurs" in der *Magischen Revolution* verstehen, an der Kontingenz dogmatischer Behauptungen, sondern allein an der quasi wissenschaftlich exakten Vernunft, die Mynona in ihrer extremsten Ausrichtung mit der mathematischer Genauigkeit vergleicht und damit aus dem Bannkreis der verstehenden Wissenschaften löst.[1]

Naheliegend ist hier Mynonas Versuch, ein Komplementärverhältnis zwischen Natur- und Geisteswissenschaften poetisch begründen zu wollen, was Friedlaender allerdings kategorisch ausgeschlossen hatte, denn Naturforscher haben andere Wege zu gehen als Philosophen.[2] Gleichwohl soll sich der Philosoph mit naturwissenschaftlichen Fragen und Problemen auseinandersetzen, was Friedlaender ja auf vielfältige Weise tat. Daß sich nun trotz der von ihm diagnostizierten Differenz zwischen Naturwissenschaften und Philosophie die Ethik zu „eine[r] der Mathematik analoge[n] Präzisionswissenschaft"[3] entwickeln sollte, belegt den Wunsch nach einer rational kontrollierbaren Ethik. Um diese zu erreichen, muß man aber zuerst, wie Friedlaenders Nietzscheparaphrase lautet, „die Moral anschießen, um sie fester auf den Thron zu setzen" (ebd. 265). Dabei soll der methodologische Unterschied zwischen Natur

---

1 Wilhelm Dilthey unterschied bekanntlich die Wissenschaften in erklärende (Mathematik, Naturwissenschaften) und verstehende (Geisteswissenschaften).
2 Vgl. Kant gegen Einstein (GS 15, 71)
3 Mahnruf (GS 15, 266)

und Geisteswissenschaften nicht verwischt werden. Naturforscher entwickeln dementsprechend auch keine „Weltanschauungen".[1]

Präzision, Genauigkeit, die Friedlaender von Vernunft- und Sittengesetzen verlangte, die er gleichsam vom vernünftigen Argumentieren und sittlichen Handeln forderte, gehörten zu einem „Vernunftglauben", der „keine Pflicht, sondern nur erlaubt" ist,[2] der sich zugleich aber auch mit aller Macht gegen Unvernunft behaupten muß, wenn dieser „Glauben" irgendeinen Bestand haben soll. Jegliche Dogmatik lag Friedlaender dabei fern, obwohl sein Polarismus zuweilen in hartnäckiger Manier kompromißlos gegen sich anbietende Alternativen streitet. Trotzdem gründet sein Vernunftkonzept auf Freiwilligkeit, auf dem freien Willen der Entscheidung, der für sich genommen allerdings nichts als eine grandiose abendländische Fiktion war, weil er sich gleichsam voraussetzte und erst aufgrund dieser Voraussetzung überhaupt Geltung erlangte. Aber gerade die (Er-)Findung des freien Willens, die Ermöglichung freier Wahl, die er eröffnet, war es, worauf Friedlaender sein Vernunftkonzept gründete.

Vernunft hatte sich, wenn sie die „magische Revolution" organisieren und steuern will, gegen das „Naturgesetz" zu behaupten. Mittels Geist, oder genauer mittels „organischer Technik", die „alle mechanische zuschanden" (GS 13, 384) macht, ging nun der Ingenieur an seine Aufgabe, Vernunft in der Welt durchzusetzen. Dabei war er „auf der Hut", denn „er wußte scharf, daß das Böse nie zu vernichten, aber, wenn man die Freiheit als das Allerkostbarste hütete, unterzukriegen, zu überwinden war." (ebd.) Medium dieser Überwindung ist die am kritischen Polarismus orientierte Vernunft, wobei diese selbst wiederum Medien wie den schöpferisch indifferenten Willen entfaltet. Der soll dann seine „magische Macht über alle noch so bösartigen Widerstände" (ebd.) ausüben.

So differenzieren Medien Medien. Vernunft und Wille treiben damit eine „kopernikanisch-kantische Revolution" in die Welt, die, vom Ingenieur durchs „Radio" (ebd.) verkündet, als medientechni-

---

1 Vgl. Kant gegen Einstein (GS 15, 71)
2 Mahnruf (GS 15, 293)

sche Selbsteinsetzung der Vernunft gelten kann: Das vom Willen zur Vernunft gesetzte Recht auf Macht realisiert sich technisch.

Die magische Macht des „Vernunftwillens", von der Mynona spricht, wird empirisch, wird gleichsam durch die „magische Revolution" materialisiert. Mittels des „organischen Medialäthers" (ebd. 376) materialisiert sich das Medium Vernunft. Eine wahrhaft utopische Vorstellung kommt auf, deren faktisches Gelingen für Friedlaenders psychophysischen Polarismus außer Frage steht. Kraft dieses „organischen Medialäthers" läßt sich, in Mynonas Groteske, jeder noch so ferne „anatomische Leib" steuern und manipulieren. Darin zeigt sich eine utopische Technik der Vernunft, die in Mynonas Geschichte konkret wird, wobei die Kombination von Vernunft und Technik keinen Grenzen zu unterliegen scheint außer denen, die sich die Vernunft selbst setzt. Wie der Körper „ätherisch, organätherisch" (ebd. 374), nicht mit der „Haut" aufhört, behauptet auch der Vernunftwille seine ätherische Medialität und Materialität, die jegliche physikalisch beschreibbare Grenzen und Räume zu durchdringen vermag. Selbst die Gedanken entferntester Personen, so die Vision des Ingenieurs, lassen sich vom Vernunftwillen erfassen und manipulieren. Darauf gründet sich die Macht ihrer Magie, die „der Sinn der Menschengeschichte" (ebd. 382) ist. Diese auf praktische Vernunft zu gründen, ist das zentrale Anliegen der „magischen Revolution", wobei Vernunft gegen Unvernunft repressiv vorgeht, um dieser nicht zu unterliegen. Um der eigenen Vernichtung zu entgehen, gerät die Vernunft in die Zwangslage, selbst repressiv vorgehen und die Vernichtung der Unvernunft betreiben zu müssen. Darin zeigt sich auch die Verbindung von Vernunft und Groteske. Denn indem Vernunft das Unheilvolle, Böse und darin Dämonische der Unvernunft zu bannen versucht, verschreibt sie sich der gleichen Funktion, die Kayser im Grotesken erblickte, das bekanntlich das „Dämonische in der Welt zu bannen und zu beschwören" hatte.

Ähnlich wie das Groteske soll auch die regulative, praktische Vernunft das Böse in der Welt in ihre Macht zwingen: „Wir unterdrücken die Widervernunft und kultivieren die Vernunft", ruft der Ingenieur. „Wir zwingen alle Natur in die Formen des autonomen kategorischen Imperativs. – Also geben Sie's nur auf, Kommandör, oder sterben Sie!'", worauf dieser nichts mehr verstand und sich als Repräsentant böser Mächte ergab (ebd. 383). Denn der Geist „ist nicht länger eine Theorie. *Die Herrschaft der praktischen Vernunft beginnt.* Die theoretische hat euch eure Technik und Waffen geliefert. Ihr'", gemeint sind die Repräsentanten des Un- und Widervernünftigen, die nun von der medientechnischen Realisation des „Vernunftwillens" geschlagen werden,

>„habt sie kriegerisch gemißbraucht, als Naturmenschen, deren Vernunft vom Naturgesetz unterjocht war. Die praktische Vernunft aber, welche ihrerseits das Naturgesetz unterjocht, will den Frieden unter allen Menschen und Nationen.'" (ebd. 383 f.)

Soweit die Eloge des Ingenieurs auf die praktische Vernunft, die allein durch Handeln, durch Benutzung technischer Apparaturen und deren Bindung an den „moralischen Willen" (ebd. 382) durchgesetzt werden konnte. Vernunft ohne kommunikativen Zusammenhang erscheint wie ein Medium ohne Information. Auch in dieser Hinsicht hat Mynona „wie kein zweiter Schriftsteller seiner Zeit aus Mediengeschichte wieder Geschichten gemacht."[1]

Wie eng nun Mynonas Geschichten mit dokumentierten historischen Ereignissen zusammenlaufen können, verdeutlicht eine vergleichende Betrachtung der *Magischen Revolution* mit jenen Vorgängen um die letztlich auch erfolgreiche geheime britische Kriegsführung während des Zweiten Weltkriegs von „Bletchley Park" aus, der damaligen Dechiffrierabteilung des britischen Geheimdienstes.

Versetzt man nämlich den Ort, jene „Art Leuchtturm", der an der „belgischen Küste" stand und wo sich „oben unter der Glaskuppel", in einem runden Saal" an einem Tisch „ein paar Männer und Frauen verschiedener Altersstufen" unterhielten, nach Bletchley Park in England, dann haben die „geheimnisvollen Gegner" (ebd. 371 f.) der „Bräukeller"-„Kerls" in Mynonas Geschichte etwas mit jener geheimen und letztlich auch erfolgreichen Kriegsführung gemein, die der englische Mathematiker und theoretische Erfinder des Computers Alan Turing von Bletchley Park aus leitete. Ähnlich nämlich wie Mynonas „Ingenieur", der die geheimen Gedanken seiner Gegner

---

1 Kittler 1986, 93

zu dechiffrieren vermochte, weil er den Code des „Medialäthers" als Magie des Vernunftwillens entschlüsselte, gelang Turing realgeschichtlich die Dechiffrierung des Geheimcodes der deutschen Wehrmacht. Turings Großrechner *Colossus* schlug die damals als unbesiegbar geltende deutsche *Enigma*, die technische Version des Geheimen und des Geheimnisses, indem er deren hochkomplizierte Codierung entzifferte.

Praktische, gleichsam auch instrumentalisierte Vernunft drang so in die geheimsten Mächte ein, die über Leben und Tod entschieden, um sie ihrer eigenen Macht unterzuordnen. In beiden Geschichten, in der Mynonas und in der Alan Turings trägt, wenn auch im Einzelnen unterschiedlich akzentuiert, eine Vernunft den Sieg davon, die, wie es bei Turing der Fall war, selbst jederzeit in Unvernunft umschlagen kann. Mynonas Utopie nämlich fand realgeschichtlich nicht jene Fortsetzung, wie es sich Turing vielleicht gewünscht hatte. Denn die Gesellschaft, die Turing mit instrumentalisierter Vernunft vom Druck des Faschismus befreien half, zwang ihn, aufgrund ihrer sexualfeindlichen Moral, Turing war homosexuell, 1954 in den „Freitod".[1]

Mynonas Idee einer magischen Revolution, die, literarisch verdichtet, als Wissenschaftsgroteske Philosophie und soziale Systeme miteinander kombiniert, ist letztlich gar nicht so weit von dem entfernt, was Turings Computeridee anvisierte, nämlich eine Maschine zu erfinden und zu bauen, die jede andere Maschine zu simulieren vermag, sie dabei gänzlich durchschaut und sie somit zu beherrschen weiß: Auf mathematisch-technischer Ebene schwebte Turing das vor, was Mynona literarisch-phantastisch seiner Vernunftidee einschrieb. Vernunftmagie entpuppt sich dabei als universale Macht, die „aller nur mechanisch-physikalischen Technik unvergleichlich überlegen" ist. „Meine Erfindung", läßt Mynona den Ingenieur sagen, „ist einer Vervollkommnung fähig, die jede Phantasie übersteigt" (GS 13, 377).

Kittler rechnete nach, wie weit diese Vervollkommnung reicht. So erläutert er, daß der in Mynonas Texten auftretende Wunsch nach

---

1 Vgl. Rolf Hochhuth: *Alan Turing*, Reinbek: Rowohlt 1987

direkter „ätherischer Ausstrahlung des Hirns",[1] wie er dem „medial-ätherisch" gespeisten „Apparat" in der *Magischen Revolution* zugrunde liegt, aufgrund physikalischer Bedingungen nicht realisierbar ist. Man hätte mit Geschwindigkeitsdifferenzen und Übertragungsverlusten zu rechnen, die einer Direktübertragung von Gehirnströmen zu Gehirnströmen und von Gedanken zu Gedanken Grenzen setzen.[2] Was in der Phantasie vorstellbar ist, übersieht notwendig die Gegenwart des technisch Möglichen, um in eine Zukunft zu weisen, deren gegenwärtige Unmöglichkeit dem Entwicklungsstand der technisch-wissenschaftlichen Beobachtungs- und Beschreibungsformen des Realen zugeschrieben werden kann.

„Dr. Sucrams Wunsch" (Sucram = Umkehrung von (Ernst) Marcus, des von Friedlaender sehr geschätzten Philosophen), „die ätherische Ausstrahlung des Hirns direkt für" sich „arbeiten zu lassen",[3] bleibt also jenseits aller physikalisch-technischen Erkenntnisse ein utopischer Wunsch. Trotz dieser so absurd anmutenden Idee direkter Gedankenübertragungen, die widersinnig uneinlösbare Medientechnik handhabt und die aus dem „Rauschen des Hirns, des Äthers" (ebd.) ihren ganzen Sinn zieht, kann sie in surreale Vorstellungen umschlagen, die plötzlich gar nicht mehr so unsinnig erscheinen, die auf einmal, gegen alles wissenschaftliche Denken, eine seltsame Vertrautheit erzeugen.

Was hier technisch-wissenschaftlich als grotesk erscheint, ist nicht auf Schrecken, Schauer oder eine vollkommen fremde Erfahrung aus, sondern auf die Plausibilisierung des technisch Unmöglichen, aber literarisch-phantastisch durchaus Einsehbaren. So absurd die phantastisch-groteske „Willensmagie" in Mynonas Grotesken auch erscheinen mag, so klar läßt sie zugleich einen Zweifel am Zweifel gegenüber einer Magie des Willens aufkommen. Die Realität der Willensmagie zu begründen, erscheint als zentrales Anliegen sowohl Mynonascher Texte wie auch Friedlaenderscher Philosophie, wovon die ästhetische Erfahrung im Prozeß der Lektüre Mynonascher Texte zumindest eine Ahnung geben soll.

---

1 Graue Magie, zitiert nach Kittler 1986, 360
2 Vgl. Kittler ebd.
3 Graue Magie (GS 14, 190)

Daß Mynona zuweilen direkt in diesen Konstitutionsprozeß ästhetischer Erfahrung eingreift, daß er selbst die Lektüre als Medium seiner polaritätsphilosophischen Agitation begreift, zeigt schon die ausführlich vorgestellte Groteske *Gar nichts,* die die ästhetische Erfahrung voll und ganz auf die Leistung des Lesers verweist. Der Leser soll sich vom Vorgegebenen lösen, um seine eigene Phantasie und Erfindungsgabe auszuprobieren. Aus dem Text heraus soll er sich gleichsam gegen den Text durchsetzen, wobei er eine Anstrengung unternimmt, die mit Friedlaender/Mynonas Magie des Willens vergleichbar ist und worin dieser eine erste praktische Bestätigung findet. So tut Mynona in *Gar nichts* nichts mehr, als den Prozeß des Erfindens zu erfinden, auf den sich der Leser von sich aus einlassen kann. Darin materialisiert sich dann gleichsam „das Nichts", was Einsteins *Bebuquin* forderte.[1]

Was im Erwartungshorizont eines Romanlesers zunächst grotesk erscheinen mag, nämlich daß dieser sich gefälligst seiner eigenen Phantasie bedienen soll, wenn er schon konsumieren will, wird im „Unroman" *Die Bank der Spötter* bis aufs Äußerste ästhetisch ausgereizt. Die Wirkung des Gelesenen formiert sich in der Phantasietätigkeit des Lesers. In der Lektüre soll die ungeheure Möglichkeit des „blanken Nichts" (GS 4, 110) bewußt werden, und Willensmagie soll ihre Macht entfalten, um schöpferische Energien in Fluß zu bringen. So soll denn auch der Leser kraft seines eigenen Willens das erfinden, was er zu lesen wünscht.

Auf dieses subjektivische Lektüremodell hin, das keine lektüreverwickelte Textobjektivität gelten läßt, ist Mynonas Vernunft des Grotesken gerichtet. Sie soll gleichsam Übergänge ermöglichen, die, von ästhetischer Erfahrung ausgehend, in andere Bereiche vernünftigen Handelns eingreift. Insofern ist Mynonas Lektüremodell einem mimetischen Konzept verpflichtet, das zugleich aber jedes identifikatorische Lesen attackiert. Der Leser soll sich allein mit sich selbst identifizieren.

Zu erkennen, daß das Nichts, die schöpferische Indifferenz, das Medium aller Medien ist, darauf versucht Mynonas lektüreorien-

---

1 Vgl. Einstein 1985, 17

tierte Poetik hinzuweisen. Selbst die Vernunft, jenem Medium des Mediums schöpferische Indifferenz, verdankt sich, damit konsequent in Friedlaenders Logik bleibend, dem Nichts.

Aus diesem Begründungszusammenhang von Vernunft und Groteske heraus läßt sich Vernunft auch als transversale Vernunft beschreiben, als eine der medialen Übergänge, die scheinbar unüberbrückbare Gegensätze zu überbrücken vermag, ohne sie dialektisch vernichten zu wollen. Friedlaender/Mynonas Vernunftidee läßt sich an ein neuerdings diskutiertes Konzept „transversaler Vernunft" anschließen, das „auf drei Ebenen wirksam [ist]: in Reflexionen über die Verfaßtheit der Rationalitätsformen und die Möglichkeit von Übergängen; in der Praxis solcher Übergänge [von Mynona ausgehend würde ich hier lieber von der Kommunikation in solchen Übergängen reden; RS]; als Medium der Konfliktaustragung zwischen heterogenen Ansprüchen." (Welsch 1987, 304)

Vernunft als „Medium der Konfliktaustragung" hat ja auch für das Groteske Mynonas, für dessen bildhafte Inszenierungen im Prozeß der Lektüre konstitutive Funktion. Die scheinbar miteinander unverträglichen Aspekte des Paradoxen fundamentaler oder auch einfach alltäglicher Handlungseinstellungen, wie Mynona sie literarisch in Szenen setzt, werden im Grotesken durch die polaristisch orientierte Vernunft entspannt, indem diese den Widerstreit für sich entscheidet.

Vernunft, schöpferische Indifferenz und Nichts als Medien, die sowohl konzeptionell wie motivisch das Groteske Mynonas konstituieren, lassen sich in ihrer Medialität nicht von der Materialität der Schrift trennen, die sie auf literarischer Ebene erst ermöglicht. Das Sprachgroteske, das ja bei Mynona nicht weniger Bedeutung hat als das Philosophie-, Wissenschafts-, Technik- oder Mediengroteske, bildet gleichsam den direkten Weg der Lektüre zwischen Autor, Text und Leser. Grotesk wirkt dabei die Selbstdestruktion des Autors als Autor zugunsten eines neuen Autors, der sich bisher vielleicht bloß als passiver Leser verstand und nun, quasi eigenverantwortlich, seiner eigenen Phantasie überlassen wird, die sich ihren eigenen Text erfindet, was ja letztlich in jeder Form von Lektüre der Fall ist.

Mynonas Ich-Erzähler „Zeisewiesel" aus der Sprach-Philosophie-Groteske *Gar nichts* führt vor, mit welchen Widerständen des Einfallsvermögens Autoren zu kämpfen haben. So gerät er beim Erzählen seiner Geschichte einfach aus dem „Konzept" „und weiß nicht recht weiter". Aber wen heraklitisches Denken einmal erfaßt hat – „Laßt uns heraklitisch Denken" (GS 4, 115) heißt es auffordernd, gleichsam als Lösungsstrategie eines blockierten Schöpfertums – der kann, weil alles im Fluß ist, da weiter machen, wo ihm das Speichermedium Schrift Anschließbarkeit ermöglicht, oder wo ihm Erinnerung an die kombinatorischen Leistungen von Sprache entgegenkommen. Im Medium Schrift profitiert der Autor allemal in seiner Erinnerungsleistung von deren struktureller Verfassung und materialer, bildhafter Erscheinung, die Erinnerung ermöglicht, weil diese sich an Zeichen bindet. Aber die Eigenschaft der Schrift, Zeichen bewahren zu können, impliziert auch eine Eigendynamik, die die Souveränität des Autors nicht gelten läßt und als Fiktion auflöst. Nicht der Autor hält die Erzählung in Fluß, sondern das, was schon aufgeschrieben vorliegt, ermöglicht das Weiterschreiben. In gewisser Hinsicht ist der Autor Vollzugsorgan der Eigendynamik der Medien Schrift und Sprache. So tritt denn auch konsequenterweise auf der materialen Textebene des Mediums Schrift das ein, was „Herr Zeisewiesel" zunächst einmal zu bedenken gibt, nämlich, „daß wir selber Geschöpfe unserer scheinbaren Machwerke sind" (ebd.), was die Macht der Medien, Realität zu erzeugen, unterstreicht. Autoren sind nicht mehr Schöpfer, sondern Geschöpfe des Mediums Schrift, so wie Leser zu Geschöpfen ihrer eigenen Phantasie werden können. Autoren und Leser sind „Diener" von Medien (ebd.). Schreiben und Lesen sind Selbstentfremdungstechniken, die zugleich aber auch das entfremdete Selbstverhältnis aufbrechen und somit die Differenz zwischen dem individualen Selbst, oder was man dafür hält, und den Äußerungstechniken sichtbar machen können. Lektüren sind daher auch paradoxe Veranstaltungen im Selbst(er)findungsprozeß des Individuums. Die Ambiguität der Lektüre Mynonascher Texte kommentierte Geerken (1980, 307), ausgehend von der Groteske *Gar nichts* so, daß man „stellenweise fest davon überzeugt [ist], der Autor sei von den Personen der ‚Geschichte' erfunden worden, bzw.

der Leser sei die Hauptperson in diesem Spektakel." Die Lektüre fungiert gleichsam als Generationsprinzip, als Erzeugungsmaschine, die mit dem Treibstoff Phantasie den Motor Schrift/Sprache zum Laufen bringt. Denn ohne Phantasie und ohne Schrift/Sprache läßt sich nichts erzählen, was „Zeisewiesel" unumwunden zugibt: „Ich schwöre heilig und teuer, daß ich hier ohne die leiseste Ahnung dessen sitze, was ich eigentlich erzählen will" (GS 4, 110), womit die Autopoiesis des poetisch Formalisierten gleichsam selbst zum Thema der Geschichte geworden ist, die erzählt wird. Denn aus der Grundstimmung dieses Nichts an Wissen darüber, was eigentlich zu erzählen ist, kommt die Erzählung in Gang. So wird denn auch die Ordnung der Schrift, der Grammatik, die die Gedanken anders ordnen, als Imagination und Imaginäres, als konstitutives Moment dessen sichtbar, was erzählt wird.

Zur Sprache kommt dieser Reflex auf die Medialität und Materialität von Schrift, Schreiben und Schreibbedingungen auch in zahlreichen anderen Grotesken, wobei vor allem die kurze Groteske *Der verliebte Leichnam* (1918) zu nennen ist. Hier gesteht Mynona, was die Einbildungskraft anbetrifft, dem Leser zuweilen mehr zu als sich selbst:

> „Lassen Sie mich Ihnen Gegenüber, meine geliebten Leser und -innen, ganz offen sein! Bitte lassen Sie mich meine Karten aufdecken: ich weiß, während ich, nur um mich zu kitzeln, zum Lachen anzuregen, den obigen Titel niederschreibe, so wenig von irgendwelchen Vorgängen, Geschehnissen, fabelhaften Begebenheiten wie Sie; vielleicht noch weniger; denn vielleicht spielt Ihre Phantasie erfinderischer und rascher als die meinige. Überlegen wir lieber gemeinsam, wie wir den Titel realisieren!" (GS 7, 349)

Mynona erzeugt in diesem literarischen Spiel von Text, Leser, Autor und Lektüre ein intensives Spannungsverhältnis zwischen phantastisch-poetischer Offenheit und grammatikalischer Geschlossenheit. In der Synthese ästhetischer Erfahrung verweist dieses Spiel wieder auf jenes relationale Selbstbestimmungskonzept, das mit Friedlaenders polaristischer Vernunft verbunden ist.

Die phantastisch-poetische Offenheit Mynonascher Texte korreliert immer auch mit einer sprachlichen Geschlossenheit (Schrift, Zeichen, Grammatik).

„Mynonas Texte sind durchweg offene Texte, offen", um geschlossen zu werden, offen also „für die verschiedensten Entwürfe handwerklicher Art, für theoretische Reflexionen, für zeitbedingte Anspielungen, bewußte Störungen, die von außen in den Kontext eingreifen, oft abrupt, als bewußt angewandtes Überraschungsmoment."[1]

Phantasie erscheint als Möglichkeit, die strukturelle Geschlossenheit von Aufschreibesystemen zu durchbrechen, um Übergangsformen herauszubilden, die scheinbar Unvereinbares mühelos miteinander zu kombinieren vermögen. In dieser Hinsicht ist Mynona sicherlich, worauf der Autor neuer Poesie Hartmut Geerken überzeugend hingewiesen hat, ein Vorläufer „Neuer Poesie".[2]

So demonstrierte die für Mynonas Literatur so entscheidende Relation von grammatikalischer Geschlossenheit und phantastisch-poetischer Offenheit in metaphorischer und materialer Weise Ernst Jandl in seinen Frankfurter Vorlesungen: *Das Öffnen und Schließen des Mundes*.[3]

Auf ein Programm polaristischer Ästhetik bezogen, wie es Friedlaender vorgeschwebt haben mag, bezeichnet die Relation von Geschlossenheit und Offenheit, im hier diskutierten Sinne, einen materialen und materialistischen Aspekt, der für die avancierte Literatur des ersten Drittels dieses Jahrhunderts entscheidende Bedeutung hat.

Das Öffnen der Texte „nach allen Seiten",[4] wie Phantasie und Imagination es ermöglichen, kennzeichnet aber nur die eine Bewegung mynonascher Texte, denn in ihrer grotesken Wirkung tritt ja gerade ein gegenläufiges, alle Offenheit schließendes Moment hin-

---

1 Geerken 1980, 308 f.
2 Der Begriff „Neue Poesie" läßt sich wohl am Klarsten im Kontext des „Bielefelder Colloquiums Neue Poesie" erfassen.
3 Neuwied: Luchterhand 1986
4 Geerken 1980, 309

zu. Im Grotesken passiert nämlich gerade jene Reduktion ästhetischer Erfahrung, von der aus die Wirkung des Grotesken als groteske überhaupt erst erfaßt werden kann. Die literarische Groteske ist also nicht nach allen Seiten offen, sondern gerade in der bestimmten Hinsicht des Grotesken eine poetisch formalisierte, geschlossene Veranstaltung. Im Hinblick auf bestimmte Phantasiemuster allerdings sind die grotesken Texte Mynonas offene, die in keiner Weise vorzuschreiben scheinen, wie es mit und in der Phantasie weitergehen soll. Insofern ließe sich das Groteske auch als eine Art Schließbewegung des Phantastischen verstehen. Es fungiert gleichsam als Reduktion komplexer literarischer Phantastik, die bei Mynonas Grotesken immer mitzuschwingen scheint. Das Groteske als Zuspitzung des Phantastischen bricht alles Phantastische in einer bestimmten Richtung ab. Es bildet gleichsam eine scharfe Kante, an der sich die Wirklichkeit schneidet oder bricht und in bestimmter Hinsicht, als ästhetische Erfahrung, verdichtet. Das Einverständnis zwischen Realität und Phantasie, zwischen Wirklichkeit und Fiktion, das gleichsam den Protestcharakter des Phantastischen verhindert, wird im Grotesken aufgekündigt. Die Muster und Orientierungsfelder, die gesamte Matrix des Realen soll im Grotesken erschüttert und nicht bloß phantastisch geschildert werden. Zugleich kommt aber auch das Groteske nicht ohne phantastische Elemente aus, gegen die es sich absetzt. Denn gerade in der Aufforderung des Textes an den Leser, sich gefälligst seiner eigenen Phantasie zu bedienen, läßt sich eine Phantastik entfalten, die Mynona ins Groteske umkippt.

Wie dieses In-Gang-Kommen der Phantasie funktioniert, schildert Mynona als Imaginationsprozeß. Metaphorisch, fast schon im Sinne einer kaum mehr verschlüsselten Trope, die rhetorische Funktion hat, greift Mynona diesen Prozeß auf: „Geben Sie mir einen Knopf', sagte der künstlerisch geschmackvolle Schneider, ‚und ich will Ihnen einen passenden Anzug daran nähen.'" (GS 7, 349) Der „Knopf" ist das Stichwort. Er ist ein Schibboleth, ein Passierwort, mit dem die Phantasie Eintritt in ihr eigenes Reich erlangt. Zugleich ist er jener nichtige, aber ungeheuer wichtige Anlaß für den „Anzug", für die kommenden Ereignisse. Für den „Anzug" ist der „Knopf" fast gar nichts. Und doch gäbe es ihn ohne „Knopf" überhaupt nicht. Hiervon ausgehend ließe sich Mynonas Poetik aus dem Nichts beschreiben, wobei dieses Nichts ein quasi unbegrenztes Reservoir der Phantasie bedeutet: „*À la bonne heure* – nennen wir den verliebten Leichnam sofort ‚Knopf'" (ebd.), so daß die Geschichte, die ihre eigene Geschichte erzählt, bis zu jenem historischen Endpunkt fortgeschrieben werden kann, „wo eigne Autorität an Stelle der fremden tritt! Jedermann sein eigenes Publikum – dies ist das Ende nicht nur der Litteratur-, sondern vielleicht aller Geschichte – jedenfalls dieser hier ..." (ebd. 351) Die Emanzipation des Publikums von fremder Autorschaft, wie sie als literarische Erkenntnis evident ist, läuft mit jenem Selbstbestimmungskonzept polaristischer Vernunft zusammen, wie Friedlaender sie begründete.

Mit dem Ende von Literaturgeschichte das Ende von Geschichte generell behaupten zu wollen, hat um 1921 ähnliche Sterbesemantiken der Literatur erzeugt wie um 1968, als Hans Magnus Enzensberger einerseits „das Sterbeglöcklein für die Literatur" hörte und andererseits eine Mynonasche Utopie, die jenem „emanzipatorischen Mediengebrauch" ermöglicht, wonach „jeder Empfänger ein potentieller Sender"[1] ist. So, wie Geschichten kombinierbar sind, ist auch Geschichte kombinierbar, was literarische Geschichten demonstrieren können.

Vor der Emanzipation des Lesers von der Geschichte in Mynonas Groteske, die mit dem Ende der Geschichte vielleicht ihren Höhepunkt erreicht, steht allemal und zunächst eine „Liebesgeschichte". In *Der verliebte Leichnam* ist es die zwischen „Rufus" und der „im Interesse des Amüsements" (GS 7, 350) so genannten „Zölestine", deren zölibatäres Gebaren letztlich darin endet, „was bekanntlich mit dem Tode nicht zu teuer gebüßt wird." Während Rufus daran „stirbt", „umfängt" Zölestine „in seinen leichenstarren Armen eine überaus wohltuende Ohnmacht." (ebd. 351) Um diese „Geschichte" nun insgesamt nicht „phantastisch zu komplizieren", was man „lieber den Genies vom Range eines H. H. Ewers" überläßt, aber auch nicht „banal zu erledigen" – der in die Sterbeszene hineintretende „Arzt" könnte ja Anlaß zu einer jener billigen „Arztgeschich-

---

[1] Enzensberger 1968, 187; Enzensberger 1970, 173

ten" sein, die nach Mynona erst richtig Konjunktur hatten –, soll sie, die Geschichte, „in einer angenehmen Schwebe zwischen diesen Extremen" erhalten werden (ebd. 349 f.).

Selbst in der poetischen Formalisation, so Mynonas Anliegen, gilt es jenen äquilibrischen Ort zu wählen, der genau mit Friedlaenders Idee der schöpferischen Indifferenz zusammenfällt. Die Extreme: Kompliziertheit und Banalität sind poetische, sind auf der Ebene von Erzähl- und Schreibweisen äquilibrisch zu balancieren, um letztlich auch jene ästhetische Erfahrung zu ermöglichen, die Friedlaenders polaristische Ästhetik anvisiert. Diese ist dann keine Inhaltsästhetik mehr, sondern eine, die vor allem auf Produktion und Wirkung aus ist. Der Leser ist darin jederzeit sein eigener Autor. So wünschte es sich jedenfalls Mynona, wobei der Leser dann aber auch die Risiken eines Autors erfährt, zu denen unter anderm jene „wohlbekannte und häufig vermerkte Tatsache" gehört, „daß die vom Autor in Bewegung gesetzten Figuren sich über seinen Kopf hinweg entwickeln und ihren eigenen Weg gehen, der oft gegen die ursprüngliche Absicht ihres Urhebers gerichtet ist und ein ihn selbst überraschendes Ziel verfolgt"[1], daß in Mynonas Grotesken letztlich immer auch jenes schöpferisch indifferente Subjekt ist, welches verborgen im Leser schlummert.

Die „Zweipoligkeit der Kunst",[2] der Literatur, die in der Lektüre des Grotesken zur Einheit zusammenschießt, ließe sich als elementarer Baustein einer noch ausstehenden, weil noch nicht hinreichend begründeten und formulierten materialen Ästhetik verstehen. Leser, Autor und Text wären dann nicht mehr für sich, sondern als Elemente der so flüchtigen Einheit der Lektüre zu beschreiben. Die vom Humor erschütterte Vernunft, die in jener materialen Ästhetik zum Vorschein kommt, ist bei Mynona eine lachende.

---

1 Hauser 1974, 778
2 Walzel 1957, 115

Literaturverzeichnis

Die ausführlichste Bibliographie zum Werk von Salomo Friedlaender/Mynona findet sich nach wie vor in Hartmut Geerkens zweibändiger Ausgabe (Prosa, Bd. 2). (Mittlerweile längst veraltet, aber es existiert noch keine aktuelle Bibliographie, weder in Buchform noch im www-Netz.)
Als interessante Einführung in Friedlaender/Mynonas Werk: Peter Cardorff: *Friedlaender (Mynona) zur Einführung*, Hamburg: Junius 1988.

Texte von Friedlaender/Mynona

Autobiographie – F/M: *Ich (1871-1936). Autobiographische Skizze*, aus d. Nachlaß hg. v. Hartmut Geerken, Bielefeld: Aisthesis 2003 (GS 18)

Bank – Mynona: *Die Bank der Spötter, Ein Unroman*, München: Wolff 1919 (GS 4)

Brevier – *Experiment Mensch. Friedlaender/Mynona Brevier*, Konzept & Schnitt: Detlef Thiel, Herrsching: waitawhile / books on demand 2014

Briefe Exil – Friedlaender/Mynona: *Briefe aus dem Exil*, hg. Hartmut Geerken, Mainz: v. Hase & Koehler 1982

Briefe Kubin – Salomo Friedlaender/Mynona – Alfred Kubin: *Briefwechsel*, hg. Hartmut Geerken & Sigrid Hauff, Linz/Wien: ed. neue texte 1986

Der Einzige, hg. Anselm Ruest & Mynona, Jg. 1 u. Folge I-III, 1919-1925, Ndr. hg. Hartmut Geerken, München: Kraus 1980

Der Schöpfer – Mynona: *Der Schöpfer. Phantasie*, München: Wolff 1920 (GS 13)

Graue Magie – Mynona: *Graue Magie. Ein Berliner Nachschlüsselroman*, Dresden: Kaemmerer 1922 (GS 14)

GS – Friedlaender/Mynona: *Gesammelte Schriften*, hg. Hartmut Geerken & Detlef Thiel, Herrsching: waitawhile 2005 ff.

Jean Paul – *Jean Paul als Denker. Gedanken aus seinen sämtlichen Werken*. Eingel. u. geordnet v. Dr. S. Friedlaender, München/Leipzig: Piper 1907; Einleitung in GS 2, 223-238

Kant für Kinder – Friedlaender: *Kant für Kinder. Fragelehrbuch zum sittlichen Unterricht*, Hannover: Steegemann 1924 (GS 15)

Kant gegen Einstein – Friedlaender: *Kant gegen Einstein. Fragelehrbuch (nach Immanuel Kant und Ernst Marcus) zum Unterricht in den vernunftwissenschaftlichen Vorbedingungen der Naturwissenschaft*, Berlin: Der neue Geist Verlag 1932 (GS 1)

Katechismus – Friedlaender: *Katechismus der Magie. Nach Immanuel Kants „Von der Macht des Gemütes" und Ernst Marcus' „Theorie der natürlichen Magie"*, Heidelberg: Merlin 1925 (GS 14)

Mahnruf – Friedlaender: *Der Philosoph Ernst Marcus als Nachfolger Kants. Sein Leben und [seine] Lehre (3. IX. 1856 – 30. X. 1928). Ein Mahnruf*, Essen: Baedeker 1930 (GS 15)

Mayer – Friedlaender: *Julius Robert Mayer*, Leipzig: Thomas 1905 (GS 12)

Nietzsche – Friedlaender: *Friedrich Nietzsche. Eine intellektuale Biographie*, Leipzig: Göschen 1911 (GS 9)

Prosa – Mynona: *Prosa*, hg. Hartmut Geerken, 2 Bde., München: edition text + kritik 1980 (Frühe Texte der Moderne)

Psychologie – Friedlaender: *Psychologie. Die Lehre von der Seele*, Berlin/Leipzig: Hillger 1907 (GS 5)

Remarque – Mynona: *Hat Erich Maria Remarque wirklich gelebt? Der Mann. Das Werk. Der Genius. 1000 Worte Remarque. Eine Denkmalsenthüllung*, Berlin: Steegemann 1929 (GS 11)

Rosa – Mynona: *Rosa die schöne Schutzmannsfrau*, hg. Ellen Otten, Zürich: Arche 1965

SI – Friedlaender: *Schöpferische Indifferenz*, München: Müller 1918, München: Reinhardt ²1926 (GS 10)

Sonstige Literatur

Adorno 1970 – Theodor W. Adorno: *Ästhetische Theorie*, Frankfurt: Suhrkamp 1970

Anton 1965 – Herbert Anton: *Modernität als Aporie und Ereignis*, in: *Aspekte der Modernität*, hg. Hans Steffen, Göttingen: Vandenhoeck & Ruprecht 1965

Bachtin 1969 – Michail M. Bachtin: *Literatur und Karneval. Zur Romantheorie und Lachkultur*, Übers. Alexander Kaempfe, München: Hanser 1969

Bachtin 1979 – Ders.: *Rabelais und Gogol. Die Wortkunst und die Lachkultur des Volkes*, in Ders.: *Die Ästhetik des Wortes*, hg. Rainer Grübel, Frankfurt: Suhrkamp 1979

Baljeu 1974 – Joost Baljeu: *Theo van Doesburg*, New York: Macmillan 1974

Beekman 1982 – Eric M. Beekman: *Dada in Holland*, in: *Sinn aus Unsinn. Dada International*, hg. Wolfgang Paulsen & Helmut G. Hermann, Bern/München: Francke 1982, 229-248

Benjamin 1966 – Walter Benjamin: *Briefe II*, hg. Theodor W. Adorno & Gershom Scholem, Frankfurt: Suhrkamp 1966

Benjamin 1977 – Ders.: *Illuminationen. Ausgewählte Schriften*, Frankfurt: Suhrkamp 1977

Best 1980 – *Das Groteske in der Dichtung*, hg. Otto F. Best, Darmstadt: WBG 1980

Bloch 1918 – Ernst Bloch: *Geist der Utopie*, 1918, Ndr. Frankfurt: Suhrkamp 1971 (Gesamtausgabe, Bd. 16); 2. Fassung, 1923, Frankfurt: Suhrkamp 1973

Bloch 1959 – Ders: *Das Prinzip Hoffnung* (1959), Frankfurt: Suhrkamp 1973

Bloch 1972 – Walter Bloch: *Polarität. Ihre Bedeutung für die Philosophie der modernen Physik, Biologie und Psychologie*, Berlin: Duncker & Humblot 1972

Bohrer 1981 – Karl Heinz Bohrer: *Plötzlichkeit. Zum Augenblick des ästhetischen Scheins*, Frankfurt: Suhrkamp 1981

Bohrer 1987 – Ders.: *Der romantische Brief. Die Entstehung ästhetischer Subjektivität*, München: Hanser 1987

Böhme 1983 – Gernot & Hartmut Böhme: *Das Andere der Vernunft. Zur Entwicklung von Rationalitätsstrukturen am Beispiel Kants*, Frankfurt: Suhrkamp 1983

Böhme 1985 – Gernot Böhme: *Anthropologie in pragmatischer Hinsicht. Darmstädter Vorlesungen*, Frankfurt: Suhrkamp 1985

Böhme 1986 – Ders.: *Philosophieren mit Kant. Zur Rekonstruktion der Kantischen Erkenntnis- und Wissenschaftstheorie*, Frankfurt: Suhrkamp 1986

Borsche 1976 – Tilman Borsche: *Individuum, Individualität III*, in: *Historisches Wörterbuch der Philosophie*, hg. Joachim Ritter u. a., Bd. 4, Basel: Schwabe 1976, 310-323

Brandstetter 1980 – Gabriele Brandstetter: *Traum und Phantastik bei Alfred Kubin*, in: Thomsen 1980

Bürger 1980 – Peter Bürger: *Das Vermittlungsproblem in der Kunstsoziologie Adornos*, in: *Materialien zur ästhetischen Theorie Adornos. Konstruktion der Moderne*, hg. Burkhardt Lindner & W. Martin Lüdke, Frankfurt: Suhrkamp 1980

Bürger 1985 – Ders.: *Die Geburt der Moderne aus dem Geiste der Moral*, Merkur, Nov. 1985

Clauss 1980 – Franz-J. Clauss: *Synthetische Wissenschaftstheorie. Versuch einer Synthese der falsifikationslogischen, der wahrscheinlichkeitslogischen und der transzendentallogischen Denkform*, Berlin: Duncker & Humblot 1980

Cramer 1980 – Thomas Cramer: *Hoffmanns Poetik der Groteske*, in: Best 1980

Derrida 1974 – Jacques Derrida: *Grammatologie*, Übers. Hans-Jörg Rheinberger & Hanns Zischler, Frankfurt: Suhrkamp 1974

Derrida 1984 – Ders.: *Guter Wille zur Macht (I) und (II)*, Übers. Friedrich A. Kittler, in: Forget 1984, 56 ff. u. 62-77

Derrida 1985a – Ders.: [Gespräch mit Christian Descamps], in: *Philosophien. Gespräche*, Graz/Wien: Passagen 1985, 51-70

Derrida 1985b – Ders.: *Apokalypse. Von einem neuerdings erhobenen apokalyptischen Ton in der Philosophie*, Übers. Michael Wetzel, Graz/Wien: Passagen 1985

Dimič 1960 – Colette Dimič: *Das Groteske in der Erzählung des Expressionismus. Scheerbart, Mynona, Sternheim, Ehrenstein und Heym*, Diss. Univ. Freiburg i. Br. 1960

Dorsch 1970 – Friedrich Dorsch: *Psychologisches Wörterbuch*, 8. neubearb. Aufl., Hamburg: Meiner 1970

Drews 1975 – Jörg Drews: *Expressionismus in der Philosophie*, in: *Ernst Blochs Wirkung. Ein Arbeitsbuch zum 90. Geburtstag*, Frankfurt: Suhrkamp 1975

Eco 1977 – Umberto Eco: *Das offene Kunstwerk*, Übers. Günter Memmert, Frankfurt: Suhrkamp 1977

Einstein 1973 – Carl Einstein: *Die Fabrikation der Fiktionen*, hg. Sibylle Penkert, Reinbek: Rowohlt 1973

Einstein 1985 – Ders.: *Bebuquin oder Die Dilettanten des Wunders*, hg. Erich Kleinschmidt, Stuttgart: Reclam 1985

Enzensberger 1968 – Hans Magnus Enzensberger: *Gemeinplätze, die neueste Literatur betreffend*, Kursbuch 15, 1968

Enzensberger 1970 – Ders.: *Baukasten zu einer Theorie der Medien*, Kursbuch 20, 1970

Forget 1984 – *Text und Interpretation. Deutsch-Französische Debatte*, hg. Philippe Forget, München: Fink UTB 1984

Formann 1986 – Jürgen Formann & Harro Müller: *Transzendentalhermeneutik oder Neostrukturalismus*, Merkur, 1986

Foucault 1973 – Michel Foucault: *Archäologie des Wissens*, Übers. Ulrich Köppen, Frankfurt: Suhrkamp 1973

Foucault 1977 – Ders.: *Die Ordnung des Diskurses*, Übers. Walter Seitter, Frankfurt: Ullstein 1977

Foucault 1985 – Ders.: *Freiheit und Selbstsorge*, hg. Helmut Becker, Frankfurt: Materialis 1985

Frank 1977 – Manfred Frank: *Das individuelle Allgemeine. Textstrukturierung und -interpretation nach Schleiermacher,* Frankfurt: Suhrkamp 1977

Frank 1983 – Ders.: *Was ist Neostrukturalismus?,* Frankfurt: Suhrkamp 1983

Frank 1986 – Ders.: *Die Unhintergehbarkeit von Individualität,* Frankfurt: Suhrkamp 1986

Freud GW – Sigmund Freud: *Gesammelte Werke. Chronologisch geordnet,* hg. Anna Freud u. a., London: Imago / Frankfurt: Fischer 1940-68

Gadamer 1960 – Hans-Georg Gadamer: *Wahrheit und Methode. Grundzüge einer philosophischen Hermeneutik,* Tübingen: Mohr 1960

Geerken 1970 – *Die goldene Bombe. Expressionistische Märchendichtungen und Grotesken,* hg. Hartmut Geerken, Darmstadt: Agora 1970

Geerken 1980 – Ders.: *Nachwort,* in: Prosa, Bd. 2, 277-324

Geerken 1981 – Ders.: *mit wem frage ich mich 1980 in athen erreichte der deutsche philosoph & dichter salomo friedlaender/mynona der 1946 in paris auf armenkosten beerdigt wurde im jahre 1918 in wien wo er wohlgeboren war einen schöpferisch indifferenten höhepunkt,* in: *Das Tempo dieser Zeit ist keine Kleinigkeit. Zur Literatur um 1918,* hg. Jörg Drews, München: ed. text + kritik 1981, 43-60

Goethe 1963 – Johann Wolfgang Goethe: *Zur Farbenlehre. Didaktischer Teil,* Nachwort: Andreas Speiser, München: dtv 1963 (dtv-Gesamtausgabe, Bd. 40)

Gruenter 1985 – Rainer Gruenter: *Existenz als Arbeit,* Merkur 39, Nr. 2 (Nov. 1985)

Habermas 1968 – Jürgen Habermas: *Nachwort,* in: Friedrich Nietzsche, *Erkenntnistheoretische Schriften,* Frankfurt: Suhrkamp 1968

Hamacher 1986 – Werner Hamacher: *„Disgregation des Willens". Nietzsche über Individuum und Individualität,* Nietzsche Jahrbuch 15 (1986), 306-336

Hauser 1974 – Arnold Hauser: *Soziologie der Kunst,* München: Beck 1974; München: dtv 1983

Hausmann 1972 – Raoul Hausmann: *Am Anfang war Dada,* hg. Karl Riha & Günter Kämpf, Steinbach-Gießen: Anabas 1972

Hegel 1970 – Georg Wilhelm Friedrich: *Werke,* hg. Eva Moldenhauer & Karl Markus Michel, Frankfurt: Suhrkamp 1970 (Theorie Werkausgabe)

Heider 1926 – Fritz Heider: *Ding und Medium,* Symposion. Philosophische Zeitschrift f. Forschung u. Aussprache (Berlin) 1 (1926), 109-115

Heinrich 1964 – Klaus Heinrich: *Versuch über die Schwierigkeit nein zu sagen,* Frankfurt: Suhrkamp 1964

Heinrich 1981 – Ders.: *Dahlemer Vorlesungen. tertium datur, eine religionsphilosophische Einführung in die Logik,* Basel/Frankfurt: Stroemfeld/Roter Stern 1981

Henrich 1982 – Dieter Henrich: *Selbstverhältnisse. Gedanken und Auslegungen zu den Grundlagen der klassischen deutschen Philosophie,* Stuttgart: Reclam 1982

Hermand 1978 – Jost Hermand & Frank Trommler: *Die Kultur der Weimarer Republik,* München: Nymphenburger 1978

Hiller 1920 – Kurt Hiller: *Nachwort* [zu Friedlaender: *Der Antichrist und Ernst Bloch*], Das Ziel. Jahrbücher für geistige Politik, 4. Bd., hg. K. Hiller, München: Wolff 1920, 116 f.

Hörisch 1979 – Jochen Hörisch: *Das Sein der Zeichen und die Zeichen des Seins,* in: Jacques Derrida: *Die Stimme und das Phänomen. Ein Essay über das Problem des Zeichens in der Philosophie Husserls,* Frankfurt: Suhrkamp 1979, 7-50

Hoffmeister 1955 – Johannes Hoffmeister: *Wörterbuch der philosophischen Begriffe,* Hamburg: Meiner ²1955

Hohoff 1965 – Curt Hohoff: *Dichtung und Dichter der Zeit. Vom Naturalismus bis zur Gegenwart,* Bd. 2, Düsseldorf: Bagel 1963

Homann 1986 – Renate Homann: *Selbstreflexion der Literatur. Studien zu Dramen von G. E. Lessing und H. von Kleist,* München: Fink 1986

Horstmann 1984 – Rolf Peter Horstmann: *Ontologie und Relationen. Hegel, Bradley, Russell und die Kontroverse über interne und externe Beziehungen*, Königstein: Athenäum Hain 1984

Hueck 1928 – Walter Hueck: *Die Welt als Polarität und Rhythmus*, München: Piper 1928

Jauß 1984 – Hans Robert Jauß: *Ästhetische Erfahrung und literarische Hermeneutik*, Frankfurt: Suhrkamp ²1984

Jehmlich 1980 – Reimer Jehmlich: *Phantastik – Science Fiction – Utopie*, in: Thomsen 1980

Joyce 1972 – James Joyce: *Stephen Hero*, Übers. Klaus Reichert, Frankfurt: Suhrkamp 1972 (Werke. Frankfurter Ausgabe, Bd. 2)

Kainz 1967 – Friedrich Kainz: *Spezielle Sprachpsychologie*, Stuttgart: Enke 1967 (Psychologie der Sprache, Bd. 4)

Kamper 1986 – Dietmar Kamper & Christoph Wulf: *Der unerschöpfliche Ausdruck*, in: *Lachen – Gelächter – Lächeln. Reflexion in drei Spiegeln*, hg. Kamper & Wulf, Frankfurt: Syndikat 1986

Kant, Immanuel – KrV: *Kritik der reinen Vernunft*, A: 1781, B: 1787

Kassel 1980 – Norbert Kassel: *Vorliterarische Aspekte des Grotesken bei Kafka*, in: Best 1980

Kayser 1960 – Wolfgang Kayser: *Das Groteske in Malerei und Dichtung*, Reinbek: Rowohlt 1960

KGA – Friedrich Nietzsche. *Kritische Gesamtausgabe*, begr. Giorgio Colli & Mazzino Montinari, Berlin/New York: de Gruyter 1967 ff.

Kindermann 1966 – Heinz Kindermann: *Das Goethebild im 20. Jahrhundert*, Darmstadt: WBG ²1966

Kittler 1977 – Friedrich A. Kittler: *Der Traum und die Rede. Eine Analyse der Kommunikationssituation Conrad Ferdinand Meyers*, Bern/München: Francke 1977

Kittler 1985 – Ders.: *Aufschreibesysteme 1800 1900*, München: Fink 1985

Kittler 1986 – Ders.: *Grammophon Film Typewriter*, Berlin: Brinkmann & Bose 1986

Kubin 1909 – Alfred Kubin: *Die andere Seite* (1909), München Nymphenburger ³1968
Kubin 1920 – Ders.: *S. Friedlaender, Schöpferische Indifferenz, Ein Hinweis*, Das Ziel. Jahrbücher f. geistige Politik, 4. Bd., hg. Kurt Hiller, München: Wolff 1920, 118-121 (GS 10, 589-593)
Kurz 1980 – Gerhard Kurz: *Traum-Schrecken. Kafkas literarische Existenzanalyse*, Stuttgart: Metzler 1980
Kracauer 1929 – Siegfried Kracauer: *Das Ornament der Masse. Essays* (1929), Frankfurt: Suhrkamp 1977
Kuxdorf 1990 – Manfred Kuxdorf: *Der Schriftsteller Salomo Friedlaender/Mynona. Kommentator einer Epoche. Eine Monographie*, Frankfurt a. M. etc.: Lang 1990
Lennarz 1957 – Franz Lennarz: *Dichter und Schriftsteller unserer Zeit*, Stuttgart: Kröner 1957
Lichtblau 1986 – Klaus Lichtblau: *Das ‚Pathos der Distanz'. Präliminarien zur Nietzsche-Rezeption bei Georg Simmel*, in: *Georg Simmel und die Moderne. Neue Interpretationen und Materialien*, hg. Otthein Rammstedt & Heinz-Jürgen Dahme, Frankfurt: Suhrkamp 1986
Lublinski 1904 – Samuel Lublinski: *Die Bilanz der Moderne* (1904), Ndr. hg. Gotthart Wunberg, Tübingen: Niemeyer 1974
Lublinski 1909 – Ders.: *Kritik meiner ‚Bilanz der Moderne'*, in: *Der Ausgang der Moderne (Ein Buch der Opposition)*, Dresden: Reissner 1909, Ndr. hg. Gotthart Wunberg, Tübingen: Niemeyer 1976
Luhmann 1973 – Niklas Luhmann: *Zweckbegriff und Systemrationalität. Über die Funktion von Zwecken in sozialen Systemen*, Frankfurt: Suhrkamp 1973
Luhmann 1984a – Ders.: *Soziale Systeme. Grundriß einer allgemeinen Theorie*, Frankfurt: Suhrkamp 1984
Luhmann 1984b – Ders.: *Liebe als Passion. Zur Codierung von Intimität*, Frankfurt: Suhrkamp 1984

Luhmann 1986a – Ders.: *Ökologische Kommunikation. Kann die moderne Gesellschaft sich auf ökologische Gefährdungen einstellen?*, Opladen: Westdeutscher Verlag 1986

Luhmann 1986b – Ders.: *Das Medium der Kunst*, Delfin (Siegen) VII, 4. Jg., H. 1, Dez. 1986

Luhmann 1987a – Ders.: *Die Autopoiesis des Bewußtseins*, in: *Selbstthematisierung und Selbstzeugnis. Bekenntnis und Geständnis*, hg. Alois Hahn & Volker Knapp, Frankfurt: Suhrkamp 1987

Luhmann 1987b – Ders.: *Die Richtigkeit soziologischer Theorie*, Merkur 1, 1987

Lukács 1965 – Georg Lukács: *Die Theorie des Romans. Ein geschichtsphilosophischer Versuch über die Formen der großen Epik*, Neuwied: Luchterhand ³1965

Maeder 1949 – Alphonse Maeder: *Selbsterhaltung und Selbstheilung. Die Selbsttätigkeit der Seele*, Zürich: Rascher 1949; München: Kindler 1970

Mahrholz 1930 – Werner Mahrholz: *Deutsche Literatur der Gegenwart*, Berlin: Sieben Stäbe 1930

Marcus 1917 – Ernst Marcus: *Kants Weltgebäude. Eine gemeinverständliche Darstellung in Vorträgen*, München: Reinhardt 1917, ²1920; Ndr. in: *Ausgewählte Schriften*, hg. Gottfried Martin & Gerd Hergen Lübben, Bd. 1, Bonn: Bouvier/Grundmann 1969, 1-217

Marzin 1986 – Florian F. Marzin: *Okkultismus und Phantastik in den Romanen Gustav Meyrinks*, Essen: Die blaue Eule 1986

Schmidt-Biggemann 1980 – Wilhelm Schmidt-Biggemann: *Maschine*, in: *Historisches Wörterbuch der Philosophie*, hg. Joachim Ritter u. a., Bd. 5, Basel: Schwabe 1980, 790-802

Meidner 1931 – Ludwig Meidner: *Mynona. Zu seinem 60. Geburtstag am 4. Mai* (1931), in: Ders.: *Dichter, Maler und Cafés. Erinnerungen*, hg. Ludwig Kunz, Zürich: Arche 1973, 50-54

Moses 1985 – Stéphane Moses: *System und Offenbarung. Die Philosophie Franz Rosenzweigs*, München: Fink 1985

Moszkowski 1917 – Alexander Moszkowski: *Sokrates der Idiot. Eine respektlose Studie*, Berlin: Eysler 1917

Müller 1985 – Harro Müller: *Einige Argumente für eine subjektzentrierte Literaturgeschichtsschreibung*, in: Kontroversen, alte und neue. Akten des VII. internat. Germanisten-Kongresses, hg. Albrecht Schöne, Göttingen 1985, Tübingen: Niemeyer 1986

Müller 1986 – Ders.: *Einige Giftpfeile wären nicht so schlecht. Zehn Entwürfe zum Zusammenhang von Geschichtstheorie, Hermeneutik, Literaturgeschichtsschreibung*, Universität Bielefeld 1986

NF – Nachgelassene Fragmente (Nietzsche)

Novalis 1798 – Novalis: *Das allgemeine Brouillon* (1798/99), in: *Schriften. Die Werke Friedrich von Hardenbergs*, hg. Paul Kluckhohn & Richard Samuel, Bd. 2, Stuttgart/Berlin: Kohlhammer ²1960

Otten 1962 – *Expressionismus – grotesk*, hg. Karl Otten, Zürich: Arche 1962

Penning 1980 – Dieter Penning: *Die Ordnung der Unordnung*, in: Thomsen 1980

Philipp 1980 – Eckhard Philipp: *Dadaismus. Einführung in den literarischen Dadaismus und die Wortkunst des „Sturm"*, München: Fink UTB 1980

Pietzcker 1971 – Carl Pietzcker: *Das Groteske* (1971), in: Best 1980, 85-102

Preisendanz 1976 – Wolfgang Preisendanz: *Zum Vorrang des Komischen bei der Darstellung von Geschichtserfahrung in deutschen Romanen unserer Zeit*, in: *Das Komische*, hg. Wolfgang Preisendanz & Rainer Warning, München: Fink 1976 (Poetik und Hermeneutik, Bd. VII)

Ramm – Klaus Ramm: *Reduktion als Erzählprinzip bei Kafka*, in: *Literatur und Reflexion*, Bd. 6, hg. Beda Allemann, Frankfurt: Athenäum 1971

Ramm 1981 – Klaus Ramm: *Kein wirklicher Kampf gegen die Wirklichkeit*, in: *Das Tempo dieser Zeit ist keine Kleinigkeit*, hg. Jörg Drews, München: ed. text + kritik 1981

Rheiner 1919 – Walter Rheiner: *Philosophie des Dionysismus*, Neue Blätter für Kunst und Dichtung 1 (1919), 264 f. (GS 10, 581-584)

Rilke 1910 – Rainer Maria Rilke: *Die Aufzeichnungen des Malte Laurids Brigge* (1910), Frankfurt: Insel 1966

Ritter 1946 – Johann Wilhelm Ritter: *Fragmente aus dem Nachlaß eines jungen Physikers*, ausgew. v. Friedrich v. d. Leyen, Wiesbaden: Insel 1946

Rubiner 1917 – Ludwig Rubiner: *Der Mensch in der Mitte*, Berlin: Verlag der Wochenschrift Die Aktion 1917 (Politische Aktions-Bibliothek)

Rosenzweig 1921 – Franz Rosenzweig: *Der Stern der Erlösung*, Frankfurt: Kauffmann 1921, ²1930

Ruest 1925 – Anselm Ruest: *S. Friedlaender: Wie durch ein Prisma*, Der Einzige, III. Folge, Heft 2 (1925); Ndr. in: „*Tummle dich, mein Publikum! Hier sind noch schöne Aufgaben zu lösen.*" Berichte und Forschungsbeiträge aus 100 Jahren, gesammelt v. Detlef Thiel, Herrsching: waitawhile 2015 (Friedlaender/Mynona Studien Bd. 3), 31 ff.

Sallis 1983 – John Sallis: *Die Krisis der Vernunft. Metaphysik und das Spiel der Einbildungskraft*, Hamburg: Meiner 1983

Sartre 1943 – Jean-Paul Sartre: *Das Sein und das Nichts* (1943), Reinbek: Rowohlt 1962

Schaeder 1947 – Grete Schaeder: *Gott und Welt. Drei Kapitel Goethescher Weltanschauung*, Hameln: Verlag der Bücherstube Fritz Seifert 1947

Schlegel 1980 – Friedrich Schlegel: *Literarische Notizen 1797-1801*, hg. Hans Eichner, Frankfurt etc.: Ullstein 1980

Schmidt 1987 – Siegfried J. Schmidt: *Der Diskurs des radikalen Konstruktivismus*, Frankfurt: Suhrkamp 1987

Schnädelbach 1986 – Herbert Schnädelbach: *Philosophie in Deutschland 1831-1933*, Frankfurt: Suhrkamp 1986

Schneider 1969 – Peter Schneider: *Die Phantasie im Spätkapitalismus und die Kulturrevolution*, Kursbuch 17 (März 1969), 1-37

Schöne 1987 – Albrecht Schöne: *Goethes Farbentheologie*, München: Beck 1987

Scholem 1975 – Gershom Scholem: *Walter Benjamin – Die Geschichte einer Freundschaft*, Frankfurt: Suhrkamp 1975

Schutte 1987 – *Die Berliner Moderne*, hg. Jürgen Schutte & Peter Sprengel, Stuttgart: Reclam 1987

Seel 1986 – Martin Seel: *Über einige Beziehungen der Vernunft zum Humor*, Akzente (München), Heft 5, Okt. 1986

Sello 1973 – Katrin Sello: *Zur „Fabrikation der Fiktionen"*, in: Carl Einstein: *Gesammelte Werke in Einzelausgaben*, hg. Sibylle Penkert, Reinbek: Rowohlt 1973

Soergel 1925 – Albert Soergel: *Dichtung und Dichter der Zeit*, Bd. 1: *Im Banne des Expressionismus*, Leipzig: Voigtländer 1925

Steig 1970 – Michael Steig: *Zur Definition des Grotesken: Versuch einer Synthese* (1970), in: Best 1980

Steiner 1979 – Rudolf Steiner: *Goethe als Denker und Forscher* (um 1925), in: *J. W. Goethe*, Bd. 1, Stuttgart: Verlag freies Geistesleben 1979

Thoms 1974 – *Polarität als Weltgesetz und Lebensprinzip*, hg. Walter Thoms, Mannheim: Humboldt-Gesellschaft 1974

Thomsen 1980 – *Phantastik in Literatur und Kunst*, hg. Christian W. Thomsen & Jens Malte Fischer, Darmstadt: WBG 1980

Vaihinger 1913 – Hans Vaihinger: *Die Philosophie des Als Ob. System der theoretischen, praktischen und religiösen Fiktionen der Menschheit auf Grund eines idealistischen Positivismus*, 2. durchges. Aufl., Berlin: Reuther & Reichard 1913

Vischer 1976 – Melchior Vischer: *Sekunde durch Hirn. Prosa*, hg. Hartmut Geerken, München: ed. text + kritik 1976 (Frühe Texte der Moderne)

Walzel 1957 – *Handbuch der Literaturwissenschaft*, hg. Oskar Walzel, Darmstadt: WBG 1957

Wasmuth 1931 – Ewald Wasmuth: *Versuch einer Sphärentheorie*, Berlin: Schneider 1931

Welsch 1987 – Wolfgang Welsch: *Unsere postmoderne Moderne,* Weinheim: VCH Acta humaniora 1987

Werthmüller 1950 – Hans Werthmüller: *Der Weltprozeß und die Farben. Grundriß eines integralen Analogiesystems,* Stuttgart: Klett 1950

White 1982 – Erdmute Wenzel White: *Das Wunder der Geisteszwiebel: Hugo Ball,* in: *Sinn aus Unsinn, Dada International,* hg. Wolfgang Paulsen & Helmut G. Hermann, Bern/München: Francke 1982, Bern/München: Francke 1982

Whitehead 1982 – Alfred North Whitehead: *Prozeß und Realität. Entwurf einer Kosmologie* (1929), Frankfurt: Suhrkamp ²1982

Whitehead 1984 – Ders.: *Wissenschaft und moderne Welt* (1925), Frankfurt: Suhrkamp 1984

Wiesner 1981 – Herbert Wiesner: *Prinzip grotesk – Hartmut Geerkens Mynona-Ausgabe,* Lesezeichen (Frankfurt) (April 1981), 22

Wittgenstein 1962 – Ludwig Wittgenstein: *Tractatus-logico-philosophicus. Logisch-philosophische Abhandlung,* Frankfurt: Suhrkamp 1962

Wohlbold 1953 – Hans Wohlbold: *Die Farbenlehre,* in: J. W. Goethe: *Farbenlehre*. Vollständige Ausgabe der theoretischen Schriften, Tübingen: WBG 1953

Wolff 1887 – Eugen Wolff: *Thesen zur literarischen Moderne,* Allgemeine deutsche Universitätszeitung 1, Nr. 1 (1. Jan. 1887)

Wolfradt 1921 – Willi Wolfradt: *George Grosz,* Leipzig: Klinkhardt & Biermann 1921

Wunberg 1974 – Gotthart Wunberg: *Nachwort,* in: Lublinski 1904

Namenverzeichnis

Adorno, Theodor W. 16, 287 f.
Altenberg, Peter 50
Anton, Herbert 262 f.
Aristoteles 167
Bachtin, Michail M. 342
Bahr, Hermann 262
Ball, Hugo 17, 85, 351 f.
Barthel, Ernst 217
Barthes, Roland 287
Baudelaire, Charles 150
Baumgarten, Alexander Gottlieb 337
Becher, Johannes Robert 332
Beekman, Eric M. 351
Benjamin, Walter 30 f., 57, 78, 83, 205, 220, 344
Benn, Gottfried 332
Bergson, Henri 164 f.
Best, Otto F. 275, 279
Binswanger, Ludwig 50
Bleuler, Eugen 140
Bloch, Ernst 1, 33 f., 122 f., 190, 205, 321
Bloch, Walter 115, 340
Bohrer, Karl Heinz 16, 68, 72, 286, 291 f., 302, 333
Böhme, Gernot 12, 53, 83, 97 ff., 105 f., 156, 219, 222, 232, 234 f.
Böhme, Hartmut s. Böhme, Gernot
Born, Max 215
Borsche, Tilman 149
Brandstetter, Gabriele 314
Brod, Max 165, 167
Broglie, Louis de 215
Büchner, Georg 331
Bürger, Peter 267, 287
Cage, John 208
Clauss, Franz-J. 115

Cocteau, Jean 316
Coué, Émile 109
Cramer, Thomas 357
Derrida, Jacques 8, 40, 101 f., 125, 158, 254, 287
Descartes, René 201 f.
Dilthey, Wilhelm 233, 361
Dimič, Colette 298, 349
Döblin, Alfred 205
Doesburg, Theo van 84 f.
Dorsch, Friedrich 141
Dostojewski, Fjodor Michailowitsch 331
Drews, Jörg 8, 10, 33, 333
Eckhart, Meister 249
Eco, Umberto 68
Ehrenstein, Albert 333
Einstein, Albert 30, 64, 106, 187 f., 190, 202, 225, 265, 361 f.
Einstein, Carl 11, 13, 18, 80 f., 92, 145 f., 187, 239, 243, 260, 272, 355 f., 367
Elias, Norbert 243
Enzensberger, Hans Magnus 373
Ewers, Hanns Heinz 43, 373
Fechter, Paul 205
Fichte, Johann Gottlieb 53 f., 133, 242
Flake, Otto 31, 351
Forget, Philippe 131, 254
Formann, Jürgen 126
Foucault, Michel 13, 49, 107, 144, 151 f., 193
Frank, Manfred 12, 123-127, 129, 131, 152
Freud, Sigmund 58, 319 f.
Frese, Jürgen 10
Friedlaender, Salomo / Mynona passim
Gadamer, Hans-Georg 254, 264
Geerken, Hartmut 7 f., 10, 29 ff., 57 f., 72, 83, 87, 225, 262, 266, 281, 283, 333, 369, 371
George, Stefan 184
Goethe, Johann Wolfgang 14 f., 57, 160, 187 ff., 192, 200, 206 f., 227, 235, 265, 272, 331, 350 f.

Grosz, George 31, 34, 187 f.
Gruenter, Rainer 269
Gundolf, Friedrich 220
Habermas, Jürgen 263, 276
Hadwiger, Victor 19, 333
Hamacher, Werner 128, 135, 247, 248
Hauff, Sigrid 87, 158, 266
Hauser, Arnold 374
Hausmann, Raoul 84 f.
Hegel, Georg Wilhelm Friedrich 36, 73, 79, 90, 156 f., 242, 264, 337, 354
Heider, Fritz 17, 315, 318
Heinrich, Klaus 13, 144, 227
Henrich, Dieter 53
Heraklit 223, 369
Hermand, Jost 204
Heym, Georg 331 f.
Hiller, Kurt 31, 44
Hochhuth, Rolf 365
Hörisch, Jochen 221
Hoffmeister, Johannes 20
Hoffmann, Ernst Theodor Amadeus 298
Hofmannsthal, Hugo v. 293
Homann, Renate 337
Homer 286
Homeyer, Lothar 72
Horstmann, Rolf Peter 115
Hueck, Walter 13, 166
Huygens, Christiaan 213
Hume, David 201
Iser, Wolfgang 287
Jandl, Ernst 18, 371
Jauß, Hans Robert 282, 286 f., 290
Jehmlich, Reimer 279
Jockers, Ernst 219
Jonas, Ramon 10
Joyce, James 67 f.

Jung, Franz 333
Kafka, Franz 302, 324, 333, 343 f.
Kagel, Mauricio 208
Kamper, Dietmar 173
Kandinsky, Wassily 214, 243
Kant, Immanuel 12 f., 15 f., 45, 54, 64, 87, 97 ff., 105 f., 124, 133, 151, 160 ff., 164, 169, 173 ff., 177, 179, 181 f., 187 f., 190, 192, 196, 201 f., 217, 222 f., 230 f., 254, 262 f., 270 f., 285, 301, 310, 349, 354, 361 f.
Kantorowicz, Gertrud 165
Kassel, Norbert 322
Kayser, Wolfgang 17, 225, 275, 298, 324, 336, 341, 363
Kempski, Jürgen v. 93
Kierkegaard, Sören 264
Kindermann, Heinz 216, 219
Kittler, Friedrich A. 21, 104, 156, 199, 364 f.
Kleinschmidt, Erich 81
Kleist, Heinrich v. 205, 276 f., 292, 331
Koenig, Hertha 312
Kopernikus, Nikolaus; kopernikanisch 46, 163 f., 167, 188, 232, 250, 362
Kubin, Alfred 11, 19, 31, 34, 45, 55 ff., 61, 75, 84-89, 91, 94, 142, 158, 165 f., 187 f., 207, 217, 246 f., 249, 255, 262, 265 f., 273, 284 f., 333, 353, 355 ff.
Kuxdorf, Manfred 283
Kurz, Gerhard 324
Kracauer, Siegfried 13, 155, 205
Kraus, Karl 31
Lao Tse 294
Laßwitz, Kurd 58, 333
Leibniz, Gottfried Wilhelm 14, 124, 201 f., 272, 350
Lem, Stanislaw 314
Lennarz, Franz 205
Lichtblau, Klaus 78
Lindlar, Rolf 10
Locke, John 201
Loewenstein, Prinz Hubertus zu 283

Lublinski, Samuel 15 f., 266, 270 f.
Luhmann, Niklas 8, 11, 17, 21, 28, 42, 48, 52, 59, 66, 77 ff., 127, 155, 170, 228, 272, 276, 278, 291, 301, 348
Lukács, Georg 68
Machiavelli, Niccolò 84
Maeder, Alphonse 181
Mahrholz, Werner 270
Mann, Heinrich 283
Mann, Thomas 31, 260, 265
Marcus, Ernst 15, 64, 87, 171, 177, 182, 190, 194, 204, 225, 243, 246, 260, 263, 270 f., 349, 354, 366
Marquard, Odo 171
Marzin, Florian 325
Marx, Karl 36, 264
Mauthner, Fritz 194
Mayer, Julius Robert 188, 190
Mehring, Walter 57
Meidner, Ludwig 57
Meyrink, Gustav 19, 43, 324 f., 333
Morgenstern, Christian 277, 332
Moses, Stéphane 33
Moszkowski, Alexander 14, 191 f., 194, 200
Müller, Harro 100, 151
Nebel, Otto 331
Newton, Isaac 14, 188, 207, 209 f., 234 f.
Nietzsche, Friedrich 13 ff., 22, 30 ff., 50 f., 57, 62, 68, 128, 132 f., 135, 158, 160 f., 169 f., 174 f., 177, 180 ff., 187, 190 f., 217, 222 f., 234, 240, 244 f., 272, 293, 331, 343, 350
Novalis (Friedrich v. Hardenberg) 134
Ostaijen, Paul van 17, 351
Otten, Ellen 297
Otten, Karl 150, 349, 355
Ouspensky, Peter Demianowitsch 17, 85, 352
Pascal, Blaise 188
Paul, Jean 36, 82, 190, 302
Penning, Dieter 280
Philipp, Eckhard 240, 243

Pietzcker, Carl 275, 278
Planck, Max 215
Platon 160, 192
Poe, Edgar Allan 298, 331
Preisendanz, Wolfgang 342
Przybyszewski, Stanislaus 43, 331
Quincey, Thomas de 150
Raehlmann, Eduard 214
Ramm, Klaus 8, 10, 17, 88, 150, 331 ff.
Rathenau, Walther 194
Remarque, Erich Maria 260, 359
Rheiner, Walter 56
Rilke, Rainer Maria 15, 184, 268 f., 312
Ritter, Joachim 172
Ritter, Johann Wilhelm 149
Rosenzweig, Franz 33
Rubiner, Ludwig 13, 164 f., 335
Ruest, Anselm 31, 45 f., 190
Rundt, Arthur 29
Russell, Bertrand 21, 202, 276
Sallis, John 182, 231
Sartre, Jean-Paul 12, 111 f., 188, 273
Saussure, Ferdinand de 101
Schaeder, Grete 206, 218
Scheler, Max 194
Schelling, Friedrich Wilhelm Joseph 14, 192, 206, 227, 242
Scheerbart, Paul 43, 83, 187 f., 297, 330, 332, 360
Schiller, Friedrich 130
Schlaf, Johannes 271
Schlegel, Friedrich 17, 350 f.
Schleich, Carl Ludwig 194
Schleiermacher, Friedrich Daniel Ernst 131
Schmidt, Siegfried Johannes 21, 49, 272
Schmidt-Biggemann, Wilhelm 203
Schnädelbach, Herbert 78, 90
Schneider, Peter 320
Schöne, Albrecht 212

Scholem, Gershom 30 f., 344
Schopenhauer, Arthur 9, 13 ff., 32, 57, 63, 133, 160 ff., 187, 190, 202 f., 207, 217, 223-226, 266, 272
Schrödinger, Erwin 215
Schutte, Jürgen 337
Schweigger, Johann Salomo Christoph 222
Seel, Martin 172, 347
Sello, Katrin 146
Simmel, Georg 32 f., 57, 78, 245
Soendlin, August 46
Sombart, Werner 265
Soergel, Albert 83, 285, 313, 331, 333, 343 f.
Sokrates 5, 14, 144, 187 f., 191 f., 201, 251, 272
Speiser, Andreas 211 f.
Spengler, Oswald 194
Steig, Michael 275, 278
Steiner, Rudolf 214
Stirner, Max 45
Strauß, David Friedrich 244
Strindberg, August 331
Thales von Milet 195
Thiel, Detlef 10, 225
Thoms, Walter 189
Thomsen, Christian W. 275, 279
Toller, Ernst 61
Tolstoi, Lew Nikolajewitsch 331
Tucholsky, Kurt 260
Tugendhat, Ernst 116
Turing, Alan 18, 364 f.
Vaihinger, Hans 15, 93, 233, 240 ff.
Villiers de l'Isle-Adam, Auguste de 298
Vischer, Melchior 11, 57, 83 f., 88 f., 333
Voltaire 203
Wagner, Richard 248
Walzel, Oskar 374
Wasmuth, Ewald 162
Watzlawick, Paul 41

Welsch, Wolfgang 272, 368
Weltsch, Felix 13, 166 f.
Werthmüller, Hans 212, 217 f., 325
White, Erdmute Wenzel 85, 351
Whitehead, Alfred North 8, 10, 12 f., 21, 29, 49, 93 f., 96, 109 f., 113, 115, 119, 132, 155, 177, 201 f., 213, 250, 278, 294
Wiesner, Herbert 281
Willet, John 91
Wittgenstein, Ludwig 108
Wohlbold, Hans 208
Wolff, Eugen 262
Wolfradt, Willi 31
Wunberg, Gotthart 68, 270
Zuckmayer, Carl 20

Salomo Friedlaender/Mynona

Gesammelte Schriften

Herausgegeben von Hartmut Geerken & Detlef Thiel

1	*Kant gegen Einstein* (1932) 2005, 2. Aufl. 2008. 208 S. € 24,50. ISBN 978-3-8370-0052-8	
2	*Philosophische Abhandlungen und Kritiken, Teil I* 2006. 540 S. € 44,90. ISBN 978-3-8334-7022-6	
3	*Philosophische Abhandlungen und Kritiken, Teil II* 2006. 536 S. € 44,90. ISBN 978-3-8334-7023-3	
4	*Die Bank der Spötter. Ein Unroman* (1920) 2007. 492 S. € 44,90. ISBN 978-3-8334-7895-6	
5	*Logik / Psychologie* (1907) 2007. 220 S. € 24,50. ISBN 978-3-8334-8087-4	
6	*Kant und die sieben Narren / Kantholizismus / Philosophischer Dialog / Dialog übers Ich* (aus dem Nachlaß) 2007. 268 S. € 29,90. ISBN 978-3-8334-8084-3	
7	*Grotesken, Teil I* 2008. 700 S. € 68,50. ISBN 978-3-8334-8089-8	
8	*Grotesken, Teil II* 2008. 696 S. € 68,50. ISBN 978-3-8334-8090-4	
9	*Friedrich Nietzsche. Eine intellektuale Biographie* (1911) 2009. 296 S. € 34,90. ISBN 978-3-8391-2001-9	
10	*Schöpferische Indifferenz* (1918, ²1926) 2009. 692 S. € 68,50. ISBN 978-3-8391-2952-4	
11	*Hat Erich Maria Remarque wirklich gelebt?* (1929) / *Der Holzweg zurück. Gegen Kurt Tucholsky* (1931) 2010. 512 S. € 49,90. ISBN 978-3-8391-8531-5	
12	*Julius Robert Mayer* (1905) 2010. 372 S. € 39,90. ISBN 978-3-8391-4969-0	

13	***Der Schöpfer. Phantasie / George Grosz / Tarzaniade. Parodie / Biblianthropen / Der lachende Hiob / Kant/ Marx*** (1919-1936) 2012. 560 S. € 49,90. ISBN 978-3-8448-1028-8
14	***Graue Magie. Ein Berliner Nachschlüsselroman*** (1922, ²1931) 2013. 432 S. € 44,90. ISBN 978-3-7322-5551-1
15	***Kant für Kinder*** (1924) */ Katechismus der Magie* (1925) */ Der Philosoph Ernst Marcus. Ein Mahnruf* (1930) 2014. 360 S. € 39,90. ISBN 978-3-7357-2415-1
16	***Lyrik*** (1902-46) 2014. 636 S. € 68,50. ISBN 978-3-7322-9743-6
17	***Vernunftgewitter. Brevier nach Ernst Marcus*** (aus dem Nachlaß, 1932) 2015. 464 S. € 44,90. ISBN 978-3-7347-5175-2
18	*Autobiographische Schriften / Anekdoten* (1872-1946); ca. 400 S.
19	***Das magische Ich. Elemente des kritischen Polarismus*** (aus dem Nachlaß, 1935) 2015. 452 S. € 44,90. ISBN 978-3-7386-1719-1
20	***Vereinzelte Bemerkungen zum System des magischen Ich*** (aus dem Nachlaß, 1936-38) 2015. 464 S. € 44,90. ISBN 978-3-7386-4445-6
21	*Das Experiment Mensch. Philosophische Essays und Kritiken* (aus dem Nachlaß, 1912-39); ca. 650 S.
22	*Ich-Heliozentrum. Philosophische Abhandlungen* (aus dem Nachlaß, 1940-45); ca. 650 S.
23	*Lehrbücher* (aus dem Nachlaß); ca. 480 S.
24-31	*Briefwechsel* (1899-1958); 8 Bde.; ca. 5500 S.
32-37	*Tagebücher* (6 Bde.); ca. 4200 S.
38	*Bibliographie 1896-2015;* ca. 600 S.

Alle Bände Hardcover, mit Illustrationen.
Weitere Infos unter www.hartmutgeerken.de

Die *Gesammelten Schriften* werden ab 2014 in loser Folge begleitet von der Buchreihe *Friedlaender/Mynona Studien*.

Band 1 *Experiment Mensch. Friedlaender/Mynona Brevier.*
Konzept & Schnitt: Detlef Thiel. Mit Einleitung, Zeittafel und Bibliographie. 2014. 284 S. € 19,50.
ISBN 978-3-7357-8870-2

Band 2 *Friedlaender/Mynona: „Ich werde nie heiraten". Liebesbriefe an Marie Luise.*
Hg. Sigrid Hauff. 2014. 238 S. € 19,50
ISBN 978-3-7357-4204-9

Band 3 *„Tummle dich, mein Publikum! Hier sind noch schöne Aufgaben zu lösen." Berichte und Forschungsbeiträge aus 100 Jahren.*
Gesammelt von Detlef Thiel. 2015. 296 S. € 19,50
ISBN 978-3-7392-3700-8

Band 4 *Rolf Schütte: Die Mitte der Differenz. Vernunft und Groteske. Polaritätsphilosophie und literarische Phantastik im Werk von Salomo Friedlaender/Mynona.*
2016. 400 S. € 22,50
ISBN 978-3-7412-3754-6

Band 5 *Japanische Reflexe. Beiträge aus Japan*

WAITAWHILE

Hartmut Geerken/Chris Trent: *Omniverse Sun Ra*
Discography of the acoustic works of Sun Ra. With photos by Val Wilmer and Hartmut Geerken. Second edition, ArtYard 2015.

Sun Ra, *The Immeasurable Equation. The collected Poetry and Prose*
compiled and edited by James L. Wolf and Hartmut Geerken. Photography by Robert Lax and Angelika Jakob. Some facsimiles.
Hardcover, 530 S. 2005. € 49,50. ISBN 978-3-8334-2659-9

hartmut geerken: *phos*
391 S. 2005. € 29,50. ISBN 978-3-8334-2816-6

hartmut geerken: *forschungen etc*
Hardcover, 568 S. 2006. € 49,90. ISBN 978-3-8334-4432-6

hartmut geerken: *klafti. über die einsilbigkeit*
Hardcover, 244 S. 2007. € 24,90. ISBN 978-3-8334-7882-6

hartmut geerken: *kyrill. gedichte 1959-1961.*
Hardcover, 360 S. 2007. € 34,50. ISBN 978-3-8370-1593-5

hartmut geerken: *soyd. gedichte 1961-1966.*
Hardcover, 176 S. 2008. € 24,90. ISBN 978-3-8370-1771-7

hartmut geerken: *moos. 58 überschriften.*
Hardcover, 584 S. 2008. € 44,90. ISBN 978-3-8370-8462-7

hartmut geerken & johann hinrich geerken: *gavdos. eine petersburger hängung*
Hardcover, 144 S. 2009. € 28,90. ISBN 978-3-8391-1820-7

hartmut geerken: *soi sans diss. ein tragelaphisches gebinde*
Hardcover, 400 S. 2011. € 36,90. ISBN 978-3-8423-6432-5

hartmut geerken: *des boxers*
Hardcover, 404 S. 2014. € 34,90. ISBN 978-3-7357-2515-8

Sigrid Hauff: *Der Zinnteller-Reflex. Nicht-Dualität als Ereignis.*
152 S. 2005. € 14,80. ISBN 978-3-8334-4234-6

Sigrid Hauff: *Doppelter Mokka*
Hardcover, 196 S. 2007. € 24,90. ISBN 978-3-8334-7881-9

Sigrid Hauff: *A Line in Three Circles/The Inner Biography of Robert Lax*
260 S. 2007. € 19,90. ISBN 978-3-8334-8480-3

Sigrid Hauff: *Notate, Zitate*
Hardcover, 356 S. 2015. € 28,95. ISBN 978-3-7347-8309-8

Weitere Infos unter www.hartmutgeerken.de